公司投资学

王献东　主编

Corporate Investments

复旦大学出版社

内 容 提 要

本书是经济管理类专业的应用型教材,主要讲述了企业财务分析、投资项目的管理和企业发展中的并购管理等方面的理论与实践。

本书的主要内容包括:公司投资概论、投资财务分析、投资价值分析、投资战略分析、项目投资可行性研究、项目投资财务评价、项目投资综合评价、并购投资概述、并购投资前期、并购投资中期、并购投资后期、创业(风险)投资、私募股权投资、投资银行、投资行为分析和投资内部控制。

本书可作为高等院校经济、管理专业教材,也适合相关从业人员参考使用。

前言

公司投资是企业生存和发展的基本前提。在公司里，一般设置专门的部门来负责此项工作。从类型上看，公司投资一般有三类：项目投资、并购投资和证券投资。项目投资可以增强企业实力、提升企业竞争力；并购投资相对于项目投资而言，可以更快地扩大企业规模、实现企业既定的战略目标；而证券投资可以帮助企业提高资金效益，获得短期收益。项目投资和并购投资是公司投资的主要方式，也是本教材主要讲述的内容。

从事公司投资，对于知识储备最基本的要求有三点：① 能看懂公司财务报表，有财务分析能力；② 具备基本的财务知识，能理解资金时间价值的概念与计算；③ 能理解公司战略与公司投资之间的血脉相连，可以进行基本的战略分析。

在项目投资部分，可行性研究是项目投资的起始，也是公司项目投资成功的关键步骤之一。环保、工艺条件、融资、团队等，一样也不能少。对于项目基本评价指标的掌握是投资人员的必备技能。投资评价有一套自己的体系，投资人员应理解财务评价、国民经济评价、社会评价和项目后评价的关系与逻辑。

在并购投资部分，投资人员首先要理解：一个公司要想快速成长，必须在正确战略的指引下不断地进行投资。并购投资是以股权为交易标的的公司投资行为。尽职调查是并购投资的起始，会计师事务所、律师事务所都要邀请，在中介伙伴的帮助下，基本上要对被并购公司的家底摸得一清二楚。估值与谈判，是并购投资的中坚；而并购后的整合，是决定并购成败的关键。

作为公司的投资人员，除了基本的工作——项目投资与并购投资以外，对于与之相关的知识，也应该有所了解。

一个好的 idea 会孵化出一家非常优秀的公司，但这少不了风险投资和私募股权投资的帮助。反过来，一个优秀的创业者也要进退有度，在与风险投资和私募股权基金的博弈中牢牢把握公司的控制权。

投资银行在中国只是一个概念，也可以看作是一类业务，一般是由证券公司来从事相关的工作。

蝴蝶效应告诉我们，伟大的事业往往受到微小事件的影响。在公司投资中，主要决

策者、控制人的行为、心理活动会对公司投资产生重大影响。沉没成本效应、过度自信、羊群效应，是影响投资经理决策的主要行为和心理因素。

在公司投资过程中，风险无处不在，只有进行科学的投资内部控制，自觉地将风险控制在可承受范围之内，才能实现企业的可持续发展。

张革参与了第三章的编写工作，徐鲲、李俊林、詹细明、刘莹提出了很多建设性的建议，在此一并表示感谢。

复旦大学出版社经管分社副社长宋朝阳和编辑王雅楠对于本书的出版付出了大量的心血，给予了积极的支持和帮助，致以衷心谢忱！

王献东

2019 年 6 月

第一章	公司投资概论	1
第一节	企业组织形式	2
第二节	财务(投资)目标	5
第三节	公司投资方式	6
第四节	公司投资的组织	9
第五节	证券市场	16

第二章	投资财务分析	21
第一节	财务分析概述	22
第二节	财务比率分析	25
第三节	财务分析体系	49

第三章	投资价值分析	57
第一节	货币时间价值	58
第二节	风险和报酬	62

第四章	投资战略分析	67
第一节	战略分析概述	68
第二节	战略分析	72
第三节	战略制定	80

第五章	项目投资可行性研究	85
第一节	投资项目可行性研究概述	86
第二节	投资项目可行性研究的内容	89
第三节	可行性研究报告的编制	93

第六章 项目投资财务评价 108
第一节 财务评价的基本方法 109
第二节 投资项目现金流量的估计 117
第三节 投资项目的风险处置 122

第七章 项目投资综合评价 126
第一节 项目投资综合评价体系 129
第二节 项目投资国民经济评价 130
第三节 项目投资社会评价 133
第四节 项目投资后评价 134
第五节 可行性研究与投资评价案例分析 136

第八章 并购投资概述 166
第一节 公司控制权与并购 167
第二节 公司并购的类型 170
第三节 并购动机 177
第四节 并购协同效应 179

第九章 并购投资前期 182
第一节 并购投资前期的主要工作 183
第二节 尽职调查的主要内容 184
第三节 中介机构及其在公司并购中的作用 201

第十章 并购投资中期 212
第一节 协议收购 213
第二节 要约收购 223
第三节 公司并购融资 230

第十一章 并购投资后期 235
第一节 会计处理 236
第二节 并购整合 246

第十二章　创业（风险）投资 ·············· 255
第一节　风险投资概述 ·············· 256
第二节　风险投资公司的运作 ·············· 258
第三节　风险企业的运作 ·············· 263

第十三章　私募股权投资 ·············· 276
第一节　私募股权基金概述 ·············· 277
第二节　私募股权基金募集 ·············· 279
第三节　私募股权基金投资 ·············· 286

第十四章　投资银行 ·············· 296
第一节　投资银行概述 ·············· 298
第二节　投资银行的组织形态与类型 ·············· 302
第三节　投资银行的监管环境 ·············· 305

第十五章　投资行为分析 ·············· 313
第一节　个性特征 ·············· 314
第二节　沉没成本效应与投资行为 ·············· 316
第三节　过度自信与投资行为 ·············· 318
第四节　羊群效应与投资行为 ·············· 320

第十六章　投资内部控制 ·············· 324
第一节　内部控制的基本概念 ·············· 326
第二节　投资活动的控制方式 ·············· 330
第三节　投资活动的业务流程、主要风险点与控制措施 ·············· 334
第四节　投资风险控制 ·············· 338

附录 ·············· 345
参考文献 ·············· 351

第一章 公司投资概论

教学目标

- 理解企业的三种组织形式。
- 掌握企业的财务目标。
- 了解项目投资的概念和特点。
- 了解并购投资的概念。
- 了解公司投资的组织。
- 了解证券市场。

导读案例　　　　雀巢公司的在华投资

雀巢于1867年诞生于瑞士日内瓦湖畔一个名叫韦维的小镇上,以药剂师亨利·内斯尔创立一个牛奶制品工厂作为开端,但其飞跃是从7年后,朱勒斯·蒙耐瑞特从他手里收购公司后开始。雀巢产品线现横跨9个品类,拥有20多个国际知名品牌,其中超过一半的知名品牌通过兼并与收购获得。

20世纪初,雀巢公司开始实行多样化生产,并在世界各地收购并建立企业。其分支机构开设在美国、日本、德国等20多个国家,已有1 200多家工厂、商号,总部设在瑞士的韦维。雀巢公司的在华投资如下:

2007年,雀巢内蒙古自治区额尔古纳工厂投产。

2008年,雀巢北京研发中心开业。

2010年2月,拿下云南大山70%的股权,补足矿泉水的短板。

2011年4月18日,雀巢公司宣布已与银鹭食品集团签署合资协议,将购买后者60%的股权。

2011年12月,以17亿美元收购徐福记60%的股份,雀巢就此在中国的糖果和巧克力行业超过玛氏,成为第一。

2011年,雀巢在全球销售额达到836亿瑞士法郎,其中,发达市场新增销售额

5%~6%，而新兴市场增长幅度高达13%。这一年，中国内地市场销售额接近50亿瑞士法郎，与2010年的28亿瑞士法郎相比，增幅高达78%。

从2010年开始，雀巢在亚太地区的投资就已经全面铺开，近日，雀巢已开始在印尼与泰国投资3.2亿美元建厂，目前雀巢在亚太地区的印尼、日本、菲律宾等15个国家设立分公司。雀巢在亚太及新兴市场地区的频繁投资和并购活动，都在表明雀巢开始重新审视全球市场，并开始进行重大战略调整。

雀巢大中华区总裁狄可为表示，未来将投资25亿元人民币在中国黑龙江省双城市建设一个奶源基地，这将是其在中国最大的奶源基地。报道指出，这笔投资中部分将用于建设一个奶牛饲养管理培训中心。

根据协议，雀巢公司和双城市将用5年时间在双城建设一个世界一流的奶牛饲养管理培训中心，国内外专家将就牧场管理等开展培训。此外，双方还将促进散养奶牛户向专业化管理的奶牛小区和规模化牧场过渡，帮助养牛大户做强做大。规模化管理基地主要包括建立187个规模化养殖小区，每个养殖小区的奶牛头数都达到300头以上，按照每个养殖小区投资1 500万元计算，投资需要20亿~30亿元。

此外，25亿元的投资还包括建立奶牛饲养管理培训中心和3个示范生产基地等。

雀巢公司在双城工厂先后进行了四次扩建，其间总投资由最初的7 900万元增加到7.7亿元。25亿元的投资是迄今为止最大的一笔，资金主要来源于银行贷款，为此雀巢与有关金融机构合资建立了金融担保中心。

资料来源：作者收集整理。

要求：阅读材料，简述雀巢公司基本投资现状，总结其投资特点。

第一节　企业组织形式

在大众创业、万众创新的时代，许多人都有一个梦想，那就是创办一家自己的企业。通过创办一个企业，不仅可以为自己赢得财富、解决自己的就业问题，同时也能够增加国家税收、为社会解决就业问题。

企业是一个契约性组织，它是从事生产、服务等经济活动，以生产或服务满足社会需要，实行自主经营、自负盈亏、独立核算、依法设立的一种营利性的经济组织。企业的目标是价值创造。

创办一家什么样的企业是许多创业者首先要思考和选择的。在市场经济条件下，企业有不同的组织形式。根据相关的法律规定，一个创业者在创办一家企业时，可以选择的形式有三种：个人独资企业、合伙制企业和公司制企业。

一、个人独资企业

个人独资企业(sole proprietorship)是一个自然人(公民)申请设立的以自己全部个人资产承担无限连带责任的经营实体。它不具备法人资格,可设立分支机构,可办理一般纳税人,能以企业的名义对外投资,投资人可以参与经营,雇用他人经营企业。它是介于个体工商户和有限公司之间的一种经济形式,特别适合稍有规模、需要扩大经营的实体,如网吧、连锁饭店、旅馆、小型加工厂等。

个人独资企业的特点:

(1) 企业开办、转让、关闭的手续简便。
(2) 企业主对债务承担无限责任,因而会竭力把企业做好。
(3) 没有信息披露的限制,企业的技术和财务信息容易保密。
(4) 由于企业主对于债务承担无限责任,经营风险巨大。
(5) 因为个人资金有限,在借款时往往由于信用不足而遭到拒绝,企业难以获得大规模发展。

二、合伙制企业

合伙制企业(partnership)是指由两人或两人以上按照协议投资,共同经营、共负盈亏的企业。合伙制企业财产由全体合伙人共有,共同经营,合伙人对企业债务承担连带无限清偿责任。

合伙制企业的特点:

(1)《中华人民共和国合伙企业法》(以下简称《合伙企业法》)规定每个合伙人对企业债务须承担无限、连带责任(如果一个合伙人没有能力偿还其应分担的债务,其他合伙人须承担连带责任)。

(2) 法律还规定合伙人转让其所有权时需要取得其他合伙人的同意,有时甚至还需要修改合伙协议,因此其所有权的转让比较困难。

以上两类企业属自然人企业,出资者对企业承担无限责任。

创业投资基金和私募股权基金均为有限合伙的组织形式,即企业的合伙人按照承担责任的大小可以分为两类:普通合伙人(GP)和有限合伙人(LP)。

普通合伙人是指在合伙企业中对债务依法承担无限连带责任的自然人、法人和其他组织。《合伙企业法》规定,国有独资公司、国有企业、上市公司,以及公益性和事业单位、社会团体不得成为普通合伙人。

有限合伙人以不执行合伙企业事务为代价,获得对合伙企业债务承担的有限责任的权利。《合伙企业法》规定:有限合伙人可以用货币、实物、知识产权、土地使用权或

其他财产权利作价出资,不得以劳务对合伙企业出资;有限合伙人应按期足额缴纳出资,否则需补足出资,并对其他合伙人承担违约责任。有限合伙人不执行合伙事务,不得对外代表有限合伙企业。

三、公司制企业

公司制企业(incorporated enterprise)是按照所有权和经营权分离,出资者按出资额对公司债务承担有限责任的企业,主要包括有限责任公司和股份有限公司。

有限责任公司是指不通过发行股票,由为数不多的股东集资组建的公司(一般由两人以上五十人以下的股东共同出资设立),其资本无须划分为等额股份,股东在出让股权时受到一定的限制。在有限责任公司中,董事和高层经理人员往往具有股东身份,使所有权和经营权的分离程度不如股份有限公司那样彻底。有限责任公司的财务状况不必向社会披露,公司的设立和解散程序比较简单,经营管理机构也比较简单。

股份有限公司全部注册资本由等额股份构成并通过发行股份筹集资本,公司以其全部资产对公司债务承担有限责任的企业法人(应当有两人以上两百人以下为发起人)。其主要特征是:公司的资本总额均分为金额相等的股份;股东以其所认购股份对公司债务承担有限责任,公司以其全部资产对公司债务承担责任;每一股有一表决权,股东以其持有的股份,享受权利,承担义务。

公司制企业的特点:

(1) 独立的法人实体。公司一经宣告成立,法律即赋予其独立的法人地位,具有法人资格,能够以公司的名义从事经营活动,享有权利,承担义务,从而使公司在市场上成为竞争主体。

(2) 具有无限的存续期。股东投入的资本长期归公司支配,股东无权从公司中抽回投资,只能通过转让其拥有的股份收回投资。这种资本的长期稳定性决定了公司只要不解散、不破产,就能够独立于股东而持续、无限期地存在下去,有利于企业长期、稳定发展。

(3) 股东承担有限责任。公司一旦出现债务,这种债务也仅是公司的债务,股东仅以其出资额为限对公司债务承担有限责任,这就为股东分散了投资风险,从而有利于吸引社会资本进入公司,扩大公司规模。

(4) 所有权和经营权分离。公司的所有权属于全体股东,业务经营则委托专业的经营者管理,管理的专业化有利于提高公司的经营能力。

(5) 筹资渠道多元化。公司可以通过资本市场发行股票或发行债券募集资金,有利于企业的资本扩张和规模扩大。

第二节 财务(投资)目标

一、企业目标

企业是营利性组织,其出发点和归宿是获利。企业一旦成立,就会面临竞争,并始终处于生存和倒闭、发展和萎缩的矛盾之中。企业必须生存下去才可能获利,只有不断发展才能求得生存。因此,企业管理的目标可以概括为生存、发展和获利。

(一)生存

企业只有生存,才可能获利。企业生存的"土壤"是市场,包括商品市场、金融市场、人力资源市场、技术市场等。

企业在市场中生存下去的基本条件是以收抵支。企业一方面付出货币,从市场上取得所需的资源;另一方面提供市场需要的商品或服务,从市场上换回货币。企业从市场获得的货币至少要等于付出的货币,以便维持继续经营,这是企业长期存续的基本条件。

企业生存的另一个基本条件是到期偿债。企业为扩大业务规模或满足经营周转的临时需要,可以向其他个人或法人借债。国家为维持市场经济秩序,通过立法规定债务人必须"偿还到期债务",必要时"破产偿债"。企业如果不能偿还到期债务,就可能被债权人接管或被法院判定破产。

企业生存的主要威胁来自两方面:一个是长期亏损,它是企业终止的内在原因;另一个是不能偿还到期债务,它是企业终止的直接原因。

(二)发展

企业是在发展中求得生存的。企业的生产经营如"逆水行舟,不进则退"。一个企业如不能发展,不能提高产品和服务的质量,不能扩大自己的市场份额,就会被其他企业挤出市场。企业的停滞是其死亡的前奏。

企业的发展集中表现为扩大收入。扩大收入的根本途径是提高产品的质量、扩大销售的数量,这就要求企业不断地进行投资,更新设备、技术和工艺,并不断提高各种人员的素质,投入更多、更好的资源,并改进技术和管理。

(三)获利

企业必须能够获利,才有存在的价值。创立企业的目的是盈利,盈利是最具综合能力的指标。盈利不但体现了企业的出发点和归宿,而且可以概括其他目标的实现程度,并有助于其他目标的实现。

从财务上看,盈利就是使资产获得超过其投资的回报。每项资产都是投资,都应当是生产性的,要从中获得回报。财务主管务必使企业正常经营产生的和从外部获得的

资金能以产出最大的形式加以利用。

综上所述,企业的目标是生存、发展和获利。企业的成功乃至于生存,在很大程度上取决于企业的投资战略和投资力度。

二、企业财务(投资)目标

公司财务行为主要包括投资行为和筹资行为两个方面,因此财务目标与投资目标具有一致性。关于企业财务目标的综合表达,有以下两种主要观点。

(一)利润最大化

利润最大化目标,就是假定在投资预期收益确定的情况下,财务(投资)行为将朝着有利于企业利润最大化的方向发展。利润代表了企业新创造的财富,利润越多则说明企业的财富增加得越多,越接近企业的目标。

利润主要是看公司利润表,而利润表的编制依据是权责发生制。

权责发生制是以权利和责任的发生来决定收入和费用归属期的一项原则。凡是在本期内已实现的收入和已经发生或应当负担的一切费用,不论其款项是否收到或付出,都作为本期的收入和费用处理;反之,凡不属于本期的收入和费用,即使款项在本期收到或付出,也不应作为本期的收入和费用处理。由于权责发生制而产生的应收账款,其对公司盈余的贡献受到了相应的减值。

因此,利润并不能真实地反映公司的价值创造,也不太适宜作为公司的财务(投资)目标。

(二)股东财富最大化(企业价值最大化)

股东财富最大化是指通过财务上的合理经营,为股东带来更多的财富。股东创办企业的目的是增长财富,股东是企业的所有者,是企业权益资本的提供者,其投资的价值在于公司能给所有者带来的未来报酬,股东财富最大化也最终体现为股票价格。

有时财务目标还被表述为企业价值最大化。企业价值最大化是指充分考虑资金的时间价值和风险与报酬的关系,在保证企业长期稳定发展的基础上,使企业总价值达到最大。企业价值的增加,是由于权益价值和债务价值增加引起的。其基本思想是将企业长期稳定发展摆在首位、强调在企业价值增长中满足各方利益关系。企业价值最大化与股东财富最大化具有相同的意义。

综合上述分析,财务(投资)目标选择股东财富最大化(企业价值最大化)比较合理。

第三节 公司投资方式

投资方式是指企业及其成员实现资源配置、介入市场竞争的具体方式,是贯彻企业战略与投资政策、谋求市场竞争优势、实现战略目标配套的战术性支持。公司的投资方式一般有三种：项目投资、并购投资和证券投资。

一、公司投资的概念与分类

公司投资是牺牲当前的资金或其他资源以求获得未来的预期收益。公司投资一般具有时间和风险两个方面的特征。从时间特征来看，牺牲是现在发生，而回报则是未来发生；从风险特征来看，牺牲的资金数量具有确定性，而回报的资金数量则具有不确定性。

（一）直接投资和间接投资

按照公司投资与企业生产经营的关系，可以分为直接投资和间接投资。

直接投资是指投资方将货币资金直接投入投资项目，形成实物资产的投资。直接投资包括对厂房、设备、土地等各种有形资产的投资，以及对专利、商标等无形资产的投资。

间接投资是指投资方以其资本购买公司债券或公司股票等以预期获取一定收益的投资，由于其投资形式主要是购买各种各样的有价证券，因此也被称为证券投资。

（二）长期投资和短期投资

按照公司投资回收期限的长短和投资目的，可以分为长期投资和短期投资。

长期投资是指不准备随时变现，持有时间超过1年的企业投资。长期投资之所以区别于短期投资，不但是投资期限的长短，更在于投资目的的不同。长期投资一般是对经营性固定资产的投资，是企业的内部投资。

短期投资，又称流动资产投资，是指企业购入的各种能随时变现、持有时间不超过一年的有价证券，以及不超过一年的其他投资。有价证券包括各种股票和债券等，其他投资的表现形式如应收账款、预付账款等。

（三）对内投资和对外投资

按照公司投资的方向，可以分为对内投资和对外投资。

对内投资，是指在公司内部的资金投放，用于配置各种生产经营用资产的投资。对外投资，是指向公司以外的其他单位的资金投放。对内投资都是直接投资，对外投资既有直接投资，也有间接投资。

二、项目投资、并购投资和证券投资

按照公司投资的方式，可以分为项目投资、并购投资和证券投资。

（一）项目投资

项目投资是一种以特定项目为对象的长期投资行为。项目投资具有投资数额大、影响时间长、变现能力差和投资风险大等特点。项目投资一般属于直接投资、长期投资和对内投资。

1. 项目投资的类型

按照不同项目之间的相互关系,项目投资可分为独立项目投资和互斥项目投资。

在资金充裕的情况下,独立项目投资既不要求也不排斥其他项目的投资。互斥项目投资是指若接受某一个项目就不能投资于另一个项目;反之亦然。

按照项目涉及的内容,项目投资可分为单纯固定资产投资和完整工业项目投资。

单纯固定资产投资只包括为取得固定资产而发生的垫支资本投入,不涉及周转资本的投入;完整工业投资项目则不仅包括固定资产投资,而且还涉及流动资产等投资。

2. 项目投资的意义

项目投资是实现社会资本积累功能的主要途径,有助于促进社会经济的长期可持续发展。

项目投资可以增强企业实力,扩大生产经营规模,增强其抵御风险的能力。

项目投资有助于提高企业创新能力,企业结合投资项目的实施,实现科技成果的产业化。

(二) 并购投资

并购的内涵非常广泛,一般是指兼并(merger)和收购(acquisition)。并购投资直接购买现有企业,一般属于直接投资、长期投资和对外投资。投资方通过并购,可以拥有全部或一定数量的企业资产及经营的所有权,直接进行或参与被投资企业的经营管理。

兼并,又称吸收合并,指两家或者更多的独立公司合并组成一家公司,通常由一家占优势的公司吸收一家或者多家公司。收购,指一家企业用现金或者有价证券购买另一家企业的股票或者资产,以获得对该企业的全部资产或者某项资产的所有权,或对该企业的控制权。

企业并购是一项复杂性与技术性并存的专业投资活动,并购活动中涉及很多知识面,因此被称为"财力与智力的高级结合",同时并购又是一项高收益与高风险伴生的业务,融资风险、经营风险、反收购风险、法律风险、信息风险及违约风险等都考验着企业的决策者。

并购的实质是在企业控制权运动过程中,各权利主体依据企业产权作出的制度安排而进行的一种权利让渡行为。并购活动是在一定的财产权利制度和企业制度条件下进行的,在并购过程中,某一或某一部分权利主体通过出让所拥有的对企业的控制权而获得相应的受益,另一个部分权利主体则通过付出一定代价而获取这部分控制权。企业并购的过程实质上是企业控制权主体不断变换的过程。

(三) 证券投资

证券投资是指投资者(公司)买卖股票、债券、基金等有价证券及这些有价证券的衍生品,以获取差价、利息及资本利得的投资行为和投资过程。证券投资是间接投资的重要形式,证券投资也是对外投资。

在项目投资、并购投资和证券投资三种投资方式中,项目投资和并购投资是我们关注的重点。

第四节　公司投资的组织

一、投资管理部

一般的公司会设置投资管理部来负责企业投资方面的相关事宜。投资管理部负责对公司投资的独资、控股、参股子公司以及项目投资进行管理。

投资管理部主要职责如下。

（1）收集信息，寻找有投资价值的企业或项目。包括重组、兼并、收购和项目投资。

（2）组织对拟投资企业或项目进行尽职调查。评估企业或项目的市场价值，提出投资企业或项目的可行性报告。

（3）投资企业或项目的投资方案设计。包括投融资方式、投融资规模、投融资结构及相关成本和风险的预测等。

（4）投资企业或项目的立项工作。按照公司决策，组织相关投资。

（5）对公司直接投资形成的资产进行管理。包括资产负债、损益、现金流量等财务状况；市场开发、产品开发、产品结构调整等经营状况；组织结构、人才队伍、劳动生产率等管理状况。

（6）对所管理的投资的运行进行监督。定期或不定期听取执行董事和监事工作汇报，本部门工作人员按委派程序出任董事或列席董事会，通过调阅有关资产运行信息资料等方式，及时发现资产运行中的问题并预警，提出处理意见并监督主管部门采取相关措施。对所管理资产的处置提出建议方案，经公司总经理办公会批准后组织实施。

（7）子公司董事、监事的日常管理工作。协调解决董事、监事提出的有关业务问题。

（8）协助审计部或外部审计单位对所管理资产开展审计工作。参与公司对所管理资产的统计工作，并对所管理资产的经济运行状况进行分析研究，向公司领导报送和向有关职能部门传递相关信息。

【案例 1-1】 　　**TS 建设投资有限责任公司投资
　　　　　　管理部部门职责和岗位设置**

一、部门职责

（一）股权管理

- 参与公司控、参股公司组建方案与法人治理结构设计相关谈判。
- 公司控、参股公司合资、合作合同、章程、议事规则的起草、修改和完善。
- 协助公司控、参股公司办理名称核准、前置审批、开立账户、资产过户、验资、税务登记、产权登记、工商注册登记等公司设立工作。

- 公司控、参股公司股东会、董事会、监事会议案收集、初审和备案工作。
- 公司控、参股公司运行状况(包括重大决策、重要投资、管理层变动、对外担保、资产转让等)相关资料的收集、整理和分析研究工作,对公司控、参股公司经营管理提出改进建议。
- 建立健全公司控、参股公司档案。
- 落实公司派出产权代表报告制度。
- 办理股权评估、转让(受让)手续。
- 控、参股公司重大事项向国资委请示、汇报。

(二)资产、资源经营管理

- 公司固定资产管理制度的制订、修改和完善。
- 参加工程建设及设备采购相关资产验收。
- 外来资产接收。
- 建立固定资产卡片和台账,掌握公司固定资产分布情况,定期与财务审计部核对。
- 对固定资产使用部门(含资产承租方)的资产使用、保管情况进行监督检查。
- 审核固定资产使用部门提出的维修、维护计划,组织相关部门按照审定的计划执行。
- 组织固定资产内部划转和资产盘点、清查、清理工作,针对发现的问题,组织相关部门研究并提出处理意见。
- 配合财务部办理资产向公司外转移相关手续。
- 组织对固定资产盘亏和损毁事故进行调查,向公司领导上报处理意见。
- 组织固定资产评估和评估报告核准、备案工作。
- 根据公司发展需求,进行市场调查研究和预测分析,制订资产建设、采购方案。
- 参与固定资产投资风险预测与控制,建立投资风险预警机制。
- 按照经营性资产收益率划分资产等级,对资产进行分类、组合;通过对各种经营模式进行比较、选择,制订资产经营方案,优化资产、资源配置,完善资产结构,提高资产运营效益。
- 土地、岸线、海域等资源经营管理,掌握资源状况,制订、完善资源经营方案。
- 组织资产租赁、转让、出资、合作经营项目谈判、合同起草,办理相关手续。
- 资源的划拨、出让、租赁、转让、出资、合作经营方案的制订和实施。
- 非主业资产剥离与处置。
- 不良资产处置与核销。
- 组织公司资产评估工作。
- 清产核资。

(三)资本运作

- 搭建境内外融资平台,不断拓展公司融资渠道。
- 并购、重组与行业整合方案的拟订与实施。
- 参与公司及其控、参股公司债券发行、上市融资工作公司投资项目退出与套现。

（四）法律事务
- 对公司重大经营决策出具法律意见。
- 对各种规章制度、会议决议、招投标文件进行合法、合规性审查,并出具法律意见。
- 负责公司诉讼文书的起草,参与案件法律调查、诉讼、仲裁工作。
- 公司知识产权保护工作。
- 参与公司合同起草、审查、修改和签订工作。
- 合同整理、存档,建立合同台账和合同卡片。
- 对公司合同履行情况进行跟踪检查,发现问题及时上报。
- 处理合同争议、违约赔偿问题。

二、岗位设置

（一）部门经理

基本信息

岗位编号	TZGL-01	岗位名称	部门经理	所属部门	投资管理部
岗位类别	中层管理	岗位数量	1	直接上级	

岗位目标

岗位目标	按照公司战略目标和发展规划组织部门工作,确保部门各项工作顺利完成

岗位职责

主要职责	(1) 主持部门全面工作 (2) 制定、调整部门发展战略和工作计划 (3) 协调本部门与其他部门以及公司外部各单位之间的关系 (4) 对员工进行激励,培养员工能力,指导员工进行职业生涯规划 (5) 控制部门工作方向和进度 (6) 定期对部门工作情况进行总结
次要职责	部门上报、外发文件的审批
协助职责	协助公司领导谋划公司各项工作,协助其他部门开展工作

任职条件

教育程度	大学
知识结构	精通投资管理、企业管理、项目谈判相关知识,掌握公司资本运作相关知识,了解法律和财务管理基本知识
工作能力	领导、计划、组织、协调、激励、控制
职业素质	创新、开拓意识,责任感、进取心,忠诚度与归属感,协作精神
工作经验	五年以上相关工作经历,具有管理基层团队的工作经验

绩效指标

指标名称	详细描述	考核权重
质量	部门工作符合公司发展战略,部门各项工作按照计划顺利完成	40%
效率	各项工作计划按时完成,工作流程不断完善,效率显著提高	40%
协作	积极履行协助职责,得到公司领导和其他部门的肯定	20%

(二)股权管理和法律事务

基本信息

岗位编号	TZGL-02	岗位名称	股权管理	所属部门	投资管理部
岗位类别	基础管理	岗位数量	1	直接上级	

岗位目标

岗位目标	产权管理工作顺利进行,产权收益不断提高,产权代表管理办法落实到位

岗位职责

主要职责	(1) 落实公司派出产权代表报告制度 (2) 拟定产权结构优化方案和产权投资、转让方案
次要职责	(1) 公司出资企业合资、合作合同、章程、议事规则的起草、修改和完善 (2) 公司出资企业股东会、董事会、监事会议案收集、初审和备案工作 (3) 公司出资企业运行状况(包括重大决策、重要投资、管理层变动、对外担保、资产转让等)相关资料的收集、整理和分析研究工作,建立健全公司出资企业档案 (4) 办理产权重组、评估、转让手续 (5) 企业并购方案的拟订,参与并购的实施
协助职责	(1) 参与公司出资企业设立谈判工作 (2) 协助公司出资企业办理名称核准、前置审批、开立账户、资产过户、验资、税务登记、产权登记、工商注册登记等公司设立工作

任职条件

教育程度	大学
知识结构	精通企业设立、产权重组、转让相关知识,掌握财务管理、企业管理相关知识,了解资产评估相关知识
工作能力	理解、分析、综合、沟通协调、文字表达
职业素质	遵纪守法,严谨、求实、责任感,忠诚度与归属感,协作精神
工作经验	具有企业管理、财务管理或法律事务相关工作经验

绩 效 指 标

指标名称	详 细 描 述	考核权重
质量	产权结构不断完善、效益不断提高,资料存储详尽、有条理	40%
效率	按时完成各项工作任务,发现问题及时上报	30%
协作	积极协助领导、同事和出资企业开展工作	30%

（三）资产、资源经营管理

基 本 信 息

岗位编号	TZGL-03	岗位名称	资产、资源经营管理	所属部门	投资管理部
岗位类别	基层管理	岗位数量	1	直接上级	

岗 位 目 标

岗位目标	公司资产（资源）结构不断完善,收益不断提高

岗 位 职 责

主要职责	(1) 公司固定资产管理制度的制订、修改和完善 (2) 负责资产接收工作,建立固定资产卡片和分类台账,掌握公司固定资产分布情况,定期与财务审计部核对 (3) 对各资产使用部门的固定资产使用、保管情况进行监督检查,组织固定资产内部划转和资产盘点、清查、清理工作,针对发现的问题,组织相关部门研究并提出处理意见 (4) 按照经营性资产收益率划分资产等级,对资产进行分类、组合;通过对各种经营模式进行比较、选择,制订资产经营方案,优化资产、资源配置,完善资产结构,提高资产运营效益 (5) 土地、岸线、海域等资源经营管理,制订、完善资源经营方案 (6) 资源的划拨、出让、租赁、转让、出资、合作经营方案的制订和实施
次要职责	(1) 审核固定资产使用部门提出的固定资产维修、维护计划,组织相关部门按照审定的计划执行 (2) 组织固定资产评估和评估报告核准、备案工作 (3) 组织对固定资产盘亏和损毁事故进行调查,向公司领导上报处理意见 (4) 组织资产租赁、转让、出资、合作经营项目谈判,合同起草,办理相关手续掌握公司资源分布状况 (5) 办理资源的划拨、出让、租赁、转让、出资、合作经营相关手续
协助职责	(1) 参加工程建设及设备采购相关资产验收 (2) 配合财务部办理资产向公司外转移相关手续 (3) 根据公司发展需求,进行市场调查研究和预测分析,参与制订资产建设、采购方案

任职条件

教育程度	大学
知识结构	精通资产管理相关知识和土地、海域管理法律、法规,掌握资产评估相关知识,了解财务管理、税收相关知识
工作能力	理解、分析、综合、沟通、文字表达,计算、测量、绘图
职业素质	严谨、求实,责任感,协作精神
工作经验	具有固定资产管理、资产评估、土地和海域使用权手续办理相关工作经验

绩效指标

指标名称	详细描述	考核权重
质量	公司资产(资源)结构不断完善,资源得到有效利用,效益不断提高,资料存储详尽,有条理	50%
效率	按时完成各项工作任务,发现问题及时上报	30%
协作	积极协助领导、同事工作	20%

(四)资本运作

基本信息

岗位编号	TZGL-04	岗位名称	资本运作	所属部门	投资管理部
岗位类别	基础管理	岗位数量	1	直接上级	

岗位目标

岗位目标	搭建境内外融资平台,不断拓展公司融资渠道

岗位职责

主要职责	(1) 并购、重组与行业整合方案的拟订与实施 (2) 参与公司及其控、参股公司债券发行、上市融资工作 (3) 公司投资项目退出与套现
次要职责	收集整理行业信息、资本市场重大事件信息
协助职责	协助领导和其他同事开展工作

任职条件

教育程度	大学
知识结构	精通金融、证券相关专业知识,掌握财务管理及公司主营业务相关知识,了解法律基本知识
工作能力	理解、分析、综合、沟通、文字表达

(续表)

职业素质	创新、敏捷、果断、协作精神
工作经验	参与过 IPO、借壳上市、信托或私募基金项目

绩 效 指 标

指标名称	详 细 描 述	考核权重
质量	公司融资渠道畅通,资本风险适中,信息搜集全面、准确、及时	70%
效率	方案拟定、手续办理等工作,满足项目进度要求	20%
协作	积极协助领导、同事工作	10%

资料来源:作者收集整理。

二、投资经理

（一）投资经理的职业技能

职业素质是指投资经理所应具备的知识结构与各种能力的综合。公司投资的竞争最终是人才的竞争,良好的职业素质是人才优势的体现。具体而言,公司投资经理职业技能要求可以体现在以下三个方面。

1. 技术技能

（1）财务理论。财务学是构成公司投资的基础知识,财务理论提供了用于建立这一学科的原始材料。只有了解某一特殊融资手段为什么起作用,才会知道如何使它更好地发挥作用。深刻理解各种融资工具的原理与机制也是一种竞争优势。当然,财务理论虽然是必不可少的,但仅仅掌握它们还不够。

（2）投资实践。与书本上的理论知识相对应,经验是另一种财富。对公司投资而言,过去的实践提供了很多书本理论所不能覆盖的技能。一个优秀的投资经理来自实践的磨炼。

（3）经营才干与行业知识。投资经理需要将公司当前的经营需要同欲投资的项目的技术特征结合起来考虑;履行尽职调查义务时,更要对企业的经营管理水平和行业发展前景有一个正确的评价。因此,投资经理应了解一般的经营原理和行业的情况。

2. 人际关系技能

从事公司投资的工作除了要具备相当的专业能力外,还需具备一定的公关技能。在其业务中,协调和处理各方面关系的工作所占比重很大。因此,良好的人际关系技能是业务顺利进行的润滑剂。

3. 概念技能

概念技能即市场悟性与远见。公司投资业务既是一门科学,又是一门艺术。具备市场

洞察力与远见同技术分析具有同等重要的意义。一个优秀的投资经理应了解产业动态,知道下一个市场的热点在哪里。无论对产品、市场、体制,都应能迅速地觉察到机会和问题。

(二)优秀投资经理的特质

1. 成就和成功

优秀的投资经理就像成功的企业家一样,他们的动力更多是来自内心的驱动,而不是为向他人表现自己。他们有无尽的紧迫意识,并且渴望挑战,但并不等于说他们渴望风险。权力是重要的,但这对他们来说,是促进业务开展的权力,而不是统率下属的权力。

2. 责任和奉献

优秀的投资经理总是全身心投入工作,无论交易规模或重要程度如何,他们一概将当前的交易看作是世界上最重要的事情。他们夜以继日地工作,责任感发自内心。虽然,只有这种个性并不能保证交易的成功,但缺少这种个性,交易无疑将会失败。

3. 耐心和毅力

优秀的投资经理从不放弃,他们永远不停歇,永远追求任何可能的收益,不放弃选择机会。他们知道如何等待,但不知道什么叫放弃。他们精于把握时机,了解仓促从事与反应缓慢同样危险。他们可以听出他人的言外之意,洞悉各方面的想法,辨明行动的最佳时机。优秀的投资银行家知道,有时按兵不动是最有利的做法,而这一点是新手最难掌握的。

4. 敏感性和洞察力

优秀的投资经理善于察言观色,他们能巧妙地分析情绪和感觉,并形成适当的计划和行动。他们能对那些看似无害的建议和随口而出的评论的消极方面作出鉴别。他们善于利用同伴和对手,极少制造个人间的冲突,亦不讨对手不满。他们乐于与人打交道,并能最终从中获得竞争优势。

5. 创造和创新

优秀的投资经理在旧事物出现问题时就会尝试新事物,他们从不因阻碍和困难而放弃新想法。他们掌握多种技术,因而在解决难题时比他人更得心应手。交易中的创造性既有利于交易过程的进行,又有利于挖掘更有价值的交易,并促进人们相互交流,为解决交易中的问题提供良好的解决方案。

第五节 证券市场

一、证券市场概述

(一)证券市场的概念及其构成

证券市场是有价证券发行与流通以及与此相适应的组织与管理方式的总称。证券市场是资本市场的重要组成部分,是股份制企业发行证券、筹集资金和证券流通交易的专门场所。一般而言,完整的证券市场由发行市场和流通市场共同组成。

1. 发行市场

发行市场是证券发行者为扩充经营,按照一定的法律规定和发行程序,向投资者出售新证券所形成的市场。

发行市场是资金需求者直接获得资金的市场。新公司的成立、老公司的增资或举债,都要通过发行市场,使资金从供给者手中转入需求者手中。初级市场的作用是增加社会总资本和生产能力,促进社会经济的发展。

发行市场又称初级市场或一级市场,通过证券的发行,不但为投资者提供更多的证券投资品种,同时也为资金需求者(股份公司)筹集到必要的资金。

2. 流通市场

流通市场是一个资本市场,是供投资者买卖已发行证券的场所,是已公开发行或私下发行的证券买卖交易的市场。通过证券的流通转让,不但保证了证券的流动性,也保证了投资者资产的流动性。

流通市场又叫作二级市场。二级市场是旧金融商品的交易市场,可为金融商品的最初投资者提供资金的流动性。金融商品可以是股票、债券等。一旦新发行的证券被列入证券交易所里,投资者便可以轻松地进行买卖交易。

发行市场是流通市场的基础,决定着流通市场上流通证券的种类、数量和规模;流通市场则是发行市场存在与发展的保证,维持着投资者资金周转和流动的灵活性。两者互为条件又相互制约,有着密不可分的关系。

(二)证券市场的功能

证券市场作为金融市场的重要组成部分,之所以在国民经济的运行过程中能发挥重要作用,主要取决于证券市场本身所具有的特有功能。证券市场有五项基本的功能。

1. 筹资功能

证券市场的筹资功能是指证券市场为资金需求者筹集资金的功能。融通资金是证券市场的首要功能,这一功能的另一作用是为资金的供给者提供投资对象。筹集资金是证券市场的首要功能。在证券市场上,资金短缺者可以通过发行各种证券来达到筹资的目的,而资金盈余者可以通过买入证券的方式进行投资。

2. 资本定价功能

证券市场的第二个基本功能就是为资本决定价格。证券是资本的存在形式,证券的价格实际上是证券所代表的资本的价格。

证券的价格是证券市场上证券供求双方共同作用的结果。证券市场的运行形成了证券需求者竞争和证券供给者竞争的关系,这种竞争的结果能产生高投资回报的资本。市场的需求大,其相应的证券价格就高;反之,证券的价格就低。因此,证券市场是资本的合理定价机制。

3. 资本配置功能

证券市场的资本配置功能是指通过证券价格引导资本的流动而实现资本的合理配

置的功能。在证券市场上,证券价格的高低是由该证券所能提供的预期报酬率的高低决定的。证券投资者对证券的收益十分敏感,证券的收益率高,其市场价格相应也高,从而其筹资能力强。证券收益率在很大程度上取决于企业的经济效益。这样,证券市场就引导资本流向经济效益好的企业,进而实现资本的合理配置。

4. 调控功能

证券市场是国民经济的晴雨表,它能够灵敏地反映社会政治、经济发展的动向,为经济分析和宏观调控提供依据。证券市场对国民经济的调控功能有两种表现形式:一是自发性调节功能;二是政策性调控功能。前者实际上是证券市场资本配置机制对微观部门影响,进而影响宏观经济活动的一种自发调节机制;后者是国家借助于证券市场,通过一系列的政策来实现对宏观经济进行调控的目的。

证券市场的动向是指市场行情的变化,通常用证券价格指数来表示。如果在一段时间内,国家政治稳定,经济繁荣,整体发展态势良好,证券价格指数就会上升;反之,如果政治动荡,经济衰退,或发展前景难以预测,证券价格指数就会下跌。

二、证券市场的构成要素

(一)市场主体

市场主体是在证券市场上进行交易的参与者。从资金关系角度看,包括证券发行人和证券投资人。证券发行人是为筹集资金而发行债券、股票等证券的政府及其机构、金融机构、公司和企业等,它们是证券市场上的资金需求者。证券投资人是利用证券进行投资的各类机构和自然人,他们是证券市场的资金供应者,也是金融工具的购买者。

(二)交易工具

证券市场活动必须借助一定的工具或手段来实现,这就是证券交易工具,也即证券交易对象。证券交易工具主要包括政府债券(包括中央政府债券和地方政府债券)、金融债券、公司(企业)债券、股票、基金及金融衍生证券等。

(三)中介机构

证券市场上的中介机构是指为证券的发行与交易提供服务的机构,主要包括证券公司和证券服务机构。

1. 证券公司

证券公司是指依法设立可经营证券业务的、具有法人资格的金融机构。证券公司的主要业务有承销、经纪、自营、投资咨询、并购、受托资产管理、基金管理等。

证券公司一般分为综合类证券公司和经纪类证券公司。两者的主要区别在于:综合类证券公司可以经营证券经纪业务、自营业务、承销业务,以及经国务院证券监督管理机构核定的其他业务;经纪类证券公司只允许从事证券经纪业务。

2. 证券服务机构

证券服务机构是依法设立从事证券服务业务的法人机构,包括证券登记结算公司、证券投资咨询公司、会计师事务所、资产评估机构、证券信用评级机构等。

（四）自律性组织

自律性组织包括证券交易所和证券行业协会。

根据《中华人民共和国证券法》的规定，证券交易所是提供证券集中竞价交易场所的不以营利为目的的法人。其主要职责有：提供交易场所与设施；制定交易规则；监管在该交易所上市的证券以及会员交易行为的合规性、合法性。

证券业协会是社会团体法人。证券业协会的权力机构为由全体会员组成的会员大会。根据《中华人民共和国证券法》规定，证券公司应当加入证券业协会。证券行业协会应当履行协助证券监督管理机构组织会员执行有关法律，维护会员的合法权益，为会员提供信息服务，制定规则，调解纠纷，监督检查会员行为。

（五）监管机构

证券监管机构是指中国证券监督管理委员会及其派出机构。它是国务院直属的证券管理监督机构，依法对证券市场进行集中统一监管。其主要职责是：负责行业性法规的起草，负责监督有关法律法规的执行，负责保护投资者的合法权益，对全国的证券发行、证券交易，以及中介机构的行为等依法实施全面监管，维持公平而有秩序的证券市场。

三、证券发行制度

国际上通用的证券发行制度有核准制和注册制两种。

（一）核准制

证券发行核准制实行实质管理原则，即证券发行人在发行证券过程中，不仅要以真实状况的充分公开为条件披露有关的信息，而且必须符合证券监管机构制定的、适合于发行的一系列实质性条件。这种发行制度赋予监管当局决定权，属政府主导型。

（二）注册制

证券发行注册制要求发行人必须按法定程序向证券监管部门提交关于证券发行本身以及同证券发行有关的一切信息，申请注册，并对所提供信息的完整性、真实性和可靠性负责。这种发行方式强调市场对证券发行的决定权，属市场主导型。

我国在2001年以前实行的是政府一手包办的审批制，后改为核准制，在2004年2月实施证券发行上市保荐人制度后，开始向更加市场化的注册制过渡。目前发达国家普遍采用注册制。

 课后习题

一、案例题

结合案例1-1中TS建设投资有限公司投资管理部的部门职责和岗位设置，分析公司投资的主要工作。

二、思考题
1. 请简述企业的三种组织形式。
2. 请简述公司的财务目标。
3. 请简述公司投资的概念与分类。
4. 请简述公司投资管理部的主要职责。
5. 请简述证券市场的概念与功能。
6. 请简述证券市场的构成要素。

第二章 投资财务分析

教学目标

- 了解报表不同使用人财务分析的目的。
- 理解财务分析的局限性。
- 掌握财务比率分析。
- 掌握杜邦分析体系。

 **导读案例　　　　绿大地财务造假**

云南绿大地生物科技股份有限公司（以下简称绿大地）（*ST大地,002200）始建于1996年,2001年完成股份制改造,公司于2007年12月21日公开发行股票并在深圳证券交易所挂牌上市,成为国内绿化行业第一家上市公司。该公司主要从事云南独有珍稀花卉苗木培植、绿化苗木种植及销售、城市园林绿化工程业务。调查发现,绿大地涉嫌欺诈发行,违规披露、不披露重要信息,伪造国家机关公文,隐匿、销毁会计资料等多项违法犯罪行为。利用关联交易自买自卖,虚构交易业务、虚增资产和虚增收入。

上市公司绿大地会计造假手段简析如下。

（1）利用关联交易。昆明鑫景园艺工程有限公司是绿大地2007年上半年苗木采购第一大户,当期采购苗木的金额为755万元,占同期绿大地营业收入的5.69%,其股东晁晓林持有公司10%的股份,同时,昆明晓林园艺工程有限公司也为绿大地前五大客户之一,并且晁晓林持有80%的股份,这说明采购大客户之间存在关联关系。

（2）虚增资产。2004年2月,绿大地购买马龙县旧县村委会土地64万平方米,金额为955.20万元,虚增土地成本900.20万元;2005年4月,云南绿大地公司在马鸣乡购买土地233万平方米,支付了3 360万元,虚增交易成本3 190余万元;2007年一季度,马鸣乡基地土壤改良虚增价值2 124万元;同年六月,绿大地在马鸣基地灌溉系统等项目价值虚增797.20万元。2007年经鉴定确认马鸣乡基地土壤改良价值虚增2 124.00万元;2010年一季度固定资产虚增5 983.67万元。

（3）虚增收入。2007年绿大地公司营业收入2.57亿元，虚增营业收入0.97亿元；2008年经鉴定虚增构建月望基地灌溉系统3 438.02万元。同年，绿大地会计报告披露的月望基地土壤改良投入4 527.30万元，经鉴定虚增价值4 527.30万元。2009年，绿大地会计报告披露购置广南林地使用权价值11 011.05万元，虚增林地使用权价值10 407.06万元。经认定，绿大地在2007年上市后，至2009年累计虚增收入2.51亿元。

财务分析为企业利益相关者提供了画像公司的有力工具。通过财务分析，不同的主体可以获取自己关心的相关数据，进行自己独特的判断。

资料来源：刘婉婷，上市公司会计造假的成因及防治[J].经营管理者，2015(3)：35。

要求：从利益相关者的角度分析该案例。

第一节 财务分析概述

一、财务分析的目的

公司是一个契约型组织，与公司形成契约关系的有债权人、股东、公司经营者、员工、注册会计师和政府。财务分析的目的是将财务报表数据转换成有用的信息，帮助报表使用者改善决策。

（一）债权人角度

最早的财务分析主要是为银行服务的信用分析。由于借贷资本在公司资本中的比重不断增加，银行需要对贷款人进行信用调查和分析。逐步形成了偿债能力分析等有关内容。

债权人为决定是否给公司贷款，需要分析贷款的报酬和风险；为了解债务人的短期偿债能力，要分析其流动状况；为了解债务人的长期偿债能力，需要分析其盈利状况和资本结构。

（二）股东角度

资本市场出现以后，财务分析由为贷款银行服务扩展到为各种投资人服务。社会筹资范围扩大，非银行债权人和股权投资人增加，公众进入资本市场。投资人要求的信息更为广泛，逐步形成了盈利能力分析、筹资结构分析和利润分配分析等新的内容，发展出比较完善的外部分析体系。

股权投资人为决定是否投资，需要分析公司的盈利能力；为决定是否转让股份，需要分析盈利状况、股价变动和发展前景；为考察经营者业绩，需要分析资产盈利水平、破产风险和竞争能力；为决定股利分配政策，需要分析筹资状况。

(三) 经营者角度

公司组织发展起来以后,经营者为获得股东的好评和债权人的信任,需要改善公司的盈利能力和偿债能力,逐步形成了内部分析的有关内容,并使财务报表分析由外部分析扩大到内部分析。内部分析不仅可以使用公开报表的数据,而且可以利用内部的数据(预算、成本数据等)。内部分析的目的是找出管理行为和报表数据的关系,通过管理来改善未来的财务报表。

经营者为改善财务决策,需要进行内容广泛的财务分析,几乎包括外部使用者关心的所有问题。

(四) 注册会计师角度

注册会计师为减少审计风险需要评估公司的盈利性和破产风险;为确定审计的重点,需要分析财务数据的异常变动。

(五) 政府角度

为履行政府职能,政府需要了解公司纳税情况、遵守政府法规和市场秩序的情况,以及职工的收入和就业状况。

由于财务报表使用的概念越来越专业化,许多报表使用者感到从财务报表中提取有用的信息日益困难,促使财务分析师发展成为专门职业。传统的财务报表分析逐步扩展成为由经营战略分析、会计分析、财务分析和前景分析四个部分组成的更完善的体系。

二、财务分析的步骤和方法

(一) 财务分析的步骤

财务分析的内容非常广泛。不同的人出于不同的目的,使用不同的财务分析方法。财务分析不是一种有固定程序的工作,不存在唯一的通用分析程序,而是一个研究和探索的过程。分析的具体步骤和程序是根据分析目的由分析人员个别设计的。

财务分析的一般步骤如下。

(1) 明确目的。明确分析的目的。
(2) 收集信息。收集有关的信息。
(3) 深入研究。根据分析目的深入研究相关信息的本质。
(4) 寻找联系。进一步研究相关信息的联系。
(5) 解释结果。提供对决策有帮助的信息。

(二) 财务分析的方法

财务分析的方法有水平分析法、垂直分析法和比率分析法。

1. 水平分析法

水平分析法是指将某时期或某时点反映企业财务报告的信息与反映企业前期(前

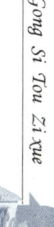

一个时点)或历史上某一时期(某一个时点)的信息进行对比,研究企业财务报告各个项目以及各项偿债能力、营运能力、盈利能力的发展变动情况的一种财务分析方法。

水平分析法中具体有两种技术:比较分析法和趋势分析法。

(1) 比较分析法。

比较分析法是将公司两个年份的财务报表进行比较分析,旨在找出单个项目(或单个比率)各年之间的不同,以便发现某种趋势。

在进行比较分析时,除了可以针对单个项目(或单个比率)研究其趋势,还可以针对特定项目之间的关系进行分析,以揭示出隐藏的问题。

(2) 趋势分析法。

当需要比较三年以上的财务报表时,就产生了趋势分析法。趋势分析的具体方法是,在分析连续几年的财务报表时,以其中一年的数据为基期数据(通常是以最早的年份为基期),其他各年的数据转换为基期数据的百分数,然后比较分析相对数的大小,得出有关项目或指标的趋势。另一种方法是每年都以上年为基期,分析项目或指标的变化情况。

在使用水平分析法进行分析时,应特别关注相关项目或指标的可比性。按上述方法编制的分析报表,称为比较财务报表。

2. 垂直分析法

垂直分析法是一种财务分析方法,与水平分析法相对应,又称共同百分比分析法。在一张财务报表中,用表中各项目的数据与总体(或称报表合计数)相比较,以得出该项目在总体中的位置、重要性与变化情况。

水平分析法注重的是关键项目或比率不同年份的比较,垂直分析法更注重报表内部各项目的内在结构分析。

垂直分析法对当期利润表或是资产负债表等做纵向分析。在利润表中,以销售收入为100%,其他所有项目用销售收入的百分率表示;在资产负债表中,以资产总额为100%,其他项目用资产总额的百分率表示。

按上述方法编制的分析报表,称为结构百分比报表。结构百分比报表用于发现有显著问题的项目,揭示进一步分析的方向。

3. 比率分析法

比率分析法是通过财务报表的相关项目来计算相关的比率,分析企业财务状况和经营成果,了解企业发展前景的分析方法。

比率分析法以同一期财务报表上若干重要项目的相关数据相互比较,求出比率,用以分析和评价公司的经营活动以及公司目前和历史状况的一种方法,是财务分析最基本的工具。

由于进行财务分析的目的不同,因而各种分析者包括债权人、股东、经营者、政府等所采取的侧重点也不同。比率分析法部分主要掌握和运用四类比率,即偿债能力比率、营运能力比率、盈利能力比率和成长能力比率。

三、财务分析的局限性

财务分析对于了解企业的财务状况和经营业绩,评价企业的偿债能力、营运能力、盈利能力和成长能力有着显著的作用。但由于种种因素的影响,财务分析也存在着一定的局限性。

(一)财务报告本身的局限性

财务报告是公司会计系统的产物,财务报告存在以下的局限性。

(1)财务报告数据是历史数据,时效性较差。

(2)在存在利润操纵的情况下,财务报告信息可能与实际不符。

(3)由于会计政策和会计处理方法的变化,财务报告数据可能不具有可比性。

(4)财务报告没有披露公司的全部信息,管理层拥有更多的信息,得到披露的只是其中的一部分,数据的完整性较差。

(二)财务分析方法的局限性

(1)对于水平分析法来说,在实际操作时,比较的双方必须具备可比性才有意义。

(2)对于比率分析法来说,比率分析是针对单个指标进行分析,综合程度较低,在某些情况下无法得出令人满意的结论。

第二节 财务比率分析

财务报表中有大量的数据,可以组成许多有意义的财务比率。这些比率涉及企业经营管理的各个方面。这些财务比率大体上可以分为:偿债能力比率、营运能力比率、盈利能力比率和发展能力比率。

下面从与公司相关的利益各方所关注的不同侧重点的角度来介绍财务比率分析。

一、偿债能力比率

从债权人的角度,债务按到期时间可以分为短期债务和长期债务,偿债能力分析也相应分为短期偿债能力分析和长期偿债能力分析两部分。企业保持适当的偿债能力具有重要意义。

(一)短期偿债能力比率

对于债权人来说,企业偿债能力不足可能导致他们无法及时、足额收回债权本息,因此他们希望企业具有尽可能强的偿债能力。在偿债能力问题上,股东和债权人的利益并不一致。股东更愿意拿债权人的钱去冒险,如果冒险成功,超额报酬全部归股东,债权人只能得到固定的利息而不能分享冒险成功的额外收益。如果冒险失败,债权人

有可能无法收回本金,要承担冒险失败的部分损失。短期偿债能力比率主要有流动比率、速动比率、现金比率和经营现金流量比率等。

1. 流动比率

流动比率是全部流动资产与流动负债的比值。其计算公式如下:

$$流动比率 = \frac{流动资产}{流动负债}$$

流动比率假设全部流动资产都可以用于偿还短期债务,表明每1元流动负债有多少流动资产作为偿债的保障。

流动资产是指企业可以在一年或者超过一年的一个营业周期内变现或者运用的资产,主要包括货币资金、短期投资、应收票据、应收账款和存货等。流动负债是指在一年或者超过一年的一个营业周期内偿还的债务,包括短期借款、应付票据、应付账款、预收账款、应付股利、应交税金、其他应付款项、预提费用和一年内到期的长期借款等。因而流动资产就成为偿还流动负债的一个安全保障。流动比率的计算简便,得到广泛应用。

不存在统一的、标准的流动比率数值。不同行业的流动比率通常有明显差别。营业周期越短的行业,合理的流动比率越低。如果流动比率发生较大变动,或与行业平均值偏差较大,就应对构成流动比率的流动资产和流动负债各项目逐一进行分析,寻找形成差异的原因。

2. 速动比率

流动比率高的公司并不一定偿还短期债务的能力就强,虽然流动资产中现金、应收账款等变现能力较强,但是存货等流动资产项目变现时间较长,特别是存货很可能发生积压、滞销、残次等情况,流动性较差。为了更准确地衡量公司的短期偿债能力,须引入速动资产的概念。

货币资金、交易性金融资产和各种应收、预付款项等,可以在较短时间内变现,称之为速动资产。另外的流动资产,包括存货、待摊费用、一年内到期的非流动资产及其他流动资产等,称为非速动资产。

速动资产与流动负债的比值,称为速动比率,其计算公式为:

$$速动比率 = \frac{速动资产}{流动负债} = \frac{流动资产 - 存货}{流动负债}$$

速动比率假设速动资产是可以用于偿债的资产,表明每1元流动负债有多少速动资产作为偿还保障。

不同行业的速动比率差别很大。大量采用现金销售的超市,几乎没有应收账款,速动比率往往低于1;相反,处于扩张期的公司为了扩大销售,往往采取赊销策略,应收账款较多,速动比率会大于1。

速动比率扣除了变现能力较差的存货作为偿付流动负债的基础,弥补了流动比率的不足。

3. 现金比率

现金比率是在公司因赊销而形成大量应收账款时,考察短期偿债能力所运用的指标。速动资产中,流动性最强、可直接用于偿债的资产称为现金资产。现金资产包括货币资金、交易性金融资产等。现金资产与流动负债的比值称为现金比率,其计算公式如下:

$$现金比率 = \frac{货币资金 + 交易性金融资产}{流动负债}$$

现金比率假设现金资产是可偿债资产,表明1元流动负债有多少现金资产作为偿还保障。现金比率反映公司在不依靠存货销售及应收账款收回的情况下,支付当前流动负债的能力。

在流动比率、速动比率和现金比率中,速动比率计算可偿债流动资产时,扣除了流动性较差的存货,相对于流动比率较保守;而现金比率只度量了流动资产中相对于流动负债最具流动性的现金资产项目,因此是三个比率中最保守的一个。

4. 经营现金流量比率

经营现金流量比率用于衡量公司经营活动所产生的现金净流量可以抵偿流动负债的程度。该比率越高,说明企业的财务弹性越好。

其计算公式为:

$$经营现金流量比率 = \frac{经营现金净流量}{流动负债}$$

资产负债表是指反映企业在某一特定日期的财务状况的会计报表。利润表是指反映企业在一定会计期间的经营成果的会计报表。现金流量表是指反映企业在一定会计期间的现金和现金等价物流入和流出的会计报表。资产负债表是时点报表,而利润表和现金流量表是时期报表。

在计算经营现金流量比率时,经营现金净流量的数字取自现金流量表,而流动负债的数字取自资产负债表,为使两者具有可比性,需要把流动负债的"时点"特性转化为"时期"特性。转化方法是:"流动负债"数字采用期初与期末的算术平均数。这样,分子、分母均为时期数,具有可比性。

现金流量比率表明每1元流动负债的经营现金净流量保障程度。该比率越高,偿债越有保障。

(二)长期偿债能力比率

衡量长期偿债能力常用的比率包括资产负债率、产权比率、权益乘数、利息保障倍数和现金流量利息保障倍数等。

1. 资产负债率

资产负债率又称举债经营比率,反映债权人资金的安全保障程度,通过将公司的负

债总额与资产总额相比较得出,反映公司全部资产中属于负债的比例。与其他比率配合分析,资产负债率也可以衡量公司利用债权人提供的资金进行经营活动的能力。

资产负债率是负债总额占资产总额的百分比,其计算公式如下:

$$资产负债率 = \frac{负债}{资产} \times 100\%$$

资产负债率反映总资产中有多大比例是通过负债取得的。资产负债率越低,公司偿债越有保证,债权人的资金越安全。资产负债率还代表企业的举债能力。一个公司的资产负债率越低,举债越容易。资产负债率高到一定程度,很难再通过举债来筹集资金时,就表明企业的举债能力已经用尽。

从债权人的角度看,他们最关心的是借出资金的安全程度以及是否能按期收回本金和利息等。如果股东提供的资本与公司资产总额相比,只占较小的比例,则企业的风险主要由债权人承担,这对于债权人来讲是不利的。因此,债权人希望资产负债率越低越好,公司偿债有保证,融给公司的资金不会有太大的风险。

2. 产权比率

产权比率是负债总额与所有者权益总额的比率,是为评估公司资金结构是否合理的一种指标。

其计算公式如下:

$$产权比率 = \frac{负债总额}{所有者权益}$$

产权比率反映股东所持股权是否过多或者是否不够充分等情况,从另一个侧面表明企业借款经营的程度,是衡量公司长期偿债能力的指标之一。

产权比率表明由债权人提供的资金和由投资者提供的资金的相对关系,是公司财务结构是否稳健的标志之一。产权比率越低,表明企业自有资本占总资产的比重越大,长期偿债能力越强。

产权比率表明每1元股东权益借入的债务数额。

3. 权益乘数

权益乘数是指资产总额相当于所有者权益的倍数,是所有者权益比例的倒数。权益乘数越大,表明所有者投入公司的资本占全部资产的比重越小,公司负债的程度越高;反之,权益乘数越小,表明所有者投入公司的资本占全部资产的比重越大,公司的负债程度越低。因此,权益乘数可以衡量债权人资金的安全保障程度,是衡量公司长期偿债能力的指标之一。

其计算公式如下:

$$权益乘数 = \frac{总资产}{所有者权益} = 1 + 产权比率 = \frac{1}{1 - 资产负债率}$$

权益乘数表明每1元股东权益拥有的总资产。

4. 利息保障倍数

利息保障倍数,又称已获利息倍数,是指公司生产经营所获得的息税前利润与利息费用的比率,是衡量公司利息支付能力的指标。利息保障倍数越大,说明公司支付利息费用的能力越强。

其计算公式如下:

$$利息保障倍数=\frac{息税前利润}{利息费用}=\frac{净利润+利息费用+所得税费用}{利息费用}$$

通常,可以用财务费用的数额作为利息费用,也可以根据报表附注资料确定更准确的利息费用数额。

公司债权人分析利息保障倍数指标,以此来衡量债权资金利息的安全保障程度。

利息保障倍数反映了公司获利能力的大小,也反映了公司自身产生的经营收益对偿还到期债务利息的保障程度。

长期债务不需要每年还本,却需要每年付息。公司要维持正常偿债能力,利息保障倍数至少应该大于1,且比值越高,公司长期偿债能力越强。如果利息保障倍数等于或小于1,表明公司自身产生的经营收益仅能或不能支持现有的债务规模,企业将面临偿债的安全性与稳定性下降的风险。

利息保障倍数表明每1元债务利息有多少倍的息税前利润作保障。

5. 现金流量利息保障倍数

现金流量利息保障倍数是指经营现金净流量为利息费用的倍数,用以支付利息的是经营活动产生的现金净流量,因此比以息税前利润为基础的利息保障倍数更可靠。

其计算公式如下:

$$现金流量利息保障倍数=\frac{经营现金净流量}{利息费用}$$

现金流量利息保障倍数表明每1元的利息费用有多少倍的经营现金净流量作保障。

二、营运能力比率

营运能力比率是衡量公司资产管理效率的财务比率。常用的有应收账款周转率、存货周转率、营业天数、流动资产周转率和总资产周转率等。

(一)应收账款周转率

应收账款是公司流动资产中的一个重要项目。应收账款周转率是公司在一定时期内赊销销售收入与平均应收账款之比,是衡量企业应收账款周转速度及管理效率的指标。

分析人很难取得公司赊销的数据,因此使用销售收入代替计算,相当于假定现销应

收账款的收现时间为零。销售收入是时期数,而应收账款是时点数,为具有可比性,应收账款采用平均应收账款计算,即为期初应收账款与期末应收账款的算术平均数。

应收账款周转率是销售收入与应收账款的比率。

其计算公式如下:

$$应收账款周转次数 = \frac{销售收入}{应收账款}$$

$$应收账款周转天数 = \frac{360}{应收账款周转次数}$$

公司的应收账款在流动资产中具有举足轻重的地位。应收账款如能及时收回,公司的资金使用效率便能大幅提高。

应收账款周转次数就是反映公司应收账款周转速度的比率,表明应收账款一年中周转的次数。用时间表示的应收账款周转速度为应收账款周转天数,它表明应收账款从形成到回收的平均天数。

(二)存货周转率

存货是公司流动资产中的另一个重要项目。存货周转率是销售成本与平均存货的比率,是衡量企业销售能力及存货管理水平的综合性指标。销售成本是时期数,而存货是时点数,为具有可比性,存货采用平均存货计算,为期初存货与期末存货的算术平均数。

其计算公式如下:

$$存货周转次数 = \frac{销售成本}{存货}$$

$$存货周转天数 = \frac{360}{存货周转次数}$$

存货周转率用于反映存货的周转速度,即存货的流动性,以及存货资金占用量是否合理。关注存货周转率可促使企业在保证生产经营连续的同时,提高资金的使用效率。

(三)营业天数

营业天数是指从外购承担付款义务,到收回因销售商品或提供劳务而产生的应收账款的这段时间。

其计算公式如下:

$$营业天数 = 存货周转天数 + 应收账款周转天数$$

营业天数的长短是决定公司流动资产需要量的重要因素。较少的营业天数表明对应收账款和存货的有效管理。营业天数少,说明公司资金周转速度快;营业天数多,说明公司资金周转速度慢。

(四)流动资产周转率

流动资产周转率指公司一定时期内销售收入同平均流动资产的比率,流动资产周转率是评价企业流动资产利用程度的一个重要指标。销售收入是时期数,而流动资产是时点数,为具有可比性,流动资产采用平均流动资产计算,即为期初流动资产与期末流动资产的算术平均数。

其计算公式为:

$$流动资产周转次数 = \frac{销售收入}{流动资产}$$

$$流动资产周转天数 = \frac{360}{流动资产周转次数}$$

流动资产周转次数,表明流动资产一年中周转的次数。

流动资产周转天数,表明流动资产周转一次所需要的时间。

(五)总资产周转率

总资产周转率是公司一定时期的销售收入与平均资产总额之比,它是衡量资产投资规模与销售水平之间配比情况的指标。销售收入是时期数,而总资产是时点数,为具有可比性,总资产采用平均总资产计算,即为期初总资产与期末总资产的算术平均数。

总资产周转率是销售收入与总资产之间的比率。

其计算公式为:

$$总资产周转次数 = \frac{销售收入}{总资产}$$

$$总资产周转天数 = \frac{360}{总资产周转次数}$$

利用总资产周转率分析评价资产使用效率时,要结合销售利润率一起分析。总资产周转率越高,说明企业销售能力越强,资产投资的效益越好。在销售利润率不变的条件下,周转的次数越多,形成的利润越多。销售收入越多,说明资产的使用和管理效率越高。

总资产周转次数表示总资产在一年中周转的次数。

总资产周转天数表示总资产周转一次所需要的时间。

三、盈利能力比率

(一)销售利润率

销售利润率又称销售净利率,是以销售收入为基础分析企业获利能力、反映销售收入收益水平的指标,即每1元销售收入所获得的利润。销售利润率是净利润与销售收入的比率,通常用百分数表示。

其计算公式为:

$$销售利润率 = \frac{净利润}{销售收入} \times 100\%$$

"销售收入"是利润表的第一行数字,"净利润"是利润表的最后一行数字,两者相除

可以概括企业的全部经营成果。该比率越大则公司的盈利能力越强。

销售利润率衡量公司销售收入收益水平的指标,属于盈利能力类指标。

(二) 资产利润率

资产利润率(ROA)又称投资利润率、资产报酬率,是反映公司资产盈利能力的指标。这是指公司在一定时间内实现的利润与同期资产平均占用额的比率。资产利润率是净利润与总资产的比率。净利润是时期数,而总资产是时点数,为具有可比性,总资产采用平均总资产计算,即期初总资产与期末总资产的算术平均数。

其计算公式为:

$$资产利润率 = \frac{净利润}{总资产} \times 100\%$$

关注公司的资产利润率指标能促使企业全面改善生产经营管理,不断提高企业的经济效益。

(三) 净资产收益率

净资产收益率(ROE)又称股东权益报酬率,是净利润与平均所有者权益的百分比,该指标反映股东权益的收益水平,用以衡量公司运用自有资本的效率。净利润是时期数,而所有者权益是时点数,为具有可比性,所有者权益采用平均所有者权益计算,即期初所有者权益与期末所有者权益的算术平均数。

其计算公式为:

$$净资产收益率 = \frac{净利润}{所有者权益} \times 100\%$$

净资产收益率的分母是股东的投入,分子是股东的所得。净资产收益率概括了企业的全部经营业绩和财务业绩。

净资产收益率反映了每1元股东资本赚取的净收益,指标值越高,说明投资带来的收益越高。该指标体现了自有资本获得净收益的能力,可以衡量企业的总体盈利能力。

(四) 股利支付率

1. 每股股利

每股股利是股利总额与普通股股数的比值。每股股利反映公司每一普通股获得股利多少,该指标值越大表明获利能力越强。

其计算公式为:

$$每股股利 = \frac{股利总额}{普通股股数}$$

影响每股股利多少的因素主要是企业股利发放政策与利润分配政策的影响。如果企业为扩大再生产、增强企业后劲而多留利,每股股利就少;反之则多。

2. 每股净利润

每股净利润为净利润除以普通股股数。

其计算公式为：

$$每股净利润 = \frac{净利润}{普通股股数}$$

每股净利润常被用来反映企业的经营成果，衡量普通股的获利水平及投资风险，是投资者、债权人等信息使用者据以评价企业盈利能力、预测企业成长潜力，进而作出相关经济决策的一项重要财务指标。

3. 股利支付率

股利支付率，也称股息发放率，是净利润中股利所占的比重。它反映公司的股利分配政策和股利支付能力。

其计算公式为：

$$股利支付率 = \frac{每股股利}{每股净利润} \times 100\%$$

或：

$$股利支付率 = \frac{股利总额}{净利润总额}$$

通常初创公司、小公司的股利支付率较低。股利支付率高表明公司不需更多的资金进行再投入。

四、发展能力比率

企业的发展能力，也称企业的成长性，它是企业通过自身的生产经营活动，不断扩大积累而形成的发展潜能。衡量发展能力的比率有：销售收入增长率、净利润增长率和总资产增长率。

（一）销售收入增长率

销售收入增长率是公司不同时期销售收入的变化程度。

其计算公式为：

$$销售收入增长率 = \frac{本期销售收入 - 上期销售收入}{上期销售收入} \times 100\%$$

通常销售收入增长率越高，代表公司产品销售量增加，市场占有率扩大，未来成长也更加乐观。

（二）净利润增长率

净利润是指利润总额减所得税后的余额，也称税后利润，是公司经营的最终成果。净利润多，企业的经营效益就好；净利润少，企业的经营效益就差，净利润是衡量一个公司经营效益的重要指标。

其计算公式为：

$$净利润增长率=\frac{本期净利润-上期净利润}{上期净利润}\times 100\%$$

净利润增长率代表企业本期净利润比上期净利润的增长幅度,该指标值越大代表企业盈利能力越强。

通常用净利润增长率来近似地描述企业价值的增长,并将其作为企业发展能力分析的重要指标。

(三)总资产增长率

总资产增长率,又称总资产扩张率,是公司本期总资产增长额同期初资产总额的比率,反映企业本期资产规模的增长情况。

其计算公式为:

$$总资产增长率=\frac{期末资产总额-期初资产总额}{期初资产总额}\times 100\%$$

资产增长是企业发展的一个重要方面,发展性好的企业一般能保持资产的稳定增长。总资产增长率越高,表明企业一定时期内资产经营规模扩张的速度越快。但在分析时,需要关注资产规模扩张的质和量的关系,以及企业的后续发展能力,避免盲目扩张。

【案例 2-1】　　　　齐心集团财务分析

一、企业概况

齐心集团是一家综合办公用品企业。齐心集团创始于 1991 年,注册资本为 9 333 万元。

齐心集团的经营范围主要是提供与大办公产业链相关的产品和服务。公司主要做对文具产品的研究开发,同时负责办公产品的生产和销售,致力于打造集成大办公服务。另外,公司还提供 SAAS 软件服务。

齐心集团于 2015 年启动战略转型。公司的目标是打造集成大办公服务。公司改变以往的传统线下销售方式,转变成电商与线下销售相联合的形式。在该模式下,公司投入巨大资金来加大品牌宣传力度,拓展销售市场,加快物流建设,公司正处于发展的关键时期。

二、财务分析框架

偿债能力和营运能力是一个公司良好发展的基础,偿债能力和营运能力影响着盈利能力。偿债能力强,说明企业货币资金多,运行稳定,能保证盈利。营运能力强,即资产周转速度快,资产结构配置合理,生产效率高,有利于企业获得较高的利润(见图 2-1)。盈利能力的提升会凸

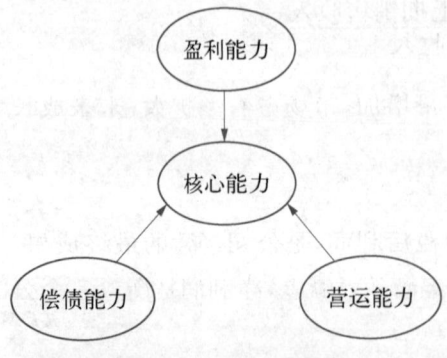

图 2-1　财务分析框架

显出公司的核心能力。齐心集团作为办公用品行业的龙头企业,它的核心能力是物流配送体系、员工持股、信息化系统改进和管理扁平化。

三、偿债能力分析

(一)短期偿债能力分析

短期偿债能力是指企业在一定时期内以流动资产偿还流动负债的能力。短期偿债能力的大小主要取决于营运资金的大小以及资产变现速度的快慢。

1. 营运资本

营运资本是指流动资产超过流动负债的部分。其计算公式为:

$$营运资本 = 流动资产 - 流动负债$$

从表 2-1 中可以看出:

(1) 齐心集团 2013 年的流动资产为 1 040 018 039.33 元,流动负债为 644 115 756.15 元,营运资本为 395 902 283.18 元。

(2) 齐心集团 2014 年的流动资产为 1 164 485 649.15 元,流动负债为 791 591 848.81 元,营运资本为 372 893 800.34 元。

(3) 齐心集团 2015 年的流动资产为 1 261 167 583.20 元,流动负债为 1 089 573 850.85 元,营运资本为 171 593 732.35 元。

(4) 齐心集团 2014 年的流动资产与 2013 年相比较,营运资产减少了 23 008 482.84 元。可见,公司 2014 年与 2013 年相比短期偿债能力降低了。

(5) 齐心集团 2015 年的流动资产与 2014 年相比较,营运资产减少了 201 300 067.99 元。可见,公司 2015 年与 2014 年相比短期偿债能力降低了。

(6) 齐心集团三年内的流动负债出现了逐年增加的现象,其营运资本逐年减少。可见,齐心集团 2013—2015 年的短期偿债能力降低了。

表 2-1 营运资本表

项目	2015 年		2014 年		增 长		
	金 额(元)	结构(%)	金 额(元)	结构(%)	金 额(元)	增长(%)	结构(%)
流动资产合计	1 261 167 583.20	100.00	1 164 485 649.15	100.00	96 681 934.05	8.30	100.00
流动负债合计	1 089 573 850.85	86.39	791 591 848.81	67.98	297 982 002.04	37.64	308.21
营运资本	171 593 732.35	13.61	372 893 800.34	32.02	−201 300 067.99	−53.98	−208.21

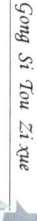

(续表)

项目	2014年 金额(元)	结构(%)	2013年 金额(元)	结构(%)	增长 金额(元)	增长(%)	结构(%)
流动资产合计	1 164 485 649.15	100.00	1 040 018 039.33	100.00	124 467 609.82	11.97	100.00
流动负债合计	791 591 848.81	67.98	644 115 756.15	61.93	147 476 092.66	22.90	118.49
营运资本	372 893 800.34	32.02	395 902 283.18	38.07	−23 008 482.84	−5.81	−18.49

2. 流动比率

流动比率是指流动资产与流动负债的比率。其计算公式为：

$$流动比率 = \frac{流动资产}{流动负债}$$

从表2-2中可以看出：

(1) 齐心集团2013年的流动比率为1.61，2014年该指标是1.47，2015年该指标是1.16。齐心集团的流动比率出现了每年都降低的现象。

(2) 齐心集团2015年的流动比率低于行业平均水平1.89。

(3) 齐心集团2013—2015年的流动比率都偏低。可见，齐心集团偿还短期债务的能力降低了。

表2-2 流动比率表

项目	2015年	2014年	2013年
流动资产合计(元)	1 261 167 583.20	1 164 485 649.15	1 040 018 039.33
流动负债合计(元)	1 089 573 850.85	791 591 848.81	644 115 756.15
流动比率	1.16	1.47	1.61

3. 速动比率

速动比率是指企业速动资产与流动负债的比率。其计算公式为：

$$速动比率 = \frac{速动资产}{流动负债}$$

速动资产 = 流动资产 − 存货 − 预付账款 − 待摊费用

从表2-3中可以看出：

（1）齐心集团2013年的速动比率为1.17，2014年该指标为1.11，2015年该指标为0.84，出现了每年都降低的现象。

（2）齐心集团2013年和2014年的速动比率较为合适，说明齐心集团可以在短期内将资产变现，有较强的能力可以偿付短期债务。公司2015年的速动比率小于1，公司由于战略转型存在大量的短期借款，缺乏速动资产，公司或将出现在偿还债款时资金周转困难的问题。

表2-3　速动比率表

项　　目	2015年	2014年	2013年
流动资产(元)	1 261 167 583.20	1 164 485 649.15	1 040 018 039.33
存货(元)	232 535 354.31	179 398 588.58	231 532 813.78
预付款项(元)	107 103 706.82	82 698 597.34	49 042 574.43
长期待摊费用(元)	3 944 109.85	26 675 989.94	4 442 143.30
速动资产(元)	917 584 412.22	875 712 473.29	755 000 507.82
流动负债(元)	1 089 573 850.85	791 591 848.81	644 115 756.15
速动比率	0.84	1.11	1.17

4. 现金比率

现金比率是现金和等值现金与流动负债的比率。其计算公式为：

$$现金比率=\frac{货币资金+交易性金融资产}{流动负债}$$

从表2-4中可以看出：

（1）齐心集团2013年的现金比率为0.63，2014年该指标为0.54，2015年该指标为0.43，出现了每年都降低的现象。

（2）齐心集团三年的货币资金逐年增加但增加的幅度不大，流动负债逐年增加并且在2015年由于存在大量的短期借款导致流动负债大幅度增加，公司的短期偿债能力减弱。

表2-4　现金比率表

项　　目	2015年	2014年	2013年
货币资金(元)	472 983 512.02	426 501 804.77	405 608 845.05
流动负债(元)	1 089 573 850.85	791 591 848.81	644 115 756.15
现金比率	0.43	0.54	0.63

5. 总结

齐心集团2013—2015年各项反映短期偿债能力的指标出现了每年都降低的现象，并且各项指标都偏低。2015年因为存在大量的短期借款，从而导致流动负债大幅度增加，公司的短期偿债能力减弱，公司或将出现在偿还债款时资金周转困难的问题。公司应积极采取措施，合理安排偿还借款的时间，避免因还款期过于集中而形成的偿债压力。

（二）长期偿债能力分析

长期偿债能力是指企业偿还长期负债的能力。长期偿债能力的强弱是反映企业财务安全和稳定程度的重要标志。

1. 资产负债率

资产负债率是负债总额占资产总额的百分比。其计算公式为：

$$资产负债率=\frac{负债总额}{资产总额}\times100\%$$

从表2-5中可以看出：

（1）齐心集团2013年的资产负债率为是36.25%，2014年该指标为41.17%，2015年该指标为53.12%。2013—2015年，该指标出现每年都增加的现象。2015年负债大量增加是因为存在大量短期借款和长期借款。2015年资产增加主要是由于商誉、存货等资产的增加。

（2）公司2015年的资产负债率高于行业平均水平27.12%，说明公司的营业风险处于行业的上游水平，公司的债务负担增加。

（3）齐心集团三年内的资产负债率较低，说明财务状况没有出现大的问题。公司的经营状况良好，有较小的偿债压力。

（4）齐心集团2015年该指标比较高。公司要加强提高投资收益水平，保持合理的负债规模，有效地提高负债的利用效率。公司要制定合理的归还长期借款的时间，避免因偿还长期借款形成的偿债压力。

表2-5　资产负债率表

项　目	2015年	2014年	2013年
负债合计(元)	1 298 026 111.39	791 591 848.81	644 115 756.15
资产总计(元)	2 443 583 441.78	1 922 889 307.64	1 777 050 179.42
资产负债率(%)	53.12	41.17	36.25

2. 产权比率

产权比率是企业负债总额与股东权益总额之比。其计算公式为：

$$产权比率=\frac{负债总额}{所有者权益总额}$$

从表 2-6 中可以看出：

(1) 齐心集团 2013 年的产权比率是 0.57，2014 年该指标为 0.70，2015 年该指标为 1.13。齐心集团 2013—2015 年该指标出现每年都增加的现象。

(2) 齐心集团 2013 年和 2014 年的产权比率在合理的范围内，说明公司的财务构造较为合理，公司有足够的能力归还长期债务。

(3) 齐心集团 2015 年该指标比较高，说明公司财务结构不合理。齐心集团连续三年产权比率逐渐增加，2015 年该指标的增加额大于 2014 年的增加额，公司的财务风险加大。因此，在提高债务收益性的同时也要考虑由于债务较多产生的财务风险，由此作出正确的经营决策。

表 2-6 产权比率表

项　目	2015 年	2014 年	2013 年
负债合计(元)	1 298 026 111.39	791 591 848.81	644 115 756.15
所有者权益合计(元)	1 145 557 330.39	1 131 297 458.83	1 132 934 423.27
产权比率	1.13	0.70	0.57

3. 权益乘数

权益乘数是企业的资产总额是所有者权益的多少倍。该乘数越大，说明投资者投入的一定量资本在生产经营中所运营的资产越多。其计算公式为：

$$权益乘数 = \frac{全部资产总额}{所有者权益总额}$$

从表 2-7 中可以看出：

(1) 齐心集团 2013 年的权益乘数是 1.57，2014 年该指标为 1.70，2015 年该指标为 2.13。齐心集团 2013—2015 年该指标出现了每年都增加的现象。

(2) 齐心集团的权益乘数适宜，说明公司的财务构造比较合理，齐心集团的有能力归还长期的债务。

表 2-7 权益乘数表

项　目	2015 年	2014 年	2013 年
资产总计(元)	2 443 583 441.78	1 922 889 307.64	1 777 050 179.42
所有者权益合计(元)	1 145 557 330.39	1 131 297 458.83	1 132 934 423.27
权益乘数	2.13	1.70	1.57

4. 利息保障倍数

利息保障倍数是企业息税前利润与所支付的利息费用的倍数关系。该指标测定企

业已获取的利润偿还借款利息的能力,是评价债权人投资风险程度的重要指标之一。其计算公式为:

$$利息保障倍数 = \frac{利润总额 + 利息费用}{利息费用}$$

从表2-8中可以看出:

(1)齐心集团2013年的利息保障倍数是4.62,2014年该指标为4.31,2015年该指标为1.54。齐心集团的利息保障倍数三年内呈现出每年都减少的现象,并且在2015年有大幅度的减少。

(2)齐心集团连续三年的利息保障倍数都没有小于1,表明齐心集团目前的债务规模没有还款压力,公司经营得比较有效益。但2015年该指标比2014年减少的比率非常大,齐心集团应注意防范风险。

表2-8 利息保障倍数表

项 目	2015 年	2014 年	2013 年
利润总额(元)	4 113 632.05	30 940 797.64	33 075 958.06
利息费用(元)	7 655 927.41	9 348 056.54	9 125 237.89
合计(元)	11 769 559.46	40 288 854.18	42 201 195.95
利息费用(元)	7 655 927.41	9 348 056.54	9 125 237.89
利息保障倍数	1.54	4.31	4.62

5. 现金流量利息保障倍数

现金流量利息保障倍数是指经营现金流量为利息费用的倍数。其计算公式为:

$$现金流量利息保障倍数 = \frac{经营现金流量}{利息费用}$$

从表2-9中可以看出:

(1)齐心集团2013年的现金流量利息保障倍数是-5.83,2014年该指标为8.21,2015年该指标为-5.27。

表2-9 现金流量利息保障倍数表

项 目	2015 年	2014 年	2013 年
经营活动产生的现金流量净额(元)	-40 323 607.74	76 779 180.53	-53 223 530.08
利息费用(元)	7 655 927.41	9 348 056.54	9 125 237.89
现金流量利息保障倍数	-5.27	8.21	-5.83

(2)齐心集团2014年该指标大于1,说明2014年齐心集团有足够的能力归还长期债务。

(3)齐心集团2015年和2013年该指标为负数,说明齐心集团没有足够的能力归还长期债务。

6.总结

齐心集团近三年的各项指标基本呈现劣势的发展状态。齐心集团存在大量的借款,公司的财务风险变大。公司要加强提高投资收益水平,在提高债务收益性的同时也要考虑由于债务较多产生的财务风险,由此作出正确的经营决策。

四、营运能力分析

(一)流动资产营运能力分析

流动资产营运能力是指通过企业生产经营资金周转速度的有关指标所反映出来的企业流动资金利用的效率,表明企业管理当局在企业经营管理活动中运用流动资金的能力。

1.应收账款周转率

应收账款周转率是指一段时间内企业从产生应收账款到收回货币资金的周转次数。其计算公式为:

$$应收账款周转率 = \frac{赊销收入}{平均应收账款}$$

从表2-10中可以看出:

(1)齐心集团2013年的应收账款周转率是5.66,2014年该指标为4.67,2015年该指标为4.97。2014年该指标与2013年相比较,有小幅度的减少,2015年该指标与2014年相比较,有小幅度的增加。

(2)齐心集团2015年的应收账款周转率远低于同行业的龙头企业晨光当期的应账款周转率49.09。公司应加快应收账款的回收,提高资产的利用效率。

(3)齐心集团的应收账款在很长时间后才能收回,资产流动性较小。公司2015年的应收账款周转率比2014年略有上升,相对可以减少坏账损失的发生,为公司的经营提供更多的流动资产,公司的营运能力较弱。

表2-10 应收账款周转率表

项　　目	2015年	2014年	2013年
营业收入(元)	1 581 896 640.87	1 632 753 411.94	1 677 618 826.50
应收账款平均余额(元)	318 561 663.49	349 686 556.21	296 503 897.60
应收账款周转率	4.97	4.67	5.66

2.存货周转率

存货周转率是一定时期内企业销货或营业成本与平均存货余额的比率。其计算公式为:

$$存货周转率 = \frac{销售成本}{平均存货余额}$$

从表 2-11 中可以看出：

(1) 齐心集团 2013 年的存货周转率是 6.59，2014 年该指标为 6.51，2015 年该指标为 6.37。该指标三年内出现每年都减少的现象。

(2) 齐心集团该指标逐年降低，说明公司存货没能充分参与到运营中去。公司在战略转型期加大市场拓展从而需要大量的存货储备，公司要根据实际情况存储适量的存货，避免因存货过多影响资产的流动性，从而影响公司的营运能力。

表 2-11 存货周转率表

项目	2015 年	2014 年	2013 年
销售成本(元)	1 312 347 377.26	1 336 685 233.45	1 385 997 147.58
平均存货余额(元)	205 966 971.45	205 465 701.18	210 211 803.41
存货周转率	6.37	6.51	6.59

3. 流动资产周转率

流动资产周转率是指流动资产在一定时期所完成的周转额与流动资产的平均占用额之间的比率。其计算公式为：

$$流动资产周转率 = \frac{流动资产周转额}{流动资产平均占用额}$$

从表 2-12 中可以看出：

(1) 齐心集团 2013 年的流动资产周转率是 1.63，2014 年该指标为 1.48，2015 年该指标为 1.30。齐心集团该指标三年内出现每年都降低的现象。

(2) 齐心集团 2013—2015 年该指标逐年降低。可见，齐心集团的流动资产在各个阶段被占用很长时间。

表 2-12 流动资产周转率表

项目	2015 年	2014 年	2013 年
营业收入(元)	1 581 896 640.87	1 632 753 411.94	1 677 618 826.50
平均流动资产总额(元)	1 212 826 616.18	1 102 251 844.24	1 027 773 823.56
流动资产周转率	1.30	1.48	1.63

4. 总结

齐心集团 2013—2015 年的流动资产营运能力逐年降低，各反映流动资产营运能力的指标总体处于中等水平。公司要着重加快对流动资产的利用。

(二) 长期资产营运能力分析

企业长期资产是指固定资产、无形资产、长期投资和其他资产等。由于固定资产占长期资产中的比重较大,在分析长期资产时,一般从固定资产营运能力和长期资产营运能力综合分析来进行。

1. 固定资产周转率

固定资产周转率是指企业年商品销售或营业收入净额与固定资产平均净值的比率。其计算公式为:

$$固定资产周转率 = \frac{营业收入净额}{固定资产平均净额}$$

从表2-13中可以看出:

(1) 齐心集团2013年的固定资产周转率是5.22,2014年该指标为2.86,2015年该指标为2.57。齐心集团该指标三年内出现了每年都降低的现象。其中,2013年该指标较高,2014年该指标大幅降低。

(2) 齐心集团的固定资产周转率降低。在战略转型的背景下,投入一些资金在固定资产上,引进先进的设备。这些前期投入不能在短时间内形成利润,固定资产周转的周期变长,营运能力变弱。

表2-13 固定资产周转率表

项目	2015年	2014年	2013年
营业收入(元)	1 581 896 640.87	1 632 753 411.94	1 677 618 826.50
固定资产平均净值(元)	614 817 765.35	570 147 593.85	321 448 105.41
固定资产周转率	2.57	2.86	5.22

2. 固定资产增长率

固定资产增长率是固定资产年度增长额与期初固定资产原值的比率。其计算公式为:

$$固定资产增长率 = \frac{期末固定资产原值 - 期初固定资产原值}{期初固定资产原值}$$

从表2-14中可以看出:

(1) 齐心集团2013年固定资产增长率是3.13,2014年该指标为0.20,2015年该指标为 -0.03。齐心集团该指标三年内出现了每年都下降的现象。2013年固定资产增长率较高,2014年该指标与2013年相比较,有大比率的降低。

(2) 齐心集团在战略转型的背景下,应投入资金在固定资产上,努力去提升产品的质量。但齐心集团的固定资产规模逐年减少,说明公司的运营资金不足,公司的经济效益降低。

表 2-14 固定资产增长率表

项　　目	2015 年	2014 年	2013 年
固定资产(元)	606 904 211.82	622 731 318.88	517 563 868.82
固定资产年度增长额(元)	−15 827 107.06	105 167 450.1	392 231 526.8
固定资产增长率	−0.03	0.20	3.13

3. 长期资产周转率

长期资产周转率能够考察各项长期资产是否达到充分利用的状态。其计算公式为：

$$长期资产周转率=\frac{营业收入}{长期资产平均余额}$$

从表 2-15 中可以看出：

(1) 齐心集团 2013 年的长期资产周转率是 2.58,2014 年该指标为 2.18,2015 年该指标为 1.63。齐心集团该指标三年内出现每年都降低的现象。

(2) 齐心集团的长期资产使用的效率不合理。

表 2-15 长期资产周转率表

项　　目	2015 年	2014 年	2013 年
营业收入(元)	1 581 896 640.87	1 632 753 411.94	1 677 618 826.50
长期资产平均余额(元)	970 409 758.54	747 717 899.29	650 806 834.77
长期资产周转率	1.63	2.18	2.58

4. 总结

齐心集团 2013—2015 年的各项反映长期资产营运能力的指标都出现下降的现象，说明长期资产没有被有效地利用起来，长期资产的收益性不好。公司应充分利用长期资产，将长期资产的数量控制在合适的范围内。齐心集团要及时地处置暂时不用的长期资产，得以及早收回资金，投入运营中去。

(三) 总资产营运能力分析

总资产是企业所拥有或能控制的能用货币计量的经济资源，总资产营运能力分析实际上就是对企业的总资产周转情况。

总资产周转率

总资产周转率是指企业商品销售或营业收入净额与资产总额的比率。其计算公式为：

$$总资产周转率=\frac{营业收入}{总资产平均余额}$$

从表 2-16 中可以看出：

(1) 齐心集团 2013 年的总资产周转率是 1.00,2014 年该指标为 0.88,2015 年该指标为 0.72。齐心集团该指标三年内出现每年都降低的现象。

(2) 齐心集团2015年的总资产周转率低于行业平均水平的1.74,表明公司的整体资产的营运能力在行业的下游水平。

(3) 公司总资产在运营中没有被很好地利用,其使用效率较低。公司应该对总资产有节制地使用,有效率地利用各项资本。发挥好资产的使用价值,加快其在经营中的利用。同时,应积极开拓市场,加快资产在市场上的周转,创造更多的利润。

表2-16 总资产周转率表

项目	2015年	2014年	2013年
营业收入(元)	1 581 896 640.87	1 632 753 411.94	1 677 618 826.50
总资产平均余额(元)	2 183 236 374.71	1 849 969 743.53	1 678 580 658.33
总资产周转率	0.72	0.88	1.00

五、盈利能力分析

(一) 以营业收入为基础的盈利能力分析

以营业收入为基础的盈利能力分析是通过利润表中各项目与营业收入的比较,求得单位营业收入的某盈利项目的获利水平,以此说明营业收入获利能力的高低。

1. 营业毛利率

营业毛利率是企业营业毛利额除以营业收入所得的比率。该指标反映了企业主营业务的经营成果状况,能够反映企业只要的盈利能力。其计算公式为:

$$营业毛利率 = \frac{营业毛利额}{营业收入} \times 100\%$$

从表2-17中可以看出:

(1) 齐心集团2013年的营业毛利率是17.38%,2014年该指标为18.13%,2015年该指标为17.04%。齐心集团2014年的营业毛利率与上年相比较,有小幅度增加;2015年的营业毛利率与上年相比较,有小幅度降低。

(2) 齐心集团2013—2015年的营业收入逐年降低,三年的营业成本逐年降低。其中营业收入每年都在大量减少,营业成本有小幅度降低,使得公司的营业毛利率降低。可见,公司的获利能力降低了。公司要采取方法努力加强控制成本,合理组织和优化采购活动,使得采购成本能够得到降低。

表2-17 营业毛利率表

项目	2015年	2014年	2013年
营业收入(元)	1 581 896 640.87	1 632 753 411.94	1 677 618 826.50
营业成本(元)	1 312 347 377.26	1 336 685 233.45	1 385 997 147.58
营业毛利(元)	269 549 263.61	296 068 178.49	291 621 678.92
营业毛利率(%)	17.04	18.13	17.38

2. 营业利润率

营业利润率是企业的营业利润与销售收入的比率,是反映企业获利能力的主要指标。其计算公式为:

$$营业利润率 = \frac{营业利润}{营业收入} \times 100\%$$

从表2-18中可以看出:

(1) 齐心集团2013年的营业利润率是1.72%,2014年该指标为1.67%,2015年该指标为-0.31%。齐心集团2013—2015年该指标出现每年都在降低的现象,2015年该指标有大幅度的减少。营业利润率减少的主要原因是公司为打造集成大办公扩大销售规模,拓展市场,投入巨大的销售和物流成本,这些前期投入无法在当期形成利润。

(2) 齐心集团2015年的营业利润率远低于同行业龙头企业晨光当期的营业利润率12.25%。

(3) 齐心集团的营业利润率降幅较大,说明公司在战略转型期内的盈利能力的稳定性较差,盈利能力的持久性也较差,公司盈利能力弱。

表2-18 营业利润率

项 目	2015年	2014年	2013年
营业利润(元)	-4 966 923.46	27 194 103.42	28 888 408.57
营业收入(元)	1 581 896 640.87	1 632 753 411.94	1 677 618 826.50
营业利润率(%)	-0.31	1.67	1.72

3. 销售净利率

销售净利率是指企业的税后净利润与总收入的比率,该比率反映了企业最终获得的利润占总收入的比率,代表了企业最终的盈利能力。其计算公式为:

$$销售利润率 = \frac{净利润}{营业收入} \times 100\%$$

从表2-19中可以看出:

(1) 齐心集团2013年的销售净利率是1.66%,2014年该指标为1.78%,2015年该指标为1.25%。齐心集团2014年的销售净利润与上一年相比较来看,有小幅度的增加;2015年的销售净利润与上一年相比较来看,有小幅度的减少。

(2) 齐心集团2015年销售净利率降低。公司在扩大销售、拓展市场的同时要注意资金的利用效率,改进经营管理模式,使投入的资金转化成最大的利润,提高公司的盈利水平。

表 2-19 销售净利率表

项　　目	2015 年	2014 年	2013 年
净利润(元)	19 809 763.07	29 107 041.77	27 865 077.93
营业收入(元)	1 581 896 640.87	1 632 753 411.94	1 677 618 826.50
销售净利率(%)	1.25	1.78	1.66

4. 总结

齐心集团 2015 年以营业收入为基础的盈利能力分析的指标呈现下降的趋势,说明公司盈利能力的稳定性较差,获利能力的持久性也较差,公司盈利能力弱。公司要采取方法进一步控制成本,改进经营管理,合理组织和优化采购活动,从而提高公司的盈利能力。

(二) 以资产为基础的获利能力分析

以资产为基础的获利能力指标旨在从资产使用的效率角度,分析全部资产的获利水平,以及由此带来的利润的稳定性和持久性。

1. 资产销售利润率

资产销售利润率是将企业商品销售利润与资产平均占用额比较所得的结果。其计算公式为:

$$资产销售利润率 = \frac{销售利润}{资产平均占用额} \times 100\%$$

从表 2-20 中可以看出:

(1) 齐心集团 2013 年的资产销售利润率是 17.37%,2014 年该指标为 16.00%,2015 年该指标为 12.35%。齐心集团 2013—2015 年该指标出现每年都在减少的现象。

(2) 公司资产的获利水平逐年降低。公司要合理地配置资产,进一步提升资产在营运中的利用效果。

表 2-20 资产销售利润率表

项　　目	2015 年	2014 年	2013 年
销售利润(元)	269 549 263.61	296 068 178.49	291 621 678.92
资产平均占用额(元)	2 183 236 374.71	1 849 969 743.53	1 678 580 658.33
资产销售利润率(%)	12.35	16.00	17.37

2. 资产营业利润率

资产营业利润率是企业营业利润与资产占用额比较的结果。其计算公式为:

$$资产营业利润率 = \frac{营业利润}{资产占用额} \times 100\%$$

从表 2-21 中可以看出：

（1）齐心集团 2013 年的资产营业利润率是 1.62%，2014 年该指标为 1.37%，2015 年该指标为 -2.61%。齐心集团 2013—2015 年的该指标出现降低的现象。

（2）齐心集团的资产营业利润率每年都在降低，2015 年该指标为负数。可见，资产的获利水平逐年下降，且获利水平弱。

表 2-21 资产营业利润率表

项目	2015 年	2014 年	2013 年
营业利润（元）	−63 857 832.54	26 280 606.04	28 828 737.33
总资产占用额（元）	2 443 583 441.78	1 922 889 307.64	1 777 050 179.42
资产营业利润率（%）	−2.61	1.37	1.62

3. 总资产收益率

总资产收益率是指企业占用的全部资产获利能力。其计算公式为：

$$总资产收益率 = \frac{净利润}{资产平均占用额} \times 100\%$$

从表 2-22 中可以看出：

（1）齐心集团 2013 年的总资产收益率是 1.66%，2014 年该指标为 1.57%，2015 年该指标为 0.91%。齐心集团 2013—2015 年该指标出现每年都在降低的现象，2015 年的净利润大量地减少。

表 2-22 总资产收益率

项目	2015 年	2014 年	2013 年
净利润（元）	19 809 763.07	29 107 041.77	27 865 077.93
资产平均占用额（元）	2 183 236 374.71	1 849 969 743.53	1 678 580 658.33
总资产收益率（%）	0.91	1.57	1.66

（2）齐心集团总资产率三年内出现每年都减少的现象。可见，公司的全部资产没有给公司带来显著的效益。

4. 总结

齐心集团各指标三年内出现每年都减少的现象。可见，资产使用的效率降低，它的收益性也降低。齐心集团的资产获利能力不稳固，应增加对资产的使用效率，进而增加它们的获利程度。

(三)股东投资报酬分析

净资产收益率

净资产收益率是企业利润净额与平均所有者权益之比。该指标是表明企业所有者权益所获得收益的指标。其计算公式为：

$$净资产收益率=\frac{净利润}{平均所有者权益}\times 100\%$$

从表2-23中可以看出：

(1)齐心集团2013年的净资产收益率是2.47%,2014年该指标为2.57%,2015年该指标是1.74%。

(2)齐心集团2014年的净资产收益率与上一年相比较,有小幅度的增加;2015年的净资产收益率与上一年相比较,有小幅度的减少。

(3)齐心集团2015年净资产收益率下降,说明公司的投资收益降低,公司的管理水平降低,公司对资产投资的回报率降低,获利能力减弱。

表2-23 净利润收益率表

项 目	2015年	2014年	2013年
净利润(元)	19 809 763.07	29 107 041.77	27 865 077.93
平均所有者权益(元)	1 138 427 394.61	1 132 115 941.05	1 126 043 649.80
净资产收益率(%)	1.74	2.57	2.47

第三节 财务分析体系

一、财务分析体系的核心比率

财务分析体系,由美国杜邦公司在20世纪20年代首创,经过多次改进,逐渐把各种财务比率结合成一个体系。

杜邦财务分析体系是一种实用的财务分析体系,从评价企业绩效最具综合性和代表性的指标净资产收益率出发,利用各主要财务比率指标间的内在有机联系,对企业财务状况及经济效益进行综合系统分析评价。净资产收益率是分析体系的核心比率,它有很好的可比性,可以用于不同企业之间的比较。

净资产收益率的计算公式：

$$净资产收益率 = \frac{净利润}{所有者权益} \times 100\%$$

销售利润率的计算公式：

$$销售利润率 = \frac{净利润}{销售收入} \times 100\%$$

总资产周转率的计算公式：

$$总资产周转率 = \frac{销售收入}{总资产}$$

权益乘数的计算公式：

$$权益乘数 = \frac{总资产}{所有者权益}$$

从以上四个指标的关系可以看出，净资产收益率可以分解为：

$$净资产收益率 = 销售利润率 \times 总资产周转率 \times 权益乘数$$

即：

$$净资产收益率 = \frac{净利润}{销售收入} \times \frac{销售收入}{总资产} \times \frac{总资产}{所有者权益}$$

在销售利润率、总资产周转率和权益乘数中，无论提高其中的哪一个比率，净资产收益率都会提升。

从盈利能力的角度看，销售利润率概括了公司全部的经营成果，提升销售利润率可以提高净资产收益率；从营运能力的角度看，总资产周转率是衡量公司经营者努力程度的指标，公司经营者越努力工作，净资产收益率越高；从偿债能力的角度看，权益乘数表明资产和所有者权益的比例关系。

二、财务分析体系的基本框架

财务分析体系是一个多层次的财务比率分解体系。各项财务比率逐级向下分解，逐步覆盖企业经营活动的每一个环节，可以实现系统、全面评价企业经营成果和财务状况的目的。

净资产收益率分解为销售利润率、总资产周转率和权益乘数三个指标，分别对应公司的盈利能力、营运能力和偿债能力。对这三个方面侧重关注的分别是公司的股东、经营者和债权人。

（一）股东——盈利能力角度

股东是公司的出资人，是剩余控制权的所有者，在财务分析的三种基本能力中，其更关注的是公司的盈利能力。以销售利润率为路径的财务分析是依据影响销售利润率各种因素之间的关系来进行,通过对利润结构、成本费用、所得税费用等因素判断对销售利润率的影响。

(二)经营者——营运能力角度

经营者是公司的受托人,其是否努力工作是股东极为关注的事情,而总资产周转率是衡量经营者是否努力工作的重要指标之一。以总资产周转率为路径的财务分析是依据影响总资产周转率各项因素之间的关系来进行,通过总资产、流动资产、非流动资产,以及某些单项资产来判断对总资产周转率的影响。

(三)债权人——偿债能力角度

债权人为企业提供债务资金,其关注的是借出的资金是否安全、能否及时获取利息等,权益乘数为债权人的这种关注提供了一定的判断依据。以权益乘数为路径的财务分析是依据影响权益乘数各项因素之间的关系来进行,通过资产、负债、所有者权益的关系情况来判断对权益乘数的影响。

(四)整体角度

杜邦财务分析体系整合了公司的主要利益相关方,即股东、经营者和债权人,整合了公司财务分析的三种基本能力分析,即盈利能力分析、营运能力分析和偿债能力分析,具有极强的综合性。

销售利润率高的公司可能资产周转率较低,资产周转率高的公司可能销售利润率较低,两者经常呈反向变化。为了提高销售利润率,一般需要改扩建,需要增加投资,其后果会导致资产周转率下降。加快资产周转往往会导致销售利润率下降。

在"高盈利、低周转"和"低盈利、高周转"之间如何进行抉择,杜邦财务分析体系可以为公司决策提供有力的依据,当然还有另一个重要的支撑点是公司的战略。

课后习题

一、案例题

结合选定上市公司格力电器(2016)的财务报表(见表2-24～表2-26),完成《家电业上市公司如格力电器研究分析报告》。

案例报告格式:

家电业上市公司格力电器研究分析报告

第一章　家电行业分析与上市公司格力电器简介

第二章　格力电器经营情况分析

第三章　格力电器财务指标分析

第四章　格力电器投资价值分析与发展展望

表 2-24　母公司资产负债表
2016 年 12 月 31 日

编制单位：珠海格力电器股份有限公司　　　　　　　　　　　　　　　　　单位：人民币元

资　产	附　注	期末余额	期初余额
流动资产：			
货币资金		94 358 894 092.06	88 680 099 321.27
以公允价值计量且其变动计入当期损益的金融资产			
衍生金融资产		250 848 418.63	
应收票据		28 681 394 851.75	13 754 447 428.79
应收账款	十八(一)	1 029 622 972.59	3 416 105 149.73
预付款项		7 336 373 722.28	3 634 956 003.75
应收利息		1 289 154 900.73	1 477 241 737.32
应收股利			
其他应收款	十八(二)	848 175 367.89	574 622 000.79
存货		7 847 311 118.65	8 670 596 377.12
划分为持有待售的资产			
一年内到期的非流动资产			
其他流动资产		101 558 124.83	43 205 378.75
流动资产合计		**141 743 333 569.41**	**120 251 273 397.52**
非流动资产：			
可供出售金融资产			
持有至到期投资			
长期应收款			
长期股权投资	十八(三)	7 713 333 058.50	6 854 879 074.54
投资性房地产		30 324 919.33	31 569 857.77
固定资产		3 482 273 291.47	3 986 232 943.74
在建工程		92 157 312.16	45 748 249.58
工程物资			
固定资产清理		28 267 150.92	8 704 526.44
生产性生物资产			
油气资产			
无形资产		526 591 622.40	223 794 602.31
开发支出			
商誉			
长期待摊费用			
递延所得税资产		9 063 947 017.39	8 077 471 456.41
其他非流动资产		243 648 986.71	363 632 959.20
非流动资产合计		**21 180 543 358.88**	**19 592 033 669.99**
资产总计		**162 923 876 928.29**	**139 843 307 067.51**

法定代表人：　　　　　主管会计工作负责人：　　　　　会计机构负责人：

表 2–24　母公司资产负债表(续)

2016 年 12 月 31 日

编制单位：珠海格力电器股份有限公司　　　　　　　　　　　　　　　单位：人民币元

负债和所有者权益(或股东权益)	附 注	期 末 余 额	期 初 余 额
流动负债：			
短期借款		7 136 785 600.00	2 675 363 200.00
以公允价值计量且其变动计入当期损益的金融负债			
衍生金融负债		32 218 000.00	91 071 099.06
应付票据		10 045 470 518.12	7 237 386 266.55
应付账款		41 793 337 033.46	40 616 067 475.26
预收款项		14 791 379 086.59	7 427 598 204.97
应付职工薪酬		733 818 959.96	875 567 613.73
应交税费		1 875 319 977.49	2 507 553 404.63
应付利息		43 053 052.94	8 418 174.57
应付股利		602 881.87	602 881.87
其他应付款		560 376 207.04	610 537 718.98
划分为持有待售的负债			
一年内到期的非流动负债			2 403 745 557.37
其他流动负债		60 107 149 647.50	55 170 845 529.23
流动负债合计		**137 119 510 964.97**	**119 624 757 126.22**
非流动负债：			
长期借款			
应付债券			
其中：优先股			
永续债			
长期应付款			
长期应付职工薪酬		117 732 064.00	127 518 492.00
专项应付款			
预计负债			
递延收益		130 349 609.28	113 796 827.32
递延所得税负债		232 395 962.90	221 586 260.60
其他非流动负债			
非流动负债合计		**480 477 636.18**	**462 901 579.92**
负债合计		**137 599 988 601.15**	**120 087 658 706.14**
所有权权益(或股东权益)			
实收资本(或股本)		6 015 730 878.00	6 015 730 878.00
其他权益工具			
其中：优先股			
永续债			
资本公积		190 973 495.25	190 973 495.25
减：库存股			
其他综合收益		−18 336 753.00	−54 758 221.50
专项储备			
盈余公积		3 497 114 024.31	3 497 114 024.31
未分配利润		15 638 406 682.58	10 106 588 185.31
所有者权益(或股东权益)合计		**25 323 888 327.14**	**19 755 648 361.37**
负债和所有者权益(或股东权益)总计		**162 923 876 928.29**	**139 843 307 067.51**

法定代表人：　　　　　主管会计工作负责人：　　　　　会计机构负责人：

表 2-25　母公司利润表
2016 年度

编制单位：珠海格力电器股份有限公司　　　　　　　　　　　　　　单位：人民币元

项　目	附　注	本 期 金 额	上 期 金 额
一、营业收入	十八（四）	100 196 022 986.24	93 603 741 139.75
减：营业成本	十八（四）	74 157 492 256.23	72 014 671 656.89
税金及附加		775 947 515.17	432 775 315.43
销售费用		15 982 757 141.77	16 128 392 011.95
管理费用		2 018 741 946.11	2 132 369 143.60
财务费用		−5 474 190 948.12	−3 317 674 713.24
资产减值损失		99 779.73	−3 691 215.17
加：公允价值变动收益（损失以"−"号填列）		316 201 517.69	−175 248 617.29
投资收益（损失以"−"号填列）	十八（五）	3 133 375 724.41	171 438 245.76
其中：对联营企业和合营企业的投资收益		8 034 445.96	3 246 089.30
二、营业利润（亏损以"−"号填列）		16 184 752 537.45	6 213 088 568.76
加：营业外收入		96 856 023.21	136 619 359.37
其中：非流动资产处置利得		496 921.55	85 349.79
减：营业外支出		681 502.47	399 008.88
其中：非流动资产处置损失		150 495.17	370 704.12
三、利润总额（亏损总额以"−"号填列）		16 280 927 058.19	6 349 308 919.25
减：所得税费用		1 725 512 243.92	933 478 997.61
四、净利润（净亏损以"−"号填列）		14 555 414 814.27	5 415 829 921.64
五、其他综合收益的税后净额		36 421 468.50	−12 386 797.73
（一）以后不能重分类进损益的其他综合收益		−8 412 589.00	−17 952 049.00
1. 重新计量设定受益计划净负债或净资产的变动		−8 412 589.00	−17 952 049.00
2. 权益法下在被投资单位不能重分类进损益的其他综合收益中享有的份额			
（二）以后将重分类进损益的其他综合收益		44 834 057.50	5 565 251.27
1. 权益法下在被投资单位以后将重分类进损益的其他综合收益中享有的份额			
2. 可供出售金融资产公允价值变动损益			
3. 持有至到期投资重分类为可供出售金融资产损益			
4. 现金流量套期损益的有效部分		44 834 057.50	5 565 251.27
5. 外币财务报表折算差额			
6. 其他			
六、综合收益总额		14 591 836 282.77	5 403 443 123.91

法定代表人：　　　　　　　　主管会计工作负责人：　　　　　　　　会计机构负责人：

表 2-26　母公司现金流量表

2016 年度

编制单位：珠海格力电器股份有限公司　　　　　　　　　　　　　　　单位：人民币元

项　目	附　注	本 期 金 额	上 期 金 额
一、经营活动产生的现金流量：			
销售商品、提供劳务收到的现金		73 772 247 201.55	100 825 366 279.54
收到的税费返还		892 479 335.10	1 159 795 819.86
收到其他与经营活动有关的现金		2 776 455 975.16	3 402 282 409.75
经营活动现金流入小计		**77 441 182 511.81**	**105 387 444 509.15**
购买商品、接受劳务支付的现金		47 666 643 016.88	48 637 706 510.04
支付给职工以及为职工支付的现金		2 461 753 957.31	2 254 402 964.71
支付的各项税费		7 790 647 525.17	9 328 346 895.14
支付其他与经营活动有关的现金		7 822 012 647.53	8 274 660 258.70
经营活动现金流出小计		**65 741 057 146.89**	**68 495 116 628.59**
经营活动产生的现金流量净额		**11 700 125 364.92**	**36 892 327 880.56**
二、投资活动产生的现金流量：			
收回投资收到的现金			
取得投资收益收到的现金			28 941 374.91
处置固定资产、无形资产和其他长期资产收回的现金净额		2 817 038.00	154 720.00
处置子公司及其他营业单位收到的现金净额			
收到其他与投资活动有关的现金		6 500 000.00	143 435 881.62
投资活动现金流入小计		**9 317 038.00**	**172 531 976.53**
购建固定资产、无形资产和其他长期资产支付的现金		487 437 576.81	1 005 797 949.58
投资支付的现金		850 419 538.00	220 000 000.00
取得子公司及其他营业单位支付的现金净额			
支付其他与投资活动有关的现金		24 401 261 166.04	
投资活动现金流出小计		**25 739 118 280.85**	**1 225 797 949.58**
投资活动产生的现金流量净额		**−25 729 801 242.85**	**−1 053 265 973.05**
三、筹资活动产生的现金流量：			
吸收投资收到的现金			
取得借款收到的现金		8 351 424 680.00	8 361 061 000.00
收到其他与筹资活动有关的现金		2 110 522 945.98	1 257 485 012.71
筹资活动现金流入小计		**10 461 947 625.98**	**9 618 546 012.71**
偿还债务支付的现金		6 765 973 061.39	7 098 162 324.08
分配股利、利润或偿付利息支付的现金		9 108 489 378.90	9 444 887 252.27
支付其他与筹资活动有关的现金		10 271 924.02	
筹资活动现金流出小计		**15 884 734 364.31**	**16 543 049 576.35**
筹资活动产生的现金流量净额		**−5 422 786 738.33**	**−6 924 503 563.64**
四、汇率变动对现金及现金等价物的影响		4 034 988 007.34	1 733 758 931.75
五、现金及现金等价物净增加额		−15 417 474 608.92	30 648 317 275.62
加：期初现金及现金等价物余额		81 020 140 360.98	50 371 823 085.36
六、期末现金及现金等价物余额		65 602 665 752.06	81 020 140 360.98

法定代表人：　　　　　　　主管会计工作负责人：　　　　　　　会计机构负责人：

二、思考题

1. 不同的主体,对于公司财务分析的关注点有什么差别?
2. 企业资产负债率的高低对债权人和股东会产生什么影响?
3. 企业的应收账款周转率偏低可能是由什么原因造成的?会给企业带来什么影响?
4. 为什么说企业的营运能力可以反映出其经营管理水平?企业应当如何提高营运能力?
5. 你认为在评价股份有限公司的盈利能力时,哪个财务指标应当作为核心指标?为什么?
6. 你认为在评价企业的发展趋势时,应当注意哪些问题?
7. 为什么说净资产收益率是杜邦分析的核心?
8. 在应用杜邦分析法进行企业财务状况的综合分析时,应当如何分析各项因素对企业净资产收益率的影响程度?
9. 假如你是一家股份公司的董事,你的律师提醒你应当关注有关法律诉讼的风险,并要持续监督公司财务安全,你应当如何利用财务分析帮助你行使董事的职责?
10. 假如你是一个环保组织的成员,你应当如何利用财务分析来了解某企业对环境保护所承担的责任?
11. 假设你是一名财务咨询师,为一家商品流通企业做财务咨询,你的任务是通过合理的存货规划使存货成本降低。在考察了前期的销售情况和存货管理情况后,你提出了加强存货管理的建议。预计现有的存货周转率将从目前的20次提高到25次,节省下来的资金用于偿还银行短期借款,银行短期借款的利息率为5%。假设预期销售收入为2亿元,预期销售成本为1.6亿元。请你测算该方案预计节约的成本。
12. 如果你是一家小公司的唯一股东。你的公司目前没有负债并且经营良好。最近一年资产利润率为10%,资产规模为50万元。企业所得税税率为25%。现在你正在考虑通过借债来扩大经营规模。请分析决定是否举债扩大经营规模的标准是什么。

第三章 投资价值分析

教学目标

➢ 掌握货币时间价值的计算。
➢ 理解投资风险价值。

导读案例　　大牌体育明星的真实报酬

大牌体育明星的签约都非常夸张,然而,有时候数字会产生误导。例如,美国橄榄球联盟印第安纳小马队18号——佩顿曼宁,1976年3月24日出生,196厘米,104千克,1998年选秀第1顺位加入小马队。7年职业生涯中,5次入选全明星阵容,2003赛季、2004赛季连续获得联盟最有价值球员(MVP)称号。2004赛季常规赛,传出49次达阵(touchdown,进攻方攻入防守方的得分区内,用手持球触地,英式5分,美式6分),创造美式橄榄球(NFL)纪录。

小马队获得2005—2006赛季骄人战绩,而小马队的著名球星佩顿曼宁更是一个值得大书特书的人物。佩顿曼宁,大联盟最富有的球员。2004年,他和小马签订了9年价值9 200万美元的巨额合同,同时还一次性获得3 400多万美元的签字费。如此,他的平均年薪达到了创纪录的1 400万美元,成为历史上最富有的橄榄球运动员。在这一年,他的收入仅次于泰格·伍兹、沙克·奥尼尔和勒布朗·詹姆斯,在所有体育明星中位居第四。

仔细看看,数字表明佩顿曼宁的待遇的确优厚,但是实际与报出的数字却相差甚远。虽然合约的价值被报道为1.26亿美元,但确切地讲,它要分为9年支付。包括3 404万美元的签约奖金,以及9 150万美元的工资和未来的奖金。工资分年支付,2004年53.5万美元,2005年66.5万美元,2006年1 000万美元,2007年1 100万美元,2008年1 150万美元,2009年1 400万美元,2010年1 580万美元,2011年和2012年则都是1 400万美元。

资料来源:作者收集整理。

要求:
(1) 试计算当利率为5%时,他能收到多少(指签约当年,即2004年)?

(2) 试计算当利率为 10% 时,他能收到多少(指签约当年,即 2004 年)？请对上述两种情况,通过时间价值的计算进行分析。

第一节 货币时间价值

一、货币时间价值概念与现金时间线

（一）货币时间价值概念

货币时间价值,是指货币经历一定时间的投资和再投资所增加的价值,也称为资金时间价值。货币时间价值是今天的货币价值与未来的货币价值之间的差额。

考虑一项投资机会,其现金流如下：成本为今天的 1 000 元；利润为 1 年后的 1 050 元。直观来看,项目的净价值为 1 050 元－1 000 元＝50 元。但是,这一计算忽略了成本和利润的时间安排,把今天的货币与 1 年后的货币视为等价的。一般地,今天的 1 元要比 1 年后的 1 元更值钱。如果你现在有 1 元,你可以用它来投资。例如,如果你将它存在存款利率为 10% 的银行账户里,1 年后你将获得 1.10 元。

货币的时间价值正确地揭示了在不同时点上资金之间的换算关系,是财务决策的基本依据。从量的规定性来看,货币的时间价值是没有风险和没有通货膨胀下的社会平均资金利润率。在计量货币时间价值时,风险报酬和通货膨胀因素不包括在内。

（二）现金时间线

计算货币时间价值,需要清楚现金运动的时间、方向和大小,即每笔现金在哪个时点上发生,现金流向是流入还是流出,以及有多少现金。

现金时间线提供了一个重要的表征货币时间价值的工具。现金时间线的横线代表时间的延续,用数字标出各期的顺序号,表示支付的时刻；现金时间线的竖线的箭头方向表示现金流量的方向(流入或流出,向上表示流入,向下表示流出)；现金时间线的竖线的长短表示现金流量的大小,可以在竖线的上端或下端箭头位置处标出数字,表示收到或支付的现金金额。

现金时间线可以直观、便捷地反映现金运动发生的时间、方向和大小。

二、货币时间价值的计算

（一）复利终值和现值

1. 复利终值

复利终值是指在一定利率水平下今天的资金在未来若干期后按复利计算的价值。

即：$F = P \times (1+i)^n$。

$(1+i)^n$ 称为复利终值系数，也可以写成 $(F/P, i, n)$，例如，$(F/P, 8\%, 5)$ 表示利率为 8% 的 5 期复利终值的系数。

复利终值的计算公式也可以表示为：

$$F = P \times (F/P, i, n)$$

其中：F 为终值(future value)；

P 为现值(present value)；

i 为利率或折现率(interest rates)；

n 为计息期数(number of periods)。

【例 3-1】 刘光亮将 1 000 元用于投资，利率为 8%，经过 5 年的时间，期终金额为：

$$\begin{aligned} F &= P \times (F/P, i, n) \\ &= 1\,000 \times (F/P, 8\%, 5) \\ &= 1\,000 \times 1.469\,3 \\ &= 1\,469.3(元) \end{aligned}$$

为了便于计算，编制"复利终值系数表"(见本书附录)。该表的第一行是利率 i，第一列是计息期数 n，相应的 $(1+i)^n$ 值在其纵横相交处。通过该表可查出，$(F/P, 8\%, 5) = 1.469\,3$。在利率为 8% 的情况下，现在的 1 元和 5 年后的 1.469 3 元在价值上相等，根据这个系数可以把现值换算成终值。

"复利终值系数表"的作用不仅在于已知利率 i 和期数 n 时查找 1 元的复利终值，而且也可以在已知 1 元复利终值和期数 n 时查找利率 i，或已知 1 元复利终值和利率 i 时查找期数 n。

【想一想】

(1) 赵德远有 1 800 元，拟投入收益率为 10% 的一项投资，经过几年可增值 1 倍？

(2) 刘清江现有 1 800 元，欲在 10 年后增值 2 倍，选择投资项目时最低可接受的收益率为多少？

请列出上述两题的计算公式。

2. 复利现值

复利现值是指未来收到或支付的货币在今天的价值。复利现值是复利终值的对称概念。复利现值的计算，是指已知终值 F、利率 i、期数 n 时，求现值 P。

复利终值的计算公式为：$F = P \times (1+i)^n$，所以，复利现值的计算公式为：$P = F \times (1+i)^{-n}$。

$(1+i)^{-n}$ 称为复利现值系数，是把终值折算为现值的系数，用符号 $(P/F, i, n)$ 来表示，例如，$(P/F, 8\%, 4)$ 表示利率为 8% 时 4 期的复利现值系数。

复利现值的计算公式也可以表示为：

$$P = F \times (P/F, i, n)$$

公式中符号含义同上。

【例3-2】 王家恒拟在5年后获得现金10 000元。假设项目投资收益率为10%，他现在的投入是多少？

$$\begin{aligned} P &= F(P/F, i, n) \\ &= 10\,000 \times (P/F, 10\%, 5) \\ &= 10\,000 \times 0.621 \\ &= 6\,210(元) \end{aligned}$$

所以，王家恒现在应投入6 210元。

为便于计算，编制"复利现值系数表"（见本书附录）。该表的使用方法与"复利终值系数表"相同。

（二）普通年金终值和现值

年金是一定时期内每期相等金额的系列收支，如折旧、利息、分期付款赊购、分期偿还贷款、保费等，都属于年金。年金按照收付时点和方式，可以分为普通年金、先付年金、递延年金和永续年金。

1. 普通年金终值

普通年金又称后付年金，是指每期期末有等额收付款的年金。普通年金终值是指其最后一次支付时的本利和。

根据复利终值的计算方法，普通年金终值的计算公式为：

$$F = A \times \frac{(1+i)^n - 1}{i}$$

其中：A 为年金（annuity）；其他符号含义同上。

式中的 $\frac{(1+i)^n - 1}{i}$ 称为年金终值系数，是把年金折算为终值的系数，也可以写成 $(F/A, i, n)$，例如，$(F/A, 8\%, 4)$ 表示利率为8%时4期的年金终值系数。

年金终值的计算公式也可以表示为：

$$F = A \times (F/A, i, n)$$

为便于计算，编制"年金终值系数表"（见本书附录）。

2. 普通年金现值

普通年金现值，是指为在每期期末取得相等金额的款项，现在需要投入的金额。

根据复利现值的计算方法，普通年金终值的计算公式为：

$$P = A \times \frac{1 - (1+i)^{-n}}{i}$$

式中的 $\frac{1 - (1+i)^{-n}}{i}$ 称为年金现值系数，也可以写成 $(P/A, i, n)$。例如，$(P/A,$

8%,4)表示利率为8%时4期的年金现值系数。

年金现值的计算公式也可以表示为：

$$P = A \times (P/A, i, n)$$

【例3-3】 马丹出国3年,请你代付房租,每年租金1 000元,设银行存款利率为10%,他应当现在给你在银行存入多少钱?

$$P = A(P/A, i, n) = 1\,000 \times (P/A, 10\%, 3)$$

查表可知：

$$(P/A, 10\%, 3) = 2.487$$

$$P = 100 \times 2.487 = 2\,487(元)$$

为便于计算,编制"年金现值系数表"(见本书附录)。

【例3-4】 中康公司拟购置一台柴油机,更新目前使用的汽油机,每月可节约燃料费用60元,但柴油机价格较汽油机高出1 500元,问柴油机应使用多少年才合算(假设利率为12%,每月复利一次)?

$$P = 1\,500$$
$$P = 60 \times (P/A, 1\%, n)$$
$$1\,500 = 60 \times (P/A, 1\%, n)$$
$$(P/A, 1\%, n) = 25$$

查"年金现值系数表"可知：

$$n = 29$$

因此,柴油机的使用寿命至少应达到29个月,否则不如购置价格较低的汽油机。

(三)预付年金终值和现值

预付年金是指在每期期初支付的年金,又称即付年金或先付年金。在计算预付年金时,需要做标准化处理,先把预付年金变为普通年金的形式,然后按照普通年金的公式来计算现值和终值。

【算一算】

6年分期付款购物,每年初支付1 000元,利率为10%,该项分期付款相当于一次性现金支付多少?

(四)递延年金

递延年金是指第一次支付发生在第二期及以后的年金。递延年金的计算要充分考虑货币时间价值不同时间点"等值"的理念,按照复利终值、复利现值、年金终值和年金现值的标准计算公式来计算递延年金的现值与终值。

(五)永续年金

永续年金是指期限无限大的年金。永续年金没有终止的时间,也就没有终值。绝大多数优先股有固定的股利但无到期日,其股利可以视为永续年金。

永续年金现值的计算公式可以表示为:

$$P = A \times \frac{1}{i}$$

上式可由普通年金现值的计算公式推导:

$$P = A \times \frac{1 - (1+i)^{-n}}{i}$$

当 $n \to \infty$ 时,$(1+i)^{-n} \to 0$,故:

$$P = A \times \frac{1}{i}$$

【例 3-5】 柳卫东拟建立一项永久性的奖学金,每年计划颁发 10 000 元奖金。若利率为 10%,现在应存入多少钱?

$$P = 10\,000 \times \frac{1}{10\%}$$
$$= 100\,000(元)$$

【算一算】

星光公司年初存入银行 10 000 元,假定年利息率为 12%,每年复利两次。已知 $(F/P, 6\%, 5) = 1.338\,2$,$(F/P, 6\%, 10) = 1.790\,8$,$(F/P, 12\%, 5) = 1.762\,3$,$(F/P, 12\%, 10) = 3.105\,8$,则第 5 年末的本利和是多少?

第二节 风险和报酬

从增加企业价值的目标来看,折现率应当根据投资者要求的必要报酬率来确定。必要报酬率的高低取决于投资的风险,风险越大要求的必要报酬率越高。不同风险的投资,需要使用不同的折现率。投资的风险如何计量和特定的风险需要多少报酬来补偿的问题就成为选择折现率的关键问题。

一、风险的概念

风险是发生损失的可能性。发生损失的可能性越大,风险越大。有些风险可以被分散掉,有些则不能。无法分散掉风险的是系统风险;可以分散掉的风险是非系统风险。

(一)系统风险

系统风险是指那些影响所有公司的因素引起的风险。例如,战争、经济衰退、通货膨胀、高利率等非预期的变动,对许多资产都会有影响。系统风险所影响的资产非常多,虽然影响程度的大小有区别。例如,各种股票处于同一经济系统之中,它们的价格变动有趋同性,多数股票的报酬率在一定程度上正相关。经济繁荣时,多数股票的价格都上涨;经济衰退时,多数股票的价格下跌。

由于系统风险是影响整个资本市场的风险,所以也称为"市场风险"。由于系统风险没有有效的方法消除,所以也称为"不可分散风险"。

(二)非系统风险

非系统风险是指发生于个别公司的特有事件造成的风险。例如,一家公司的工人罢工、新产品开发失败、失去重要的销售合同、诉讼失败等。这类事件是非预期的、随机发生的,它只影响一个或少数公司,不会对整个市场产生太大影响。这种风险可以通过多样化投资来分散,即发生于一家公司的不利事件可以被其他公司的有利事件所抵消。

由于非系统风险是个别公司或个别资产所特有的,因此也称为"特殊风险"或"特有风险"。由于非系统风险可以通过投资多样化分散掉,因此也称为"可分散风险"。

由于非系统风险可以通过分散化消除,因此一个充分的投资组合几乎没有非系统风险。假设投资人都是理智的,都会选择充分投资组合,非系统风险将与资本市场无关。市场不会对它给予任何价格补偿。

投资分散化可以降低风险。投资多个项目的企业,承担的风险可能会小于投资单个项目的企业。公司投资是否去冒风险及冒多大风险,是可以选择的。在什么时间、投资于什么样的资产,各投资多少,风险也都不一样。

二、单项资产的风险和报酬

风险的衡量需要使用概率和统计方法。

(一)概率

公司在进行一项投资时,首先要对所面对的各种情况进行分析,预测可能发生的概率,以及相应的期望报酬率。

(二)期望值

预测了各种情况的期望报酬率后,以相应的概率为权数加权平均,可以计算该项投资的期望报酬率。

期望报酬率可按下式计算:

$$期望报酬率(\overline{R}) = \sum_{i=1}^{n}(p_i \times r_i)$$

其中:p_i 为投资时第 i 种情况出现的概率;

r_i 为第 i 种情况出现后的期望报酬率;

n 为投资所有可能遇到情况的数目。

（三）离散程度

离散程度通常用标准差来表示，标准差是方差的平方根，方差是离差平方的平均数。在项目间期望报酬率相同的情况下，标准差可以衡量投资项目风险的大小。

标准差可按下式计算：

$$标准差(\sigma)=\sqrt{\sum_{i=1}^{n}(r_i-\bar{r})^2 \times p_i}$$

（四）变异系数

在项目间期望报酬率不相同的情况下，为了比较投资项目收益风险的大小，引入了变异系数的概念。变异系数是标准差与期望报酬率的比值。

变异系数可按下式计算：

$$变异系数=\frac{标准差}{期望报酬率}$$

三、资本资产定价模型

（一）资本资产定价模型介绍

资本资产定价模型(capita asset pricing model，CAPM)是由经济学家威廉·夏普(William F. Sharpe)于20世纪60年代中期首次提出，由于其在金融经济学方面作出的贡献，他和默顿·米勒、哈里·马科维茨三人共同获得了1990年第十三届诺贝尔经济学奖。

根据风险与收益的一般关系，某资产的必要收益率是由无风险收益率和该资产的风险收益率决定的，即：

$$必要收益率=无风险收益率+风险收益率$$

资本资产定价模型的一个主要贡献就是解释了风险收益率的决定因素和度量方法，并且给出了下面的一个简单易用的表达形式：

$$R_i=R_f+\beta(R_m-R_f)$$

其中：R_i 为第 i 种资产或第 i 种资产组合的必要收益率；

R_f 为无风险收益率，通常以短期国债的利率近似替代；

β 为第 i 种资产或第 i 种资产组合的系统风险系数；

R_m 为市场组合的平均收益率。

(R_m-R_f) 称为市场风险溢酬，它是附加在无风险收益率之上的，由于承担了市场平均风险所要求获得的补偿，它反映的是市场作为整体对风险的平均"容忍"程度，也就是市场整体对风险的厌恶程度，对风险越是厌恶和回避，要求的补偿就越高，因此，市场风险溢酬的数值就越大；反之，如果市场的抗风险能力强，则对风险的厌恶和回避就不是很强烈,因此,要求的补偿就越低,所以市场风险溢酬的数值就越小。

【例3-6】 F公司贝塔系数为1.8,它给公司的股票投资者带来14%的投资报酬率,股票的平均报酬率为12%,由于石油供给危机,专家预测平均报酬率会由12%跌至8%,估计F公司的新的报酬率为多少?

投资报酬率=无风险利率+贝塔系数×(市场平均报酬率-无风险利率)

$$14\% = R_f + 1.8(12\% - R_f) \qquad 得出无风险利率 = 9.5\%$$

$$新投资报酬率 = 9.5\% + (8\% - 9.5\%) \times 1.8 = 6.8\%$$

(二)资本资产定价模型的有效性和局限性

资本资产定价模型最大的贡献在于,它提供了对风险与收益之间的一种实质性的表述,CAPM首次将"高收益伴随着高风险"这样一种直观认识,用简单的关系式表达出来。到目前为止,CAPM是对现实中风险与收益关系的最为贴切的表述,因此长期以来,被财务人员作为处理风险问题的主要工具。

尽管CAPM已得到了广泛的认可,但在实际运用中,仍存在着一些明显的局限,主要表现在:① 某些资产或企业的β值难以估计,特别是对一些缺乏历史数据的新兴行业;② 经济环境的不确定性和不断变化,使得依据历史数据估算出的β值对未来的指导作用必然要打折扣;③ CAPM是建立在一系列假设之上的,其中一些假设与实际情况有较大的偏差,使得CAPM的有效性受到质疑。

(三)证券市场线

如果把资本资产定价模型公式中的β系数看作自变量(横坐标),必要收益率R_i作为因变量(纵坐标),无风险利率R_f作为截距,市场风险溢酬$(R_m - R_f)$作为斜率,那么这个关系式在数学上就是一个直线方程,叫作证券市场线,简称SML。

【算一算】

(1) 某人现在存入银行1 000元,若存款年利率为5%,且复利计息,3年后他可以从银行取回多少钱?

(2) 某人希望在4年后有8 000元支付学费,假设存款年利率为3%,则现在此人需存入银行的本金是多少?

(3) 某人在3年里,每年年末存入银行3 000元,若存款年利率为4%,则第3年年末可以得到多少本利和?

(4) 某人存钱的计划如下:第1年年末,存2 000元,第2年年末存2 500元,第3年年末存3 000元,如果年利率为4%,那么他在第3年年末可以得到的本利和是多少?

(5) 某人现在想存一笔钱进银行,希望在第一年年末可以取出1 300元,第2年年末可以取出1 500元,第3年年末可以取出1 800元,第4年年末可以取出2 000元,如果年利率为5%,那么他现在应存多少钱在银行?

(6) ABC企业需要一台设备,买价为16 000元,可用10年。如果租用,则每年年初需付租金2 000元,除此以外,买与租的其他情况相同。假设利率为6%,如果你是这

个企业的决策者,你认为哪种方案好些?

课后习题

一、案例题

1. 薛冬在 2018 年 1 月 1 日存入银行 1 000 元钱,年利率为 10%,要求计算:

(1) 每年复利一次,2021 年 1 月 1 日存款账户余额是多少?

(2) 假设分 4 年存入相等金额,为达到第一问所得账户余额,每期应存入多少金额?

(3) 每季度复利一次,2021 年 1 月 1 日该账户余额为多少?

(4) 假定 100 元分四次存入,即 2018 年、2019 年、2020 年、2021 年 1 月 1 日分别存入 25 元,每年复利一次,则 2021 年 1 月 1 日的余额为多少?

(5) 假定 2018 年、2019 年、2020 年、2021 年 1 月 1 日分别存入相等的金额,每年复利一次,为达到第一问所得到的账户余额,每期应存入多少金额?

2. 皓盛公司拟购买一台设备,卖方提出了两种付款方式:

(1) 从现在起,每年年初支付 100 万元,连续支付 10 年。

(2) 从第五年开始,每年年末支付 150 万元,连续支付 10 年。

假定该公司的必要报酬率为 10%,请问,买方该选择哪种支付方式?

3. 世纪南娄公司需用一台设备,买价为 100 000 元,使用寿命为 10 年,10 年后设备残值 10 000 元,如果采用融资租赁的方式,则每年年初支付租金 15 000 元,共支付 10 年,期满设备归出租方所有,除此以外,其他情况相同,假设适当的折现率为 10%,试分析该公司应该购买设备还是租用设备。

二、思考题

1. 如何理解时间价值的内涵与本质?

2. 如何理解风险报酬的含义?风险报酬如何计量?

3. 资本资产定价模型的思路是什么?

第四章 投资战略分析

教学目标

- 了解战略管理过程。
- 掌握产业竞争的五力模型。
- 掌握价值链模型。
- 理解一体化战略在公司投资中的意义。
- 掌握波特提出的三种竞争战略。
- 理解波士顿矩阵在企业并购投资中的价值。
- 了解生命周期理论对于 VC 和 PE 的重要意义。
- 理解企业不同发展阶段的投资战略。

导读案例　　伊莱克斯的全球投资战略

　　由于销售超过 140 亿美元,伊莱克斯成为世界上最大的家用电器制造商(洗衣机、洗碗机、冰箱和真空吸尘器等)。这家在本国市场很小的瑞典公司一直不得不为自身的发展寻找其他的市场。

　　伊莱克斯向亚洲、东欧和拉丁美洲的扩张始于 20 世纪 90 年代早期的计划审核,得出的结论是西欧和北美对家用电器的需求已经达到饱和。公司相信在这些地区的未来增长将会只限于置换需求和人口增长,每年的增长不太可能超过 2～3 个百分点。伊莱克斯的执行总裁(CEO)雷夫·约翰森(Leif Johansson)确定公司过于依赖于这些饱和的市场了,他分析认为如果想要维持过去的增长率的话,公司必须向发展中世界的新兴市场进行积极的扩张。公司估计亚洲、东欧和拉丁美洲的家用电器需求起码在下一个 10 年甚至更长的时间里都会以 20% 的速度增长。

　　已经确定要进行扩张,伊莱克斯就得决定如何去实现自己的宏伟目标。成本考虑再加上进口壁垒使得从西欧和北美工厂出口显得不合算。对不同的国家和地区要采取不同的方式,购并现有企业、购地新建、合资企业以及增强营销等都在考虑之列。伊莱克斯声称准备每年花费2亿美元来增加它在这些新兴市场的实力。

伊莱克斯在1991年收购匈牙利最大的家用电器制造商勒赫尔(Lehel)时,就已经迈出了进军东欧的第一步。在20世纪90年代中期,伊莱克斯决定在俄罗斯、波兰和捷克共和国建立全资生产企业。每一个生产子公司都将是新建企业。

在亚洲需要更适应当地的条件。例如,在印度和中国,有关外资拥有权的法规迫使伊莱克斯基本上采用同当地合伙人合资的方式运作。在中国这个世界上发展较快的市场,公司在1994年已经拥有生产压缩机、真空吸尘器和净化水设备的合资企业。在1994—1997年,公司又拿出3亿美元在中国建立了5个生产厂。在东南亚,伊莱克斯的重点是销售从中国进口的产品,而不是在当地生产。

对于拉丁美洲,公司通过购并进行扩张,包括在1996年收购巴西最大的制冷产品制造厂瑞弗里帕。伊莱克斯的目标是把瑞弗里帕变成拉丁美洲家用电器产品的生产基地。

虽然伊莱克斯公司自从20世纪90年代初以来通过购并迅速扩张,但它还没有使其生产合理化。结果,在各地区内常常会有生产设施的大量重复。

资料来源:作者收集整理。

要求:
(1) 分析伊莱克斯决定在亚洲、东欧以及拉丁美洲积极扩张的最初因素。
(2) 分析为什么伊莱克斯在匈牙利收购勒赫尔,而在进入东欧时却选择新建投资。

第一节 战略分析概述

随着世界经济格局的变化,20世纪60年代以后企业的生存环境发生很大变化,并且动荡不安。如何在竞争日趋激烈、复杂多变的环境中求得长期的生存和发展,已经成为企业面临的首要问题,解决这一问题的关键是确立适应外部环境和自身条件,符合利益相关者期望的公司战略。

一、战略的含义

(一) 战略的定义

战略是关于组织将如何经营、如何在竞争中获得成功以及如何吸引和满足顾客以实现组织目标的各种方案。

战略是一种从全局考虑谋划实现全局目标的规划。战略是一种长远的规划,战略分析、战略制定、战略实施的时间往往比较长。战术是为实现战略的手段。

（二）战略的层次

企业战略可以划分为三个层次：公司层战略、业务层战略和职能战略。

1. 公司层战略

公司层战略是指为实现企业总体目标，对企业未来发展方向起指导作用的长期性和总体性战略。公司层战略是指针对企业整体的、由最高管理层制定的、用于指导企业一切行为的纲领。

公司层战略的主要内容是：规定公司的使命和目标，定义公司的价值，选择公司经营的范围；分析为公司经营范围服务的特定优势，关注相应的商业机遇，决定业务的发展方向；确定需要获取的内外部资源和应形成的能力；确定战略推移和可能的应对策略；追求公司各种业务之间配合的目标结果，保证公司整体业绩的优化。

公司层战略是由公司层管理者制定的战略。公司层管理者包括董事长、总经理、高管阶层以及相关人员。公司董事长是公司战略的设计者，承担公司层战略成效的终极责任。

2. 业务层战略

业务层战略是在公司层战略指导下，一个战略业务单位进行竞争的战略，也称为竞争战略。

战略业务单位（SBU）是指企业的一部分，一般是以事业部的组织结构形式存在，不同的战略业务单位，其产品、服务和所服务的市场差别较大。例如，一个空调生产公司划分为家用空调事业部和商用空调事业部，家用空调事业部面向家庭市场，而商用空调事业部面向企业等市场。市场不同，需要不同的战略，属于不同的战略业务单位。

业务层战略与企业相对于竞争对手而言在行业中所处的位置相关。那些在行业内定位准确的企业通常能更好地应付五种竞争力量。要想找准定位，企业必须决定其准备采取的行动能否以不同于竞争对手的方式开展活动或开展完全不同于竞争对手的活动。

业务层战略应当与公司层战略保持一致，支持公司层战略的实现。如果一个企业只在一个特定市场中开展业务，公司层战略和业务层战略属于同一层面。

3. 职能战略

职能战略又称职能支持战略，是按照公司层战略或业务层战略对公司内各方面职能活动进行的谋划。

职能战略一般可分为营销战略、人力资源战略、财务战略、生产战略、研究与开发战略、品牌战略等。职能战略为公司层战略和业务层战略服务，所以必须与公司层战略和业务层战略相配合。

二、战略管理的含义与过程

（一）战略管理的含义

公司要想生存和发展，必须审视两个基本问题：① 如何应对经营环境的变化；

② 如何应对其他公司的竞争。企业的环境适应性问题的提出和解决,开启了战略管理的大门。

战略管理是指对一个公司或组织在一定时期的全局的、长远的发展方向、目标、任务和政策,以及资源调配作出的决策。

在战略管理中经常用到的一个概念就是商业模式,可以简单地理解为公司如何赚钱的逻辑。它聚焦于两件事情:① 顾客是否认为公司提供的产品或服务有价值;② 公司是否可以从中获利。

(二)战略管理的过程

通常认为,战略管理是战略分析、战略制定和战略实施的循环,如图4-1所示。

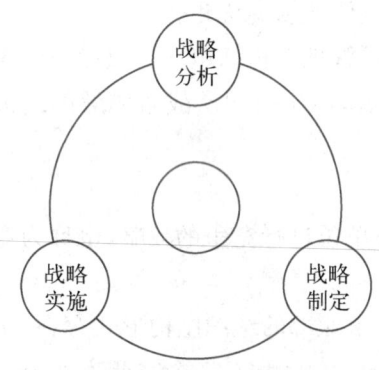

图4-1 战略管理图示

1. 战略分析

战略分析是战略管理的首要环节,是战略制定的基础。战略分析通过资料的收集和整理分析公司所处的经营环境和内部的资源和能力优势,包括内部环境分析和外部组织诊断两个部分。战略分析的目的是应对环境的复杂性,了解影响企业的现状和未来的主要因素是什么,了解企业的能力、资源和地位,判定企业现在的位置和将要达到的位置。

战略分析包括确定企业的使命和目标,了解企业所处的经营环境的变化,分析经营环境变化带来机会和威胁。战略分析工具是管理咨询实务中经常使用的一些分析方法,包括PEST分析、SWOT分析、五力分析、价值链分析等。战略分析的主要内容是环境分析,包括外部环境分析和内部环境分析。

外部环境分析包括宏观环境分析和产业环境分析。环境的现状影响企业的价值创造,环境的变化会给企业带来机会与威胁,认识环境对企业的影响是制定战略的基础。

内部环境分析也称资源与能力分析,包括内部资源分析、企业能力分析和核心竞争力分析。内部因素分析的目的是识别自己的优势和劣势,掌握战略选择的限制性因素。

2. 战略制定

战略制定是战略管理过程第二阶段的活动。利用战略分析提供的信息,制定公司层战略、业务层战略和职能战略。

战略制定是指根据外部环境、内部条件,从不同的公司层战略和业务层战略中选择适宜的战略。

公司层战略选择包括成长型战略、稳定型战略和收缩型战略。成长型战略是以扩张经营范围或规模为导向的战略;稳定型战略是以巩固现有经营范围和规模为导向的战略;收缩型战略是以缩小经营范围或规模为导向的战略。

业务层战略包括成本领先战略、差异化战略和集中化战略三个基本类型。

战略制定的标准主要考虑是否适宜企业所处的经营环境,从企业的资源和能力看是否切实可行。

3. 战略实施

战略实施是战略管理过程第三阶段活动。把战略制定阶段所确定的意图性战略转化为具体的组织行动,保障战略实现预定目标。战略实施确保战略转化为实践,其主要内容包括组织调整、资源配置和管理变革。

新战略的实施常常要求一个公司在组织结构、业务流程方面作出调整;同时需要配置相应的人力、财务等各种资源;新战略的实施也要求公司审视自身所处的经营环境,调整自身的经营风格。在上述方面作出相应的变化和采取相应的行动。战略实施也涉及对被实施的战略进行评估。

战略管理是一个循环过程,不是一次性的工作。要不断监控和评价战略的实施过程,修正原来的分析,选择和实施工作,不断循环。

三、战略管理理论

战略管理的理论研究虽然时间不长,但研究成果十分丰富。按其出现的时间顺序,大体上可以分为三个主要流派:经典战略管理理论、竞争战略理论和核心竞争力理论。

（一）经典战略管理理论

20世纪60年代出现的经典战略管理理论是最早出现的战略管理理论,该理论的主要特点是强调企业战略要适应外部环境。

1962年钱德勒的《战略与结构》一书出版,该书研究环境、战略和组织结构之间的关系,提出了"战略要适应环境的要求,组织结构要适应战略的要求"的理论,奠定了以外部环境为基础的战略管理理论。该理论认为,战略的基础是适应环境,适应环境的目的是扩大市场占有率,只有获取理想的市场占有率企业才能生存和发展。后来,该理论对于战略制定问题的研究形成了"设计学派"和"计划学派"两个学派。

设计学派的代表人物是安德鲁斯。该学派认为：分析企业的优势和劣势、机会与威胁是制定战略的基础;战略是根据自身条件与外界机会设计出来的;高层管理人员应当是战略的设计师;战略制定的模式应当具有创造性、灵活性。

计划学派的代表人物是安索夫。该学派认为：战略制定应是有控制、有意识的计划过程;企业最高层对计划的全过程负责,具体制定和实施计划的人员对最高层负责;通过目标—项目—预算来分解和落实所制定的战略计划。

（二）竞争战略理论

20世纪80年代初,波特的《竞争战略》一书出版,提出了竞争战略理论。该理论的主要特点是强调企业战略以产业结构分析为基础,核心问题是取得竞争优势。

该理论认为：企业的盈利能力取决于选择的竞争战略;企业应当进入具有潜在盈利的产业,并在已选产业中建立自己的竞争优势;产业的吸引力取决于企业与卖方、买方、替代品、潜在进入者以及现有竞争对手五种力量的竞争;赢得竞争优势的通用战略

分为成本领先战略、产品差异化战略和目标集中战略。

该理论突出了竞争在战略中的核心地位;指出产业分析在制定战略中的重要性;提出了五要素竞争分析模型、三种通用战略和不同发展阶段产业的竞争分析方法。该理论强调产业环境是不断变化的,应预测产业未来的演变,使战略具有预见性,从而弥补了经典战略管理理论被动适应环境的局限性。

(三)核心竞争力理论

核心竞争力理论是20世纪80年代后期出现的。该理论是一种以资源和知识为基础的竞争战略理论。

该理论认为,企业竞争的关键是建立和发展核心竞争力。所谓核心竞争力是"组织中的积累性学识,特别是关于协调不同的生产技能和有机结合多种技术的学识"。不是所有的资源和能力都构成核心竞争力。核心竞争力具有的特征是:可以创造价值(增加机会或减少威胁);具有独特性(没有竞争对手);对手难以模仿(难以学习或购买);难以替代(没有其他等价物)。核心竞争力"是资源、技术和专长的有机结合",其形成需要经历资源、知识和技术的积淀和整合过程。

核心竞争力理论的出现,与信息技术的发展有关。信息技术使得知识的传播和扩散加快,企业基于职能战略形成的竞争优势越来越难以持久,只有识别、培养和扩展自己的核心竞争能力,才能获得可持续的竞争优势。

核心竞争力理论的出现,弥补了经典战略理论和竞争战略理论侧重外部环境分析而对内部分析过于宽泛的局限性。核心竞争力理论解释了为什么缺乏吸引力的产业仍有盈利水平很高的企业,而吸引力很高的产业也有盈利很差的企业,使战略管理理论的解释能力明显改善。

第二节 战略分析

战略分析是战略管理的起点。企业在开始制定战略时,必须首先识别和评价来自企业外部环境和内部条件的信息。分析外部环境带来的机会与威胁以及内部条件具有的优势与劣势,可以为确定战略目标、制定并实施战略计划奠定良好的基础。战略管理的有效性在很大程度上取决于能否准确地评价外部环境和透彻地识别内部条件。

一般来说,战略分析主要包括对外部因素和内部因素的分析。

一、影响战略的外部因素分析

许多外部因素会对企业的战略选择产生影响,这些因素共同构成了企业经营活动的外部环境。外部因素分析的关键在于识别企业在市场环境中所面临的主要机会和威胁。外部因素分析并不是列举和分析影响企业经营活动的所有因素,而应当集中于一些影响企业战略方向和行动的关键因素。我们可以将外部因素分为相互联系的两大类：宏观环境、产业环境。

（一）宏观环境分析

宏观环境通常包括影响所有行业及企业的各种因素，主要可以分为四个方面：① 政治环境；② 经济环境；③ 社会文化环境；④ 技术环境。企业无法直接控制宏观环境因素，宏观环境分析（PEST分析）的目的在于收集和识别影响企业的宏观环境中最重要因素的信息，评估宏观环境的变化趋势，以制定适当的战略。

1. 政治环境

政治环境（political factors）是指一个国家的政治制度、体制、法律法规等方面。政治环境对经济具有重要影响。政治制度的方向和稳定性是制定战略决策时需要评估的重要外部因素。法律法规是国家意志的强制体现，直接约束和规范了企业的生产经营活动。

在法律法规方面，很多国家都实施了反垄断法，对企业并购行为具有一定限制，这将直接影响企业的战略制定；环境保护、产品质量、劳动合同和员工保护、专利及税收等方面的法律法规都将直接决定企业的经营成本，影响公司的盈利。

这些因素常常制约、影响公司的经营行为，尤其影响公司的长期投资行为。

2. 经济环境

经济环境（economic factors）是指影响企业生存和发展的经济状况和经济政策，是指国民经济发展的总概况、国际和国内经济形式及经济发展趋势、企业所面临的产业环境和竞争环境等。

经济状况对企业的生产经营活动有着明显的直接影响。处于高速增长的发展阶段，表明该国具有强劲的投资需求。

经济政策是指实现国家经济发展目标的战略与策略，它包括综合性的全国发展战略和产业政策、国民收入分配政策、价格政策等。

经济环境分析可以关注三点：① 利率和汇率变化；② 通货膨胀率与人均就业率；③ GDP及其长远预期。

3. 社会文化环境

社会文化环境（social and cultural factors）是一定时期整个社会发展的一般状况，主要包括社会道德风尚、文化传统、人口变动趋势、文化教育、价值观念、社会结构等。社会文化环境是影响公司的重要外部环境因素，各国的社会与文化对于公司的影响不尽相同。

人口因素包括公司所在地居民的地理分布及密度、年龄、教育水平等。大型公司通常会利用人口统计数据来进行客户定位，并用于研究应如何开发产品。人口因素对公司战略制定具有重大影响。人口的地理分布影响企业的厂址选择；人口的性别比例和年龄结构在一定程度上决定了社会的需求结构，进而影响社会供给结构和企业生产结构；人口的教育文化水平直接影响着企业的人力资源状况。

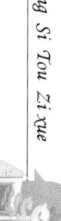

对人口因素的分析可以使用以下一些变量：结婚率、离婚率、出生率和死亡率、人口平均寿命、人口的年龄和地区分布、人口性别比例、人口教育水平差异等。

4. 技术环境

技术环境(technological factors)是指社会技术总水平及变化趋势。技术变迁、技术突破对于公司具有重大影响。科技不仅是社会发展的驱动力，也是公司的竞争优势所在。

许多新技术对生产和生活方式都产生了重大而深远的影响。因此，识别和评价关键技术所带来的机会和威胁是外部环境分析极为重要的内容。技术进步对企业的影响是全方位的，它将给企业带来原材料、新产品开发、产品生命周期、制造工艺、生产成本、营销渠道和方式，甚至整个产业的变革，进而改变企业竞争优势和地位。企业应关注能影响其产品和服务的技术及发展趋势，制定能充分发挥技术优势的企业战略，以在市场竞争中获得持久的竞争优势。

（二）产业环境分析

产业就是提供类似产品或服务的企业的集合。产业环境分析的重点是对产业内竞争程度的评估。迈克尔·波特提出的五种力量模型（五力分析）是最具代表性并被广泛应用的产业竞争分析框架（见图4-2）。

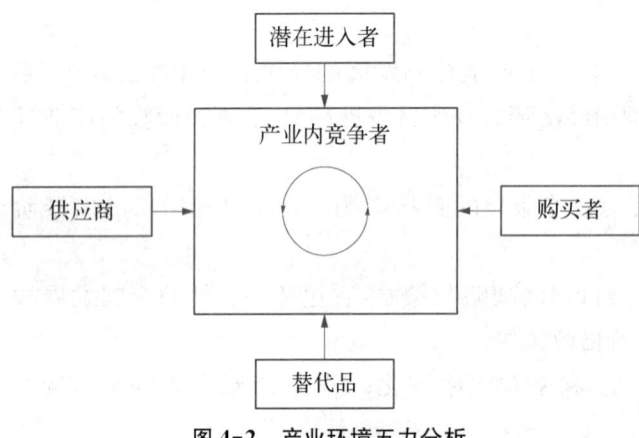

图4-2 产业环境五力分析

产业中存在五种基本的竞争力量：① 潜在的进入者；② 供应商的议价能力；③ 购买者的议价能力；④ 替代品；⑤ 现有竞争者之间的竞争。这五种竞争力量决定了该产业的竞争强度和获利能力。在竞争激烈的产业，企业的收益率会趋向平均收益率，很难获得超额利润。

对于不同产业，各种竞争力量对产业竞争状况的作用和影响不同。企业在制定战略时，应当深入分析所在产业每种竞争力量的来源和强度，确定这些力量对企业的影响途径和大小，以应对和利用产业竞争获取有利的竞争地位。

1. 新进入者的威胁

新进入者可能是一个新办的企业，也可能是一个采用多元化经营战略的原从事其他行业的企业。新进入者会带来新的生产能力，它们试图与现有企业争夺市场份额。新进入者对本行业的威胁取决于本行业的进入壁垒以及进入新行业后原有企业反应的强烈程度。

如果该产业的进入壁垒较高并且预期现有竞争者会对新进入者实施较为激烈的

"报复"措施,该产业新进入者的威胁力量就较弱。

进入壁垒主要包括以下五个方面:

(1) 规模经济。规模经济是指随着产量的增加、平均成本递减的经济现象,规模经济是具有较大生产规模的企业具有成本方面的优势。这意味着,如果新进入者无法实现更大规模,就将处于不利的竞争地位。

(2) 用户忠诚度。若产业内现有企业已经树立了较好的企业形象,用户忠诚度较高,那么新进入者要想树立起良好的企业形象并取得用户的信任就要付出相当大的代价。

(3) 资本要求。某些资金密集型产业的进入需要较大的初始投资,如飞机制造、铁路、石油开采、钢铁等行业,这给缺乏足够资金的新进入者造成了很大的进入壁垒或投资风险。

(4) 销售渠道。若新进入者想打入现有企业已经建立起来的良好的销售渠道,则往往要求新进入者提供更优惠的价格或加强广告宣传,这也构成了新进入者的进入壁垒。

(5) 政府政策。政府在准入许可、质量、安全及环保等方面的政策规定和限制,也构成了新进入者的进入壁垒。

2. 供应商的议价能力

供应商是指向产业提供原材料等投入的企业。

供应商议价能力指的是现有企业向供应商购买原料时,供应商争取获得较好价格的能力。

供应商的力量主要体现在提高产品价格或降低产品质量方面。如果企业无法通过价格变化来消化原材料等供应成本增长,供应商的行为将降低企业的盈利能力。因此,强大的供应商是产业的威胁性竞争力量。

一般来说,供应商在下列情况下具有较强的议价能力:

(1) 供应商集中程度。供应商数量有限,行业集中度高。

(2) 替代品缺乏。

(3) 该产业不是供应商的重要客户。

(4) 供应商的产品对于买方而言十分关键。

(5) 供应商是否有前向威胁的可能。供应商具有较强的前向整合及进入企业所在行业的能力,如品牌生产商建立自己的零售网点。

3. 购买者的议价能力

购买者议价能力是指买方采用压低价格、要求较高的产品质量或索取更多的服务项目等竞争手段,从卖方与竞卖者彼此对立的状态中获利的能力。

强大的购买者可能会挤压产业利润,构成产业的威胁性竞争力量。一般而言,在以下五种情况下,购买者具有较强的议价能力:

(1) 集中购买或大规模购买。

(2) 购买者具有后向一体化及进入供应商所在行业的能力。

(3) 产品差异较小,可供选择的供应商较多。

(4) 价格敏感度。产品占购买者的成本较大,购买者的价格敏感度较高。

(5) 产品对购买者最终产品或服务的质量或价格无重大影响,容易实现替代。

4. 替代品的威胁

替代品是指能够满足同样或类似需求的其他产品,如蔗糖和甜味剂、咖啡和茶。

替代品的存在限制了一个产品的潜在回报,对生产或销售被替代品企业的竞争地位和利润以及被替代品产业的平均利润率造成负面影响。当产品价格超过一定程度时,用户可能将转向替代品。

如果消费者的转换成本较低,替代品会对产业竞争产生重大影响。威胁的大小与替代品是否存在和替代品的价格、产业的技术进步、政府管制等有关。威胁越大,产业平均利润率和产业结构吸引力越低。

如果产业几乎没有替代品或替代品的竞争力量较弱,产业内企业就将具有较强的提价能力,从而具有较大的盈利机会。

5. 现有企业之间的竞争

在大多数产业中,企业都是相互依存和相互制约的。其他竞争者都会预期到企业竞争行为对其自身的影响,从而主动或被迫采取一定的应对策略,如降低价格、提高质量、提供售后服务、增加广告等。现有企业之间的竞争是产业内最重要的威胁力量,也是影响企业战略制定的关键因素。

现有企业之间的竞争强度主要由下列因素决定:

(1) 竞争者数量。如果产业内竞争者数量众多,竞争将较为激烈;如果产业内竞争者数量较少但规模实力基本相当,产业竞争强度也会较高。现有企业的每一个竞争行动,都必然引起竞争者迅速而有力的反应。这在产业集中度较高的汽车、飞机制造、钢铁、软饮料行业表现得较为明显。

(2) 产业增长速度。如果产业增长速度较快,企业将主要致力于满足不断扩大的新顾客的需要,而不是从竞争对手那里抢夺原有客户。但是,当产业增长速度较为缓慢甚至停滞时,现有企业之间争夺既有市场份额的竞争就会变得激烈。

(3) 产品特征和转换成本。产业内产品如果差异化明显,或者具有较高的买方转换成本,企业之间的竞争就较少。如果产品具有标准化或无差异的特征,或者购买者的转换成本较低,企业之间的竞争程度就会较高。

(4) 固定成本。如果该企业固定成本占较高比重,企业将会尽量利用其生产能力以降低单位成本,该企业容易出现产能过剩的状况,从而引发激烈的价格竞争。

(5) 退出壁垒。退出壁垒是阻止企业退出产业的重要因素,主要包括专用性资产、退出的固定成本(如支付职工工资补偿)、战略相关性(如某项业务具有战略意义)、政府和社会约束(如失业问题)。如果产业的投资成本较大且资产专用性较强,企业就会具有较大的沉淀成本,因此一旦进入轻易不会退出。这样一来,即使产业的投资回报率较低,企业仍然坚持竞争,该产业内的竞争强度就较大。

总的来说,影响战略的外部因素主要分为两大类:宏观环境和产业环境。这些因素彼此关联、相互影响,具有复杂性、动态性和不确定性等特征,决定了企业面临的主要机会和威胁。

二、影响战略的内部因素分析

外部环境的战略分析揭示了企业可能存在的机会和应当避免的威胁。但是,只有企业具备了相应的内部条件,才能通过有效地组合企业内不同种类的资源和能力,形成企业的核心竞争力,从而利用外部环境提供的机会,避免可能的威胁。其中,资源是企业能力的来源,能力则是企业核心竞争力的来源,而核心竞争力则构成了企业的竞争优势。任何企业都会在某些资源或能力方面具有优势,而在另外一些方面具有劣势。分析内部因素的目的就在于评价和识别企业所具有的独特资源和能力,确认企业在产业竞争中的关键优势与劣势。企业内部的优势和劣势加上外部提供给企业的机会与威胁,共同构成了企业确立战略目标和制定战略计划的基础。

(一)企业内部因素的构成

1. 企业内部资源

企业的资源是指企业所拥有或控制的有效因素的总和,包括资产、生产或其他作业程序、技能和知识等。按照竞争优势的资源管理基础理论,企业的持续竞争优势主要是由资源禀赋决定的。企业的资源主要可以分为有形资源和无形资源两种。

有形资源是指能够看得见并且可以量化的资产。像土地、楼房、工厂、车间、机器设备,以及信息系统、技术手段等,均属于有形资源。有形资源主要是财务资源和实物资源。

无形资源是指根植于企业历史的、对企业经营发生长期作用的资源,是企业长期积累的、没有实物形态的资源。通常包括品牌、商誉、技术、专利、商标、企业文化及组织资源等。

组织资源是一种重要的无形资源。组织资源是指企业总体水平上的资源,是个体资源的应用与整合,主要体现在企业文化与精神风貌,企业形象与声誉,组织的协调能力、学习能力与应变能力等。

企业的内部资源条件决定了其能否和如何有效利用外部环境提供的机会并消除可能的威胁,从而获取持久的竞争优势。在战略分析中,企业应当全面分析和评估内部资源的构成、数量和特点,识别企业在资源禀赋方面的优势和劣势。

2. 企业能力

企业能力是指企业配置资源并发挥其生产和竞争作用的能力。能力来源于企业有形资源、无形资源和组织资源的整合,是企业各种资源有机组合的结果。企业能力主要由研发能力、生产管理能力、营销能力、财务能力和组织管理能力等组成。

3. 企业核心竞争力

核心竞争力是指能为企业带来相对于竞争对手的竞争优势的资源和能力。企业具备多种资源，但是，并不是所有的资源都能形成核心竞争力，相反有的还可能会削弱企业的竞争能力。战略分析的一个重点是识别哪些资源可以形成企业的核心竞争力。一般来说，能够建立企业核心竞争力的资源主要包括如下五种：

（1）建立竞争优势的资源。这是只能帮助企业利用外部环境中的机会来降低潜在威胁并建立竞争优势的资源。例如，两家提供类似食物的饭店，地理位置成为决定竞争优势的重要资源；而其他（如饭店菜单等）资源则属于正常经营所必需的资源，对于建立竞争优势的贡献比较小。

（2）稀缺资源。企业占有的资源越稀缺，越能满足顾客的独特需求，从而越有可能变成企业的核心竞争力。

（3）不可模仿的资源。如果企业的某种资源能够很容易地被竞争对手模仿，这种资源所能创造的价值将是有限的，企业难以据此获得持久的竞争优势。不可模仿的资源主要包括独特的实物资源（如旅游景点、矿山等）、企业文化、商标、专利、公众的品牌忠诚度等。

（4）不可替代的资源。波特的五力模型指出了替代产品的威胁力量，同样，企业的资源如果能够很容易地被替代，即使竞争者不能拥有或模仿企业的资源，它们也仍然可以通过获取替代资源而改变企业的竞争地位。

（5）持久的资源。资源的缺乏速度越慢，越有利于形成核心竞争力。一般来说，有形资源往往都有自己的损耗周期，而无形资源和组织资源则很难确定资源的贬值速度。一些品牌资源虽然在升值，而通信技术和计算机技术迅速更新换代却对建立在这些技术上的核心竞争力构成了严峻挑战。

总的来说，企业只有运用那些能够建立竞争优势、稀缺的、不可被模仿的、不可替代的和持久的资源，才能形成自己的核心竞争力，从而持久地获取有利的竞争地位。企业在战略分析时应当排除那些缺乏独特机制、并非稀有、能够被模仿的、存在替代品和贬值较快的资源，而将注意力集中在那些能够建立企业核心竞争力的资源上。

（二）企业内部因素的分析

分析企业内部因素的方法主要是价值链法。

价值链是一系列价值创造活动的集合（见图4-3）。价值链分析能够使企业识别经营活动中哪些业务能创造价值，哪些业务不能创造价值。价值链可以被分解为主要业务和辅助业务。主要业务是指产品的进货物流、生产、出货物流、营销和售后服务；辅助业务是为主要业务提供必要的支持，主要包括研发、采购、人力资源管理、企业基础设施（一般管理、会计、财务、法律顾问、安全、信息系统）等。企业的每种产品都有自己的价值链。由于多数企业都生产多种产品或服务，因此，为准确识别和评价企业的优势和劣势，企业内部分析应涉及多个价值链。企业价值链之间的差异是竞争优势差异的重要来源。

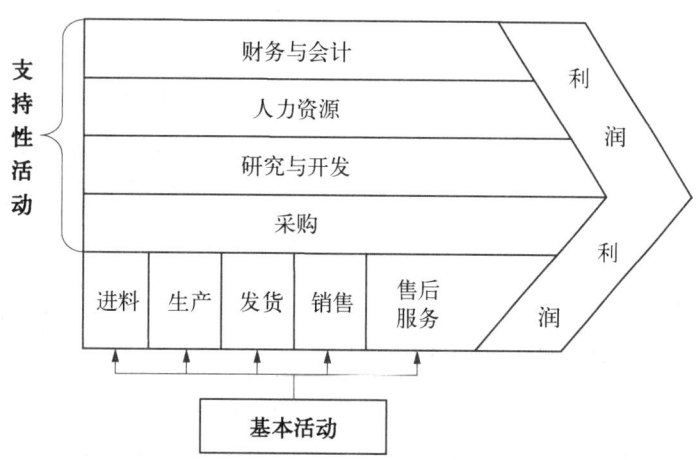

图 4-3　内部因素分析模型——价值链

资料来源：中国注册会计师协会.财务成本管理[M].北京：中国财政经济出版社,2008,第 17 章第 2 节。

企业价值链分析的一般步骤如下：① 分析每种产品的价值链,并分析价值链中每种业务是优势还是劣势；② 分析各产品价值链的内部"关联",即一个价值活动的执行方式与另一个价值活动的成本之间的关系；③ 分析不同产品价值链之间的融合潜力,以充分利用规模经济和范围经济。

三、综合分析——SWOT 分析

前面分析了影响战略的外部因素和内部因素,这些因素将会帮助或阻碍企业发展,SWOT 分析为确定这些因素提供了一个分析框架。SWOT 是四个英文单词的首字母缩写,即企业内部条件的优势(strength)和劣势(weakness),以及外部环境带来的机会(opportunity)和威胁(threat)。SWOT 分析认为,战略制定的本质在于实现企业内部资源(优势和劣势)和企业外部环境(机会和威胁)的匹配。

优势是指相比竞争对手和产品市场而言的资源优势。企业的核心竞争力构成了企业在市场竞争中的持久竞争优势。劣势是企业相对竞争对手而言存在的资源或能力上的限制或缺陷,它阻碍企业的成功。机会是指对企业有利的外部环境,如经济快速增长、竞争环境改善、市场规模扩大、技术变革、与供应商关系改善等。威胁是指对企业不利的外部环境,它有可能损害企业目前或未来的竞争地位,如宏观经济不景气、法律法规或者政策发生变化、新竞争者进入、供应商和购买者的议价能力增强等。

SWOT 分析的目的是找到内部资源和外部环境相匹配的战略。如图 4-4 所示,在第一象限中,企业面临众多机会,并且也具备足够的内部资源优势以充分利用这些机会,因此在这种情况下企业应当采取积极进取的增长战略。第三象限的情况则完全相

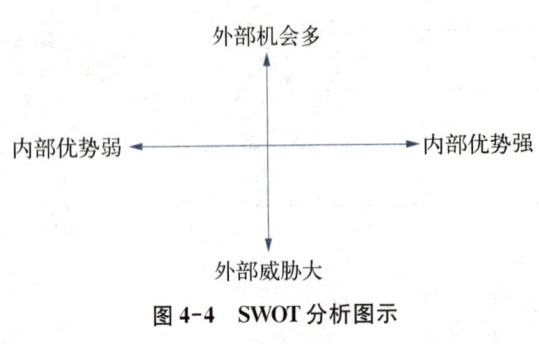

图 4-4　SWOT 分析图示

资料来源：中国注册会计师协会.财务成本管理[M].北京：中国财政经济出版社，2008，第 17 章第 2 节。

反，企业面临许多外部威胁，同时内部条件也较差，企业处于十分不利的竞争地位，因此应采取收缩战略或完全退出该产品市场，并转到别的机会更多且企业具备优势的其他产品上。在第四象限中，企业内部资源具备一定的优势，但面临的外部环境较差，在这种情况下企业应采取多元化战略，重新配置资源，以摆脱不利的外部环境，开拓机会更多的市场。处于第二象限的企业，面临有利的市场机会，但是受制于企业内部资源的劣势而无法充分利用外部的有利环境，为此，企业应通过重组等手段缩小内部劣势，赢得市场机会。

第三节　战略制定

　　战略制定是企业在战略分析的基础上选择适宜战略的过程。战略制定是战略管理的关键环节，直接影响到战略的实施和控制。战略存在多种类型。战略制定要从企业使命和目标出发，分析和评价各种战略的优势和劣势以及成本和收益，选择最符合企业实际并能实现企业目标的战略。

　　制定投资战略必须考虑企业所处的发展阶段。处于不同发展阶段的企业应采用不同的竞争战略，不同的竞争战略决定了不同的经营风险，经营风险的高低决定了利益相关者可以接受的投资风险，利益相关者可以接受的投资风险决定了财务上适宜的资本结构筹资来源和股利政策。因此，企业在制定投资战略时，要考虑所处的不同发展阶段。

一、企业成长分析

　　企业生命周期是指企业的发展与成长的动态轨迹，包括初创、成长、成熟和衰退四个阶段。企业生命周期理论的研究目的在于试图为企业找到能够与其特点相适应，并能不断促进其发展延续的特定组织结构形式，使得企业找到一个相对较优的模式来保持企业的发展能力（见图 4-5）。

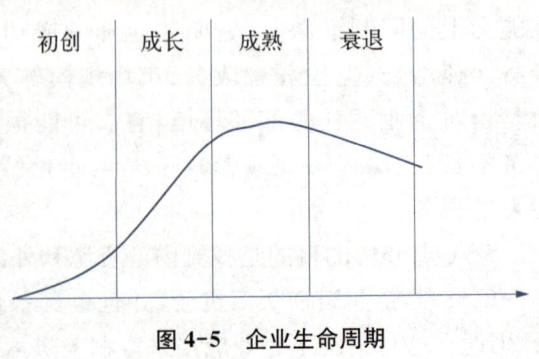

图 4-5　企业生命周期

二、公司层战略的选择

企业总体战略是指为实现企业总体目标,对企业未来基本发展方向所作出的长期性、总体性的谋划。总体战略决定了企业各项业务在战略谋划期间的资源分配和发展方向。公司层战略主要考虑的问题是企业业务应当扩张、维持不变还是收缩。相应地,公司层战略可以划分为三种类型:成长型战略、稳定型战略和收缩型战略。

(一)成长型战略

成长型战略是以发展壮大企业为基本导向,致力于使企业在产销规模、资产、利润或新产品开发等某一方面或几方面获得增长的战略。成长型战略是最普遍采用的企业战略。成长型战略主要包括两种基本类型:一体化战略和多元化战略。

1. 一体化战略

一体化战略是指企业有目的地将互相联系密切的经营活动纳入企业体系之中,组成一个统一经济实体的战略。一体化战略按照业务拓展的方向可以分为纵向一体化和横向一体化。

(1)纵向一体化战略。纵向一体化战略也称为垂直一体化战略,是指生产或经营过程相互衔接、紧密联系的企业之间实现一体化的战略。纵向一体化战略可以分为前向一体化战略和后向一体化战略。

前向一体化战略,是指企业获得对分销商的所有权或控制力的战略。后向一体化战略,是指企业获得对供应商的所有权或控制力的战略。

(2)横向一体化战略。横向一体化战略也称水平一体化战略,是指并购处于相同行业、生产同类产品或工艺相近的企业的战略,目的是扩大生产规模、降低产品成本、巩固市场地位。

2. 多元化战略

多元化战略是指企业现有产品或业务缺乏增长潜力或者为了避免业务单一风险而进入其他产业的战略。多元化战略有两种基本类型:相关多元化和不相关多元化。

相关多元化是指企业以现有业务为基础进入相关产业的战略。

采用相关多元化战略,有利于企业利用原有产业的产品知识、制造能力和营销技能优势获取融合优势,也就是两种业务同时经营的盈利能力大于各自运营不用业务时的盈利能力之和。相关多元化的相关性可以是产品、生产技术、管理技能以及用户等方面的类似。当企业在产业内具有较强的竞争优势,而该产业的成长性或吸引力逐渐下降时,比较适宜采用相关多元化战略。

不相关多元化是指企业进入与当前产业不相关的产业的战略。

(二)稳定型战略

稳定型战略,又称为防御型战略、维持型战略,即企业在战略方向上没有重大改变,在业务领域、市场地位和产销规模等方面基本保持现有状况,故而以安全经营为宗旨的

战略。稳定型战略有利于降低企业实施新战略的经营风险，减少资源重新配置的成本，从而为企业创造一个加强内部管理和调整生产经营秩序的修正期，并有助于防止企业过快发展。

（三）收缩型战略

收缩型战略，也称为撤退型战略，是指企业因经营状况恶化而采取的缩小生产规模或取消某些业务的战略。采取收缩型战略一般是因为企业的部分产品或所有产品处于竞争劣势，以至于销售额下降、出现亏损等，从而采取的收缩或撤退措施，以抵御外部环境压力，保存企业实力，等待有利时机。收缩型战略的目标侧重于改善企业的现金流量，因此，一般都采用严格控制各项费用等方式度过危机。收缩型战略也是一种带有过渡性质的临时战略。

成长型战略、稳定型战略和收缩型战略是最基本的公司层战略。但是，这些战略并不一定要单独使用，也可以组合使用。对于很多大型企业来说，一般都拥有多个业务单位，这些业务单位面临的外部环境和所需的内部条件都不尽相同，完全可能因地制宜、因时制宜地采用不同的总体战略。

三、竞争战略的选择

竞争战略决定了企业如何在市场竞争中建立优势。迈克尔·波特在 1980 年提出了三种最为基本的竞争战略，即成本领先战略、差异化战略和集中化战略，如图 4-6 所示。这三种竞争战略均可为企业创造出超出行业平均水平的盈利并形成持久的竞争优势。

竞争范围 \ 竞争优势	低成本	差异化
整个产业	成本领先	差异化
细分市场	集中成本领先	集中差异化

图 4-6 竞争战略图示

资料来源：中国注册会计师协会.财务成本管理[M].北京：中国财政经济出版社，2008，第 17 章第 3 节。

（一）成本领先战略

成本领先战略是指企业针对大规模市场，以低成本获取竞争优势的战略。成本领先战略强调以低单位产品价格为那些对价格较为敏感的用户生产标准化产品。

成本领先战略的优势主要包括以下三个方面：

一是可以抵御竞争对手的进攻。低成本使得企业可以制定比竞争者更低的定价，并仍然可以获得适当的收益。因此，即使面对激烈的竞争，成本领先者仍然可以有效地保护企业。

二是具有较强的对供应商的议价能力。成本领先战略往往通过大规模生产和销售建立起成本优势，较大的购买量使得这类企业对供应商往往具有较强的议价能力，从而更增强了其成本优势。

三是形成了进入壁垒。成本领先战略充分利用了规模经济的成本优势，使得无法达到规模经济的企业难以进入该行业并与之竞争。因此,成本领先者有可能获得高于平均水平的投资回报。

成本领先战略主要适用于以下一些情况:

(1) 市场中存在大量的价格敏感用户。

(2) 产品难以实现差异化。

(3) 购买者不太关注品牌。

(4) 消费者的转换成本较低。

这时,企业应当力求成为产业中的低成本生产者,使产品价格低于竞争者,以提高市场份额。

(二) 差异化战略

差异化战略是指企业针对大规模市场,通过提供与竞争者存在差异的产品或服务以获取竞争优势的战略。这种差异性可以来自设计、品牌形象、技术、性能、营销渠道或客户服务等各个方面。成功的差异化战略能够吸引品牌忠诚度高且对价格不敏感的顾客,从而获得超过行业平均水平的收益。与成本领先战略主要用于提高市场占有率不同,差异化战略有可能获得比成本领先战略更高的利润率。

差异化战略主要适用于以下一些情形:

(1) 产品能够充分实现差异化,且为顾客所认可。

(2) 顾客的需求是多样化的。

(3) 企业所在产业技术变革较快,创新成为竞争的焦点。

(三) 集中化战略

集中化战略是针对某一特定购买群、产品细分市场或区域市场,采用成本领先或差异化以获取竞争优势的战略。采用集中化战略的企业,由于受自身资源和能力的限制,无法在整个产业实现成本领先或者差异化,故而将资源和能力集中于目标细分市场,实现成本领先或差异化。集中化战略一般是中小企业采用的战略,可分为两类:集中成本领先战略和集中差异化战略。

集中化战略主要适用于以下情形:

(1) 企业资源和能力有限,难以在整个产业实现成本领先或差异化,只能选定个别细分市场。

(2) 目标市场具有较大的需求空间或增长潜力。

(3) 目标市场的竞争对手尚未采用统一战略。

 **课后习题**

一、案例题

企业的投资活动离不开企业的投资战略。企业的投资战略是用来规划企业长期财务活动的投资及其资源配置的去向,其目的是在谋求协同作用效率的同时,通过合理有

效的配置资源,形成企业在资源配置上的竞争优势。然而,产品不同生命周期对制定企业投资战略的要求不同。在企业产品的成熟阶段,企业的投资战略主要是为了实现企业价值的最大增值。为达到这一目标,企业可以制定多元化的投资战略,通过扩张来保持企业的稳步投资,企业也可以通过集中化战略来提升企业的核心竞争力,从而保持其竞争优势。

不同的投资战略会给公司带来不同的绩效,从而影响公司的价值。下面以服装行业的两家较有名上市公司——七匹狼和雅戈尔为例,比较分析了这两家公司不同的投资战略。

七匹狼集团成立于1985年,位于福建省晋江市,主要业务是服装生产、销售,涉及鞋业、酒业、表业、房地产开发、金融投资、贸易等多种行业,是以品牌经营为核心,多元化经营的综合性公司。七匹狼品牌,尽管系列众多,品牌却只有"七匹狼"。其目前实施的投资战略为:① 持续投资"七匹狼"公司的核心业务——男装产品;② 投资增长业务——房地产业务,目的是要为今后的品牌宣传及公司扩张赢取资本;③ 产品延伸——童装、女装,依靠七匹狼品牌的影响力进行产品延伸。

雅戈尔集团创建于1979年,经过多年的投资,逐步确立了以品牌服装为主业,涉足地产开发、金融投资领域,多元并进、专业化投资的经营格局。公司针对国际商务、行政公务、商务休闲三大消费群体进行开发,形成了成熟自信、崇尚品质生活的品牌特色,主打产品衬衫,是全国衬衫行业第一个国家出口免验产品,连续多年获得市场综合占有第一位。雅戈尔集团业务主要可以分为五大板块:服装板块、纺织板块、外贸板块、房产板块、旅游酒店板块。雅戈尔集团是以服装纺织为龙头,金融投资、房地产为两翼,国际贸易、服装辅料为两足的"一业为主,多业并举"的经营格局,但由于雅戈尔投资房地产和金融业的失利,目前雅戈尔重新回归主业,重点投资品牌服装。

从七匹狼和雅戈尔的投资战略及其结果来看,七匹狼选择了相对以实业为主的发展战略,而雅戈尔则将房地产等与服装无关的产业作为投资项目之一。

资料来源:高金文,公司投资战略及其市场反应[J].企业改革与管理,2014,11(8):9,节选,有改动。

要求:运用相关理论,比较分析七匹狼和雅戈尔的投资战略。

二、思考题

1. 请简述战略管理过程。
2. 请简述产业竞争的五力模型。
3. 请简述价值链模型。
4. 请简述波特提出的三种竞争战略。
5. 请简述企业不同发展阶段的财务战略。

第五章 项目投资可行性研究

教学目标

- 掌握投资项目可行性研究的概念,了解投资项目可行性研究的产生与发展。
- 了解投资项目可行性研究的作用、投资项目可行性研究的阶段及其工作内容。
- 掌握投资项目可行性研究的内容及构成。
- 了解投资项目可行性研究报告的编制步骤、要求和结构,并通过阅读已有的可行性研究报告范例,对投资项目可行性研究报告有一个深刻的认识。

导读案例　　　旗滨集团 11.7 亿元马来西亚投建玻璃生产线

旗滨集团(601636)2015 年 5 月 15 日晚间公告,为拓展海外市场,寻找新的利润增长点,公司全资子公司漳州旗滨公司拟使用不超过 11.705 亿元,对马来西亚旗滨公司进行增资,主要用于建设一条 600 t/d Low-E 在线镀膜玻璃生产线和一条 600 t/d 高档多元化玻璃生产线。

该玻璃生产线计划在 2016 年底完成,项目产品定位为优质建筑玻璃、汽车玻璃、在线镀膜玻璃、超白玻璃等高档浮法玻璃,非冷修年年产高档浮法玻璃 804.16 万重箱,平均年产高档浮法玻璃 782.14 万重箱。

旗滨集团表示,项目投资回收期税前为 5.4 年(不含建设期),生产期内年平均利润总额为 1.54 亿元,投资利润率和投资利税率分别为 11.97%、13.53%。项目建成后可以解决建厂当地浮法玻璃依靠进口的局面,部分玻璃还可出口到周边国家。

资料来源:《证券时报》,2015 年 5 月 15 日。

要求:试分析上述案例项目投资的特点。

在现代市场经济条件下,为了获得良好的发展机会,取得最大的经济效益,许多企业都致力于扩张规模,拓展经营业务与市场。为了实现这一目的,一般可采取两种基本

的途径：一是内部扩张方式，即通过自身的积累来扩大规模；二是外部扩张方式，即通过企业并购来扩大规模。

第一节 投资项目可行性研究概述

一、投资项目可行性研究的含义和作用

（一）可行性研究的含义

投资项目可行性研究（feasibility study）是在投资决策前，通过市场分析、技术分析和财务分析等，对投资项目的技术可行性与经济合理性进行的综合评价。

可行性研究是为投资项目决策提供科学依据的工作过程，是投资项目决策中初始阶段的关键环节。

（二）可行性研究的作用

投资项目可行性研究是由项目投资决策的需要、市场机制的作用、新技术革命的发展等方面决定的，其意义如下：

1. 可行性研究是投资项目决策的依据

投资项目一般具有投资大、建设周期长、技术复杂、涉及面广的特点，通过可行性研究可以预见投资项目的经济效益，从而判断项目是否可行，为决策提供科学依据。

决策正确，对提高项目的整体经济效益具有决定性作用。正确的决策必须以可行性研究成果为依据，这是科学决策的客观需要。

2. 可行性研究是编制下阶段设计的依据

可行性研究报告中，已对投资规模、厂址、设备、工艺等进行了较详细的方案比较及技术经济论证，为项目设计工作打下了基础。

3. 可行性研究是投资项目建设单位筹集资金的依据

当投资项目建设单位向银行或金融机构提出贷款申请时，必须附有经批准的可行性研究报告。经银行或金融机构审查评估后，确认项目具有偿还能力，才能给予贷款。

4. 可行性研究是投资项目建设单位与相关部门签订协议和合同的依据

原材料和燃料供应协议、供水与供电协议、运输协议、产品销售协议等均要以可行性研究报告作为依据。

二、投资项目可行性研究的阶段

可行性研究阶段分为机会研究（鉴别阶段）、初步可行性研究（初选项目阶段）、详细可行性研究（判定项目阶段）和项目评估（结论阶段）。

1. 机会研究(鉴别阶段)

鉴别阶段投资项目机会研究是进行可行性研究之前的准备性调查研究,也是为寻求有价值的投资机会而对项目的背景、投资条件、市场状况等所进行的初步调查研究和分析预测。

机会研究是对投资方向作概略性分析,根据资源、市场、政策寻求投资机会。鉴别阶段机会研究是为了考虑投资目标、鉴别投资机会进行的,主要是笼统估计,往往比较粗略。投资机会研究包括一般机会研究和特定项目机会研究。

一般机会研究可以分为地区机会研究、部门机会研究和资源开发机会研究三类。地区机会研究主要是寻找某一特定区域内的投资机会;部门机会研究主要是寻找某一特定产业部门的投资机会;资源开发机会研究主要是以资源开发和加工为目的的投资机会研究。

特定项目机会研究主要是从公司的内部资源和所面临的外部环境两个方面来进行分析研究。

机会研究是进行初步可行性研究之前的准备性调查研究。机会研究一般与规划研究同步进行,以机会研究结果为基础,可以设立备选项目库,进行项目储备,供今后制定投资计划和开展投资项目可行性研究之用。机会研究的方法主要是依靠经验进行粗略的预测估计,一般不进行详细的分析计算。

经过机会研究,只可提供项目的大概轮廓,还不能作为最后投资决策的依据,要进一步对项目进行初步可行性研究和详细可行性研究。

机会研究的内容有如下四个方面。

(1)分析投资目的。

在分析项目投资机会时,应首先分析投资方的投资目的,然后才能在此基础上甄别投资机会,论证投资方向。

(2)鉴别投资机会。

在论证投资机会时,应根据投资方的投资动机对各种投资机会进行鉴别和初选,要考虑论证投资机会的依据是否合理。应通过多个方面来分析各种项目投资机会的设想,一旦证明可行,就需要对其进行进一步研究。

(3)论证投资方向。

在初步筛选投资机会后,就要对内部资源、市场需求、项目开发模式、项目实施的环境保护等进行初步分析,并结合其他类似项目的经验、相关投资政策法规、技术设备的可能来源、合理的经济规模、产业政策、成本等,初步评价投资机会的财务、经济及社会影响,论证投资方向是否可行。

(4)论证具体项目。

在投资方向鉴别确定之后,就要进行具体项目的投资机会研究。具体项目机会研究比一般机会研究更普遍,它将项目设想转变为概略的投资建议,其目的是要促使投资方作出认真考虑。

2. 初步可行性研究（初选项目阶段）

初选项目阶段的初步可行性研究对机会研究所选择的项目进行进一步的分析论证。初步可行性研究目的是判别项目投资的必要性和可能性，初步判断设想的项目是否有生命力，并提出是否需要进一步开展项目可行性研究的结论。

初步可行性研究主要从投资角度研究项目是否合理可行，只作初步估计，对于方案作粗略审查，其任务是进行初步比较和选择。

对投资机会研究所选择的较大或较复杂的项目，如果所掌握的基础数据对项目目标的可实现性的判断仍感不足时，应进行初步可行性研究，以避免直接进行详细可行性研究时花费较多、费时较长，而最终又判定项目不可行时所造成的损失。

3. 详细可行性研究（判定项目阶段）

判定项目阶段的详细可行性研究是在项目决策前对项目有关的工程、技术、经济等各方面条件和情况进行详尽、系统、全面的调查、研究、分析，对各种可能的建设方案和技术方案进行详细的比较论证，并对项目建成后的经济效益、国民经济和社会效益进行预测和评价的一种科学分析过程和方法。是项目进行评估和决策的依据。

详细可行性研究是为了作出正确的判断、得出明确的结论或推荐一个最佳方案，其任务是拟订或形成详细的项目建设方案并进行深入的技术经济分析。在此基础上，提出可行性研究报告，作为投资项目决策的依据和项目融资评估的依据。

4. 项目评估（结论阶段）

结论阶段的项目评估是在投资活动中，在对投资项目进行可行性研究的基础上，从公司整体的角度对拟投资建设项目的设计、实施方案进行全面的技术经济论证和评价，从而确定投资项目未来发展的前景。

项目评估对可行性研究报告提出评价意见，确定是否可行，或是否是最佳的方案选择。项目评估是由投资决策部门组织或授权于工程咨询公司或有关专家，代表政府有关部门对上报的建设项目可行性研究报告进行全面的审核和再评价工作。

项目评估的主要任务是对拟建项目的可行性研究报告提出评价意见，最终决策该项目的投资是否可行。

三、投资项目可行性研究的工作程序

投资项目可行性研究工作是一项复杂的综合性较强的工作。可行性研究工作的全过程，分别由项目建设单位、设计单位和咨询单位等密切配合进行。

可行性研究的工作程序如下。

1. 建设单位提出项目建议书和初步可行性研究报告

建设单位根据国家经济发展的长远规划，经济建设的方针任务和技术经济政策，结合资源情况、建设布局等条件，在广泛调查研究、收集资料、踏勘建设地点、初步分析投资效果的基础上，提出需进行可行性研究的项目建议书和初步可行性研究报告。

2. 项目建设单位委托可行性研究工作

项目建议书经有关部门审定批准后,项目建设单位就可委托经过资格审定的工程咨询公司或设计单位着手编制拟建项目的可行性研究报告。建设单位采用签订合同的方式委托有资格的设计咨询单位承担可行性研究工作。

3. 设计单位进行可行性研究工作

设计咨询单位与委托单位签订合同承接可行性研究任务以后,就可开展可行性研究工作。主要有以下几项工作:调查研究与收集资料;方案设计和优选;经济分析和评价;编制可行性研究报告。

4. 可行性研究报告的预审与复审

工程咨询公司或设计单位编制可行性研究报告提交预审主持单位。预审单位组织有关方面的专家参加,广泛听取意见,对可行性研究报告提出预审意见。当发现可行性研究报告有原则性错误或报告的基础依据与现实条件有重大出入时,应对可行性研究报告进行修改和复审,此项工作仍由原编制单位和预审单位按规定进行。

5. 可行性研究报告的审批

重大项目和特殊项目的可行性研究报告由国家发改委会同有关部门预审,报国务院审批。大中型建设项目的可行性研究报告,由各主管部门,各省、市、自治区或全国性专业公司负责预审,报国家发改委审批。小型项目的可行性研究报告,按隶属关系由各主管部门,各省、市、自治区或全国性专业公司审批。可行性研究证明没有建设必要的项目,经审定后即将该项目否决。

第二节　投资项目可行性研究的内容

一、投资项目可行性研究的基本内容

投资项目可行性研究是在对项目进行深入的技术经济分析的基础上进行多方案的比较和优选,提出项目投资最后决策的结论性意见。因此,它的内容应能满足编制和审批可行性研究报告的要求。一般工业项目的可行性研究应包括以下五个方面的内容。

(一)总论

总论包括项目概况,可行性研究的主要结论概要和存在的问题与建议,阐明对推荐方案在论证过程中曾有的重要争议和不同的意见与观点,对建设项目的主要技术经济指标列表说明;还应说明建设项目的背景、投资环境,项目建设投资的必要性和经济意义,项目投资对国民经济的作用和重要性;提出项目调查研究的主要依据、工作范围和要求;项目的历史发展概况,项目建议书及有关审批文件。

(二) 市场需求预测与确定生产规模

调查国内外市场近期产品供需情况；估计国内现有产品生产能力；销售预测、价格分析，产品竞争能力、进入国际市场的前景；产品方案是否符合行业发展规划、技术政策、产业政策和产品结构的分析，提出产品方案的设想和进行建设的规模。

(三) 资源和建设条件

1. 资源情况

有关资源的评述，所需原材料等的种类、数量、质量及其来源和供应的可能性和可靠性；所需动力（水、电、气等）、公用设施的数量、供应方式和供应条件以及签订协议和合同的情况等。

2. 建厂条件和厂址方案

建厂地点的自然条件和社会条件描述；厂址面积、占地范围、厂区总体布置方案及其他工程费用情况；对厂址选择进行多方案的技术经济分析和比选，提出优选意见。

3. 技术、设备及工艺选择评价和工程设计方案

建设项目采用技术和工艺方案论证；列出所选主要设备和辅助设备的名称、型号、规格、数量及价格，并附所选工艺的工艺流程图；确定拟建项目工程设计方案等。

4. 环境保护与劳动安全

环境现状调查、治理方案的选择和回收利用情况、对环境影响的预评价、劳动保护与安全卫生等要求及相应采取的措施方案。

5. 项目实施计划和进度要求

根据工程施工、安装等所需时间与进度要求和指定的建设工期，选择整个工程项目实施方案和总进度。

(四) 经济效益的分析与评价

各项初期投资、铺底流动资金和项目总投资的估算；项目资金来源和筹措方式与还款计划；生产成本估算；项目财务评价、国民经济评价和不确定性分析。

(五) 评价结论

建设方案的综合分析评价与方案选择，从财务、经济、社会等方面论述建设项目的可行性，指出项目存在的问题，提供决策参考。

综上所述，项目可行性研究的基本内容可概括为三大部分：

第一部分是产品的市场调查和预测研究，这是项目成立的重要依据。因为产品方案、建设规模以及企业的效益都是根据市场供需和销售预测确定的，因此市场调查和预测是项目可行性研究的前提，其主要任务是说明项目建设的"必要性"问题。

第二部分是技术方案和建设条件，这是指有关资源投入、厂址、技术、设备和生产组织等方面的问题，这是可行性研究的技术基础，它决定了建设项目在技术上的"可行性"。

第三部分是经济效益的分析和评价。这是决定项目投资命运的关键，它是项目可行性研究的核心部分，由此说明项目在经济上的"合理性"。可行性研究就是从这三大

方面对建设项目进行研究,并为项目投资决策提供科学依据。

上述可行性研究的内容主要是对新建项目而言的,对于改建、扩建项目的可行性研究,还应增加对企业现有概况的说明和利用原有固定资产及其他条件产生增量效益的分析。

二、市场需求预测与确定生产规模

市场对产品的需求数量是确定项目是否有发展前途和确定项目生产能力的关键因素,因此,市场需求预测是投资项目可行性研究中非常重要的一项内容。

（一）市场需求预测

市场需求预测是指通过对消费者的购买心理和消费习惯的分析,以及对国民收入水平、收入分配政策的研究,推断出社会的市场总消费水平。市场需求预测是市场研究中最重要的一部分,也是最复杂的一部分。投资项目可行性研究中市场需求预测的基本内容是预测社会对拟建项目所生产产品的需求。

市场需求预测的方法很多,归纳起来有两大类：一是定性分析法；二是定量分析法。

定性分析预测法也叫作经验判断法,由熟悉产品情况的有经验的人员根据个人的意见进行主观判断和预测。经验判断法简便易行,能有效地综合考虑各种影响因素,有一定的实际效果,但个人经验总有一定的局限性,因此准确性较差,在实际中还需结合定量分析方法进行相互校正。具体方法有专家询问法、德尔菲法等。

定量分析预测法主要有趋势外推法和因果分析法。趋势外推法是用过去和现在的资料,推断未来的状态。这种方法需要大量的历史统计资料。方法简单易行,这是它的优点。但是,由于没有涉及因果关系,因而在有的场合会产生较大的误差。大多用于短期和中期预测。因果分析法则是强调寻找出事物变化的原因,找出原因和结果之间的关系,并据此预测未来。这类方法是经济预测中常用的方法。属于这类方法的有回归分析法、经济计量模型法、投入产出法等。

（二）确定生产规模

投资项目生产规模指建设项目的新增生产能力。工业生产性建设项目生产规模的大小,主要取决于产品的市场需求、产品市场占有率、不同工业部门的技术经济特点和生产产品的原材料与能源供应、规模经济等。生产规模确定的合理与否直接关系到企业的经济效益。在确定生产规模时必须全面考虑各种影响因素。

1. 产品的市场需求

产品的市场需求是确定生产规模的重要因素之一。建设项目只有按市场需求确定生产规模,才能保证项目获得较好的经济效益。

2. 产品市场占有率

市场占有率也称市场份额,是指某企业产品的销售量(或销售额)在市场同类产品

中所占比重,反映企业在市场上的地位。通常市场占有率越高,竞争力越强。市场占有率在很大程度上反映了企业的竞争地位和盈利能力。

3. 不同工业部门的技术经济特点和生产产品的原材料与能源供应

不同工业部门有不同的生产技术特点,其规模与技术经济指标的依存关系也不同,所以有不同的规模结构。例如,采掘业的规模主要取决于矿物储藏量和地质条件;电力行业的规模主要取决于发电机组的大小和负荷程度等。

除了上述因素外,还要充分考虑原材料与能源供应等。如资源供应不稳定、价格昂贵或运输困难使生产成本提高,会限制生产规模。

4. 规模经济

规模经济是指通过扩大生产规模而引起经济效益增加的现象。规模经济反映的是生产要素的集中程度同经济效益之间的关系。规模经济的优越性在于随着产量的增加,长期平均总成本下降。在一定的生产水平下,不同产品有不同的、合适的规模区域。一般来说,投资大、所用技术设备先进的行业,其规模较大,如汽车制造等。

总之,在确定企业规模时,必须对上述有关因素进行综合分析和比较,既要从满足需要出发,又要考虑是否具有可能,更要注意经济效益。

三、资源与建设条件

(一) 工艺及设备选择

1. 工艺流程选择

工艺流程是指项目生产产品所采用的制造方法及生产过程。生产过程是指从原材料进厂一直到产品出厂的全部过程。一种产品的生产,有几个可供选择的工艺,采用不同的工艺,需要具备不同的条件并会产生不同的后果。

2. 主要设备的选择

在工艺流程确定之后,就可以对所需设备进行选择和分析。设备包括生产设备、辅助设备、服务设备及备品备件等。生产设备是指直接生产成品或半成品的设备,生产设备直接服务于生产过程。对生产设备的选择和评价是可行性研究中工艺及设备论证的主要问题之一。

对生产设备的选择是项目设备选择的关键,主要取决于生产工艺流程和生产规模。还要考虑设备在技术、供应方面的状况。

(二) 厂址选择

厂址选择是指建厂地理位置的合理选定。工厂建在固定的厂址,位置一经确定,就不能移动。厂址选择是否得当,对工业在各个地区的合理分布、城市和工业区的建设、自然资源的开发利用和环境保护等都具有深远的影响;同时,也直接关系到拟建企业的建设投资、建设工期和投产后的经济效益。厂址选择既是一个技术问题,又是一个经济问题,是技术与经济的结合。

厂址选择是可行性研究中的一个重要环节,当拟建项目的产品品种、生产规模、技术路线等确定以后,就应进行厂址选择。只有厂址确定后,项目的投资成本才能准确地估算出来。

(三)环境影响评价

环境影响评价(environmental impact assessment,EIA)简称环评,是指对建设项目实施后可能造成的环境影响进行分析、预测和评估,提出预防或者减轻不良环境影响的对策和措施,进行跟踪监测的方法与制度。通俗地说,就是分析投资项目建成后可能对环境产生的影响,并提出污染防治对策和措施。

环境保护是可行性研究的重要内容之一。不仅在可行性研究报告中有专章论述,而且另外需有专门的环境影响报告书。可行性研究中关于污染治理目标,必须达到环境保护标准的要求,一般是把污染控制在不对环境造成危害的程度上。

国家规定建设项目在进行可行性研究时,必须对拟建项目拟采用的生产技术和建设方案进行环境影响评价,编制和报批环境影响报告书,经批准后才可审批项目可行性研究报告。

第三节 可行性研究报告的编制

一、可行性研究报告的编制步骤

(一)投资单位与编制单位签订委托协议

可行性研究报告投资单位与编制单位,就项目可行性研究报告编制工作的范围、重点、深度要求、完成时间、费用预算和质量要求交换意见,并签订委托协议,据以开展可行性研究各阶段的工作。

(二)编制单位组建工作小组并制定工作计划

根据投资项目可行性研究的工作量、技术难度和时间要求等组建项目可行性研究工作小组。一般可分为市场组、工艺技术组和技术经济组等专业组。工作计划内容包括研究工作的范围、进度安排、人员配置、费用预算及报告编制大纲,并与投资单位交换意见。

(三)编制单位收集资料并编制和优化方案

编制单位各专业组根据报告编制大纲进行实地调查,收集整理有关资料。在调查研究收集资料的基础上,对项目的建设规模与产品方案、实施进度方案以及项目投资与资金筹措方案等,研究编制备选方案。进行方案论证,比选优化,提出推荐方案。

(四)项目评价

对编制单位推荐方案进行环境影响评价、财务评价、国民经济评价、社会评价及风

险分析，以判别项目的环境可行性、经济可行性、社会可行性和抗风险能力。

（五）编制单位编写报告初稿并完成正式报告

项目可行性研究各专业方案，经过技术经济论证和优化之后，由各专业分工编写各自负责的内容。经项目负责人汇总，提出报告初稿。报告初稿形成后，与投资单位交换意见，修改完善，形成正式的可行性研究报告，并提交给投资单位。

二、可行性研究报告的结构

可行性研究报告一般分为主体部分和辅助部分。

（一）主体部分

主体部分即投资项目可行性研究报告的基本内容部分，是对投资项目要素及其组合的整体分析。主体部分一般分章、节撰写，具有规范性和相对确定性。投资项目可行性研究报告大量使用文字、数表、图形和公式说明问题。

（二）辅助部分

辅助部分即投资项目可行性研究报告主体部分的补充说明与佐证材料，其主要作用是为可行性研究报告提供证据支持，是投资项目可行性研究报告必不可少的组成部分。辅助部分主要包括以下内容。

（1）附图。附图主要包括厂址位置图、工艺流程图等。

（2）附表。附表主要有投资估算表、财务评价表、国民经济评价表等。

（3）附件。附件主要有项目建议书（初步可行性研究报告）及批复文件、环保部门对项目环境影响的批复文件等。

三、可行性研究报告的要求

（一）对可行性研究报告的要求

（1）可行性研究报告应能充分反映项目可行性研究工作的成果，内容齐全、结论明确、数据准确，能够满足投资单位决策的需要。

（2）报告中的重大技术、经济方案，应有两个以上方案的比选。

（3）报告中设计的融资方案，应能满足投资单位的现实状况。

（4）报告中应反映在可行性研究过程中出现的某些方案的重大分歧，以供投资单位权衡进行决策。

（5）报告中应附有评估、决策（审批）所必需的合同、协议、意向书和政府批文。

（二）对报告编制单位及可行性研究人员资质要求

可行性研究报告的质量取决于编制单位的资质和编写人员的素质。承担可行性研究报告编写的单位和人员，应符合下列要求。

（1）编制单位应具有经国家有关部门审批登记的资质等级证书。

（2）编制单位应具有承担编制可行性研究报告的能力和经验。

（3）可行性研究人员应具有所从事专业的知识技能和工作经历。

（4）编制单位及可行性研究人员，应坚持独立、公正的原则，对可行性研究报告质量负完全责任。

课后习题

一、案例题

易制毒化学品管控集成平台项目可行性研究报告

一、市场分析

（一）市场前景

1. 当前市场规模

易制毒化学品管理信息化对于提高监管部门监管能力和水平具有重要的战略意义，国家禁毒委在《2004—2008年全国禁毒工作规程》中就明确要求推进全国易制毒化学品计算机网络化管理。由于国内易制毒化学品信息化建设起步较晚，目前仅有浙江、河北等少数省份实现全省推广，山东、江苏、四川、云南等省部分市、县完成系统建设，广东、山西、黑龙江、吉林等省正在进行系统建设和推广应用，覆盖率不足30%，且现有系统只停留在对易制毒化学品生产、流通环节信息的被动采集和网上办证等基本政务功能，难以满足监管部门对易制毒化学品管理的深层次需求，亟需升级换代。

2. 市场增长率

据统计，浙江省易制毒化学品管理信息系统已完成全省覆盖，纳入监管的用户数达到30 000余家，国内已纳入易制毒化学品管理信息系统监管的企业数在15万家左右。目前，广东、山西、黑龙江、吉林等省份已启动信息化建设，大批省份也将相继开展信息系统建设及推广，预计未来5年内，国内易制毒化学品关系系统新增用户将达到30万家之多，需求将超过6亿元，这为本项目产品提供了极大的市场空间。

3. 技术和产业发展趋势

针对当前易制毒化学品管理工作中存在的问题，易制毒化学品管理工作必须利用现代信息科学技术，依托管理信息系统，实现对企业生产、销售、购买、运输、使用、仓储、进口、出口等环节的管理，实现对各类许可、备案等办理流程的电子化，实时动态监管企业易制毒化学品的流向，在有效监管的同时又方便企业和群众，从而有效防止易制毒化学品流入非法渠道被用于制造毒品。

2009年国家发展改革委批复《金盾二期工程中央本级建设项目初步设计方案和投资概算》（发改投资〔2009〕1252号），将"全国易制毒化学品管理信息系统"列入"金盾工程"二期建设项目，并正式启动全国易制毒化学品信息化管理的全面建设工作。

本项目就是开发基于 SOA 的易制毒化学品管控集成平台。

（二）市场竞争

1. 国内外主要竞争者

（1）国外情况。

国外很早就开始进行这方面的研究，但由于各国体制与国家机制的不同，国外产品不能直接运用到我国政府易制毒化学品的管控上，即使采用国外的技术结合我国的实际情况进行定制开发，不仅周期长，而且成本较高，国外技术运用到国内也存在一定的数据风险和信息安全隐患。

（2）国内情况。

国内易制毒化学品管理信息化建设尚处起步阶段，现有易制毒化学品管理信息系统停留在对易制毒化学品生产、流通环节信息的被动采集和网上办证等基本政务功能。国内现有的易制毒化学品管理系统存在的不足主要如下：

① 采集对象不完整，主要针对使用量较大的企业，对用量少的企业监管不够。

② 采集数量不完整，主要通过企业每月定时上报数据，并非实时了解企业各个环节的用量、库存情况等。

③ 各公安机关、企业之间数据不能共享，主要通过传真或快递来传送相关资质材料等。

2. 竞争对手优势和劣势

国内易制毒化学品管理信息化建设尚处起步阶段，现有易制毒化学品管理信息系统停留在对易制毒化学品生产、流通环节信息的被动采集和网上办证等基本政务功能。除本公司最早涉足本行业并开发出应用广泛的成熟产品外，其他如河北省 SBS 创新科技有限公司、厦门 GSD 科技实业有限公司等单位也开发出具有基本功能的相关类似系统，但产品的成熟度及市场占有率均有很大局限性。

其他公司开发的传统类似产品与本公司开发的本项目产品比较见表 5-1。

表 5-1 传统类似产品与本项目产品比较

功　　能	传统类似产品	本项目开发产品
信息采集完整性	对信息被动的采集，信息采集存在盲点	通过面覆盖与点跟踪相结合方法，实现了对监管盲点的扫除
信息采集准确性	与各监管部门之间，缺乏统一的数据标准和规范，信息交换和共享困难	开发基于面向服务的 SOA 架构的信息集成平台，实现了各监管部门间的数据交换与共享，提高了数据采集的准确性
功能性	现有易制毒化学品管理信息系统主要完成信息采集和网上办证等基本政务功能，缺乏对数据的分析、挖掘、运算等功能，无法满足监管部门对易制毒化学品流通管理的深层次需求	建立了多类型、多环节递阶层次结构评价指标体系和异常分析、预警、追溯模型，实现了易制毒化学品生产、流通过程中异常信息的预警及问题跟踪

3. 潜在竞争者

本项目的潜在竞争对手一般可能为本行业同行,如河北省 SBS 创新科技有限公司;或者行业战略延伸进入本行业的国企,如 ZKR 科技股份有限公司。

4. 替代技术或产品

基于 SOA 的易制毒化学品管控集成平台将可能替代传统采用 C/S 架构的系统。从而实现各种异构系统之间的集成,满足海量数据存储及高并发数的要求。

(三) 市场定位

1. 申报单位的竞争优势和劣势

本公司多年从事公安、禁毒行业软件产品开发,行业客户资源丰富,公司早期版本易制毒化学品管理信息系统(主要功能为信息采集和网上办证、备案)已在浙江全省、四川、云南、山东部分地市应用,系统功能及后期维护得到各级禁毒缉毒大队、企业用户的高度评价。

本项目系统成功开发后,已在浙江省公安厅禁毒缉毒总队、四川省公安厅禁毒缉毒总队上线试运行,得到用户的认可,并作为浙江省易制毒化学品信息化建设的样板工程,接待了黑龙江、吉林、广东、山西等十多个省、市易制毒化学品监管部门的实地考察和调研,在行业内形成了较大的影响。

2. 目标客户

本项目的目标客户主要是易制毒化学品的相关企事业单位,如各省公安厅下属禁毒缉毒部门、各省涉及易制毒化学品购销和运输的企业、易涉毒物流寄递等企业。

3. 市场策略

本项目产品将采用如下市场营销策略:

(1) 产品营销策略。本项目产品推广主要采取由各省公安厅禁毒总队牵头,先试点、后推广的部署方式。目前,本项目系统已在浙江、四川两省公安厅禁毒缉毒总队上线试运行,得到用户的认可。公司将以此为示范,基于已有的行业客户资源,重点突破广东、山西、黑龙江、吉林、云南等市场,凭借产品技术优势,配合上述省份公安禁毒总队开展面向全省的技术、技能培训,实现产品推广。

(2) 产品定价策略。确定产品价格时,需要考虑成本、竞争、用户心理和用户的认知等因素。针对本项目产品特点,本公司将采取需求导向定价法,根据用户对产品的需求程度作为定价基础,结合成本以及收入变动关系,确定产品价格。同时还要考虑用户承受能力,保持总体价格的竞争力。

(3) 品牌策略。品牌营销、产品推广及销售策略等由产品部负责,产品部将通过多种方式,树立本公司在电子政务行业和用户中的品牌形象,此外,本公司是一家以质量和技术为产品核心竞争力的高科技企业,非常重视产品质量和全面质量营销,公司所有技术开发、服务等过程都将推行广泛的有组织的管理,不断改进质量工作,并在生产质量之外传递营销质量。

(4) 渠道策略。公司已在成都、哈尔滨、济南、广州设立分公司,作为西南、东北地区的业务延伸,在昆明、重庆、长春设立办事处,建立起自有较为完善的营销、服务网络,

形成了一套完善的客户服务支撑体系,为遍布全国各地的客户提供统一、快捷、本地化的技术支持与服务。为项目产品进入市场并得到迅速推广奠定基础。

二、现有条件分析

(一) 业务与产品

本公司主营产品为"易制毒化学品信息管理系统"。该产品是以《禁毒法》《易制毒化学品管理条例》《易制毒化学品购销和运输管理办法》为依据,由本公司自主研发的一个易制毒化学品管理的行业监管系统软件。

"易制毒化学品信息管理系统"主要实现涉及三类共计二十四种易制毒化学品的如下监管:

(1) 购买、运输的行政许可及备案的联网申请、审批;

(2) 生产、经营、购买、运输、使用、仓储及进出口等数据的实时报备及监管;

(3) 进销存电子台账;

(4) 电子卷宗等行政管理档案等功能。

"易制毒化学品信息管理系统"的客户对象,分别是:

(1) 各级公安机关禁毒部门的管理干部及专管民警,可以使用"浙江省易制毒化学品信息管理系统""山东省易制毒化学品信息管理系统""广东省易制毒化学品信息管理系统""云南省易制毒化学品信息管理系统""四川省易制毒化学品信息管理系统""黑龙江省易制毒化学品信息管理系统""吉林省易制毒化学品信息管理系统""广西壮族自治区易制毒化学品信息管理系统""新疆维吾尔自治区易制毒化学品信息管理系统";

(2) 各省企业用户使用"XR易制毒化学品信息管理系统"。

基于SOA的易制毒化学品管控集成平台在实现上述基本功能的前提下,从系统功能和系统应用两方面进行了拓展:

(1) 系统功能拓展。为实现对易制毒化学品的动态监管,提升易制毒化学品信息化管理实战功能,需建设系统预警、报警等分析和研判功能;加强公安机关执法规范建设,对审批的各类许可或备案证明自动生成电子卷宗;易制毒化学品购买许可或备案证明、运输许可或备案证明等电子证书核查核销;跨省易制毒化学品信息管理联网协作平台;易制毒化学品互联网证书查询平台;系统生产或经营企业自主管理功能。

(2) 系统应用拓展。加强公安机关禁毒职能部门对精、麻药品及复方制剂在我省生产、批发、经营等流通情况在网上进行购售报备、分析研判,及时发现线索;对物流及寄递行业快递信息进行网上报备、分析对比、预警和研判。

(二) 研究与开发

1. 研发队伍

强大的人才队伍、雄厚的技术研发力量及合理的人才结构是公司发展的保障。公司成立以来,通过外引、内培相结合的方式,建立起一支开发经验丰富、富有开拓精神的研发队伍。公司直接从事研发工作的技术人员35人，占员工总数的58.3%，其中硕士5人，本科30人，专业涵盖计算机辅助工程、计算机软件、地理信息系统（GIS）、通信工程、自动化控制等领域，其中5人拥有微软MCSE证书，4人拥有Oracle DBA证书，3人拥有SUN JAVA认证证书，1人拥有CISCO CCNP认证证书，技术骨干具备平均5年以上电子政务软件、物流管理和监控软件开发、维护经验，研发团队人员搭配合理，技术力量雄厚。

2. 研发条件

公司下设软件技术研发中心，研发中心与浙江大学、浙江工商大学等院校建立了密切的产学研合作关系，在长期的交流合作和项目实践中，公司拥有了优秀的公安、交通、医药、教育行业解决方案和产品研发技术，并积累了丰富的项目实施和服务经验。

公司历来重视产品开发规范化管理，引入ISO20000IT服务管理体系，并严格按照CMMI要求，实施软件开发过程的工程化建设。公司已于2009年通过ISO20000IT服务管理体系认证和CMMI 3级认证。

（三）生产制造

本项目产品为软件产品，主要硬件设备有：服务器（IBM AS400、RS6000、DELL PowerEdge系列等）、台式机（Dell GX280、GX260、IBM系列等）、笔记本（IBM T系列、DELL等）；操作系统（Windows、Linux、Unix等）、开发工具（IBM Web Sphere、IBM portal、VC、JAVA、C、C++、Delphi等）、数据库（Sybase、Oracle等）。

（四）经营管理

本公司的组织架构如图5-1所示。

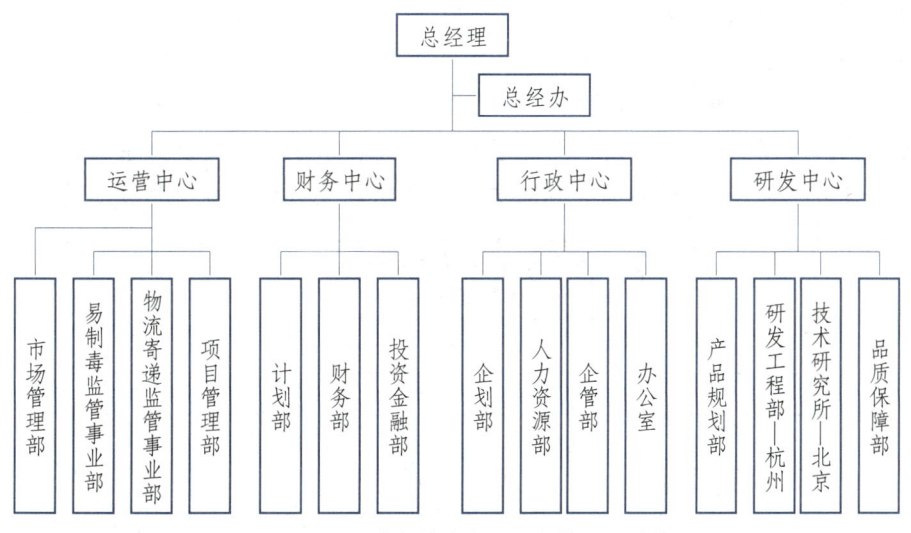

图5-1　XR信息技术有限公司的组织结构

三、项目分析

（一）项目实施目标、主要内容

1. 项目实施目标

本项目实施按照公安部《"金盾工程"二期建设任务和要求》（公金盾〔2009〕20号）

和国家禁毒委员会等11部委《关于进一步加强物流及寄递渠道堵截毒品工作的通知》的精神、要求以及本系统功能需求情况:"在公安网上建立易制毒化学品信息审核监控、易涉毒药品监管、物流及寄递行业监管;在互联网上采用安全VPN联网技术,建立易制毒化学品信息申报系统和企业客户端系统;公安网和互联网之间的数据交换通过公安信息通信网边界接入平台实现。应用软件由公安厅组织开发,部署在省级公安机关。"

同时,从禁毒工作实际需要出发,在现有易制毒化学品信息管理系统的基础上,深入规范易制毒化学品管理工作,并加强对易涉毒药品和物流寄递行业的监管,在现有系统的基础上进行了系统功能拓展和应用拓展。

2. 主要内容

(1) 技术创新点。

自主研发了基于SOA架构的易制毒化学品管控集成平台,实现了与不同监管面(公安、工商、药监、海关等)的多类型异构信息融合,提供了易制毒化学品实时动态跟踪与全过程监管。

采用SOA架构使平台的可扩展性大大增强,能够和其他业务系统进行高效整合;基于Web Service接口,快速实现数据挖掘服务与第三方应用系统的集成;基于组件化分层结构设计,利用平台业务组件可以快速组装成新的行业应用。

(2) 系统结构。

本系统采用基于J2EE技术规范的C/S、B/S复合结构,系统分数据采集层、数据存储层、数据应用层和展示层。

(3) 系统模块。

根据系统业务分析,同时考虑到公安内部网、企业内部网及公网三个网络之间的数据交互及安全性,将系统分为两个业务子系统及关联子系统构成整个系统。

基于SOA的易制毒化学品管控集成平台的功能设计如图5-2所示。

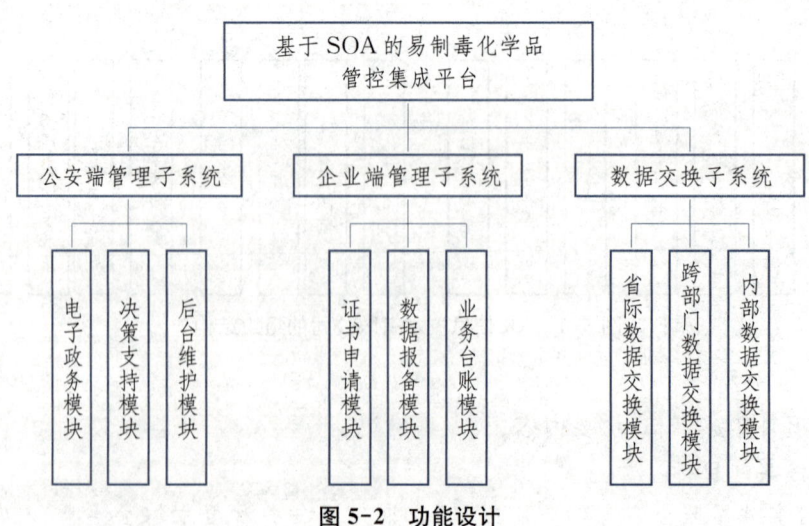

图5-2 功能设计

（二）主要技术经济指标

1. 主要技术指标

日常操作的显示响应时间不大于 2 秒。

系统稳定状态：工作站 CPU 平均负荷率＜30%。

公安机关应用并发处理用户≥300 人。

企业应用并发处理用户≥500 人。

2. 主要经济指标

预计本项目 2014 年完成后可实现：

销售收入 3 200 万元。

净利润 940 万元。

缴税总额 410 万元。

（三）项目实施方案

1. 技术路线

按公司标准。

2. 产品规划

公司立足公安、禁毒行业，本项目开发、实施可借鉴原有产品经验和销售渠道，可减少市场进入成本，使产品快速进入市场。

3. 产业化方案

公司着眼产业链建设，面向市场，依托企业，加快发展全行业监管平台的研发和推广。通过发挥本公司在易制毒化学品领域的特色优势，形成面向电子政务、智能交通、教育文化、社区、应急指挥、公共安全、农业等重点行业的完整软件产品和整体平台解决方案。

（四）项目完成期限、跨年度项目年度计划及考核目标

本项目研发预计 36 个月（2012 年 4 月—2014 年 3 月份）完成，具体年度计划及考核目标如表 5-2 所示。

表 5-2　项目年度计划及考核目标

年份	项目阶段	时间	考核目标
2012 年	可行性研究与计划阶段	2012 年 4 月至 2012 年 7 月	项目可行性报告
	需求分析阶段	2012 年 8 月至 2012 年 10 月	项目需求说明书
	总体设计	2012 年 11 月至 2012 年 12 月	系统设计方案
2013 年	详细设计，各功能模块的设计	2013 年 1 月至 2013 年 4 月	系统功能模块清单
	软件代码开发	2013 年 5 月至 2013 年 9 月	源代码文档
	软件测试	2013 年 10 月至 2013 年 12 月	测试文档
2014 年	用户试用	2014 年 1 月至 2014 年 2 月	用户试用报告
	项目评审验收	2014 年 3 月	项目验收材料

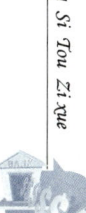

（五）项目预算、资金来源及基金支持方式

项目预算如表 5-3 所示。

表 5-3 项目预算

序号	基金资助开支范围	具 体 内 容	人民币金额
1	专用设备购置使用费	项目研发需单独购买设备	100 万元
2	劳务和委托业务费	研发人员薪金	160 万元
3	差旅和会议费	出差旅费会议费	8 万元
4	出国费		0
5	印刷和手续费		1 万元
6	咨询和培训费	研发人员培训及研发书刊费	10 万元
7	邮电费		1 万元
	合　　计		280 万元

资金来源及基金支持方式如表 5-4 所示。

表 5-4 资金来源及基金支持方式

资金来源 项目年度计划	电子发展基金			银行贷款	地方财政	企业自筹	其他	合计
	资助	贴息	投资					
完成期限内投入资金	280 万元			50 万元		570 万元		900 万元
其中：第一年	150 万元					300 万元		450 万元
第二年	80 万元					170 万元		250 万元
第三年	50 万元			50 万元		100 万元		200 万元

四、效益分析

（一）盈利预测

1. 市场预测

销售收入及税金估算如表 5-5 所示。

表 5-5 销售收入及税金估算　　　　　　　　单位：万元

项　　目	2012 年	2013 年	2014 年	2015 年	2016 年
一、单价（万元/家，不含税）	1.00	1.00	1.00	1.00	1.00
二、销售量（家）	800.00	1 600.00	3 200.00	3 200.00	3 200.00
三、销售额（万元）	800.00	1 600.00	3 200.00	3 200.00	3 200.00

(续表)

项　　目	2012 年	2013 年	2014 年	2015 年	2016 年
四、应交增值税	24.00	48.00	96.00	96.00	96.00
五、应交城建税(7%)	1.68	3.36	6.72	6.72	6.72
加：应交教育费附加(5%)	1.20	2.40	4.80	4.80	4.80
六、销售税金及附加合计	2.88	5.76	11.52	11.52	11.52

2. 财务预测

成本预测如表 5-6 所示。

表 5-6　总成本费用估算　　　　　　　　　　　　　　　单位：万元

项　　目	2012 年	2013 年	2014 年	2015 年	2016 年
一、原材料	80.00	160.00	320.00	320.00	320.00
二、燃料和动力	8.00	16.00	32.00	32.00	32.00
三、工资及福利费	240.00	480.00	960.00	960.00	960.00
四、其他制造费用(5%)	40.00	80.00	160.00	160.00	160.00
五、其他管理费用(3%)	24.00	48.00	96.00	96.00	96.00
六、销售费用(5%)	40.00	80.00	160.00	160.00	160.00
变动费用小计	432.00	864.00	1 728.00	1 728.00	1 728.00
七、其他管理费用(3%)	24.00	48.00	96.00	96.00	96.00
八、折旧费	30.00	30.00	30.00	30.00	30.00
九、摊销费	80.00	80.00	80.00	80.00	80.00
十、财务费用	0.00	0.00	0.00	0.00	0.00
固定费用小计	134.00	158.00	206.00	206.00	206.00
总成本费用	566.00	1 022.00	1 934.00	1 934.00	1 934.00
经营成本	456.00	912.00	1 824.00	1 824.00	1 824.00

利润预测如表 5-7 所示。

表 5-7　预　测　损　益　　　　　　　　　　　　　　　单位：万元

项　　目	2012 年	2013 年	2014 年	2015 年	2016 年
年产销量(家)	800	1 600	3 200	3 200	3 200
一、产品销售收入	800.00	1 600.00	3 200.00	3 200.00	3 200.00
减：销售税金及附加	2.88	5.76	11.52	11.52	11.52
总成本费用	566.00	1 022.00	1 934.00	1 934.00	1 934.00

(续表)

项　目	2012年	2013年	2014年	2015年	2016年
二、利润总额	231.12	572.24	1 254.48	1 254.48	1 254.48
减：所得税(25%)	57.78	143.06	313.62	313.62	313.62
三、净利润	173.34	429.18	940.86	940.86	940.86

全部投资现金流量如表 5-8 所示。

表 5-8　全部投资现金流量　　　　　　　　　　　　单位：万元

项　目	2012年初	2012年	2013年	2014年	2015年	2016年
一、现金流入量	—	800.00	1 600.00	3 200.00	3 200.00	3 380.00
1. 产品销售收入		800.00	1 600.00	3 200.00	3 200.00	3 200.00
2. 回收固定资产余值						30.00
3. 回收流动资金						150.00
二、现金流出量	450.00	766.66	1 060.82	2 149.14	2 149.14	2 149.14
1. 固定资产投资额	100.00	50.00				
2. 技术开发投入	300.00	100.00				
3. 流动资金	50.00	100.00				
4. 经营成本		456.00	912.00	1 824.00	1 824.00	1 824.00
5. 销售税金及附加		2.88	5.76	11.52	11.52	11.52
6. 所得税		57.78	143.06	313.62	313.62	313.62
三、净现金流量	−450.00	33.34	539.18	1 050.86	1 050.86	1 230.86
其中：1. 净利润		173.34	429.18	940.86	940.86	940.86
2. 折旧额		30.00	30.00	30.00	30.00	30.00
3. 摊销		80.00	80.00	80.00	80.00	80.00
4. 财务费用		—	—	—	—	—
四、累计净现金流量	−450.00	−416.66	122.52	1 173.38	2 224.24	3 455.10
五、年净现值系数(15%)	1.00	0.87	0.76	0.66	0.57	0.50
六、年净现值(15%)	−450.00	28.99	407.67	690.94	600.88	611.98
七、财务净现值						1 890.47

预计本项目 2014 年达产可实现财务指标如下：

销售收入 3 200 万元。

净利润 940 万元。

缴税总额 410 万元。

（二）经济效益分析

1. 投资回收期

投资回收期＝（累计净现金流量出现正值年份数－1）＋（上年累计净现金流量的绝对值/当年净现金流量）＝2.7年。

2. 投资收益率

财务内部收益率预测如表5-9所示。

表5-9 财务内部收益率预测

年份	净现金流量（万元）	0.90	现值（万元）	0.95	现值（万元）
0	－450.00	1.00	－450.00	1.00	－450.00
1	33.34	0.526 3	17.55	0.512 8	17.10
2	539.18	0.277 0	149.36	0.263 0	141.80
3	1 050.86	0.145 8	153.21	0.134 9	141.72
4	1 050.86	0.076 7	80.64	0.069 2	72.68
5	1 230.86	0.040 4	49.71	0.035 5	43.66
合计	2 375.88		0.46		－33.05

财务内部收益率＝90.1％。

投资利润率＝2014年利润总额/该项目全部投资额＝134％。

利税率＝2014年（净利润＋交税总额）/销售收入＝33％。

3. 净现值

财务净现值为：1 890.47（折现系数为15％）。

4. 盈亏平衡分析

盈亏平衡分析如表5-10所示。

表5-10 盈亏平衡分析

项 目	2014年
单位价格(万元)	1.00
正常销量	3 200.00
销售收入(万元)	3 200
固定成本(万元)	206.00
变动成本(万元)	1 728.00
单位变动成本(万元)	0.54
盈亏临界点销售量	447.83
盈亏临界点销售额(万元)	447.826 1
盈亏临界点作业率(％)	14％

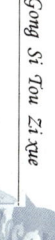

盈亏临界点销售量＝固定成本/(单价－单位变动成本)。

盈亏临界点销售额＝盈亏临界点销售量×单价。

盈亏临界点作业率＝盈亏临界点销售量/正常销售量，表 5-10 表明只要销量达到运营能力的 14％就可保本。

5. 敏感性分析

以 2014 年项目经营能力的指标计算如表 5-11 所示。

表 5-11 敏 感 性 分 析

敏感因素	变化率	净利润（万元）	基准净利润（万元）	利润增减（万元）	利润变动率	敏感系数
单位价格	10％	1 184.60	940.86	243.74	26％	2.59
销售量	10％	1 058.28	940.86	117.42	12％	1.25
单位变动成本	－10％	1 079.10	940.86	138.24	15％	1.47
固定成本	－10％	964.95	940.86	24.09	3％	0.26

敏感系数＝目标值变动百分比/参量变动百分比。

以上数据表明，单位价格、销售量及单位运营成本是敏感性因素。

6. 经济效益分析结论

以上各项数据显示，项目的投资评价指标均优于国家颁布的行业基准值，投资回收期较短，内部收益率较高，财务净现值较大，投资风险较小，项目具有很好的经济效益。

（三）社会效益分析

"基于 SOA 的易制毒化学品管控集成平台"的开发建设，是公安禁毒部门解决职能部门管理与企业自身管理难题的需要，是顺应时代发展潮流、实现全民开展禁毒斗争工作发展的客观需要。为公安机关的管理和企业的依法使用带来极大的便利，真正做到"保护合法、禁止非法、加强监管、方便企业"。系统利用信息化手段能使公安机关对掌握大量企业相关涉及制毒危化品的信息，乃至在我国境内的所有易制毒化学品整个流通渠道的管理提供了实现的可能。

（四）风险分析

1. 政策风险

易制毒化学品监管工作不仅关系到我国在国际上的形象和地位，而且也关系到我国的战略安全、治安稳定和经济发展大局。2005 年，国务院就颁布了《易制毒化学品管理条例》，各地也不断开展专项行动，加大了对易制毒化学品的监管和整治力度，本项目开发的易制毒化学品管控集成平台，对于提高监管部门监管能力和水平具有重要的战略意义，项目的实施政策风险较低。

2. 法律风险

公司建立了比较健全的法律风险防范机制，与企业管理制度、法人治理结构有机结合起来，使法律风险防范成为企业内部控制体系的重要组成部分。通过公司法律顾问制度的建立,将其融入公司各项日常经营活动中,从而有效降低了公司在设立运营、合同订立、公司并购、知识产权管理、人力资源管理、公司财务税收等方面法律风险。

3. 市场风险

国内易制毒化学品信息化建设尚处起步阶段,有巨大的市场发展空间和较高的利润空间,这也将促使大量竞争者进入该领域,从而产生较为激烈的市场竞争。

4. 技术风险

项目研究前期,公司对易制毒化学品管理及信息化建设情况进行了充分的调研,详尽地分析了潜在客户群的实际应用需求。经过1年多时间的技术攻关,项目主要关键技术已基本解决,开发出软件原型,通过浙江省电子产品检验所评测,各项性能符合要求,在浙江、四川等省公安厅禁毒缉毒总队及当地企业上线试运行,得到用户认可,项目技术实现基本不存在风险。

5. 运营风险

通过建立健全企业内部运营的管理制度,加强风险的科学管理。在培养核心竞争力的同时,实施稳健的运营管理原则。通过对包含各种政策、流程与程序的框架加以管理,同时各业务单元通过该框架来确定、评估、监督与控制,从而有效减轻了运营风险。

6. 财务风险

本公司目前处于高速发展期,并于2011年5月正式启动IPO。公司的财务管理体制十分健全,无呆账坏账记录,流动资金充足,运营过程中有着有效资金管理和成本控制。公司一方面注重资金投入的合理规划,做好主要财务指标预测,建立良好的成本控制、销售货款控制和财务管理制度,设立预警机制,确保资金高效使用;另一方面建立了高效的流动资金管理机制,积极争取银行贷款和国家基金支持,从而保证本项目的资金需求,将财务风险降至最低。

要求:

(1) 试用项目可行性研究的知识评价上述可研报告。

(2) 找出各报表内部以及报表之间的勾稽关系。

(3) 如果2012年销售量的预测为900家,试编制新的效益分析报表。

二、思考题

1. 项目可行性研究的含义是什么?
2. 项目可行性研究的作用有哪些?
3. 请简述项目可行性研究报告的内容。
4. 市场预测的内容和方法有哪些?
5. 请简述可行性研究的程序及各阶段主要的工作内容。

第六章 项目投资财务评价

 **教学目标**

➢ 了解资本投资的概念与特点。
➢ 掌握投资现金流量的计算方法。
➢ 掌握投资项目的风险处置方法。

 **导读案例** 京东3.5亿美元投资途牛 巨头交战在线旅游

2015年5月11日,途牛宣布完成新一轮融资,获得总计5亿美元的投资,其中3.5亿美元来自京东。根据战略协议,京东的投资包括财务和运营资源两方面,财务投资为2.5亿美元现金,运营资源估值1亿美元。融资完成后,京东以27.5%的占股成为途牛最大股东。

京东投入的运营资源包括京东旅行、度假频道网站和移动端的免费独家经营权,途牛在该频道独家销售打包旅游产品、邮轮、景点、签证、火车票以及租车等产品及服务,并将成为京东机票和酒店业务的优先合作伙伴。

同时,京东还将为途牛提供广泛的运营支持,包括大数据、金融服务、流量及其他经营资源等。

中国在线旅游已经走过了几个时代,最初是携程模式,然后是去哪儿模式,现在则是途牛模式。

当日途牛网CEO于敦德接受21世纪经济报道采访时表示:在线旅游进入3.0时代,途牛已提前布局。

对于京东来说,投资途牛的目的正是为了在线旅游3.0时代抢得先机。

阿里巴巴早在2010年5月就推出了淘宝旅行平台;2013年1月,阿里集团整合旗下旅游业务成立航旅事业部;5月宣布战略投资旅行记录及分享应用"在路上";7月一淘网进军旅游垂直搜索领域;同月,阿里集团宣布入股中文旅游资讯和在线增值服务提供商穷游网,阿里巴巴还以1500万美元战略投资佰程旅行网。2014年11月,阿里将旗下所有旅游资源整合,启用独立品牌"去啊"。

在随后的 2014 年"双 11"中,阿里巴巴集中资源,重点推广旗下在线旅游业务。

腾讯在在线旅游领域也布局多年,2010 年腾讯推出 QQ 旅游平台,2011 年 1 月收购了同程网 30%的股权,同年 5 月以 8 440 万美元购买艺龙 16%的股权。

百度则于 2011 年 6 月战略投资去哪儿网 3.06 亿美元,占据其 62%股份。2013 年 4 月,百度控股携程的交易谈判接近完成。按照百度当时的计划,并购后携程将与去哪儿网合并。最后这桩交易流产,原因是对于去哪儿网 CEO 与携程网 CEO 之间谁将出任新公司 CEO,难以达成共识。

携程一直是这一行业的重量级玩家。2014 年 7 月,携程试图收购艺龙,阿里巴巴随后搅局,最后都没谈成。

同样是在 2014 年,360 搜索针对学生暑假的旅游黄金季需求上线了"旅游直达"功能:用户只需在 360 搜索上搜索相关目的地,即可在搜索结果中完整查看相关旅游信息。

小米同样不甘寂寞。2014 年 7 月,雷军旗下的顺为资本投资了"发现旅行"。

京东投资途牛,同时整合旗下旅游资源到途牛,是"all in one"的打法。与 2014 年阿里整合所有资源到"去哪儿"一样,目的是集中力量办大事,抢占在线旅游领域市场的机会。

除了与京东的商业合作协同效应以外,该投资将使途牛 2015 年上半年的现金储备达到约 40 亿~45 亿元人民币;途牛 2014 年末的资产负债表显示,其现金及现金等价物为 19.7 亿元人民币,而去哪儿同期的现金储备约为 15 亿元人民币。

资料来源:21 世纪经济报道,2015 年 5 月 12 日。

要求:试分析京东投资途牛的战略动机与收益。

对于创造价值而言,投资决策是最重要的决策。筹资的目的是投资,投资决定了筹资的规模和时间。投资决定了购置的资产类别,不同的生产经营活动需要不同的资产,因此投资决定了日常经营活动的特点和方式。

投资决策决定着企业的前景,以至于提出投资方案和评价方案的工作已经不是财务人员能单独完成的,需要所有经理人员的共同努力。

第一节 财务评价的基本方法

项目投资是公司作为投资主体所进行的投资。公司从金融市场筹集资金,然后投资于固定资产和流动资产,期望能运用这些资产赚取报酬,增加企业价值。项目投资是指为了将来获得更多现金流入而现在付出现金的行为。

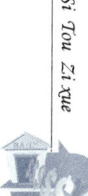

项目投资所讨论的主要是公司进行的生产性资本投资,项目投资财务评价的主要内容,是通过项目可行性研究的财务分析与评价对投资项目进行评价。

对投资项目评价时使用的指标分为两类:一类是折现指标,即考虑了货币时间价值因素的指标,主要包括净现值、现值指数和内部收益率等;另一类是非折现指标,即没有考虑货币时间价值因素的指标,主要包括回收期、会计收益率等。

根据分析评价指标的类别,投资项目评价分析的方法,也被分为折现的分析评价方法和非折现的分析评价方法两种。

一、折现的评价方法

折现的分析评价方法,是指考虑货币时间价值的分析评价方法,亦被称为折现现金流量分析技术。

(一)净现值法

这种方法使用净现值(net present value,NPV)作为评价方案优劣的指标。所谓净现值,是指公司投资项目未来流入现金的现值与未来流出现金的现值之间的差额。

净现值是项目投资财务评价中净现值法的基本指标。未来的现金流入与现金流出均需按照预计折现率换算为现值后,再确定其净现值。预计折现率是按照公司的必要报酬率来确定,是公司投资可以接受的最低界限。

如净现值为正数,即折现后现金流入大于折现后现金流出,该投资项目的报酬率大于预计折现率;如净现值为零,即折现后现金流入等于折现后现金流出,该投资项目的报酬率等于预计折现率;如净现值为负数,即折现后现金流入小于折现后现金流出,该投资项目的报酬率小于预计折现率。

计算净现值的公式:

$$NPV = \sum_{k=0}^{n} \frac{I_k}{(1+i)^k} - \sum_{k=0}^{n} \frac{O_k}{(1+i)^k}$$

其中:n 为投资涉及的年限;

I_k 为第 k 年的现金流入量;

O_k 为第 k 年的现金流出量;

i 为预计折现率。

净现值法的基本经济含义是:假设预计的现金流入在年末肯定可以实现,并把原始投资看成是按预定折现率借入的。当净现值为正数时,偿还本息后该项目仍有剩余的收益;当净现值为零时,偿还本息后一无所获;当净现值为负数时,该项目收益不足以偿还本息。净现值的经济意义是投资方案的折现后净收益。

【例 6-1】 赛迪公司购入设备一台,价值为 30 000 元,按直线法计提折旧,使用寿命6年,期末无残值。预计投产后每年可获得利润4 000元,假定贴现率为12%。

要求:计算该项目的净现值。

解: $NCF_0 = -30\,000(元)$

$$NCF_{1-6} = 4\,000 + \frac{30\,000}{6} = 9\,000(元)$$

$$\begin{aligned}NPV &= 9\,000 \times (P/A, 12\%, 6) - 30\,000 \\ &= 9\,000 \times 4.111\,4 - 30\,000 = 7\,002.6(元)\end{aligned}$$

如果赛迪公司投产后每年可获得利润分别为3 000元、3 000元、4 000元、4 000元、5 000元、6 000元,其他资料不变。

要求:计算该项目的净现值。

解: $NCF_0 = -30\,000(元)$

$$年折旧额 = \frac{30\,000}{6} = 5\,000(元)$$

$NCF_1 = 3\,000 + 5\,000 = 8\,000(元)$

$NCF_2 = 3\,000 + 5\,000 = 8\,000(元)$

$NCF_3 = 4\,000 + 5\,000 = 9\,000(元)$

$NCF_4 = 4\,000 + 5\,000 = 9\,000(元)$

$NCF_5 = 5\,000 + 5\,000 = 10\,000(元)$

$NCF_6 = 6\,000 + 5\,000 = 11\,000(元)$

$$\begin{aligned}NPV &= 8\,000 \times (P/F, 12\%, 1) + 8\,000 \times (P/F, 12\%, 2) \\ &\quad + 9\,000 \times (P/F, 12\%, 3) + 9\,000 \times (P/F, 12\%, 4) \\ &\quad + 10\,000 \times (P/F, 12\%, 5) + 11\,000 \\ &\quad \times (P/F, 12\%, 6) - 30\,000 \\ &= 8\,000 \times 0.892\,9 + 8\,000 \times 0.797\,2 + 9\,000 \times 0.711\,8 \\ &\quad + 9\,000 \times 0.635\,5 + 10\,000 \times 0.567\,4 + 11\,000 \\ &\quad \times 0.506\,6 - 30\,000 = 6\,893.1(元)\end{aligned}$$

【例6-2】 烽火公司拟建一项固定资产,需投资55万元,按直线法计提折旧,使用寿命10年,期末有5万元净残值。该项工程建设期为1年,投资额分别于年初投入30万元,年末投入25万元。预计项目投产后每年可增加营业收入15万元,总成本10万元,假定贴现率为10%。

要求:计算该投资项目的净现值。

解:(1)建设期现金净流量。

$$NCF_0 = -30(万元)$$
$$NCF_1 = -25(万元)$$

(2)经营期营业现金净流量。

$$NCF_{2-10} = (15-10) + \frac{55-5}{10} = 10(万元)$$

(3) 经营期终结现金净流量。

$$NCF_{11} = 10 + 5 = 15(万元)$$

(4)
$$\begin{aligned}
NPV &= 10 \times [(P/A, 10\%, 10) - (P/A, 10\%, 1)] \\
&\quad + 15 \times (P/F, 10\%, 11) - [30 + 25 \times (P/F, 10\%, 1)] \\
&= 10 \times (6.1446 - 0.9091) + 15 \times 0.3505 - \\
&\quad (30 + 25 \times 0.9091) \\
&= 4.885(万元)
\end{aligned}$$

【算一算】

1. 隆鑫公司购入设备一台，价值为30 000元，按直线法计提折旧，使用寿命6年，期末无残值。预计投产后每年可获得利润4 000元，假定贴现率为12%。

要求：计算该项目的净现值。

2. 假定上题中，隆鑫公司投产后每年可获得利润分别为3 000元、3 000元、4 000元、4 000元、5 000元、6 000元，其他资料不变。

要求：计算该项目的净现值。

3. 永泰公司拟在上海建华东地区营销中心，需投资55万元，按直线法计提折旧，使用寿命10年，期末有5万元净残值。该项工程建设期为1年，投资额分别于年初投入30万元，年末投入25万元。预计项目投产后每年可增加营业收入15万元，总成本10万元，假定贴现率为10%。

要求：计算该投资项目的净现值。

净现值（NPV）是反映项目投资获利能力的指标。其决策标准是：$NPV > 0$，项目可行；$NPV < 0$，项目不可行。

在净现值大于0的投资项目中，净现值最大的项目为最优选择项目。

净现值法具有广泛的适用性，在理论上也比其他方法更完善。净现值法应用的主要问题是如何确定折现率。

（二）现值指数法

现值指数法使用现值指数（present value index, PI）作为评价方案的指标。所谓现值指数，是投资项目的未来现金净流量现值与原始投资额现值之比，也称现值比率、获利指数等。

计算现值指数的公式：

$$PI = \sum_{k=0}^{n} \frac{I_k}{(1+i)^k} \div \sum_{k=0}^{n} \frac{O_k}{(1+i)^k}$$

【例6-3】 赛迪公司购入设备一台，价值为30 000元，按直线法计提折旧，使用寿命6年，期末无残值。预计投产后每年可获得利润4 000元，假定贴现率为12%。

要求：计算现值指数。

$$现值指数 = \frac{9\,000 \times (P/A, 12\%, 6)}{30\,000} = 1.233\,4$$

【算一算】

烽火公司拟建一项固定资产，需投资 55 万元，按直线法计提折旧，使用寿命 10 年，期末有 5 万元净残值。该项工程建设期为 1 年，投资额分别于年初投入 30 万元，年末投入 25 万元。预计项目投产后每年可增加营业收入 15 万元，总成本 10 万元，假定贴现率为 10%。

$$现值指数 = \frac{10 \times [(P/A, 10\%, 10) - (P/A, 10\%, 1)] + 15 \times (P/F, 10\%, 11)}{30 + 25 \times (P/F, 10\%, 1)}$$

请计算上式，并对算式的经济意义作出解释。

现值指数（PI）适用于对投资规模不同的独立投资方案进行比较和评价。其决策标准是：$PI > 1$，项目可行；$PI < 1$，项目不可行。

对于独立投资项目而言，在现值指数大于 1 的投资项目中，现值指数最大的项目为最优选择项目。

现值指数可以看成是 1 元原始投资可望获得的现值净收益，它是一个相对数指标，反映投资的效率；而净现值指标是绝对数指标，反映投资的效益。与净现值法一样，现值指数法应用的主要问题也是如何确定折现率。

（三）内部收益率法

内部收益率法是根据投资项目本身内部收益率（internal rate of return，IRR）来评价项目优劣的一种方法。所谓内部收益率，是指能够使项目未来现金流入现值等于未来现金流出现值的折现率，或者说是使项目投资净现值为零的折现率。

净现值法和现值指数法虽然考虑了货币时间价值，可以说明投资方案高于或低于某一特定的投资报酬率，但没有揭示方案本身可以达到的具体的报酬率是多少。内部收益率是根据方案的现金流量计算的，是方案本身的投资报酬率。

内部收益率有两种计算方法：逐步测试法和等比例法。

1. 逐步测试法——内部收益率的基本计算方法

内部收益率的计算通常需要"逐步测试法"。首先估计一个折现率，用它来计算方案的净现值；如果净现值为正数，说明方案本身的收益率超过估计的折现率，应提高折现率后进一步测试；如果净现值为负数，说明方案本身的收益率低于估计的折现率，应降低折现率后进一步测试。经过多次测试，寻找出使净现值接近于零的折现率，即为方案本身的内部收益率。

2. 等比例法（内插法）——内部收益率的简易计算方法

下面通过例题来说明内部收益率的等比例法。

【例 6-4】 赛迪公司购入设备一台，价值为 30 000 元，按直线法计提折旧，使用寿命6年,期末无残值。预计投产后每年可获得利润4 000元,假定贴现率为12%。

要求:计算内部收益率。

解:
$$(P/A, IRR, 6) = \frac{30\ 000}{9\ 000} = 3.333\ 3$$

查表可知:

18%	IRR	20%
3.497 6	3.333 3	3.325 5

$$IRR = 18\% + \frac{3.497\ 6 - 3.333\ 3}{3.497\ 6 - 3.325\ 5} \times (20\% - 18\%) = 19.91\%$$

【例6-5】 同美公司拟引进一条流水线,投资额110万元,分两年投入。第一年初投入70万元,第二年初投入40万元,建设期为2年,净残值10万元,折旧采用直线法。在投产初期投入流动资金20万元,项目使用期满仍可全部回收。该项目可使用10年,每年销售收入为60万元,总成本45万元。假定企业期望的投资报酬率为10%。

要求:计算该项目的净现值、内部收益率,并判断该项目是否可行。

解:$NCF_0 = -70$(万元)

$NCF_1 = -40$(万元)

$NCF_2 = -20$(万元)

年折旧额 $= \frac{110 - 10}{10} = 10$(万元)

$NCF_{3-11} = 60 - 45 + 10 = 25$(万元)

$NCF_{12} = 25 + (10 + 20) = 55$(万元)

$NPV = 25 \times [(P/A, 10\%, 11) - (P/A, 10\%, 2)] + 55 \times$
$\quad (P/F, 10\%, 12) - [70 + 40 \times (P/F, 10\%, 1)$
$\quad + 20 \times (P/F, 10\%, 2)]$
$= 25 \times (6.495\ 1 - 1.735\ 5) + 55 \times 0.318\ 6 - (70 + 40$
$\quad \times 0.909\ 1 + 20 \times 0.826\ 4) = 13.621$(万元)

$i = 12\%$时,测算NPV。

$NPV = 25 \times (5.937\ 7 - 1.690\ 1) + 55 \times 0.256\ 7 - (70$
$\quad + 40 \times 0.892\ 9 + 20 \times 0.797\ 2)$
$= -1.351\ 5$(万元)

用等比例法计算IRR:

$$IRR = 10\% + \frac{13.621 - 0}{13.621 - (-1.351\ 5)} \times (12\% - 10\%)$$
$$= 11.82\% > 贴现率10\%$$

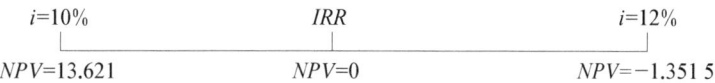

计算表明,净现值为 13.621 万元,大于零,内部收益率 11.82%,大于贴现率 10%,所以该项目在财务上是可行的。一般来说,用净现值和内部收益率对独立方案进行评价,不会出现相互矛盾的结论。

内部收益率法的优点是能够把项目寿命期内的收益与其投资总额联系起来,考虑了投资项目的真实报酬率水平和资金时间价值,指出了投资项目的收益率,便于将投资项目的收益率与行业平均投资收益率对比,确定这个项目是否值得投资。缺点是计算过程比较复杂、烦琐。

运用内部收益率法进行投资决策时,其决策标准是:

IRR > 公司所要求的最低投资报酬率或资本成本,方案可行;

IRR < 公司所要求的最低投资报酬率或资本成本,方案不可行;

如果是多个互斥项目的比较选择,内部收益率越高,投资效益越好。

一个内部收益率较低的投资项目,可能是由于其规模较大而有较大的净现值,因而更值得建设。所以,在各个投资项目比选时,有必要将内部收益率与净现值结合起来考虑。

二、非折现的评价方法

非折现的方法不考虑货币时间价值,把不同时间的货币收支看成是等效的。这些方法在选择方案时起辅助作用。

(一)回收期法

回收期法指根据回收原始投资额所需时间的长短来进行投资决策的方法。将投资项目的预计投资回收期与要求的投资回收期进行比较,确定投资项目是否可行的方法。

回收期(payback period,PP)是指投资引起的现金流入累积到与投资额相等所需要的时间,它代表收回投资所需要的年限。回收年限越短,项目越有利。回收期包含静态回收期和动态回收期。

静态回收期没有考虑货币时间价值,直接用未来现金净流量累积到原始投资额时所经历的时间作为回收期。

动态回收期需要将投资引起的未来现金净流量进行折现,以未来现金净流量的现值等于原始投资额现值时所经历的时间为回收期。

【例 6-6】 某投资项目投资总额为 100 万元,建设期为 2 年,投产后第 1 年至第 8 年每年现金净流量为 25 万元,第 9 年和第 10 年每年现金净流量均为 20 万元。

要求:计算项目的投资回收期。

解：因为 $8 \times 25 \geqslant$ 投资额 100 万元

所以   投资回收期 $= 2 + \dfrac{100}{25} = 6$（年）

从此例中可知，投资回收期还应包括建设期。

【算一算】

1. Node-B 项目投资总额为 100 万元，建设期为 2 年，投产后第 1 年至第 8 年每年现金净流量为 25 万元，第 9 年和第 10 年每年现金净流量均为 20 万元。

   要求：计算项目的投资回收期。

2. 根据表 6-1。要求：计算乙方案的投资回收期。

表 6-1   Node-B 项目乙方案

项目计算期	乙方案（元）	
	现金净流量（NCF）	累计现金净流量
1	30 000	30 000
2	34 000	64 000
3	38 000	102 000
4	42 000	144 000
5	46 000	190 000

回收期法计算简单，容易被项目投资决策人所理解。尤其是在资金紧张的情况下，按照回收期法所选择的项目能够更快地得到收益，并且由于能够很快收回初始投资，因此能够降低公司风险。

有战略意义的项目投资往往是早期收益低、后期收益高。静态投资回收期的缺点在于忽视货币时间价值，虽然动态回收期考虑了货币时间价值，但和静态投资回收期一样，忽略了投资项目回收期以后的收益。因此，目前评价投资项目优劣时，只是把它作为一种辅助方法使用。

（二）会计收益率法

会计收益率法用来评估一项投资的可接受性。会计收益率等于某项目估计的年均利润除以平均资产投资。这个比例没有考虑货币时间价值。

会计收益率（accounting rate of return, ARR）是根据估计的项目整个寿命期内年平均会计利润与估计的资本占用之比计算出来的。一般把初始投资资本支出当作资本占用。

$$ARR = \dfrac{年均利润}{初始投资额} \times 100\%$$

会计收益率法在计算时使用可行性研究分析报表上的数据，计算简便，应用范围很广。

【例 6-7】 某企业有甲、乙两个投资方案,投资总额均为 10 万元,全部用于购置新的设备,折旧采用直线法,使用期均为 5 年,无残值,其他有关资料如表 6-2 所示。

表 6-2 某企业甲、乙投资方案　　　　　　　　单位:元

项目计算期	甲方案		乙方案	
	利润	现金净流量(NCF)	利润	现金净流量(NCF)
0		(100 000)		(100 000)
1	15 000	35 000	10 000	30 000
2	15 000	35 000	14 000	34 000
3	15 000	35 000	18 000	38 000
4	15 000	35 000	22 000	42 000
5	15 000	35 000	26 000	46 000
合计	75 000	75 000	90 000	90 000

要求:计算甲、乙两方案的会计收益率。

解:

$$\text{甲方案会计收益率} = \frac{15\,000}{100\,000/2} \times 100\% = 30\%$$

$$\text{乙方案会计收益率} = \frac{90\,000/5}{100\,000/2} \times 100\% = 36\%$$

从计算结果来看,乙方案的会计收益率比甲方案的会计收益率高 6%(36%—30%),应选择乙方案。

第二节　投资项目现金流量的估计

一、现金流量的概念

所谓现金流量,在投资决策中是指一个项目引起的企业现金支出和现金收入增加的数量。这里的"现金"是广义的现金,它不仅包括各种货币资金,而且还包括项目需要投入的企业现有的非货币资源的变现价值。例如,一个项目需要使用原有的厂房、设备和材料等,则相关的现金流量是指它们的变现价值,而不是其账面价值。

(一)按现金流动方向分

按照现金流动的方向,现金流量包括现金流出量、现金流入量和现金净流量。

1. 现金流出量

现金流出量是指投资项目增加的现金支出额。

现金流出量包括以下内容：

(1) 固定资产投资支出，即厂房、建筑物、设备的投入、设备安装等，可能是一次性支出，也可能分几次支出。

(2) 垫支流动资金，是指项目投产前后分次或一次投放于流动资产上的资金增加额。由于扩大了生产能力，引起对流动资产需求的增加，只有在营业终了时才能收回这些资金。

(3) 付现成本费用，是指与投资项目有关的以现金支付的各种成本费用以及各种税金支出。

2. 现金流入量

现金流入量是指投资项目增加的现金收入额。

现金流入量包括以下内容：

(1) 营业现金流入。

投资扩大了企业的生产能力，使销售收入增加。扣除相关增量付现成本后，即为项目投资引起的现金流入量。

所以：

$$营业现金流入 = 销售收入 - 付现成本$$

付现成本是指需要每年支付现金的成本。与之相对应的概念是非付现成本，非付现成本是不需要支付现金的成本部分，主要是折旧费。

所以：

$$付现成本 = 成本 - 折旧$$

$$营业现金流入 = 销售收入 - 付现成本$$
$$= 销售收入 - (成本 - 折旧)$$
$$= 利润 + 折旧$$

(2) 固定资产残值收入。

固定资产出售或报废时的残值收入，作为投资项目的一项现金流入量。

(3) 收回垫支的流动资金。

营业终了时，收回垫支于铺底流动资金的投资，作为投资项目的一项现金流入量。

3. 现金净流量

现金净流量是指一定期间现金流入量和现金流出量的差额。流入量大于流出量时，净流量为正值；反之，净流量为负值。

(二) 按现金流量发生时间分

按照现金流量的发生时间，现金流量又可以分为初始现金流量、营业现金流量和终结现金流量。

1. 初始现金流量

初始现金流量是指开始投资时发生的现金流量。初始现金流量通常包括投资在固定资产上的资金和投资在流动资产上的资金两部分。

初始现金流量通常为现金流出量。初始现金流量即初始投资额,包括固定资产投资额和营运资金垫支额。

初始现金流量具体包括以下内容:

(1) 投资前费用。在正式投资前为做好各项准备工作而花费的费用,包括勘察设计费、技术资料费等。

(2) 建筑工程费。进行土建工程所花费的费用。

(3) 设备购置与安装费用。设备购置费用是指为购买投资项目所需各项设备而花费的费用,设备安装费用是指为安装各种设备所需的费用。

(4) 营运资本的垫支。投资项目建成后,必须垫支一定的营运资本才能投入运营。这部分垫支的营运资本一般要到项目寿命终结时才能收回。

2. 营业现金流量

营业现金流量是指投资项目完工投入使用后,在其寿命周期内由于生产经营所带来的现金流入和现金流出的数量。营业现金流量一般以年为单位计算。现金流入一般是指营业现金收入,现金流出是指营业现金支出和缴纳的税金。营业现金流量包括营业净利润和折旧。

3. 终结现金流量

终结现金流量是指投资项目完结时所发生的现金流量。终结现金流量包括项目投资净残值和营运资金的回收额等。

终结现金流量主要包括:

(1) 固定资产的残值收入。

(2) 原有垫支在各种流动资产上的资金收回。

【算一算】

1. 万康公司在分析一项用于生产新产品的投资。预期在未来5年该产品年销售量为100 000件,然后停止生产。新设备的购买费用为2 400 000元,安装费用为600 000元。新机器采用直线法折旧,出于财务报告目的其折旧年限为5年,而出于税收目的其折旧年限为3年。在第5年年末,设备的拆除费用为200 000元,出售价格为600 000元。为了该新产品,必须要追加800 000元运营资本。该产品的售价为160元,而其直接人工和直接材料的成本为每单位130元。年度间接成本(固定成本)将增加1 000 000元。公司的所得税率为40%。

要求:计算第0~5年,每年的现金流量。

2. 投资TFT-LCD项目总额为150万元,其中固定资产投资110万元,建设期为2年,于建设起点分2年平均投入。无形资产投资20万元,于建设起点投入。流动资金投资20万元,于投产开始垫付。该项目经营期10年,固定资产按直线法计提折旧,期

满有10万元净残值;无形资产于投产开始分5年平均摊销;流动资金在项目终结时可一次全部收回,另外,预计项目投产后,前5年每年可获得40万元的营业收入,并发生38万元的总成本;后5年每年可获得60万元的营业收入,发生25万元的变动成本和15万元的付现固定成本。

要求:计算该项目投资在项目计算期内各年的现金净流量。

二、现金流量的估计

在确定投资项目相关的现金流量时,应遵循基本原则:只有增量现金流量才是与项目相关的现金流量。增量现金流量是指接受某个投资项目所引起的公司总现金流量的变动。为了正确计算投资项目的增量现金流量,需要注意以下概念。

（一）相关成本和非相关成本

相关成本是指对公司经营管理有影响或在项目决策分析时必须加以考虑的各种形式的成本。相关成本主要包括机会成本、重置成本、付现成本等。与之相对应的概念是非相关成本,非相关成本主要包括沉没成本、历史成本等。

（二）机会成本

机会成本是指企业为从事某项投资而放弃另一项投资的机会收益,或利用一定资源获得某种收入时所放弃的另一种收入。另一项投资应取得的收益或另一种收入即为正在从事的投资的机会成本。

机会成本不是我们通常意义上的"成本",它不是一种支出或费用,而是失去的收益。机会成本在决策中的意义在于它有助于全面考虑可能选择的各种投资项目,以便为既定资源寻求最为有利的使用途径。

（三）沉没成本

沉没成本是指以往发生的与当前决策无关的费用。从决策的角度看,以往发生的费用只是造成当前状态的一个因素,当前决策所要考虑的是未来可能发生的费用及所带来的收益,而不考虑以往发生的费用。

沉没成本是一种历史成本,在很大程度上会影响人们的行为方式与决策。从这个意义上说,在投资决策时应排除沉没成本的干扰。

三、所得税和折旧对现金流量的影响

所得税是企业的一种现金流出,它取决于利润大小和税率高低,而利润大小受折旧方法的影响。折旧对投资决策产生影响,实际是由所得税引起的。

现金流量的计算有三种方法。

（一）直接法

在直接法下,一般是以可行性研究预计利润表中的营业收入为起点,调整相关项目的增减变动,然后计算出现金流量。根据现金流量的定义,所得税是一种现金支付。

直接法下现金流量的计算公式:

$$营业现金流量=营业收入-付现成本-所得税$$

（二）间接法

净利润是以权责发生制为基础的,而现金流量是以收付实现制为基础的。间接法的基本原理就是以可行性研究按照权责发生制计算的净利润为起点,经过对有关项目的调整,转换为按照收付实现制计算出的现金流量的方法。

公式推导为:

$$\begin{aligned}营业现金流量&=营业收入-付现成本-所得税\\&=营业收入-(营业成本-折旧)-所得税\\&=营业利润+折旧-所得税\\&=净利润+折旧\end{aligned}$$

间接法下现金流量的计算公式:

$$营业现金流量=净利润+折旧$$

（三）税盾法

税盾法是根据所得税对收入和折旧的影响来计算现金流量。由于所得税的影响,现金流量并不等于项目实际的收支金额。

$$税后收入=营业收入\times(1-税率)$$
$$税后成本=付现成本\times(1-税率)$$
$$折旧抵税=折旧\times税率$$

公式推导为:

$$\begin{aligned}营业现金流量&=净利润+折旧\\&=(营业收入-营业成本)\times(1-税率)+折旧\\&=(营业收入-付现成本-折旧)\times(1-税率)+折旧\\&=营业收入\times(1-税率)-付现成本\times(1-税率)\\&\quad-折旧\times(1-税率)+折旧\\&=营业收入\times(1-税率)-付现成本\\&\quad\times(1-税率)+折旧\times税率\end{aligned}$$

税盾法下现金流量的计算公式:

$$营业现金流量=营业收入\times(1-税率)-付现成本\\\times(1-税率)+折旧\times税率$$

【例6-8】 某项目投资总额为150万元,其中固定资产投资110万元,建设期为2

年,于建设起点分2年平均投入。无形资产投资20万元,于建设起点投入。流动资金投资20万元,于投产开始垫付。该项目经营期10年,固定资产按直线法计提折旧,期满有10万元净残值;无形资产于投产开始分5年平均摊销;流动资金在项目终结时可一次全部收回,另外,预计项目投产后,前5年每年可获得40万元的营业收入,并发生38万元的总成本;后5年每年可获得60万元的营业收入,发生25万元的变动成本和15万元的付现固定成本。

要求:计算该项目投资在项目计算期内各年的现金净流量。

解:(1) 建设期现金净流量。

$$NCF_0 = -550\,000 - 200\,000 = -750\,000(元)$$
$$NCF_1 = -550\,000(元)$$
$$NCF_2 = -200\,000(元)$$

(2) 经营期现金净流量。

$$固定资产年折旧额 = \frac{1\,100\,000 - 100\,000}{10} = 100\,000(元)$$

$$无形资产年摊销额 = \frac{200\,000}{5} = 40\,000(元)$$

$$NCF_{3-7} = 400\,000 - 380\,000 + 100\,000 + 40\,000 = 160\,000(元)$$
$$NCF_{8-11} = 600\,000 - 250\,000 - 150\,000 = 200\,000(元)$$

(3) 经营期终结现金净流量。

$$NCF_{12} = 200\,000 + 100\,000 + 200\,000 = 500\,000(元)$$

第三节 投资项目的风险处置

可行性研究中投资项目的现金流入量和现金流出量是预计的,折现率也是按一定的方法估算。由于投资项目总是有风险的,项目未来现金流量总会具有某种程度的不确定性。

对于项目现金流量的不确定性风险有两种处置方法:一种是调整现金流入量和现金流出量,称为风险调整现金流量法;另一种是调整折现率,称为风险调整折现率法。调整现金流入量和现金流出量可以缩小净现值模型中的分子,使净现值减少;调整折现率是扩大净现值模型的分母,也可以使净现值减少。

一、风险调整现金流量法

风险调整现金流量法,是把不确定的现金流量调整为可能确定的现金流量,然后用无风险的报酬率作为折现率计算净现值。

由于调整后的现金流量中已考虑风险因素，必将小于调整前的现金流量；并通过用较小的现金流量来计算有关评价指标，以达到谨慎决策的目的。在具体调整中，最常用的是肯定当量法。

$$风险调整现金流量法计算的净现值 = \sum_{k=0}^{n} \frac{a_t \times 预计现金流量}{(1+无风险报酬率)^k}$$

其中：a_t 是 k 年现金流量的肯定当量系数，它在 0～1 的范围。

肯定当量系数可以把各年不肯定的现金流量换算为肯定的现金流量。

应用风险调整现金流量法的难点是如何合理确定肯定当量系数。

二、风险调整折现率法

风险调整折现率法的基本思路是对高风险的项目采用较高的折现率来计算净现值。

$$风险调整折现率法计算的净现值 = \sum_{k=0}^{n} \frac{调整现金流量}{(1+风险调整折现率)^k}$$

风险调整折现率法采用单一的折现率同时完成风险调整和时间调整，这种做法意味着风险随着时间推移而加大，可能与事实不符，夸大了远期现金流量的风险。

课后习题

一、案例题

1. Willis 公司的资本成本是 15%。目前公司正考虑某新设备的购买方案，新设备的采购成本是 400 000 美元，使用寿命是 5 年。Willis 预计收益和现金流量如表 6-3 和表 6-4 所示：

表 6-3　预计收益和现金流量

年　份	净收益（net earnings）（美元）	税后现金流量（美元）
1	100 000	160 000
2	100 000	140 000
3	100 000	100 000
4	100 000	100 000
5	200 000	100 000

表 6-4 现 值 表

15%利率因子

周期	1美元现值	1美元年金现值
1	0.87	0.87
2	0.76	1.63
3	0.66	2.29
4	0.57	2.86
5	0.50	3.36

要求：计算此项投资的净现值。

2. 金方力公司正在考虑两个相互排斥的项目，项目现金流如下所述：

年份	项目 A(美元)	项目 B(美元)
0	(100 000)	(100 000)
1	0	34 320
2	0	34 320
3	0	34 320
4	157 352	34 320

公司要求的收益率为 8%，如果公司的目标是使股东财富最大化，选择其中一个项目的最有效的原因是下面哪个选项？

A. 项目 A 的净现值大于项目 B 的净现值，因此，选择 A

B. 项目 A 的净现值小于项目 B 的净现值，因此，选择 B

C. 项目 A 的内部收益率大于项目 B 的内部收益率，因此，选择 A

D. 项目 A 的内部收益率小于项目 B 的内部收益率，因此，选择 A

3. 伯纳特有限公司使用净现金净值对资本项目进行评估，要求的收益率为 10%。伯纳特有限公司为其生产业务考虑两个相互排斥的项目，两个项目的初始投资都为 120 000 美元，预期使用寿命为四年，同这些项目有关的税后现金流如下所述：

年份	项目 X(美元)	项目 Y(美元)
1	40 000	10 000
2	40 000	20 000
3	40 000	60 000
4	40 000	80 000
总计	160 000	170 000

假设可以获得充足的现金，你会将下述哪一个项目推荐给伯纳特的管理层？

A. 只有项目 X

B. 只有项目 Y

C. 只有项目 X 和 Y

D. 哪一个都不推荐

二、思考题

1. 项目投资的财务评价方法有哪些？他们分别有何优缺点？
2. 现金流量的构成要素有哪些？
3. 按风险调整现金流量法进行风险处置的基本思路是什么？有何优缺点？
4. 按风险调整折现率法进行风险处置的基本思路是什么？

第七章 项目投资综合评价

教学目标

➢ 熟悉财务评价的概念、目的、程序。
➢ 掌握财务评价的内容、基本财务报表与评价指标的对应关系。
➢ 掌握投资项目国民经济评价概念、程序及与财务评价的区别和联系。
➢ 掌握投资项目社会评价的方法和指标体系。

导读案例　　交通设施厂项目投资后评价

一、项目主要内容及决策要点

投资新建交通设施厂,具体包括:厂房3 780平方米、办公楼528平方米、职工宿舍713平方米、预留建筑用地约5 000平方米,设计生产能力为3万吨/年的二波板及三波板(护栏产品)生产线。该项目的决策要点主要有:① 护栏材料成品占交通安全工程成本比例较大,以往依靠对外采购,质量、进度均无法保证,甚至影响公司信誉;② 未来10年省内高速公路建设项目较多,护栏材料目标市场巨大,销售前景较好;③ 可依靠总公司钢材批量采购平台,发挥规模效应,减低生产成本;④ 通过钢结构加工业务完善总公司产业结构,延长产业链;⑤ 作为交通工程产品研发的平台。

表7-1　新建交通设施项目总投资

项　　目	预算金额/元	实际金额/元	实际与预算的差异/元
购置固定资产	2 919 500	3 145 000	225 500
供配电及安装工程	240 000	710 000	470 000
不可预见费用	200 000	0	−200 000
项目总投资	3 359 500	3 855 000	495 500

项目总投资 385.5 万元全部由项目建设方的自有资金解决。

表 7-2 项目进度

项 目	日 期
场地三通一平基础施工	2005 年 5 月 4 日—7 月 1 日
厂房钢结构及主体设备安装	2005 年 7 月 2 日—8 月 1 日
试运行	2005 年 8 月 1 日—8 月 10 日
正式投产	2005 年 8 月 10 日起

表 7-3 项目主要效益指标

指 标	可研分析值	后评价值	差 额
固定资产投资/万元	335.95	385.5	49.55
年折旧/万元·年$^{-1}$	64.5	77.1	12.6
厂房租金/万元·年$^{-1}$	51.36	96	44.64
静态回收期/年	4.58	5	0.42
动态回收期/年	5.94	6.55	0.61
投资利润率/%	11.4	13.5	2.1
财务净现值/万元	170.39	282.15	111.76
产量盈亏平衡点/t	3 578	11 068	7 490

表 7-4 项目成功度评价

评定项目指标	项目相关性	评 定 依 据	评定等级
决策及其程序	重要	主体申请,并获上级单位和主体董事会审批同意,决策程序合规	A
项目目标及市场	重要	新建和养护高速公路护栏材料需求量及份额,实际与预测有偏差	B
设计与技术装备水平	重要	项目产品技术水平得到市场认可	A
资源和建设条件	重要	厂房由自建改为租赁,很大变动	C
资金来源和融资	重要	资金来源和数额得到充分保障	A
项目进度及其控制	重要	项目进度控制很紧凑,及时开工	A
项目质量及其控制	重要	项目完成质量基本达到要求	B
项目投资及其控制	重要	项目投资额变动幅度约 15%	B
项目财务效益	重要	基本效益指标符合预测,但盈亏平衡产量提高,抗风险能力降低	B

(续表)

评定项目指标	项目相关性	评 定 依 据	评定等级
项目可持续性	重要	未来三年的市场状况、竞争环境及资源分析基本满足项目的持续发展	B
总评		所有评定指标的评定等级综合	B

注：① 项目相关重要性分为：重要、次重要、不重要。
② 评定等级分为：A—成功、B—基本成功、C—部分成功、D—不成功、E—失败。

二、结果分析

评价结果：投资交通设施厂项目基本实现原定目标，项目综合评价为基本成功。主要在于：① 主要效益指标中盈亏平衡产量稍有提高、投资回收期稍有延长、投资利润率和财务净现值均稍优于可研分析值；② 在与项目相关性为重要的10项项目评定指标中，4项评定为成功、5项评定为基本成功、1项评定为部分成功，综合评定项目为基本成功。

主要经验：在产品质量和满足业务需求方面比较成功。对护栏材料需求做了充分准备，原材料采购、生产设备厂房建设、批量生产许可申请等同时就绪；护栏产品质量优良，供应及时，还满足了部分业主的紧急采购需求，提升了公司信誉；在全面评估的基础上，提前与周边镀锌厂建立合作伙伴关系，节约降低成本。总之，交通设施厂的投产运行，延伸了公司产业链，增加了利润来源。

主要教训：固定资产购置和设备投资超预算，主要在于可研阶段研究不深入，对厂房和设备功能需求认识不足；由于对钢材市场走势判断不准，导致原材料采购价格较高，影响项目收益水平。因此，类似项目的投资需重点关注几方面：加强项目前期工作中风险控制分析，建立原材料价格风险控制机制，尽量规避价格波动风险，为项目正常运作设置预警；加强项目投资实现的固定资产权属的完善，不管是自己投资建设还是租赁使用，都要确保厂区、办公楼、宿舍等质量与安全；加强项目分析中市场预测和市场开拓方案策划，最大限度地实现规模效益。

可以看出，后评价是在项目投资完成以后，运用科学的分析方法对项目目的、执行过程、经济效果和影响所进行的全面系统的总结，使项目的决策者、管理者和建设者深化对建设规律的认识，从而提高决策、管理和建设水平。通过后评价可以比较公正客观地确定投资决策者、管理者和建设者工作中实际存在的问题，从而进一步提高责任心和工作水平。后评价主要是为投资决策服务的，即通过后评价建议的反馈，完善和调整相关方针、政策和管理程序，提高决策者的能力和水平，进而达到提高投资效益的目的。

资料来源：刘启党，投资项目后评价的应用案例研究[J]．广东交通职业技术学院学报，2009(6)，55：57，选编。

要求：试分析项目后评价的特点。

第一节 项目投资综合评价体系

项目投资综合评价体系包括财务评价、国民经济评价、社会评价和项目后评价四部分内容。

一、财务评价

20世纪50年代以前,西方各国强调自由竞争,很少注重宏观经济的社会效益,企业追求利润最大化。项目只进行财务评价。

财务评价是项目评价的第一层次。项目投资财务评价是指在项目财务预测的基础上,从公司角度分析测算项目的效益和费用,考察项目的获利能力、偿债能力等财务状况,以判断项目财务上是否可行的经济评价方法。其结果可为项目国民经济评价提供必要的数据资料,也可作为投资者进行项目投资决策的依据之一。

二、国民经济评价

20世纪50年代开始,资本主义国家大量增加公共开支进行公共设施建设。由于公共工程和社会福利项目以宏观经济效益和社会效益为主,财务评价满足不了要求,体现从国家宏观经济角度去分析投资项目效益的国民经济评价方法得到了迅速发展。

国民经济评价是项目经济评价的核心部分。它从国家整体角度考察项目的效益和费用,考察的对象是包含项目在内的国民经济体系,除了计算项目的直接效益和直接费用外,还要计算分析项目的间接效益和间接费用,即项目的外部效果。

三、社会评价

经过多年实践,人们发现经济评价无法解决社会分配不公的问题。效率目标和公平目标合称为国民福利目标,国家就是要使国民福利最大。传统的经济评价方法不能成功地实现国民收入的公平分配,于是提出了项目的社会评价方法。

社会评价是指分析投资项目对实现社会目标方面的贡献的一种方法。社会目标包括经济增长目标和收入公平分配等。

经济增长是指国民收入的增长。社会评价以经济增长为目标,即是追求国民收入的最大化。

收入公平分配是指项目所产生的国民收入在时间和空间上实现合理的分配。时间上的分配是指在现在和将来之间的分配,即在目前消费和积累(再投资)之间的分配;空间上的分配是指在各收入阶层和各地区之间的分配。

四、项目后评价

项目后评价是指对已经完成的项目的目的、执行过程、效益、作用和影响进行的系统的、客观的分析。确定项目的预期目标是否完成，项目是否合理有效，项目主要效益指标是否实现。通过分析，找出成败的原因，总结经验教训。通过及时有效的信息反馈，为未来新项目的决策和提高完善投资决策管理水平提出建议。

第二节　项目投资国民经济评价

国民经济评价是按照资源合理配置的原则，从国家整体角度考虑项目的效益和费用，用影子价格和社会折现率等经济参数，分析计算项目对国民经济的净贡献，评价项目的经济合理性。

一、国民经济评价的对象及作用

（一）国民经济评价的对象

宏观经济效果的好坏是我国建设投资决策的主要依据。国民经济评价是项目评价的重要组成部分和关键。从原则上讲，所有项目一般均应进行国民经济评价，并以国民经济评价的结论作为主要决策依据。根据我国的实际情况，一般只要求对某些在国民经济中有较重大作用和影响的项目进行国民经济评价。

（二）国民经济评价的作用

1. 国民经济评价是宏观上合理配置国家有限资源的需要

资金、土地、人力资源等国家的资源总是有限的，而同一种资源可以有不同的用途，必须从这些相互竞争的用途中作出选择，这时就需要从国家整体利益的角度来考虑，要借助于国民经济评价。

国民经济是一个大系统，项目建设是这个大系统中的一个子系统，国民经济评价就是要分析项目从国民经济中所吸取的投入以及项目产出对国民经济这个大系统经济目标的影响，从而选择对大系统目标最有利的投资项目。

合理的资源配置应该是能够使国民经济目标达到最优化的资源配置。但由于市场的不完善及市场功能的局限性等原因，财务价格往往不能全面、正确地反映项目投入物及产出物的真正经济价格，由财务评价所选择的项目就可能不是对国民经济目标优化最有利的项目。因此，为了在宏观上合理配置资源，需要进行国民经济评价。

2. 国民经济评价是真正反映项目对国民经济净贡献的需要

在现实中,某些商品的价格不能反映价值,也不反映供求关系。在这样的条件下,按现行价格来考察项目的投入或产出,不能确切地反映投资项目给国民经济带来的效益。

通过国民经济评价,运用能反映资源真实价值的影子价格进行价格调整,来计算投资项目的费用和效益以便得出该项目的建设是否有利于国民经济总目标的结论。

从国家角度出发,投资项目的目的是取得尽可能大的国民经济效益,项目的取舍应以项目对国民经济净贡献的大小为依据。为全面、真正反映项目的国民经济净贡献,需要进行国民经济评价。

3. 国民经济评价是投资决策科学化的需要

运用国民经济评价的相关指标以及有关参数,可以影响国民经济评价的最终结论,有利于引导投资方向,进而起到鼓励或抑制某些行业或项目发展的作用,促进国家资源的合理分配。

国民经济评价有利于抑制投资规模。当投资规模过大时,容易引发通货膨胀,通过适当提高折现率,控制一些项目的通过,从而控制投资规模。

通过选择国民经济净贡献大的项目,可以保障好的国民经济总体效益。

二、国民经济评价与财务评价的关系

(一)两者的相同之处

1. 评价目的相同

国民经济评价和财务评价都是为寻求满意的投资项目。

2. 评价基础相同

国民经济评价和财务评价都是在完成项目市场分析、投资估算及资金筹措等基础上进行的。

3. 基本分析方法和主要评价指标相同

国民经济评价和财务评价都是以现金流量分析为主要方法,在国民经济评价中称为费用效益分析,通过编制基本报表计算净现值、内部收益率等主要评价指标。

(二)两者的区别之处

1. 评价的角度不同

财务评价是从公司角度对项目进行分析;国民经济评价是从国民经济宏观角度进行分析。

2. 效益的含义、范围不同

财务评价根据项目的现金流入量和现金流出量计算项目的效益;国民经济评价则根据项目实际耗费的有用资源及向社会提供的有用产品或服务来考虑项目的费用和效益。

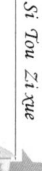

财务评价中,税金、借款利息和补贴等均视为现金流量;在国民经济评价中不视作费用和效益。

财务评价不考虑项目的间接费用和间接效益,如项目对环境的破坏或改善等;在国民经济评价中却视为费用和效益。

3. 计算价格不同

财务评价采用实际价格计算项目的效益;国民经济评价采用影子价格来计量项目的费用和效益。

4. 评价的依据不同

财务评价的主要依据是净现值和行业基准收益率;国民经济评价的主要依据是社会折现率。

（三）项目决策的准则

由于财务评价和国民经济评价的区别,可能出现同一项目的财务评价结论与国民经济评价结论不一致的情况。其决策准则如下：

财务评价和国民经济评价结论均可行,项目应予以通过。

财务评价和国民经济评价结论均不可行,项目应予以否定。

财务评价结论可行,国民经济评价结论不可行,项目一般应予以否定。

财务评价不可行,国民经济评价结论可行,项目一般应予以推荐。

三、国民经济评价的程序

国民经济评价具体程序如下。

（一）识别效益和费用

投资项目国民经济效益分析是从国民经济的角度出发,考察项目对国民经济的净贡献。凡投资项目对国民经济所做的贡献,即由于项目的兴建和投产给国民经济带来的各种效益,均应计为项目的效益;反之,凡国民经济为项目所付出的代价,即国民经济为投资项目所付出的全部代价,均应计为项目的费用。在投资项目国民经济效益分析中,项目的费用和效益可分为直接费用和直接效益以及间接费用和间接效益。

（二）确定影子价格和调整基础数据

正确确定项目产出物和投入物的影子价格是保障项目国民经济评价正确性的关键。影子价格是投资项目国民经济评价的重要参数,它是指社会处于某种最优状态下,能够反映社会劳动消耗、资源稀缺程度和最终产品需求状况的价格。影子价格是社会对货物真实价值的度量。

在影子价格确定以后,应将项目的各项经济基础数据按照影子价格进行调整,计算项目的各项国民经济效益和费用。

（三）计算国民经济评价指标

根据调整计算得到的各项国民经济效益及费用数值,编制国民经济评价表。根据国民经济评价表及社会折现率等经济参数,计算项目的国民经济评价指标,分析项目的国民经济效益及经济合理性。

（四）进行不确定性分析

不确定性分析是对国民经济评价中各种事前无法控制的外部因素的变化与影响所进行的估计和研究。这是从国民经济角度分析项目可能面临的风险及项目抗风险的能力,一般进行经济敏感性分析。

（五）给出评价结论

由上述国民经济评价指标和不确定性分析的结果,对项目的经济合理性作出判断,给出项目经济评价的最终结论。

第三节　项目投资社会评价

一、项目投资社会评价的含义与内容

（一）项目投资社会评价的含义

项目投资对社会发展目标的贡献,是由于项目的实施对社会的各项发展目标带来的好处,即从全社会考察项目创造的社会效益,包括有形效益和无形效益。项目投资对社会发展目标的影响,包括自然影响和社会影响。

项目投资社会评价是分析评定项目的实施对实现各项社会发展目标所做的贡献与带来的影响,判断项目社会可行性的过程。

项目社会评价方法是把项目置于社会的大系统之中,综合评价项目对社会发展的贡献,从社会角度判断项目的社会可行性,以此作为科学决策的依据。

（二）项目投资社会评价的内容

社会评价的主要内容有以下三个方面。

1. 社会影响分析

项目的社会影响分析旨在分析预测项目可能产生的正面影响和负面影响,有利于国民经济发展目标与社会发展目标协调一致,防止单纯追求项目的财务效益。

2. 项目与社会的适应性分析

这种适应性分析主要是分析预测项目能否为当地的社会环境、人文条件所接纳,以及当地政府、居民支持项目存在与发展的程度,考察项目与当地社会环境的相互适应关系。有利于项目与所在地区利益协调一致,减少社会矛盾和纠纷,防止可能产生不利的社会影响和后果,促进社会稳定。

3. 社会风险分析

这是对可能影响项目的各种社会因素进行识别和排序,选择影响面大、持续时间

长，并容易导致较大矛盾的社会因素进行预测，分析可能出现这种风险的社会环境和条件。有利于避免或减少项目建设和运营的社会风险，提高投资效益。

二、项目投资社会评价的特点

社会评价与财务评价和国民经济评价比较，具有以下三个特点。

（一）目标多样

项目的财务评价主要考察盈利能力，国民经济评价主要考虑经济增长，而社会评价涉及社会生活各个领域的发展目标，在评价中必须考虑多种社会效益与不同的社会影响。

（二）内容广泛

社会发展目标涉及社会生活各个领域，项目投资社会评价的考察角度应包括社会生活各个领域，因而项目社会评价是对项目的全面分析评价。

（三）效益间接

如新修公路会减少相关公路的拥挤、节约旅客时间、减少事故损失等。因此，项目的社会评价不仅要考虑项目本身对整个社会发展目标影响的直接效益，还必须全面考虑对相关部门的间接社会效益。

第四节　项目投资后评价

一、项目投资后评价的概念与种类

（一）项目投资后评价的概念

项目投资后评价是指对已经完成的项目的目的、执行过程、效益、作用和影响进行的系统客观的分析。

项目投资后评价要从投资开发项目实践中吸取经验教训，再运用到未来的发展实践中。

（二）项目投资后评价的种类

从项目开工之后，即项目投资开始发生以后，由有关部门所进行的各种评价，都属于项目投资后评价的范围，这种评价可以延伸至项目的寿命期末。根据评价时点，项目后评价也可细分为跟踪评价、实施效果评价和影响评价。

1. 项目跟踪评价

项目跟踪评价是指在项目开工以后到项目竣工验收之前所进行的评价。这种由独立机构所进行的评价通常目的是检查评价项目和设计的质量、评价项目在建设过程中的重大变更及其对项目效益的作用和影响等。这类评价往往侧重于项目层次上的问题。

2. 项目实施效果评价

项目实施效果评价是指在项目竣工以后一段时间内所进行的评价。这种评价的主要目的是检查投资项目达到理想效果的程度，为新项目反馈信息。评价要对项目层次决策管理层次的问题加以分析和总结。

3. 项目影响评价

项目影响评价是指在项目后评价报告完成一段时间之后所进行的评价。项目影响评价是以项目后评价报告为基础的，通过调查经济和环境的影响，总结决策等宏观方面的经验教训。行业和地区的总结都属于这类评价的范围。

二、项目投资后评价的主要内容

项目投资后评价的主要内容如下。

（一）项目目标评价

评定项目立项时预定目标的实现程度是项目后评价所需要完成的主要任务之一。因此，项目后评价要对照原定目标完成的主要指标，检查项目实际实现的情况和变化，分析实际发生改变的原因，以判断目标的实现程度。

（二）项目实施过程评价

项目的过程评价应对照立项评估或可行性研究报告时所预计的情况和实际执行的过程进行比较和分析，找出差别，分析原因。

（三）项目效益评价

项目的效益评价即财务评价和经济评价，其评价的主要内容与项目前评估无较大差别，主要分析净现值、内部收益率和投资回收期等指标。

（四）项目影响评价

项目的影响评价包括经济影响、环境影响和社会影响。经济影响评价主要分析评价项目对所在地区、所属行业和国家所产生的经济方面的影响。环境影响评价一般包括项目的污染控制、地区环境质量、自然资源利用和保护、区域生态平衡和环境管理等方面。社会影响评价是对项目在社会的经济、发展方面的有形和无形的效益和结果的一种分析，重点评价项目对所在地区和社区的影响。

三、项目后评价方法

后评价方法包括前后对比、有无项目的对比等。对比的目的是要找出变化和差距，为提出问题和分析原因找到重点。

（一）前后对比

投资活动的前后对比是将项目实施之前与项目完成之后的情况加以对比，以确定项目效益的一种方法。

（二）有无对比

有无对比是指将项目实际发生的情况与若无项目可能发生的情况进行对比，以度量项目的真实效益、影响和作用。

四、项目后评价的评价程序

后评价的评价程序一般包括制订后评价计划、选定后评价项目、确定后评价范围、执行项目后评价和提交项目后评价报告等。

（一）制订后评价计划

项目后评价计划的制订应越早越好，最好是在项目评估和执行过程中就确定下来，以便项目管理者和执行者在项目实施过程中就注意收集资料。从项目周期的概念出发，每个项目都应重视和准备事后的评价工作。

（二）选定后评价项目

作为后评价计划的一部分，选定后评价项目也是十分重要的。选择后评价项目有两条基本原则，即特殊的项目和规划需要总结的项目。

（三）确定后评价范围

由于项目后评价的范围很广，一般后评价的任务是限定在一定的内容范围内的。因此，在评价实施前必须明确评价的范围和深度。评价范围通常是在委托合同中确定的，委托者要把评价任务的目的、内容、深度、时间和费用等，特别是那些在本次任务中必须完成的特定要求，应交代得十分明确具体。受托者应根据自身的条件来确定是否能够按期完成合同。

（四）执行项目后评价

在项目后评价任务委托、专家聘用后，就可以开始进行后评价。执行项目后评价主要包括资料信息的收集、后评价现场调查、分析和结论等。

（五）提交项目后评价报告

项目后评价报告是评价结果的汇总，也是反馈经验教训的主要文件形式，必须满足信息反馈的需要。

第五节 可行性研究与投资评价案例分析[①]

一、项目概况

该项目名称为"昆明制药集团股份有限公司天然植物原料药创新基地建设"，昆明

---

① 资料来源：昆明制药集团股份有限公司公告，www.sse.com.cn。

制药集团股份有限公司项目拟用 3 年时间（2013 年 9 月—2015 年 8 月）在昆明高新区马金铺新城产业园昆明国家生物产业基地 66 667 平方米土地上，按照 GMP（2010 版）标准，完成总建筑面积为 22 720.51 平方米的原料药生产基地的建设，实现年产三七总皂苷 80 000 千克、灯银脑通胶囊原料提取物 13 200 千克，以及银芩胶囊原料提取物 13 200 千克的生产规模，为企业扩大生产能力提供充分的原料药保障，为企业推动产品结构调整升级，实现跨越式发展奠定重要基础。项目建设内容如下：

（1）新建建筑面积 8 852.41 平方米的前处理车间；

（2）新建建筑面积 7 741.21 平方米的一号提取车间；

（3）新建建筑面积 3 966.17 平方米的二号提取车间；

（4）新建建筑面积 217.25 平方米的罐区；

（5）新建建筑面积 360 平方米的危险品库；

（6）新建建筑面积 923.31 平方米的动力中心；

（7）新建建筑面积 158.41 平方米的污水处理站；

（8）购置相应的生产及辅助设备，完成生产线建设。

项目总投资为 33 767.73 万元，其中，建设投资为 19 545.15 万元；铺底流动资金为 14 222.58 万元；建设期贷款利息为 0 元。资金筹措方式：根据项目进度安排，分年度由企业自筹解决。

项目拟建地点位于昆明高新区马金铺新城产业园昆明国家生物产业基地内，园区位于滇池之滨、抚仙湖之畔，总规划面积 6 平方千米，现已完成 3 平方千米的道路、水、电、气等基础设施配套建设；距昆明市行政中心 12 千米，距昆明国际机场 40 千米，毗邻大学城；昆玉高速、马澄高速、环湖东路、城市轻轨、泛亚铁路贯穿境内，交通条件十分便利。

园区植被良好，社会协作条件良好，符合国家现行土地管理、环境保护、产业发展等有关法规规定，有利于药品深加工生产线建设，并已形成一定工业基础，水、电和通信等设施建设已初具规模，工业运行成本较低，适合昆明制药集团股份有限公司项目的建设及发展。

二、项目财务数据预测

（一）项目总投资估算

根据国家发改委、建设部《建设项目经济评价方法与参数第三版》，建设项目总投资＝建设投资＋铺底流动资金＋建设期利息。经计算总投资估算为 33 767.73 万元，其中建设投资 19 545.15 万元，建设期利息 0 元，铺底流动资金 14 222.58 万元（见表7-5）。

（二）建设投资估算

通过分项详细估算法进行估算，本项目建设投资 19 545.15 万元，其中工程费用 14 343.88 万元，其他费用 1 001.27 万元，土地费用 4 000 万元，基本预备费 200 万元（见表 7-6）。

表 7-5 总投资构成

序号	投资内容	投资金额	占项目总投资额(%)	备注
1	项目总投资	33 767.73	100.00%	
1.1	项目建设投资	19 545.15	57.88%	
1.2	铺底流动资金	14 222.58	42.12%	
1.3	建设期利息	0.00	0.00%	

表 7-6 建设投资构成

序号	名称	投资(万元)
一、	项目建设投资	19 545.15
1	工程费用	14 343.88
(1)	自控	1 000
(2)	工艺设备	3 224.12
(3)	工艺管理及安装	620.26
(4)	冷冻	338.45
(5)	电气	1 225.11
(6)	电信	188.6
(7)	空调通风	435.66
(8)	建筑净化装修	332.73
(9)	给排水	214.58
(10)	土建	3 406.41
(11)	电梯	120
(12)	污水处理	1 152.79
(13)	锅炉	342.83
(14)	循环水系统	143.8
(15)	罐区	174.48
(16)	危险品库	87.96
(17)	总图	1 336.1
2	其他费用	1 001.27
3	土地购置费	4 000
4	基本预备费	200

(三)铺底流动资金估算

根据流动资金估算表,项目运营期流动资金共计 47 408.59 万元,铺底流动资金按流动资金的30%计算,计14 222.58万元。

(四)项目投资计划

项目建设期2年,根据建设实施方案,其中,2013年计划投入使用资金5 863.55万元;2014年计划投入使用资金7 818.06万元;2015年计划投入使用资金5 863.54万元;2016年计划投入资金14 222.58万元(见表7-7)。

表7-7 项目投资计划及资金筹措　　　　　　　　　　单位:万元

序号	项目	合计	计算期			
			2013	2014	2015	2016
1	总投资	33 767.73	5 863.55	7 818.06	5 863.54	14 222.58
1.1	建设投资	19 545.15	5 863.55	7 818.06	5 863.54	0.00
1.2	建设期利息	0.00	0.00	0.00	0.00	0.00
1.3	铺底流动资金	14 222.58			0.00	14 222.58
2	资金筹措	33 767.73	5 863.55	7 818.06	5 863.54	14 222.58
2.1	项目资本金	33 767.73	5 863.55	7 818.06	5 863.54	14 222.58
2.1.1	用于建设投资	19 545.15	5 863.55	7 818.06	5 863.54	0.00
2.1.2	用于流动资金	14 222.58	0.00	0.00	0.00	14 222.58
2.1.3	建设期利息	0.00	0.00	0.00	0.00	

三、财务评价

(一)营业收入、税金和附加估算

项目设计年生产80 000千克三七总皂苷,单价1.26万元/千克;灯银脑通原料提取物13 200千克,单价2 300元/千克;银芩胶囊原料提取物13 200千克,单价1 200元/千克。计算达产年可实现营业收入105 420万元。

产品销售税金按国家现行税法及有关法规、条例执行,具体按产品增值税17%、城建税7%、教育费附加3%、地方教育费附加2%计缴。项目达产年缴纳营业税金及附加为1 510.16万元,增值税12 584.65万元。

(二)成本估算

(1)原材料费用根据目前市场价格,以及企业几年来实际运作的情况,结合项目开发的品种类型、数量多少综合考虑估算。项目原料费用估算为18 239.23万元。

(2)经估算项目年耗水量36万吨,耗电量100万千瓦时,耗天然气40万方,按水3.5元/立方米,电2.5元/度,天然气4.82元/方计算,项目年外购燃料及动力费共计568.8万元。

(3)项目建成后需员工105人,结合项目的实际情况按人均年工资及福利费计取,

项目工资及福利总额为541.5万元/年。

(4) 项目年修理费估算189万元。

(5) 销售费用等其他费用估算8 433.42万元。

(6) 建构筑物按20年折旧,残值率3%,则年折旧费237.34万元;机器设备按15年折旧,残值率3%,年折旧费423.24万元;其他固定资产按10年折旧,不留残值,年折旧费290.53万元。

(7) 无形资产和递延资产按国家有关规定进行摊销,年摊销额640.25万元。经估算,项目年总成本费用29 563.31万元,其中固定成本10 755.28万元,可变成本18 808.03万元;年经营成本为27 971.95万元。

(三) 盈利能力分析

(1) 财务内部收益率:税前财务内部收益率:44.73%;税后财务内部收益率:10.14%。

(2) 财务净现值:税前财务净现值:25 008.26万元;税后财务净现值:3 969.42万元。

(3) 投资回收期(含建设期):税前投资回收期4.86年;税后投资回收期12.2年。

(4) 资本金财务内部收益率81.1%。

(5) 年均净利润43 641.01万元。

(四) 财务评价结论

经过以上分析,项目财务内部收益率(税前)为44.73%,财务净现值为正,投资回收期4.86年,财务指标合理,项目有一定的经济效益。项目从财务上来说是一个可以接受的项目(具体分析数值,如表7-8至表7-21所示)。

表7-8 建设投资估算　　　　　　　　　　　　　　　　　　　单位:万元

序号	工程或费用名称	概算金额(万元)					比例(%)
		建筑工程费	设备、材料购置费	安装工程费	其他费用	合计	
1	工程费用	4 893.69	6 544.88	2 905.31	0.00	14 343.88	73.39
1.1	前处理车间	1 397.10	956.07	342.09	0.00	2 695.26	
	工艺设备及安装		226.30	3.99			
	工艺管道及安装			10.00			
	冷冻		312.94	25.51			
	电气		192.00	192.88			
	电信		42.00	17.00			
	空调通风		99.33	34.99			
	建筑净化装修	7.30					

(续表)

序号	工程或费用名称	概算金额(万元)					比例(%)
		建筑工程费	设备、材料购置费	安装工程费	其他费用	合计	
	给排水		13.50	47.72			
	土建	1 389.80					
	电梯		70.00	10.00			
1.2	提取车间一	1 470.29	2 757.82	1 027.32	0.00	5 255.43	
	工艺设备及安装		2 077.70	66.53			
	工艺管道及安装			444.30			
	自控		450.00	50.00			
	电气		23.00	345.09			

四、效益分析

（一）经济效益

项目建成投产后实现年生产三七总皂苷80 000千克、灯银脑通提取物13 200千克以及银杏胶囊原料提取物13 200千克的生产规模，项目投产后三七总皂苷售价按12 600元/千克计，灯银脑通提取物售价按2 300元/千克计，银杏胶囊原料提取物年售价按均1 200元/千克计，项目达产年营业收入为105 420万元，利润总额为61 761.88万元，年上缴所得税为15 440.47万元。项目建设后，具有一定的经济效益，能够满足企业开展生产的原料药需求。

（二）社会效益

1. 项目建设有利于促进云南医药产业发展

项目根据《药品质量生产管理规范》（GMP）的要求，建设三七总皂苷、灯银脑通胶囊原料提取物以及银杏胶囊原料提取物的原料药提取生产车间，由于该类提取物是昆明制药的主要产品的生产原料，因此项目建设能够满足以上药物不断扩大的市场需求，对于促进云南省医药企业扩大生产规模，提升生产技术装备水平和产品特色，培养医药人才以及开展技术创新等具有重要意义，项目实施能有效调整生产结构，加强优势原料药和医药中间体生产，提高产品附加值和市场竞争力，实现云南医药产业质的飞跃。

2. 项目建设有利于带动当地就业

本项目将直接提供105个就业岗位，且大多在当地招聘。项目实施还会带动包装材料、物流等相关产业发展，提供大量的间接就业，改善当地就业环境，缓解劳动力供应过剩的状况。

表 7-9 流动资金估算

单位:万元

序号	项目	最低周转天数	周转次数	2013	2014	2015	2016	2017	2018	2019	2020	2021	2022	2023	2024	2025
1	流动资产					0.00	31 258.97	41 320.41	51 381.81	51 381.81	51 381.81	51 381.81	51 381.81	51 381.81	51 381.81	51 381.81
1.1	应收账款	58	6.2			0.00	2 754.08	3 632.84	4 511.60	4 511.60	4 511.60	4 511.60	4 511.60	4 511.60	4 511.60	4 511.60
1.2	存货	140	2.6			0.00	23 456.68	31 001.72	38 546.74	38 546.74	38 546.74	38 546.74	38 546.74	38 546.74	38 546.74	38 546.74
1.2.1	原材料	40	9.0			0.00	4 209.05	5 612.07	7 015.09	7 015.09	7 015.09	7 015.09	7 015.09	7 015.09	7 015.09	7 015.09
1.2.2	燃料及动力					0.00	37.92	50.56	63.20	63.20	63.20	63.20	63.20	63.20	63.20	63.20
1.2.3	在产品	180	2.0			0.00	8 537.65	11 261.82	13 985.98	13 985.98	13 985.98	13 985.98	13 985.98	13 985.98	13 985.98	13 985.98
1.2.4	产成品	230	1.6			0.00	10 672.06	14 077.27	17 482.47	17 482.47	17 482.47	17 482.47	17 482.47	17 482.47	17 482.47	17 482.47
1.3	现金	90	4.0			0.00	1 400.37	1 822.05	2 243.73	2 243.73	2 243.73	2 243.73	2 243.73	2 243.73	2 243.73	2 243.73
1.4	预付账款	120	3.0			0.00	3 647.84	4 863.80	6 079.74	6 079.74	6 079.74	6 079.74	6 079.74	6 079.74	6 079.74	6 079.74
2	流动负债					0.00	2 383.67	3 178.58	3 973.22	3 973.22	3 973.22	3 973.22	3 973.22	3 973.22	3 973.22	3 973.22
2.1	应付账款	20	18.0			0.00	626.93	835.91	1 044.89	1 044.89	1 044.89	1 044.89	1 044.89	1 044.89	1 044.89	1 044.89
2.2	预收账款	10	36.0			0.00	1 757.00	2 342.67	2 928.33	2 928.33	2 928.33	2 928.33	2 928.33	2 928.33	2 928.33	2 928.33
3	流动资金（1-2）					0.00	28 875.04	38 141.83	47 408.59	47 408.59	47 408.59	47 408.59	47 408.59	47 408.59	47 408.59	47 408.59
4	流动资金当期增加额						28 875.04	9 266.79	9 266.76	0.00	0.00	0.00	0.00	0.00	0.00	0.00
5	流动资金贷款额															

表 7-10　项目资金筹措表与资金使用计划

单位：万元

序号	项 目	合计	2013	2014	2015	2016	2017	2018	2019	2020	2021	2022	2023	2024	2025
							计　算　期								
1	总投资	33 767.73	5 863.55	7 818.06	5 863.54	8 662.51	2 780.04	2 780.03	0.00	0.00	0.00	0.00	0.00	0.00	0.00
1.1	建设投资	19 545.15	5 863.55	7 818.06	5 863.54	0.00									
1.2	建设期利息	0.00	0.00	0.00	0.00	0.00	0.00	0.00							
1.3	铺底流动资金	14 222.58			0.00	8 662.51	2 780.04	2 780.03	0.00	0.00	0.00	0.00	0.00	0.00	0.00
2	资金筹措	33 767.73	5 863.55	7 818.06	5 863.54	8 662.51	2 780.04	2 780.03	0.00	0.00	0.00	0.00	0.00	0.00	0.00
2.1	项目资本金	33 767.73	5 863.55	7 818.06	5 863.54	8 662.51	2 780.04	2 780.03	0.00	0.00	0.00	0.00	0.00	0.00	0.00
2.1.1	用于建设投资	19 545.15	5 863.55	7 818.06	5 863.54	0.00									
2.1.2	用于流动资金	14 222.58			0.00	8 662.51	2 780.04	2 780.03	0.00						
2.1.3	建设期利息	0.00	0.00	0.00	0.00	0.00	0.00	0.00							
2.2	债务资金	0.00	0.00	0.00	0.00	0.00	0.00	0.00	0.00						
2.2.1	用于建设投资	0.00	0.00	0.00	0.00	0.00									
2.2.2	用于建设期利息	0.00	0.00	0.00	0.00	0.00	0.00	0.00							
2.2.3	用于流动资金	0.00			0.00	0.00	0.00	0.00	0.00						
2.3	其他资金	0.00	0.00	0.00	0.00	0.00	0.00	0.00	0.00	0.00	0.00	0.00	0.00	0.00	0.00

表 7-11 营业收入、税金及附加估算

单位：万元

序号	项目	基础参数	2013	2014	2015	2016	2017	计算期 2018	2019	2020	2021	2022	2023	2024	2025
	生产负荷(%)		0	0	0	60	80	100	100	100	100	100	100	100	100
1	营业收入				0.00	63 252.00	84 336.00	105 420.00	105 420.00	105 420.00	105 420.00	105 420.00	105 420.00	105 420.00	105 420.00
1.1	三七总皂苷				0.00	60 480.00	80 640.00	100 800.00	100 800.00	100 800.00	100 800.00	100 800.00	100 800.00	100 800.00	100 800.00
	数量(kg)	80 000.00													
	单价(万元/kg)	1.26													
1.2	灯银脑通提取物				0.00	1 821.60	2 428.80	3 036.00	3 036.00	3 036.00	3 036.00	3 036.00	3 036.00	3 036.00	3 036.00
	数量(kg)	13 200.00													
	单价(万元/kg)	0.23													
1.3	银芩胶囊原料提取物				0.00	950.40	1 267.20	1 584.00	1 584.00	1 584.00	1 584.00	1 584.00	1 584.00	1 584.00	1 584.00
	数量(kg)	13 200.00													
	单价(万元/kg)	0.12													
	销项税额	17.00%			0.00	9 190.46	12 253.95	15 317.44	15 317.44	15 317.44	15 317.44	15 317.44	15 317.44	15 317.44	15 317.44
2	营业税金及附加				0.00	906.09	1 208.12	1 510.16	1 510.16	1 510.16	1 510.16	1 510.16	1 510.16	1 510.16	1 510.16
2.1	营业税	0.00%			0.00	0.00	0.00	0.00	0.00	0.00	0.00	0.00	0.00	0.00	0.00
2.2	城市维护建设税	7.00%			0.00	528.55	704.74	880.93	880.93	880.93	880.93	880.93	880.93	880.93	880.93
2.3	教育费	3.00%			0.00	226.52	302.03	377.54	377.54	377.54	377.54	377.54	377.54	377.54	377.54
2.4	地方教育附加费	2.00%			0.00	151.02	201.35	251.69	251.69	251.69	251.69	251.69	251.69	251.69	251.69
3	增值税				0.00	7 550.78	10 067.71	12 584.65	12 584.65	12 584.65	12 584.65	12 584.65	12 584.65	12 584.65	12 584.65

表 7-12 总成本费用估算（生产要素法）

单位：万元

序号	项目	合计	计算期											
			2013	2014	2015	2016	2017	2018	2019	2020	2021	2022	2023	2024	2025
	生产负荷（%）				0	60	80	100	100	100	100	100	100	100	100
1	外购原材料费				0.00	10 943.53	14 591.39	18 239.23	18 239.23	18 239.23	18 239.23	18 239.23	18 239.23	18 239.23
2	外购燃料及动力费				0.00	341.28	455.04	568.80	568.80	568.80	568.80	568.80	568.80	568.80
3	工资及福利费				0.00	541.50	541.50	541.50	541.50	541.50	541.50	541.50	541.50	541.50
4	修理费				0.00	189.00	189.00	189.00	189.00	189.00	189.00	189.00	189.00	189.00
6	其他费用				0.00	5 059.98	6 746.70	8 433.42	8 433.42	8 433.42	8 433.42	8 433.42	8 433.42	8 433.42
7	经营成本				0.00	17 075.29	22 523.63	27 971.95	27 971.95	27 971.95	27 971.95	27 971.95	27 971.95	27 971.95
8	折旧费				0.00	951.11	951.11	951.11	951.11	951.11	951.11	951.11	951.11	951.12
9	摊销费				0.00	640.25	640.25	640.25	640.25	640.27	400.00	400.00	400.00	400.00
9.1	长期借款利息				0.00	0.00	0.00	0.00	0.00	0.00	0.00	0.00	0.00	0.00
9.2	流动资金借款利息				0.00	0.00	0.00	0.00	0.00	0.00	0.00	0.00	0.00	0.00
10	利息支出				0.00	0.00	0.00	0.00	0.00	0.00	0.00	0.00	0.00	0.00
11	总成本费用合计				0.00	18 666.65	24 114.99	29 563.31	29 563.31	29 563.33	29 323.06	29 323.06	29 323.06	29 323.07
	其中：可变资本				0.00	11 284.81	15 046.43	18 808.03	18 808.03	18 808.03	18 808.03	18 808.03	18 808.03	18 808.03
	固定资本				0.00	7 381.84	9 068.56	10 755.28	10 755.28	10 755.30	10 515.03	10 515.03	10 515.03	10 515.04

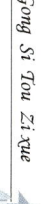

表 7-13　外购原材料费估算

单位：万元

序号	项目	基础数据	2013	2014	2015	2016	2017	计算期 2018	2019	2020	2021	2022	2023	2024	2025
	生产负荷(%)				0	60	80	100	100	100	100	100	100	100	100
1	原材料				0.00	10 943.53	14 591.39	18 239.23	18 239.23	18 239.23	18 239.23	18 239.23	18 239.23	18 239.23	18 239.23
1.1	主要原材料				0.00	10 943.53	14 591.39	18 239.23	18 239.23	18 239.23	18 239.23	18 239.23	18 239.23	18 239.23	18 239.23
(1)	三七总皂苷主要原材料				0.00	9 896.83	13 195.78	16 494.72	16 494.72	16 494.72	16 494.72	16 494.72	16 494.72	16 494.72	16 494.72
(2)	银杏提取物主要原材料				0.00	349.24	465.66	582.07	582.07	582.07	582.07	582.07	582.07	582.07	582.07
(3)	灯银脑通提取物主要原材料				0.00	697.46	929.95	1 162.44	1 162.44	1 162.44	1 162.44	1 162.44	1 162.44	1 162.44	1 162.44
2	外购原材料费合计	0.00			0.00	10 943.53	14 591.39	18 239.23	18 239.23	18 239.23	18 239.23	18 239.23	18 239.23	18 239.23	18 239.23
3	外购原材料进项税额合计	0.00			0.00	1 590.09	2 120.12	2 650.14	2 650.14	2 650.14	2 650.14	2 650.14	2 650.14	2 650.14	2 650.14

表 7-14 外购燃料和动力费估算

单位：万元

序号	项目		合计	计算期												
				2013	2014	2015	2016	2017	2018	2019	2020	2021	2022	2023	2024	2025
	生产负荷(%)					0	60	80	100	100	100	100	100	100	100	100
1	水	单价(元/吨)	3.5			0.00	75.60	100.80	126.00	126.00	126.00	126.00	126.00	126.00	126.00	126.00
			3.50			3.50	3.50	3.50	3.50	3.50	3.50	3.50	3.50	3.50	3.50	3.50
		数量(万吨/年)	36.00			0.00	21.60	28.80	36.00	36.00	36.00	36.00	36.00	36.00	36.00	36.00
		进项税额	17%			0.00	10.98	14.65	18.31	18.31	18.31	18.31	18.31	18.31	18.31	18.31
2	电						150.00	200.00	250.00	250.00	250.00	250.00	250.00	250.00	250.00	250.00
		单价(元/度)	2.5			2.50	2.50	2.50	2.50	2.50	2.50	2.50	2.50	2.50	2.50	2.50
		数量(万度/年)	100			0.00	60.00	80.00	100.00	100.00	100.00	100.00	100.00	100.00	100.00	100.00
		进项税额	17%			0.00	21.79	29.06	36.32	36.32	36.32	36.32	36.32	36.32	36.32	36.32
3	天然气						115.68	154.24	192.80	192.80	192.80	192.80	192.80	192.80	192.80	192.80
		单价(元/方)	4.82			4.82	4.82	4.82	4.82	4.82	4.82	4.82	4.82	4.82	4.82	4.82
		数量(万方)	40			0.00	0.00	0.00	0.00	0.00	0.00	0.00	0.00	0.00	0.00	0.00
		进项税额	17%			0.00	16.81	22.41	28.01	28.01	28.01	28.01	28.01	28.01	28.01	28.01
4	外购燃料和动力费合计					0.00	341.28	455.04	568.80	568.80	568.80	568.80	568.80	568.80	568.80	568.80
5	外购燃料和动力进项税额合计		17%				49.59	66.12	82.65	82.65	82.65	82.65	82.65	82.65	82.65	82.65

表 7-15 固定资产折旧费估算

单位：万元

序号	项目		计算期										
			2013	2014	2015	2016	2017	2018	2019	2020	2021	2022	2023	2024	2025
1	房屋、建筑物	原值				4 893.69	4 656.35	4 419.01	4 181.67	3 944.33	3 706.99	3 469.65	3 232.31	2 994.97	2 757.63
		当期折旧费	4 893.69			237.34	237.34	237.34	237.34	237.34	237.34	237.34	237.34	237.34	237.34
		净值	2 994.97			4 656.35	4 419.01	4 181.67	3 944.33	3 706.99	3 469.65	3 232.31	2 994.97	2 757.63	2 520.29
2	机器设备	原值	6 544.88			6 544.88	6 121.64	5 698.40	5 275.16	4 851.92	4 428.68	4 005.44	3 582.20	3 158.96	2 735.72
		当期折旧费	0.00			423.24	423.24	423.24	423.24	423.24	423.24	423.24	423.24	423.24	423.24
		净值	3 158.96			6 121.64	5 698.40	5 275.16	4 851.92	4 428.68	4 005.44	3 582.20	3 158.96	2 735.72	2 312.48
3	其他	原值	2 905.31			2 905.31	2 614.78	2 324.25	2 033.72	1 743.19	1 452.66	1 162.13	871.60	581.07	290.54
		当期折旧费	0.00			290.53	290.53	290.53	290.53	290.53	290.53	290.53	290.53	290.53	290.54
		净值	0.00			2 614.78	2 324.25	2 033.72	1 743.19	1 452.66	1 162.13	871.60	581.07	290.54	0.00
4	合计	原值	0.00			14 343.88	13 392.77	12 441.66	11 490.55	10 539.44	9 588.33	8 637.22	7 686.11	6 735.00	5 783.89
		当期折旧费	0.00			951.11	951.11	951.11	951.11	951.11	951.11	951.11	951.11	951.11	951.12
		净值	6 735.00			13 392.77	12 441.66	11 490.55	10 539.44	9 588.33	8 637.22	7 686.11	6 735.00	5 783.89	4 832.77

表 7-16 无形资产和其他资产摊销估算

单位：万元

序号	项目		合计	计算期										
				2013	2014	2015	2016	2017	2018	2019	2020	2021	2022	2023	2024	2025
1	无形资产	原值	4 000.00				4 000.00	3 600.00	3 200.00	2 800.00	2 400.00	2 000.00	1 600.00	1 200.00	800.00	400.00
		当期摊销费					400.00	400.00	400.00	400.00	400.00	400.00	400.00	400.00	400.00	400.00
		净值					3 600.00	3 200.00	2 800.00	2 400.00	2 000.00	1 600.00	1 200.00	800.00	400.00	0.00
2	其他资产	原值	1 201.27				1 201.27	961.02	720.77	480.52	240.27					
		当期摊销费					240.25	240.25	240.25	240.25	240.27					
		净值					961.02	720.77	480.52	240.27	0.00					
3	合计	原值														
		当期摊销费					640.25	640.25	640.25	640.25	640.27	400.00	400.00	400.00	400.00	400.00
		净值					4 561.02	3 920.77	3 280.52	2 640.27	2 000.00	1 600.00	1 200.00	800.00	400.00	0.00

第七章 项目投资综合评价

表 7-17 工资及福利费估算

单位：万元

序号	项目		合计	计算期											
				2013	2014	2015	2016	2017	2018	2019	2020	2021	2022	2023	2024	2025
1	工资总额						475.00	475.00	475.00	475.00	475.00	475.00	475.00	475.00	475.00	475.00
1.1	生产工人	人数	80				320.00	320.00	320.00	320.00	320.00	320.00	320.00	320.00	320.00	320.00
		人均年工资（万元）	4													
1.2	技术及管理人员	人数	25				155.00	155.00	155.00	155.00	155.00	155.00	155.00	155.00	155.00	155.00
		人均年工资（万元）	6.2													
2	福利费						66.50	66.50	66.50	66.50	66.50	66.50	66.50	66.50	66.50	66.50
3	合计(1+2)						541.50	541.50	541.50	541.50	541.50	541.50	541.50	541.50	541.50	541.50

表 7-18 项目投资现金流量

单位：万元

序号	项 目	2013	2014	2015	2016	2017	2018	2019	2020	2021	2022	2023	2024	2025
1	现金流入	0.00	0.00	0.00	63 252.00	84 336.00	105 420.00	105 420.00	105 420.00	105 420.00	105 420.00	105 420.00	105 420.00	157 661.36
1.1	营业收入	0.00	0.00	0.00	63 252.00	84 336.00	105 420.00	105 420.00	105 420.00	105 420.00	105 420.00	105 420.00	105 420.00	105 420.00
1.2	补贴收入													
1.3	回收固定资产余值													4 832.77
1.4	回收流动资金													47 408.59
2	现金流出	5 863.55	7 818.06	5 863.54	54 407.20	71 941.29	89 475.35	89 475.35	89 475.35	89 475.35	89 475.35	89 475.35	89 475.35	89 475.35
2.1	建设投资	5 863.55	7 818.06	5 863.54	0.00	0.00	0.00	0.00	0.00	0.00	0.00	0.00	0.00	0.00
2.2	流动资金	0.00	0.00	0.00	28 875.04	38 141.83	47 408.59	47 408.59	47 408.59	47 408.59	47 408.59	47 408.59	47 408.59	47 408.59
2.3	经营成本	0.00	0.00	0.00	17 075.29	22 523.63	27 971.95	27 971.95	27 971.95	27 971.95	27 971.95	27 971.95	27 971.95	27 971.95
2.4	增值税及附加	0.00	0.00	0.00	8 456.87	11 275.83	14 094.81	14 094.81	14 094.81	14 094.81	14 094.81	14 094.81	14 094.81	14 094.81
2.5	维持运营投资													
3	所得税前净现金流量	−5 863.55	−7 818.06	−5 863.54	8 844.80	12 394.71	15 944.65	15 944.65	15 944.65	15 944.65	15 944.65	15 944.65	15 944.65	68 186.01
4	累计所得税前净现金流量	−5 863.55	−13 681.61	−19 545.15	−10 700.35	1 694.36	17 639.01	33 583.66	49 528.31	65 472.96	81 417.61	97 362.26	113 306.91	181 492.92
5	调整所得税	0.00	0.00	0.00	9 258.64	12 311.80	15 515.98	15 440.47	15 440.47	15 500.53	15 500.53	15 500.53	15 500.53	15 500.53
6	所得税后净现金流量	−5 863.55	−7 818.06	−5 863.54	−413.84	82.91	428.67	504.18	504.18	444.12	444.12	444.12	444.12	52 685.48
7	累计所得税后净现金流量	−5 863.55	−13 681.60	−14 095.44	−14 012.53	−13 583.86	−13 079.68	−12 575.50	−12 131.38	−11 687.26	−11 243.14	−10 799.02	41 886.46	

表 7-19 项目资本金现金流量

单位：万元

序号	项目	合计	计算期											
			2013	2014	2015	2016	2017	2018	2019	2020	2021	2022	2023	2024	2025
1	现金流入	1 043 189.36	0.00	0.00	0.00	63 252.00	84 336.00	105 420.00	105 420.00	105 420.00	105 420.00	105 420.00	105 420.00	105 420.00	157 661.36
1.1	营业收入	990 948.00			0.00	63 252.00	84 336.00	105 420.00	105 420.00	105 420.00	105 420.00	105 420.00	105 420.00	105 420.00	105 420.00
1.2	补贴收入	0.00													
1.3	回收固定资产余值	4 832.77													4 832.77
1.4	回收流动资金	47 408.59													47 408.59
2	现金流出	575 103.44	5 863.55	7 818.06	5 863.54	43 453.31	48 891.30	60 362.77	57 507.23	57 507.23	57 567.29	57 567.29	57 567.29	57 567.29	57 567.29
2.1	项目资本金	33 767.73	5 863.55	7 818.06	5 863.54	8 662.51	2 780.04	2 780.03	0.00	0.00	0.00	0.00	0.00	0.00	0.00
2.2	借款本金偿还	0.00	0.00	0.00	0.00										
2.3	借款利息支付	0.00													
2.4	经营成本	263 374.52				17 075.29	22 523.63	27 971.95	27 971.95	27 971.95	27 971.95	27 971.95	27 971.95	27 971.95	27 971.95
2.5	增值税及附加	132 491.18				8 456.87	11 275.83	14 094.81	14 094.81	14 094.81	14 094.81	14 094.81	14 094.81	14 094.81	14 094.81
2.6	所得税(25%)	145 470.01			0.00	9 258.64	12 311.80	15 515.98	15 440.47	15 440.47	15 500.53	15 500.53	15 500.53	15 500.53	15 500.53
2.7	维持运营投资	0.00													
3	净现金流量(1-2)	468 085.92	-5 863.55	-7 818.06	-5 863.54	19 798.69	35 444.70	45 057.23	47 912.77	47 912.77	47 852.71	47 852.71	47 852.71	47 852.71	100 094.07
4	累计净现金流量	2 035 803.25	-5 863.55	-13 681.61	-19 545.15	253.54	35 698.24	80 755.47	128 668.24	176 581.01	224 433.72	272 286.43	320 139.14	367 991.85	468 085.92

表7-20 利润与利润分配

单位：万元

序号	项目	合计	2013	2014	2015	2016	2017	2018	2019	2020	2021	2022	2023	2024	2025
1	营业收入		0	0	0	63 252	84 336	105 420	105 420	105 420	105 420	105 420	105 420	105 420	105 420
2	营业税金及附加		0.00	0.00	0.00	7 550.78	10 973.80	13 792.77	14 094.81	14 094.81	14 094.81	14 094.81	14 094.81	14 094.81	14 094.81
3	总成本费用		0.00	0.00	0.00	18 666.65	24 114.99	29 563.31	29 563.31	29 563.33	29 323.06	29 323.06	29 323.06	29 323.06	29 323.07
4	补贴收入														
5	利润总额		0.00	0.00	0.00	37 034.57	49 247.21	62 063.92	61 761.88	61 761.86	62 002.13	62 002.13	62 002.13	62 002.13	62 002.12
6	弥补以前年度亏损														
7	应纳税所得额		0.00	0.00	0.00	37 034.57	49 247.21	62 063.92	61 761.88	61 761.86	62 002.13	62 002.13	62 002.13	62 002.13	62 002.12
8	所得税 (25%)		0.00	0.00	0.00	9 258.64	12 311.80	15 515.98	15 440.47	15 440.47	15 500.53	15 500.53	15 500.53	15 500.53	15 500.53
9	净利润 (5−8)		0.00	0.00	0.00	27 775.93	36 935.41	46 547.94	46 321.41	46 321.39	46 501.60	46 501.60	46 501.60	46 501.60	46 501.59
10	期初未分配利润														
11	可供分配的利润		0.00	0.00	0.00	27 775.93	36 935.41	46 547.94	46 321.41	46 321.39	46 501.60	46 501.60	46 501.60	46 501.60	46 501.59
12	提取法定盈余公积金 (10%)		0.00	0.00	0.00	2 777.59	3 693.54	4 654.79	4 632.14	4 632.14	4 650.16	4 650.15	4 650.16	4 650.16	4 650.16

(续表)

序号	项目	合计	2013	2014	2015	2016	2017	2018	2019	2020	2021	2022	2023	2024	2025
13	可供投资者分配的利润		0.00	0.00	0.00	24 998.34	33 241.87	41 893.15	41 689.27	41 689.25	41 851.44	41 851.44	41 851.44	41 851.44	41 851.43
14	应付优先股股利														
15	提取任意盈余公积金(5%)		0.00	0.00	0.00	1 388.80	1 846.77	2 327.40	2 316.07	2 316.07	2 325.08	2 325.08	2 325.08	2 325.08	2 325.08
16	应付普通股股利		0.00	0.00	0.00	23 609.54	31 395.10	39 565.75	39 373.20	39 373.18	39 526.36	39 526.36	39 526.36	39 526.36	39 526.35
17	各投资方利润分配														
18	未分配利润		0.00	0.00	0.00	23 609.54	31 395.10	39 565.75	39 373.20	39 373.18	39 526.36	39 526.36	39 526.36	39 526.36	39 526.35
19	累计未分配利润		0.00	0.00	0.00	23 609.54	55 004.64	94 570.39	133 943.59	173 316.77	212 843.13	252 369.49	291 895.85	331 422.21	370 948.56
20	累计盈余公积金		0.00	0.00	0.00	4 166.39	9 706.70	16 688.89	23 637.10	30 585.31	37 560.55	44 535.79	51 511.03	58 486.27	65 461.51
21	息税前利润		0.00	0.00	0.00	37 034.57	49 247.21	62 063.92	61 761.88	61 761.86	62 002.13	62 002.13	62 002.13	62 002.13	62 002.12
22	息税折旧摊销前利润		0.00	0.00	0.00	38 625.93	50 838.57	63 655.28	63 353.24	63 353.24	63 353.24	63 353.24	63 353.24	63 353.24	63 353.24

表 7-21　财务计划现金流量

单位：万元

序号	项目	合计	计算期											
			2013	2014	2015	2016	2017	2018	2019	2020	2021	2022	2023	2024	2025
1	经营活动净现金流量		0.00	0.00	0.00	28 461.20	38 224.74	47 837.26	47 912.77	47 912.77	47 852.71	47 852.71	47 852.71	47 852.71	47 852.71
1.1	现金流入					63 252.00	84 336.00	105 420.00	105 420.00	105 420.00	105 420.00	105 420.00	105 420.00	105 420.00	105 420.00
1.1.1	营业收入					63 252.00	84 336.00	105 420.00	105 420.00	105 420.00	105 420.00	105 420.00	105 420.00	105 420.00	105 420.00
1.1.2	补贴收入														
1.1.3	其他收入														
1.2	现金流出					34 790.80	46 111.26	57 582.74	57 507.23	57 507.23	57 567.29	57 567.29	57 567.29	57 567.29	57 567.29
1.2.1	经营成本					17 075.29	22 523.63	27 971.95	27 971.95	27 971.95	27 971.95	27 971.95	27 971.95	27 971.95	27 971.95
1.2.2	税金及附加					8 456.87	11 275.83	14 094.81	14 094.81	14 094.81	14 094.81	14 094.81	14 094.81	14 094.81	14 094.81
1.2.3	所得税(25%)					9 258.64	12 311.80	15 515.98	15 440.47	15 440.47	15 500.53	15 500.53	15 500.53	15 500.53	15 500.53
1.2.4	其他流出														
2	投资活动净现金流量		−5 863.55	−7 818.06	−5 863.54	−28 875.04	−9 266.76	−9 266.76	0.00	0.00	0.00	0.00	0.00	0.00	0.00
2.1	现金流入														
2.2	现金流出	66 953.74	5 863.55	7 818.06	5 863.54	28 875.04	9 266.79	9 266.76	0.00	0.00	0.00	0.00	0.00	0.00	0.00
2.2.1	建设投资	19 545.15	5 863.55	7 818.06	5 863.54										
2.2.2	维持运营投资						9 266.79								
2.2.3	流动资金					28 875.04	9 266.79	9 266.76	0.00	0.00	0.00	0.00	0.00	0.00	0.00

（续表）

序号	项目	合计	2013	2014	2015	2016	2017	2018	2019	2020	2021	2022	2023	2024	2025
2.2.4	其他流出														
3	筹资活动净现金流量		5 863.55	7 818.06	5 863.54	8 662.51	2 780.04	2 780.03	0.00	0.00	0.00	0.00	0.00	0.00	0.00
3.1	现金流入		5 863.55	7 818.06	5 863.54	8 662.51	2 780.04	2 780.03	0.00	0.00	0.00	0.00	0.00	0.00	0.00
3.1.1	项目资本金投入	33 767.73	5 863.55	7 818.06	5 863.54	8 662.51	2 780.04	2 780.03							
3.1.2	建设投资借款						0.00	0.00	0.00	0.00	0.00	0.00	0.00	0.00	0.00
3.1.3	流动资金借款														
3.1.4	债券														
3.1.5	短期借款														
3.1.6	其他流入	0.00	0.00	0.00	0.00	0.00	0.00	0.00	0.00	0.00	0.00	0.00	0.00	0.00	0.00
3.2	现金流出	0.00	0.00	0.00	0.00	0.00	0.00	0.00	0.00	0.00	0.00	0.00	0.00	0.00	0.00
3.2.1	各种利息支出														
3.2.2	偿还债务本金	0.00	0.00	0.00	0.00	0.00	0.00	0.00	0.00	0.00	0.00	0.00	0.00	0.00	0.00
3.2.3	应付利润（股利分配）														
3.2.4	其他流出														
4	净现金流量		0.00	0.00	0.00	8 248.67	31 737.99	41 350.53	47 912.77	47 912.77	47 852.71	47 852.71	47 852.71	47 852.71	47 852.71

课后习题

一、案例题

项目投资国民经济评价

（一）项目背景

1. 项目名称

NY 高速公路 DY 连接线建设项目

2. 线路及设计标准

本项目路线全线采用设计速度 100 km/h 的四车道高速公路标准，路基宽度 26 m。主线全长 13.135 km，互通连接线长 3.33 km。主要工程情况如表 7-22 所示。

表 7-22 主线工程数量

序号	工程项目		单位	工程数量	
				主线	互通连接线
1	路线长度		km	13.135	3.33
2	公路永久用地		亩	1 667.6	391
3	路基土石方工程		1 000 m³	1 311.39	539.768
4	防护排水工程		1 000 m³	119.464	42.294
5	路面工程		1 000 m²	183.150	60.732
6	主线桥梁（含立交主线桥）	特大桥	m/座	1 586/1	/
		大 桥	m/座	3 237/10	306/1
		中小桥	m/座	172/2	132/2
7	涵洞		道	24	9
8	互通式立交		处	2	/
9	平面交叉		处	/	3
10	通道		道	3	/
11	天桥		座	3	/

3. 计算期

项目计划 2010 年底开工，2012 年底建成通车，建设年限为 24 个月（2 年）。国民经济评价运营期取 20 年。国民经济评价计算期为 22 年，评价计算基准年为 2011 年，评价计算末年为 2032 年。

（二）经济费用计算

1. 建设投资经济费用计算

建设投资估算为 9.92 亿元，见表 7-23。

表 7-23 推荐方案投资估算　　　　　　　　　　　单位：万元

费用名称	主线	互通连接线	合计
第一部分　建筑安装工程费	62 330.83	8 770.22	71 101.05
第二部分　设备工具器具购置费	1 068.53	170.23	1 238.76
第三部分　其他基本建设费用	15 897.66	3 140.34	19 038.00
第一、二、三部分费用合计	79 297.02	12 080.79	91 377.81
预留费用：预备费	6 786.63	1 034.17	7 820.80
投资估算总金额	86 083.65	13 114.96	99 198.61

建设投资经济费用为 9.23 亿元，具体调整方法如下所述：

(1) 人工费计算。

人工的估算价格为 16.78 元/工日，影子人工换算系数取 0.7。

(2) 土地。

本工程推荐方案须占用土地估算表如表 7-24 所示。

表 7-24 占用土地数量估算

名称	占地面积（亩）	占用土地类别及数量（亩）				
		水田	旱地	林地	经济林	鱼塘
主线	1 667.6	777.6	204.2	522.1	88.7	75
互通连接线	391	195	95	25	46	30
合计	2 058.6	972.6	299.2	547.1	134.7	105

土地的影子价格等于土地的机会成本加上土地转变用途所导致的新增资源消耗。土地征收补偿费中土地及青苗补偿费按机会成本计算方法调整计算；对征地动迁费、安置补助费和地上附着物补偿费等视为新增资源消耗，用影子价格换算系数 1.1 进行调整；从土地征用费中剔除 5% 的征地管理费、耕地占用税、土地复耕费等费用。计算得土地影子价格为 5.92 万元/亩。

(3) 主要材料的影子价格和费用。

本项目以影子价格为标准进行调整的材料主要指工程中数目占有比重大，而且价格明显不合理的投入物和产出物，主要材料有原木、锯材、钢材、水泥、砂石料及沥青等。钢材、木材、沥青等为可外贸货物，影子价格以口岸价为基础进行计算。挂牌汇率为 1 美元兑换 6.832 5 元人民币计算，影子汇率换算系数取 1.08。水泥为具有市场价格但非贸易货物，以出厂价为基础进行计算。其他材料费一般按具有市场价格的非外贸货物的影子价格来计算，其投资估算原则上不变，即影子价格换算系数为 1.0。按此参数取值计算出各主要材料的影子价格见表 7-25。

（4）扣除公路建设费用中的税金、国内贷款利息等"转移支付"费用。

建设期经济费用调整计算结果见表 7-25。

表 7-25 建设费用调整

费用名称	单位	数量	预算单价（元）	投资估算（万元）	影子价格或换算系数（元）	经济费用（万元）
人 工	工日	3 482 832	16.78	5 844	(0.70)	4 090.93
原 木	m³	5 343	908.43	485	1 020.38	545.19
锯 材	m³	16 029	1 200	1 923	1 460.13	2 340.44
钢 材	t	24 636	4 187.47	10 316	4 354.97	10 728.90
水 泥	t	148 808	386.45	5 751	442.65	6 586.99
沥 青	t	10 622	3 721.33	3 953	4 027.66	4 278.18
砂、砂砾	m³	381 706	75.5	2 882	(1)	2 881.88
片 石	m³	177 442	45	798	(1)	798.49
碎（砾）石	m³	534 222	65	3 472	(1)	3 472.44
块 石	m³	44 360	80	355	(1)	354.88
其他费用	公路千米	16.47	33 023.20	33 023.20	(1)	33 023.20
税 金	公路千米	16.47	2 297.38	2 297.38		0
第一部分合计	公路千米	**16.47**		**71 101.05**	(0.97)	**69 101.52**
第二部分合计	公路千米	**16.47**		**1 238.76**		**1 238.76**
征地费	亩	2 058.6	6.13	12 617.23	5.92	12 193.61
国内贷款利息	公路千米	**16.47**	4 480	4 480.00	0	0
国外贷款利息	公路千米					
其他	公路千米			1 940.77	(1)	1 940.77
第三部分合计	公路千米	**16.47**		**19 038.00**		**14 134.38**
预留费	公路千米	**16.47**		**7 820.80**	(1)	**7 820.80**
工程投资合计（不含息）	公路千米	**16.47**		94 718.61		92 295.46
工程投资合计（含息）	公路千米			99 198.61	(0.93)	92 295.46

2. 资金筹措与分年度投资计划

(1) 项目资本金万元,占项目总投资的比例为 25%。

(2) 余额万元申请国内银行贷款,占项目总投资的比例为 75%。

(3) 本项目 2010 年底开工,2012 年底建成,工期两年。第一年投入资金 50%,第二年投入资金 50%。

3. 运营期经济费用计算

(1) 运营期财务费用。

参考现有项目区域道路养护费用的投入及管理费用情况,确定本项目运营期财务费用。

① 养护及管理费用。

养护费用:本项目通车第一年的养护财务费用按 10 万元/千米计算,项目运营期内按年 3% 递增。

管理费用:拟定本项目通车第一年的养护财务费用按 6 万元/千米计算,项目运营期内按年 3% 递增。

② 大中修费用。

第 10 年安排大修一次,大修费用按当年养护费用的 13 倍计,大修当年不计日常养护费。

(2) 运营期经济费用计算方法。

按影子价格综合换算系数,调整后的建设投资经济费用与财务费用之比,即取影子价格换算系数取 0.93。将公路小修保养费用、大、中修工程费用及管理费用调整为经济费用。

(3) 残值。

残值取公路建设经济费用的 50%,以负值计入费用。

调整后经济费用详见表 7-26。

表 7-26 国民经济评价费用支出汇总　　　　　单位:万元

年 份	合 计	建设投资	养护管理费	大修费用	残 值
2011	46 147.73	46 147.73			
2012	46 147.73	46 147.73			
2013	245.07		245.07		
2014	252.43		252.43		
2015	260.00		260.00		
2016	267.80		267.80		
2017	275.83		275.83		
2018	284.11		284.11		
2019	292.63		292.63		

(续表)

年份	合计	建设投资	养护管理费	大修费用	残值
2020	301.41		301.41		
2021	310.45		310.45		
2022	2 718.01		119.91	2 598.09	
2023	329.36		329.36		
2024	339.24		339.24		
2025	349.42		349.42		
2026	359.90		359.90		
2027	370.70		370.70		
2028	381.82		381.82		
2029	393.27		393.27		
2030	405.07		405.07		
2031	417.22		417.22		
2032	−45 717.99		429.74		−46 147.73

（三）国民经济效益计算

1. 计算方法

本项目采用相关线路法计算国民经济效益。

2. 主要计算参数

（1）社会折现率取为8%。

（2）汽车运输成本。降低汽车运输成本所带来的效益是新建项目的最主要效益之一。

（3）时间价值。旅客旅行时间的节约所产生的价值以每人平均创造国内生产总值的份额来计算。在途货物占用流动资金的节约所产生的价值，以在途货物平均价格和资金利息率为基础进行计算，在途货物平均价格参考交通运输部规划研究院《道路建设技术经济指标》确定。

（4）交通事故率差及损失费。交通事故率差及损失费按表7-27计算。

表7-27 交通事故率及损失计算

公路等级	事故率计算公式 （次/亿车千米）	直接损失费 （万元/次）	间接损失费 （万元/次）
高速公路	−40+0.005 AADT	1.2～1.6	18～24
一级公路	37+0.003 AADT	0.9～1.1	13.5～16.5
二级公路	133+0.007 AADT	0.6～0.8	10.5～12.8
三级公路	140+0.03 AADT	0.4～0.6	10.5～12.8

3. 效益计算结论

本项目运用相关线路法计算得项目各年份国民经济效益汇总于表7-28。

表7-28 国民经济评价效益汇总　　　　　　　　单位：万元

年 份	降低运营成本效益	旅客时间节约效益	减少交通事故效益	合 计
2013	6 876.39	523.64	62.56	7 462.59
2014	8 127.51	633.23	71.90	8 832.64
2015	8 609.86	676.12	82.87	9 368.85
2016	9 484.49	755.21	95.46	10 335.16
2017	10 445.14	843.48	109.68	11 398.30
2018	11 499.92	942.16	126.74	12 568.82
2019	12 203.10	1 008.85	145.84	13 357.79
2020	12 952.23	1 080.75	167.77	14 200.76
2021	13 992.84	1 181.66	193.37	15 367.87
2022	15 114.62	1 291.99	223.02	16 629.63
2023	16 324.04	1 412.74	256.74	17 993.51
2024	17 627.99	1 544.89	295.74	19 468.61
2025	18 582.16	1 642.57	340.83	20 565.57
2026	19 877.81	1 776.71	392.42	22 046.94
2027	21 261.91	1 921.75	452.14	23 635.80
2028	22 740.14	2 078.94	521.20	25 340.28
2029	24 319.37	2 248.78	600.41	27 168.56
2030	25 826.95	2 412.66	691.41	28 931.02
2031	27 828.21	2 633.57	796.62	31 258.40
2032	29 427.07	2 811.84	917.68	33 156.59

（四）国民经济评价指标值

国民经济评价指标值计算以基本报表"项目投资基金费用效益流量表"为基础，采用经济净现值（ENPV）、经济内部收益率（EIRR）、经济效益费用比（EBCR）和经济投资回收期（EN）四项主要指标来衡量其可行性和取得的效益。在指标的计算过程中，从效益费用流量角度出发，采用动态折现方法，把各经济费用与经济效益按照社会折现率折算成评价基年2010年的货币现值，然后计算各指标值，计算结果见表7-29。

表 7-29 项目投资基金费用效益流量

序号	项目	建设期		运营期																			
		1	2	3	4	5	6	7	8	9	10	11	12	13	14	15	16	17	18	19	20	21	22	23
1	费用流出	46 147.73	46 147.73		245.07	252.43	260.00	267.80	275.83	284.11	292.63	301.41	310.45	2 718.01	329.36	339.24	349.42	359.90	370.70	381.82	393.27	405.07	417.22	−45 717.99
1.1	建设费用	46 147.73	46 147.73																					
1.2	运管理费				91.90	94.66	97.50	100.42	103.44	106.54	109.74	113.03	116.42	119.91	123.51	127.21	131.03	134.96	139.01	143.18	147.48	151.90	156.46	161.15
1.3	日常养护费				153.17	157.77	162.50	167.37	172.40	177.57	182.89	188.38	194.03		205.85	212.02	218.39	224.94	231.68	238.64	245.79	253.17	260.76	268.59
1.4	大中修费													2 598.09										
1.5	残值																							−46 147.73
1.6	其他费用																							
2	效益流入			0.00	7 462.59	8 832.64	9 368.85	10 335.16	11 398.30	12 568.82	13 357.79	14 200.76	15 367.87	16 629.63	17 993.51	19 468.61	20 565.57	22 046.94	23 635.80	25 340.28	27 168.56	28 931.02	31 258.40	33 156.59
2.1	降低运输成本				6 876.39	8 127.51	8 609.86	9 484.49	10 445.14	11 499.92	12 203.10	12 952.23	13 992.84	15 114.62	16 324.04	17 627.99	18 582.16	19 877.81	21 261.91	22 740.14	24 319.37	25 826.95	27 828.21	29 427.07
2.2	旅客节约时间				523.64	633.23	676.12	755.21	843.48	942.16	1 008.85	1 080.75	1 181.66	1 291.99	1 412.74	1 544.89	1 642.57	1 776.71	1 921.75	2 078.94	2 248.78	2 412.66	2 633.57	2 811.84
2.3	减少交通事故				62.56	71.90	82.87	95.46	109.68	126.74	145.84	167.77	193.37	223.02	256.74	295.74	340.83	392.42	452.14	521.20	600.41	691.41	796.62	917.68
3	净效益流量	−46 147.73	−46 147.73		7 217.52	8 580.21	9 108.85	10 067.37	11 122.47	12 284.71	13 065.16	13 899.35	15 057.42	13 911.63	17 664.16	19 129.37	20 216.15	21 687.04	23 265.11	24 958.46	26 775.29	28 525.95	30 841.18	78 874.58

内部收益率 12.98%　　净现值（万元）51 573.37（Is=8%）　　效益费用比 1.67　　投资回收期（年）15.04

（五）国民经济评价敏感性分析

经济评价所采用的参数，有的来自估算，有的来自预测，带有一定的不确定性，因此，不排除这些参数还有所变动的可能性，为了分析这些不确定因素变化对项目所产生的影响，本报告按费用上升、效益下降的不同组合，对推荐方案进行分析，以考察经济评价指标对其变化因素的敏感程度，从而更全面地了解该项目，为投资决策者提供科学的依据。本项目经济敏感性分析指标见表 7-30。

表 7-30 经济敏感性分析

效益减少 \ 项目 \ 费用增加		0%	10%	20%
0%	EN(年)	15.04	16.39	17.76
	ENPV(万元)	51 573.37	43 840.23	36 109.09
	EBCR	1.67	1.52	1.39
	EIRR(%)	12.98	11.94	11.04
10%	EN(年)	16.54	18.06	19.61
	ENPV(万元)	38 682.89	30 949.75	23 216.61
	EBCR	1.50	1.36	1.25
	EIRR(%)	11.84	10.86	10.01
20%	EN(年)	18.45	20.19	21.31
	ENPV(万元)	25 792.41	18 059.27	10 326.13
	EBCR	1.33	1.21	1.11
	EIRR(%)	10.64	9.72	8.92

从敏感性分析结果可以看出，在效益减少 20%，同时费用上升 20% 的最不利情况下，经济内部收益率 8.92% 仍大于社会折现率 8%。分析结果表明，从国民经济角度看，本项目抗风险能力强。

（六）国民经济评价结论

由国民经济评价结果如表 7-29 所示数据表明，项目经济净现值为 51 573.37 万元，大于 0，经济内部收益率为 12.98% 大于社会折现率 8%，国民经济效益良好。当效益下降 20%，同时费用上升 20% 的情况下，经济净现值仍大于 0，经济内部收益率仍大于社会折现率，项目抗风险能力较强。

因此，从宏观经济角度分析，项目可行，且具有较强的抗风险能力。

资料来源：作者收集整理。

要求：按照项目国民经济评价的方法分析该案例。

二、思考题

1. 什么是投资项目的财务评价？其特点是什么？

2. 项目后评价的主要程序是什么？
3. 国民经济评价与财务评价有什么区别？
4. 为什么建设项目在进行企业经济评价后还要进行国民经济评价？
5. 国民经济评价与社会评价相比有什么不同？

第八章 并购投资概述

教学目标

- 了解公司兼并的概念与特点。
- 了解公司收购的概念与特征。
- 理解兼并与收购的区别与联系。
- 掌握并购的基本类型的含义。
- 理解公司并购的动机。
- 掌握公司并购协同效应。

导读案例

中国第一例上市公司二级市场收购——宝延收购风波(恶意收购)

宝安在房地产、高科技、金融证券等领域获得较大发展,在深圳站住脚跟后,考虑打遍上海市场。1992年底,宝安开始策划通过证券市场收购上市公司,几经筛选,宝安选中了延中。上海延中实业股份有限公司成立于1985年,是上海第二家股份制企业,1992年公司全年销售收入1388万元,全年利润总额352万元,延中公司没有发起人股,91%为社会公众股;延中股本小,仅3000万元,收购或控股不存在资金上的问题;延中公司的章程里没有任何反收购条款。而且,延中公司人员少、负担少、潜力大,由于转换经营机制早,各方面的约束相对较少。

1993年9月,宝安集团下属3家企业受命担任此次收购行动的主角,调集资金,于9月中旬开始大规模收购延中股票,至9月30日,宝安总持股比例达15.98%,此时延中方知有人要"恶意"收购。延中首先聘请在应付恶意收购方面很有经验的施罗德集团香港宝源投资有限公司做顾问,并通过新闻媒体,就此次收购是否违规、是善意收购还是恶意收购等方面进行对质,最终直接要求中国证监会对宝安在收购中的违规行为进行调查。

在这次收购中,宝安至少动用6000万元以上的资金,延中股票也由每股8.8元升至42.2元的天价,从而酿成了"宝延风波",并直接导致了中国证监会的干预。经过调查,中国证监会处罚了宝安下属两家公司,但认定此次收购行为有效。

这是中国股市第一次通过二级市场进行收购的案例,即使在以后几年中,此类收购方式也是凤毛麟角。中国证监会也由此制定了更加严格的二级市场收购规则,为以后的收购大大增加了难度。从此,有了协议收购国家股或法人股的方式。

资料来源:上海国家会计学院.企业并购与重组[M].北京:经济科学出版社,2011:7。

要求:试分析宝安集团哪些行为体现了恶意收购。

第一节 公司控制权与并购

在西方文献中,表达兼并、收购含义的词很多,如 merger,consolidation,take-over,acquisition 等。一般而言,企业兼并和收购用 merger 和 acquisition 表示,企业兼并与收购简称为 M&A,一般称为并购。

一、公司控制权

公司控制权是指通过行使法定权利或者施加压力,最终实现有权选择董事会成员或其多数成员的目标。公司控制权是直接或间接地具有指挥或引导管理层行为和政策导向的权利。

格鲁斯曼和哈特(Grossman and Hart,1986)认为,公司控制权是对最终契约中没有被限定的特殊用途资产的使用权利,即剩余控制权。

张维迎(1995)从剩余索取权的角度分析了公司控制权,他认为公司股东享有剩余索取权,相应地也就拥有对公司的剩余控制权。公司股东在企业中投入了大量的专用性资产,如果公司出现经营危机,首先遭受损失的便是专用性资产,最终承担经营风险的人是公司股东,因此,他们拥有公司的全部剩余索取权和剩余控制权。公司剩余索取权与剩余控制权应该是统一的。公司控制权是选择和监督管理者的权利。

公司控制权的早期研究者是伯利和米恩斯(Berly and Means,1932)。伯利和米恩斯于1932年通过对美国200家最大非金融公司的分析,指出这些公司由于股权的广泛分散,存在着严重的所有权与控制权两权分离的现象,多数公司的管理者已经掌握公司控制权。由于两权分离下存在委托代理问题,相应也就出现了规避代理成本的制度和市场安排,这种市场安排就是公司控制权市场。

二、公司控制权市场

公司控制权市场理论首先由曼尼(Manne,1965)提出。曼尼指出,公司控制权转让主要有三种方式:代理权争夺、直接购买股票和兼并。公司并购市场应该是争夺公

司控制权的市场。

公司控制权是一项有价值的资产，在资本市场上存在一个活跃的公司控制权市场。公司控制权市场的存在有助于解决公司所有权与控制权分离的问题，在公司控制权市场中，缺乏效率的公司管理者容易被公司股东直接撤换，或因公司被并购而被撤换。

公司控制权市场对公司经营者的监督和约束分为惩罚性约束和矫正性约束。

惩罚性约束是指当公司股票价格下降到一定程度时，外部投资者通过大量收购股份获得对公司的控制权，此后管理层会被辞退。惩罚性约束会对管理层在短期内起作用。

如果一个公司的股价长期低于平均水平，外部投资者就可以通过长期地吸纳股票来渐进地完成控制权的转移。这时控制权市场对管理层施加的就是矫正性约束，这种约束只能在长期内起作用。

并购是公司控制权市场的主要形式，代理权争夺被认为是非主流的公司控制权形式。

三、公司兼并

兼并(merger)的实质为产权转让，产权的市场化转让对企业和社会产生了重大影响。

《公司法》规定："公司合并可以采取吸收合并或者新设合并。一个公司吸收其他公司为吸收合并，被吸收的公司解散。两个以上公司合并设立一个新的公司为新设合并，合并各方解散。"

公司兼并是一种吸收合并，指一家企业以现金、证券或其他形式（如承担债务）购买取得其他企业的产权，使其他企业丧失法人资格，并取得对这些企业控制权的经济行为。

公司兼并是一家公司被另一家公司所接管。其特点是被兼并的公司失去主体资格，而兼并公司的主体资格仍然存在；被兼并公司的全部资产归兼并公司所有。

【看一看】 首例上市公司之间的吸收合并：第一百货吸收合并华联商厦

2004年4月，第一百货与华联商厦分别发布公告，两公司董事会审议通过了双方吸收合并预案的议案。根据合并方案，第一百货将吸收合并华联商厦，华联所有股票按比例折成一百股票，华联法人资格因合并而注销，合并后存续公司将更名为上海百联集团股份有限公司。本次合并是首例上市公司之间的吸收合并，为我国证券市场的一大创举，被誉为"百联模式"。值得强调的是，这一合并是在我国证券市场仍存在股权分置的大背景下取得的，实属难能可贵。

资料来源：上海国家会计学院，企业并购与重组[M].北京：经济科学出版社，2011：3.

【案例 8-1】[①] ［云南铜业(000878.SZ)］首次公告日：2012-7-20

本次合并的主并方为玉溪矿业有限公司，为国有经济，其主营业务为：矿产资源采、选、冶及产品销售，矿山开发项目管理。依据中国证监会行业分类标准其为采掘业。

本次合并的被并方的股东为云南铜业股份有限公司（简称云南铜业，000878.SZ），为国有经济，其主营业务为：有色金属、贵金属的生产、加工、销售及生产工艺的设计、施工、科研；高科技产品、化工产品的生产、加工及销售等。本公司的主要产品包括：电解铜、铜杆、硫酸、铜精矿、贵金属等。依据中国证监会行业分类标准其为金属非金属。

本次合并的被并方为云南达亚有色金属有限公司，为国有经济，其主营业务为：有色金属矿产勘探、采、选、冶、产品销售，矿业开发项目总承、发包、设计、技术服务；兼营：化工、建材、建筑安装、设备制造、机电修理、汽车修理、房地产开发、运输、仓储、劳务输出、商业、饮食服务业。依据中国证监会行业分类标准其为采掘业。

本次合并为吸收合并，合并采用主并方协议收购被并方股权的方式。

四、公司收购

收购（acquisition）是指企业用现金、债券或股票购买另一家企业的部分或全部资产或股权，以获得该企业的控制权。

中国证监会发布的《上市公司收购管理办法》中明确规定："上市公司收购是指收购人通过在证券交易所的股份转让活动持有一个上市公司的股份达到一定比例、通过证券交易所股份转让活动以外的合法途径控制一个上市公司的股份达到一定程度，导致其获得或者可能获得该公司的实际控制权的行为。"

其中，购买方成为收购公司，另一方称为被收购公司（或称目标公司、标的公司）。收购的实质是取得控制权。按我国《证券法》的条款规定，持有一家上市公司发行在外股份的 30% 时应发出要约收购该公司股票。

收购的结果可能是收购目标公司全部股权或资产，也可能获得较大一部分股权或资产以实现控制权；还有就是获得小部分股权，也具有较大影响。

【看一看】 收购的标的：股权还是资产

根据收购标的的不同，收购可以分为股权收购和资产收购。

股权收购是指购买目标公司股份的投资方式，通过购买发行在外的股票或认购新股实现对目标公司的经营控制权。

资产收购是一种购买目标公司资产的行为，这种行为的目的是获取某项具有使用价值的资产，而被收购方只是出卖部分资产，并不影响其继续经营。

---

① 资料来源：北京交通大学并购重组研究中心，中国企业并购年鉴2013[M].北京：中国经济出版社，2014。

股权收购和资产收购两者的主要区别是：收购股权是购买一家企业的股份，股权收购完成后，收购方成为目标公司的股东，除享有股东权利外还要承担收购公司的债务；而资产收购仅仅是一般资产的买卖行为，收购方无须承担被收购公司的任何债务。

兼并与收购通常作为同义词一并使用，统称为"并购"，泛指在市场机制作用下企业为了获得其他企业的控制权而进行的产权交易活动。

并购的实质是在企业控制权运动过程中，各权利主体依据企业产权所作出的制度安排而进行的一种权利让渡行为。企业并购的过程实质上是企业权利主体不断变换的过程。

第二节 公司并购的类型

一、横向并购、纵向并购和混合并购

根据并购双方所属行业划分，可以将并购划分为横向并购、纵向并购和混合并购。

（一）横向并购

横向并购是指两个或两个以上生产和销售相同或相似产品公司之间的并购行为。如两家航空公司或两家石油公司之间的并购。

横向并购的目的在于扩大生产规模，减少竞争对手，控制或影响同类产品市场。横向并购可能会破坏竞争，形成行业垄断。

（二）纵向并购

纵向并购是指在生产和经营上互为上下游关系的企业间的并购。纵向并购的企业之间不是直接的竞争关系，而是供应商和经销商之间的关系。纵向并购从收购方向看，包括前向并购和后向并购两种。前向并购是指收购经销商，后向并购是指收购供应商。

纵向并购有助于加强生产过程各个环节的配合，缩短生产周期，节约运输和库存费用。

【想一想】

试选取某一行业，用**五力分析模型**解释纵向并购。

（三）混合并购

混合并购是指一个公司对那些与自己生产的产品不同性质和种类的企业进行的并购行为，其中目标公司与并购公司既不属于同一行业，又没有纵向关系。当并购公司与被并购公司分别处于不同的行业、不同的市场，这种并购为混合并购。

混合并购有助于降低经营风险，有助于企业实现战略转移。混合并购已经成为跨国公司并购的重要形式。

二、协议收购和要约收购

根据并购方式划分,可以将并购划分为协议收购和要约收购。

(一) 协议收购

协议收购指收购者以协商的方式,与被收购公司的股东签订收购其股份的协议,从而达到控制该上市公司的目的。协议收购主要靠双方协商解决,往往是善意收购。

(二) 要约收购

要约收购是指收购方向目标公司的所有股东发出购买要约,表明收购方将以一定的价格在某一有效期内买入全部或一定比例的目标公司股票。

【案例 8-2】[1]　[双良节能(600481.SH)]首次公告日:2012-12-11

本次收购的收购方为江苏双良科技有限公司,为私有经济。其主营业务为许可项目:无。一般经营项目:智能化全自动空调、锅炉控制软件系统及远、近程联网控制系统的研制、开发、销售;空调系列产品、停车设备配套产品的制造、加工、销售;金属制品、金属材料、化工产品(不含危险品)、纺织品、纺织原料、塑料制品、热塑性复合材料的销售;利用自有资金对外投资;自营和代理各类商品及技术的进出口业务,但国家限定企业经营或禁止进出口的商品和技术除外;下设"江苏双良科技有限公司热电分公司、江苏双良科技有限公司利港金属制品分公司"(以上项目不含国家法律、行政法规限制、禁止类;涉及专项审批的,经批准后方可经营)。依据中国证监会行业分类标准其为机械设备仪表。

本次收购的标的是双良节能系统股份有限公司(简称双良节能,600481.SH)。标的公司的经济性质为私有经济。主营业务为研究、开发、生产空调、热泵、空气冷却塔设备、海水淡化节能设备、能源综合回收节能系统及其零部件并提供相关产品服务。主营业务以化工类产品为主。依据中国证监会行业分类标准其为石油化学塑胶塑料。

本次交易前,江苏双良科技有限公司持有双良节能 1.20% 的股份,为第三大股东。

在本次交易中,江苏双良科技有限公司向双良节能所有股东发出部分要约,要约期间为 2013-1-15 至 2013-2-18。非流通股要约价为 6.28 元/股;预购流通股数量为 11 500.00 万股,占总股本的 14.20%,流通股要约价为 6.28 元/股。要约期满后,成交流通股数量为 11 500.00 万股,占总股本的 14.20%。整个交易成交金额为 72 220.00 万元,收购方以现金方式支付对价,其中以现金方式支付 72 220.00 万元,该部分资金来源为自有资金。

本次交易后,江苏双良科技有限公司持有双良节能 15.40% 的股份,为第三大股东。

在本次交易中,收购方聘请了华泰联合证券有限责任公司作为其财务顾问,聘请了

---

[1] 资料来源:北京交通大学并购重组研究中心,中国企业并购年鉴 2013[M].北京:中国经济出版社,2014。

通力律师事务所作为其法律顾问。

三、善意并购和恶意并购

根据并购意图划分,可以将并购划分为善意并购和恶意并购。

(一)善意并购

善意并购是指并购公司事先与目标公司进行协商,征得其同意并谈判达成并购条件的一致意见而完成并购活动的并购方式。

采用善意并购这种形式,由于能够得到目标公司管理层和股东的配合和支持,可以降低收购成本和风险,收购成功率较高。

(二)恶意并购

恶意并购是指并购方不顾目标公司的意愿而采取非协商购买的手段,强行并购目标公司的收购方式。

四、杠杆收购和非杠杆收购

根据收购资金来源划分,可以将并购划分为杠杆收购和非杠杆收购。

(一)杠杆收购

杠杆收购是指并购公司只支付少量的自有资金,主要利用目标公司的资产或未来经营收入进行大规模的融资,以此来支付并购资金的一种收购方式。

杠杆收购使得一些规模较大的公司成为可能被收购的目标。

【案例8-3】[1]　　[ST钛白(002145.SZ)]首次公告日:2012-8-2

本次收购的出让方为中国信达资产管理股份有限公司,为国有经济。其主营业务为(一)收购、受托经营金融机构和非金融机构不良资产,对不良资产进行管理、投资和处置;(二)债权转股权,对股权资产进行管理、投资和处置;(三)破产管理;(四)对外投资;(五)买卖有价证券;(六)发行金融债券、同业拆借和向其他金融机构进行托管和关闭清算业务;(七)财务、投资、法律及风险管理咨询和顾问;(八)资产及项目评估;(九)国务院银行业监督管理机构批准的其他业务。依据中国证监会行业分类标准其为金融保险业。

本次收购的出让方为陈富强(自然人,男)。

本次收购的出让方为胡建龙(自然人,男)。

本次收购的出让方为李建锋(自然人,男)。

本次收购的标的是中核华原钛白股份有限公司(简称中核钛白,002145.SZ)。标的

---

[1] 资料来源:北京交通大学并购重组研究中心,中国企业并购年鉴2013[M].北京:中国经济出版社,2014。

公司的经济性质为国有经济。主营业务为钛白粉、硫酸亚铁的生产、批发零售、研究;经营本企业自产产品及技术的出口业务;经营本企业生产所需的原辅材料、仪器仪表、机械设备、零配件及技术的进口业务(国家限定的除外);经营进料加工和"三来一补"业务。依据中国证监会行业分类标准其为石油化学塑胶塑料。

本次交易前,玉环兴业服务有限公司、中捷缝纫机股份有限公司、上工申贝(集团)股份有限公司不持有中核钛白的股份,中国信达资产管理股份有限公司持有中核钛白40.25%的股份,为第一大股东。

在本次交易中,中国信达资产管理股份有限公司向玉环兴业服务有限公司、中捷缝纫机股份有限公司、上工申贝(集团)股份有限公司转让了中核钛白的45 000 000股,双方最终达成的交易价格为14 850.00万元。收购方以现金方式支付对价。其中,以现金方式支付14 850.00万元,该部分资金来源为贷款+自有资金。

本次交易后,玉环兴业服务有限公司、中捷缝纫机股份有限公司、上工申贝(集团)股份有限公司持有中核钛白23.68%的股份,为第一大股东,中国信达资产管理股份有限公司持有中核钛白16.57%的股份,为第二大股东。

在本次交易中,收购方聘请了信达证券股份有限公司作为其财务顾问,聘请了北京市仁人德赛律师事务所作为其法律顾问。

(二)非杠杆收购

非杠杆收购是指并购公司主要以自有资金来完成收购的一种收购形式。早期的收购多属于此类。在实践中,几乎所有的收购都会涉及融资,只是数额的多少而已。

五、现金购买资产式、现金购买股权式、以股权换资产式、以股权换股权式和承担债务式

根据出资方式划分,可以将并购划分为现金购买资产式、现金购买股票式、以股票换资产式和以股票换股票式。

(一)现金购买资产式

现金购买资产式并购,是指并购公司通过使用现金购买目标公司资产以实现并购。

【案例8-4】[①] ［兖州煤业(600188.SH)］首次公告日:2012-4-2

本次收购的收购方为兖州煤业股份有限公司(简称兖州煤业,600188.SH),为国有经济,其主营业务为煤炭采选、销售;房地产开发;货物运输;纺织品、矿用机械、水泥及制品的生产、销售;餐饮、住宿、旅游服务。煤炭在港口的堆存、装卸;内河运输;商品物流服务;船舶修理。

本次收购的出让方为兖矿集团有限公司,为国有经济,其主营业务为煤炭生产、建

---

① 资料来源:北京交通大学并购重组研究中心,中国企业并购年鉴2013[M].北京:中国经济出版社,2014.

筑建材、化工、机械加工等业务。

本次收购的标的为兖矿集团有限公司拥有的北宿煤矿和杨村煤矿整体资产。上述资产账面价值为 13 552.00 万元。经评估单位评估价值为 82 414.00 万元。

本次交易最终以 82 414.23 万元成交，收购方以现金方式支付对价，其中以现金方式支付 82 414.23 万元，该部分资金来源为自有资金。

在本次交易中，收购方聘请了北京中企华资产评估有限责任公司担任本次交易的资产评估师。

（二）现金购买股权式

现金购买股权式并购，是指并购公司通过使用现金购买目标公司股权以实现控制目标公司的一种收购形式。

【案例 8-5】①　　[金健米业(600127.SH)]首次公告日：2012-12-24

本次收购的出让方为中国农业银行股份有限公司常德分行，为国有经济。其主营业务为国家银行业监督管理机构依照法律法规和其他规定批准的业务。依据中国证监会行业分类标准其为金融保险业。

本次收购的收购方为湖南金霞粮食产业有限公司，为国有经济。其主营业务为生产加工大米（全国工业产品生产许可证有效期至 2015 年 1 月 8 日）；粮食收购；普通货运（道路运输经营许可证有效期至 2014 年 3 月 22 日）；预包装食品批发（食品流通许可证有效期至 2013 年 4 月 5 日）；货物中转；仓储服务；饲料、农副产品、粮食包装材料、饲料及添加剂的销售（不含未经审批和前置许可项目，涉及行政许可的凭许可证经营）。依据中国证监会行业分类标准其为食品饮料。

本次收购的标的是湖南金健米业股份有限公司（简称金健米业，600127.SH）。标的公司的经济性质为国有经济。主营业务为开发、生产、销售定型包装粮油及制品。食品包装材料，经营商品和技术的进出口业务（法律法规禁止和限制的除外）。依据中国证监会行业分类标准其为食品饮料。

本次交易前，湖南金霞粮食产业有限公司不持有金健米业的股份，中国农业银行股份有限公司常德分行持有金健米业 17.02% 的股份，为第一大股东。

在本次交易中，中国农业银行股份有限公司常德分行向湖南金霞粮食产业有限公司转让了金健米业的 92 656 550 股，双方最终达成的交易价格为 42 807.33 万元，收购方以现金方式支付对价，其中以现金方式支付 42 807.32 万元，该部分资金来源为自有资金。

本次交易后，湖南金霞粮食产业有限公司持有金健米业 17.02% 的股份，为第一大股东，中国农业银行股份有限公司常德分行不再持有金健米业的股份。

在本次交易中，收购方聘请了财富证券有限责任公司作为其财务顾问。

---

① 资料来源：北京交通大学并购重组研究中心. 中国企业并购年鉴 2013[M]. 北京：中国经济出版社，2014.

(三) 以股权换资产式并购

以股权换资产式并购,是指并购公司向目标公司发行自己的股份以交换目标公司的资产从而达到收购目标公司的一种收购方式。

【案例 8-6】[1]　　[郑州煤电(600121.SH)]首次公告日：2012-1-13

本次收购的收购方为郑州煤电股份有限公司(简称郑州煤电,600121.SH),为国有经济,其主营业务为：煤炭生产和销售；企业专用通信网建设与服务；企业信息化建设与服务；通信产品的销售与服务；发电及输变电；机械制造、设备安装；国内贸易；咨询服务,信息服务,技术服务；房屋租赁；因特网接入服务业务。

本次收购的出让方为郑州煤炭工业(集团)有限责任公司,为国有经济,其主营业务为：煤炭生产销售；铁路货运(本企业自营铁路货运)；发电及输变电(限自用)；设备租赁；通信器材(不含无线)。化工原料及产品(不含易燃易爆危险品),普通机械,水泥及耐火材料销售；技术服务,咨询服务；住宿、餐饮、烟酒百货、酒店管理、房屋租赁、机械制造(限分支机构经营)。

本次收购的标的为郑州煤炭工业(集团)有限责任公司的优质煤炭业务资产。上述资产账面价值为 117 668.75 万元。经评估单位评估价值为 422 775.36 万元。

本次交易最终以 422 775.36 万元成交,收购方以股票、资产方式支付对价,以上市公司股权方式支付 319 852.21 万元,以资产方式支付 102 923.15 万元。

在本次交易中,收购方聘请了中原证券股份有限公司作为其财务顾问。聘请了北京市富盟律师事务所作为其法律顾问。聘请了北京兴华会计师事务所有限责任公司担任本次交易的会计师。聘请了河南亚太联华资产评估有限公司担任本次交易的资产评估师。

(四) 以股权换股权式并购

以股权换股权式并购,是指并购公司利用其子公司的股权来交换目标公司的股权从而达到收购目标公司的一种收购方式。收购完成后,目标公司仍然存在。

【案例 8-7】[2]　　[长江通信(600345.SH)]首次公告日：2012-12-31

本次收购的出让方为武汉经济发展投资(集团)有限公司,为国有经济。其主营业务为：开展能源、环保、高新技术、城市基础设施、农业、制造业、物流、房地产、商贸、旅游等于产业结构调整关联的投资业务；企业贷款担保,个人消费贷款担保；信息咨询(国家有专项规定的项目经审批后方可经营)。依据中国证监会行业分类标准其为其他行业。

本次收购的收购方为武汉烽火科技有限公司,为国有经济。其主营业务为：通信、

---

[1]　资料来源：北京交通大学并购重组研究中心,中国企业并购年鉴 2013[M].北京：中国经济出版社,2014.
[2]　资料来源：同上。

电子信息、光纤预制棒、光纤光缆、电力新能源、电池、电源、电缆、特种线缆、自动化技术及产品、安全智能系统的开发、研制、技术服务、销售、工程设计、施工,自营和代理各类商品和技术的进出口(不含国家禁止或限制进出口的货物或技术);劳务派遣;对企业项目投资(上述经营范围中国家有专项规定的项目经审批后或凭许可证在核定期限内经营)。依据中国证监会行业分类标准其为信息技术业。

本次收购的标的是武汉长江通信产业集团股份有限公司(简称长江通信,600345.SH)。标的公司的经济性质为国有经济。主营业务为:通信、半导体照明和显示、电子、计算机技术及产品的研发、生产、技术服务及销售;通信工程的设计、施工(须持有效资质经营);通信信息咨询服务;经营本企业和成员企业自产产品及技术的出口业务;经营本企业和成员企业科研生产所需的原辅材料、仪器仪表、机械设备、零配件及技术的进口业务(国家限定公司经营和国家禁止进出口的商品除外);商品贸易;对外投资;项目投资。依据中国证监会行业分类标准其为信息技术业。

本次交易前,武汉烽火科技有限公司不持有长江通信的股份,武汉经济发展投资(集团)有限公司持有长江通信28.69%的股份,为第一大股东。

本次交易中,武汉经济发展投资(集团)有限公司向武汉烽火科技有限公司转让了长江通信的35 792 820股,双方最终达成的交易价格为45 549.02万元,收购方以股票方式支付对价,以非上市公司股权方式支付45 549.02万元。

本次交易后,武汉烽火科技有限公司持有长江通信18.08%的股份,为第一大股东,武汉经济发展投资(集团)有限公司持有长江通信10.61%的股份,为第三大股东。

在本次交易中,收购方出让方聘请了湖北众联资产评估有限公司担任本次交易的资产评估师。

(五)承担债务式并购

承担债务式并购,是指并购公司通过承担目标公司债务的方式取得目标公司的财产以实现并购。

【案例8-8】①　　［新农开发(600359.SH)］首次公告日:2012-8-15

本次收购的收购方为新疆生产建设兵团农一师十二团,为国有经济,其主营业务为:许可经营项目:棉花加工、销售(限分支机构经营)。一般经营项目:农业、林业、畜牧业、建筑业、塑料制品、机械制造。

本次收购的出让方为新疆塔里木农业综合开发股份有限公司(简称新农开发,600359.SH),为国有经济,其主营业务为:农业种植、牧渔养殖、农产品、畜产品的生产加工及销售,农业机械制造及修理;塑料制品、皮革制品的销售。自营和代理各类商品和技术进出口业务(国家限定公司经营或禁止进出口的商品和技术除外)。棉纺织品的生产、销售。

---

① 资料来源:北京交通大学并购重组研究中心,中国企业并购年鉴2013[M].北京:中国经济出版社,2014。

本次收购的标的为新疆塔里木农业综合开发股份有限公司南口农场。经评估单位评估价值为 3 441.36 万元。

本次交易最终以 3 441.36 万元成交,收购方以债务方式支付对价,以承担债务方式支付 3 441.36 万元。

在本次交易中,收购方出让方聘请了万隆(上海)资产评估有限公司担任本次交易的资产评估师。

第三节　并购动机

研究并购行为时,需要考虑如下一些问题:① 一项收购建议为收购方股东创造价值了吗? ② 一项敌意收购最终成功的概率是多少?有无其他潜在的收购方参与竞价? ③ 该收购目标适合我们的经营战略吗?如果适合的话,它对我们的价值是多少?我们如何才能实现一项成功的收购? ④ 被收购的目标公司的管理层会问:对于我们的股东来说,收购方出价是合理的吗?有无其他的收购方比目前的投标人出价更高? ⑤ 如何为我们的客户寻找合适的并购目标?当需要我们客观公平地发表观点时,我们应该怎样评估目标公司呢?

导致某公司并购的原因有很多。一些收购方管理层可能想通过并购来提升其权力和威望,而另外一些管理层则认识到并购可以为股东创造新的经济价值。

一、战略动机

并购投资是公司成长的重要方式,公司的成长战略主要有两种:一体化战略和多元化战略。

一体化战略按照业务拓展方向,可以分为纵向一体化战略和横向一体化战略。横向并购体现横向一体化战略,纵向并购体现纵向一体化战略。

多元化战略分为相关多元化战略和不相关多元化战略。横向并购和纵向并购体现了一体化战略和相关多元化战略,混合并购体现了不相关多元化战略。

并购投资的战略动机主要体现为:

(1) 扩大企业规模,实现规模经济。在一体化战略的指导下,通过并购扩大企业规模,实现规模经济。

(2) 整合资源,实现资源的共享或互补。在一体化战略和多元化战略的指导下,整合资金、技术、销售、品牌、土地等资源,实现资源的共享或互补。

(3) 减少竞争,提高市场占有率。在一体化战略的指导下,通过并购减少竞争,提高市场占有率,提高自身核心竞争力,增加企业长期获利的机会。

(4) 进入新行业。在多元化战略的指导下,通过收购进入新行业。企业混合并购

是追求多元化经营、进入新的经营领域的常见方式。例如,美国的 Philip Morris 公司原为一家烟草公司,该公司为了进军食品业而收购了卡夫食品公司。

二、财务动机

(一) 增加股东价值

根据潜在价值低估理论,收购那些价值被低估了的目标公司,可以增加并购公司股东价值。在理论上,目标公司重置成本大于市场价值时,并购的可能性大,成功率高;反之,则相反。

【看一看】 托宾 Q

托宾的 Q 比率(Tobin's Q Ratio),由诺贝尔经济学奖得主詹姆斯·托宾(James Tobin)于 1969 年提出。

托宾 Q 比率是公司市场价值对其资产重置成本的比率,反映的是一个企业两种不同价值估计的比值。分子上的价值是金融市场上所说的公司值多少钱,分母中的价值是企业的"基本价值"——重置成本。公司的金融市场价值包括公司股票的市值和债务资本的市场价值。重置成本是指今天要用多少钱才能买下所有上市公司的资产,也就是指如果我们不得不从零开始再来一遍,创建该公司需要花费多少钱。

其计算公式为:

$$Q 比率 = 公司的市场价值 / 资产重置成本$$

当 $Q > 1$ 时,购买新生产的资本产品更有利,这会增加投资的需求。

当 $Q < 1$ 时,购买现成的资本产品比新生成的资本产品更便宜,这样就会减少资本需求。

托宾 Q 理论提供了一种有关股票价格和投资支出相互关联的理论。如果 Q 高,那么企业的市场价值要高于资本的重置成本,新厂房设备的资本要低于企业的市场价值。这种情况下,公司可发行较少的股票而买到较多的投资品,投资支出便会增加。如果 Q 低,即公司市场价值低于资本的重置成本,厂商将不会购买新的投资品。如果公司想获得资本,它将购买其他较便宜的企业而获得旧的资本品,这样投资支出将会降低。

(二) 降低交易成本

根据协同效应理论,纵向并购在某种程度上可以实现节约交易费用的目的;而横向并购可以扩大规模,形成进入壁垒,限制竞争者进入。这两方面都可以减少交易环节,降低交易成本。

(三) 改善经营效率

根据委托代理理论,缺乏效率的公司管理者容易被公司股东直接撤换,或因公司被并购而被撤换。通过并购,管理能力较强、效率较高的公司管理层获得公司控制权,改善营运效率,创造价值。

（四）增强融资能力

负债率高的公司通过并购负债率低、再融资能力强的公司，可以实现增强融资能力的目的。

第四节　并购协同效应

所谓协同效应是指并购后公司的总体效益要大于并购前两个公司效益之和，即 1 加 1 应大于 2。协同效应可分为经营协同效应、财务协同效应和管理协同效应。

一、经营协同效应

经营协同效应是指并购给公司生产经营活动在效率方面带来的变化及效率的提高所产生的效益。

经营协同效应产生的原因：并购使经营达到规模经济；并购实现经营优势互补；公司业务纵向一体化。

经营协同效应由规模经济和范围经济组成。规模经济通常由业务层面的规模经济和企业层面的规模经济组成。范围经济是指利用一些具体的技能，或利用正处于生产具体产品或提供服务的资产，来生产相关的产品和提供相关的服务。

二、财务协同效应

20 世纪 70 年代以后，并购活动已从单纯的横向并购、纵向并购发展为混合型并购。从财务的角度看，公司混合并购有可能是为了谋求财务协同效应。

财务协同效应是指并购在财务方面给公司带来的效益，包括财务能力提高、合理避税和预期效应。

财务能力提高是指在企业并购后通过将并购公司低资本成本的内部资金投资于目标公司的高效益项目上从而使并购后的企业资金使用效益提高。

不同类型的资产所征收的税率不同，公司可以利用股息收入与利息收入、营业收入和资本收益，以及不同资产所适用税率的不同，通过并购的会计处理来达到合理避税的目的。

预期效应是由于并购使资本市场对公司价值的评价发生改变而对股票价格产生的影响。成功的收购可以提高每股收益，提升股票价格，增加股东财富。

三、管理协同效应

管理协同效应又称差别效率理论。管理协同效应主要是指并购给企业管理活动在

效率方面带来的变化及效率的提高所产生的效益。

如果两个公司的管理效率不同,管理效率高的公司并购管理效率低的另一个公司,低效率公司的管理效率得以提高,这就是所谓的管理协同效应。

从本质上来讲,管理协同效应源于合并后管理能力在公司间的有效转移,以及在此基础上新的管理资源的衍生和企业总体管理能力的提高。

组织经验和组织资本是影响管理能力的两个重要因素。组织经验是在企业内部通过对经验的学习而获得的员工技巧和能力的提高,它可分为一般性管理组织经验、行业专属性管理组织经验、非管理性质组织经验三种。

组织资本专指企业特有的知识资产,它也可以分为体现在员工身上的组织资本、员工与其工作的匹配知识、员工之间的匹配知识三种。组织经验和组织资本是企业的管理资源,同时也是一种无形资产,管理协同效应是合理配置管理资源的结果。

 课后习题

一、案例题

当前我国并购市场的主要特征

从1993年我国第一例以控制权转移为目的的上市公司并购案例以来,经历20余年的发展,我国的并购市场已经日趋繁荣,尤其是最近几年取得了爆发式发展,在政策完善、热点聚焦、工具丰富、跨境扩展等方面形成了明显的特征和趋势。

(一)交易案例及交易额迅速攀升

中国并购市场宣布交易规模过去几年呈现出明显上升趋势。2015年前11个月宣布交易的案例数量就达8 704起,比2014年全年上升11.66%;交易规模由五年前的1 977.7亿美元增至6 199.9亿美元,累计增幅213.49%。2008年单笔交易额约5 000万美元,到2015年则达到约9 000万美元。

(二)相关政策不断完善

在并购监管政策上,近两年国务院及相关部门集中出台了促进并购重组的鼓励措施,形成了较为完整的政策体系。2014年3月24日,国务院公布《关于进一步优化企业兼并重组市场环境的意见》,从行政审批、交易机制、金融支持、支付手段、产业引导等方面进行梳理调整,全面推进并购重组市场化改革;同年7月11日,证监会发布《上市公司重大资产重组管理办法》和《上市公司收购管理办法》取消除借壳上市之外的重大资产重组行政审批;2015年1月,财政部、国家税务总局发出通知,对兼并重组过程中享受企业所得税递延处理特殊政策的条件进行调整;同年4月24日,证监会公告了对《第十三条、第四十三条的适用意见——证券期货法律适用意见第12号》的修订,将发行股份购买资产中的募集配套资金比例由25%提升至100%。

(三)新兴产业并购热度持续,传统行业大力整合

相较于传统行业,以TMT(数字、媒体和通讯)为代表的新兴行业,对并购等外延

式增长的依赖性更强,也持续占据着中国并购市场案例排名的前列。从 2007 年至 2015 年,信息技术行业并购数量占比从 8% 提升到 20% 以上。与之相比,传统行业正在大力整合。以房地产业为代表,并购完成数从 2013 年的 144 起下降到 2015 年不足 100 起,并购完成额从 2013 年的 66 亿美元,位列第五,上升到 2015 年的 602 亿美元,位列第一。并购数量减少、并购完成额猛增,反映了行业的不断集中;另一方面,随着行业竞争加剧和增速回落,房地产公司正成为大型财团和金融机构的并购对象。

（四）并购工具不断创新

长期以来,受国内金融体系不健全、资本市场不成熟等因素的制约,我国企业在并购中应用的融资主要靠自有资金和银行贷款。但是,近年来在国际经济复苏缓慢,PE/VC 发展空间受挤压以及 IPO 暂停的背景下,上市公司或者券商通过直投公司与产业资本合作,丰富了并购金融工具。在 2014 年全年,仅有 40 家上市公司参与设立并购基金,2015 年截至 10 月份,就有 125 家上市公司设立约 130 只并购基金,是 2014 年的 3 倍多。

（五）并购全球化的特征日趋明显

2014 年我国成为第二大对外投资国,从资本输入国转变为资本输出国,世界经济仍处在金融危机后的调整期,各国与中国合作意愿明显增强,中国企业正在成为激活跨境并购的活跃因素之一。2015 年中国大陆企业海外并购交易数量和交易金额均创下历史新高,仅前 11 个月就完成出境并购 36 639 亿美元,是 2008 年 104 亿美元的 352 倍。年度规模最大的一起进行中的并购就是紫光集团以 230 亿美元收购美光科技 100% 股权的海外并购。

资料来源:符锴华,中国并购市场特征分析[J].时代金融,2016(1):162,节选,有改动。

要求:试分析产生我国并购市场特征的原因有哪些?

二、思考题

1. 请阐述公司兼并的定义和特征。
2. 请阐述公司收购的定义、种类和特征。
3. 兼并与收购的区别和联系是什么?
4. 公司并购的基本类型有哪些?
5. 请简述公司并购的动机。
6. 请简述公司并购协同效应。

第九章 并购投资前期

教学目标

- 掌握并购前期的主要工作。
- 了解尽职调查的主要内容。
- 理解中介机构在并购中的作用。

导读案例　中水渔业并购案显尽职调查盲点（摘录）

　　中水渔业此前并购的事项正在衍生出更多的"续集"。2016年3月29日，公司公告了在2015年1月5日完成收购张福赐持有的厦门新阳洲水产品工贸有限公司（以下简称"新阳洲公司"）55%股权后，因交易对手方张福赐在收购过渡期间（2014年6月30日至2014年12月31日）占用了新阳洲公司1.68亿元资金，新阳洲公司于2016年3月25日以涉嫌挪用资金罪、职务侵占罪等向厦门市公安局提起了控告。

　　5月26日，中水渔业发布公告称，厦门市公安局于5月23日出具了《立案告知书》：认为有犯罪事实发生，需要追究刑事责任，且属于管辖范围，现对张福赐涉嫌挪用资金案立案侦查。

　　在发布立案侦查进展公告的同时，中水渔业并购涉及的券商、评估机构齐齐发布了致歉的内容。不过，因并购而给公司带来的损失仍是投资者的心头痛，对此，上海明伦律师事务所王智斌律师对《证券日报》记者表示，在并购案的过渡期里，尽职调查也"不能全查出来"。

　　不过，受大股东有人事变动引发资本运作猜想等综合因素的影响，最近的两个交易日里，在游资的追捧之下，中水渔业连拉两个涨停。

中介机构齐致歉

　　北京亚超资产评估有限公司的致歉公告中提及，新阳洲编制并向北京亚超提供了新阳洲公司2015年度盈利预测，新阳洲公司管理层对该预测负责。根据该盈利预测，新阳洲公司2015年度预测净利润为4 207.57万元，根据中审亚太会计师事务所（特殊普通合伙)出具的新阳洲公司 2015 年度带强调事项段保留意见审计报告(中审亚太审字(2016) 010251-5 号),新阳洲公司 2015 年度实现净利润—25 664.42 万元,新阳洲公司 2015 年度实际盈利数小于盈利预测数 29 871.99 万元,系新阳洲公司在股权交接期初,原大股东(个人)占用公司资金 1.68 亿元,其经手的大量应收款项没有收回,导致新阳洲公司现金流量严重不足,持续经营受到重大影响,年内经营仍处于非正常状态。这些均有悖于盈利预测基本假设第 13、14 项或有悖于经营前提条件,原大股东涉嫌挪用资金、职务侵占等舞弊、违法行为,并于 2016 年 3 月 25 日被新阳洲公司向厦门市公安局提起控告,2016 年 5 月 23 日厦门市公安局已决定对张福赐涉嫌挪用资金案立案侦查。

"上述事项的发生是我们无法预知的。"评估机构解释。"并购案例皆有过渡期的问题,合同会有相关的约定,如果有一方在过渡期中没有遵守约定,可以追究违约责任,尽职调查只能查明截止到基准日被收购公司的法律和财务问题,并不能确保交易对方之后不会发生违约,所以很难说尽职调查存在过失。但过渡期里,收购方一般都会派驻高管参与被收购公司的管理,如果是由于监管不力导致损失发生,负责任的高管应承担相应的责任。"上海明伦律师事务所王智斌律师对《证券日报》介绍。

资料来源:证券日报,2016 年 5 月 27 日。

要求:试分析尽职调查在并购初期的重要性。

自 20 世纪以来,西方发达国家出现了多次企业合并浪潮。美国著名经济学家、诺贝尔经济学奖获得者施蒂格勒曾经说过:"没有一个美国的大公司不是通过某种程度、某种方式的并购而成长起来的,几乎没有一家大公司是靠内部扩张成长起来的。"

在我国,随着社会主义市场经济体制的建立和完善,立足规模经济做大做强,跻身世界知名企业行列,已成为我国企业,尤其是上市公司追求的重要目标。近年来,我国企业并购案例也越来越多。可以这样说,企业并购已经成为影响现代社会经济发展的一个重要因素。

第一节　并购投资前期的主要工作

一般公司收购的程序主要分为前期(准备)、中期(实施)、后期(整合)三个阶段。收购前的准备阶段是整个收购工作的起点,是并购双方谈判的基础。收购前的准备主要包括详细的市场调查、客观实际的行业分析、全面周详的专项报告等。

并购投资前期的主要工作有以下四项。

一、选择目标公司和合适收购时机

目标公司的选择,是兼并收购中的第一要务,只有首先正确选择收购对象,才可能

有的放矢,成功完成收购。

收购时机的选择最重要的是对产业的研究和判断。产业研究判断的精髓在于:在适当的时候进入一个适当的行业。

二、聘请中介机构

企业并购的复杂性和专业性,使中介机构成为其中不可缺少的角色,尤其投资银行的积极参与,为并购提供了高质量的专业服务。除投资银行外,并购的中介机构还包括专业投资咨询公司、注册会计师事务所和律师事务所等。

并购过程中选择中介机构的原因是:中介机构可以向企业提供潜在的收购对象;参与与目标公司的谈判;帮助企业拟定收购方案;指导和协助办理股权转让手续;在并购过程中提供相关咨询等。

三、尽职调查

收购方在根据发展战略和中介机构的意见初步确定目标公司后,可以组织由企业管理人员、财务顾问、律师、注册会计师等组成的审评队伍,对选定的目标公司作进一步细致的审查和评价,这个过程称为"尽职调查"。尽职调查的目的是发现和分析可能影响收购成功和有关收购成本的所有问题,调查结果对评价目标公司的价值和兼并的可行性非常重要。

四、制定初步并购方案

通过对目标公司的审查和评价,在中介机构的指导和参与下,收购方可以根据自身的优势和特点,针对目标公司的实际情况,拟定初步收购方案。初步收购方案主要包括以下内容:

(1)收购方的基本经营情况和收购战略。
(2)目标公司的基本情况。
(3)收购方式、收购价格、支付方式及时间。
(4)收购后对目标公司的整合计划。
(5)公司管理架构的调整及员工的安排。
(6)目标公司未来的发展战略规划及前景分析。

第二节 尽职调查的主要内容

尽职调查(due diligence,简称DD),也称谨慎性调查,一般是指投资人在与目标企业达成初步合作意向后,经协商一致,投资人对目标企业一切与本次投资有关的事项进行现场调查、资料分析的一系列活动,主要包括财务尽职调查、法律尽职调查和商业尽职调查。

一、财务尽职调查

财务尽职调查主要是指由专业人员针对目标企业中与投资有关的财务状况的审阅、分析等调查。财务尽职调查可分为对目标企业总体财务信息的调查和对目标企业具体财务状况的调查,具体而言包括销售环节财务调查、采购与生产环节财务调查、投融资环节财务调查、税务调查、或有事项调查、被投资企业的财务组织、被投资企业的薪酬制度、被投资企业的会计政策等。

在调查过程中,财务专业人员一般会用到以下一些基本方法:

(1) 审阅。通过财务报表及其他财务资料审阅,发现关键及重大财务因素。

(2) 分析性程序。如趋势分析、结构分析,通过对各种渠道取得资料的分析,发现异常及重大问题。

(3) 访谈。与企业内部各层级、各职能人员以及中介机构充分沟通。

(4) 小组内部沟通。调查小组成员来自不同背景及专业,其相互沟通也是达成调查目的的方法。

由于财务尽职调查与一般审计的目的不同,因此财务尽职调查一般不采用函证、实物盘点等审计方法,而更多地使用趋势分析、结构分析等分析工具。财务尽职调查可以充分揭示财务风险或危机;分析企业盈利能力、现金流,预测企业未来前景;了解资产负债、内部控制、经营管理的真实情况,是投资及整合方案设计、交易谈判、投资决策不可或缺的基础;判断投资是否符合战略目标及投资原则。

财务调查包括对资产、负债、或有负债、股东权益、会计政策、财务预算及执行结果、通货膨胀或紧缩对公司经营和财务状况的影响、财务比率等方面的分析。可以了解目标公司在过去的财务运营情况,并且与行业基准比较,以便评价公司在未来改变业绩的前景。

二、法律尽职调查

法律尽职调查主要包括以下四点。

(一) 被收购公司章程

被收购公司章程中的各项条款,尤其对重要的决定,如增资、合并或资产出售,须经持有多少比例以上股权的股东同意才能进行的规定,要予以充分的注意,以避免兼并过程中受到阻碍;也应注意章程中是否有特别投票权的规定和限制;还应对股东会(股东大会)及董事会的会议记录加以审查。

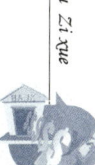

（二）被收购公司主要财产

被收购公司主要财产，了解其所有权归属，并了解其对外投资情况及公司财产投保范围。该公司若有租赁资产则应注意此类合同对收购后的运营是否有利。

（三）被收购公司全部的对外书面合同

被收购公司全部的对外书面合同，包括知识产权许可或转让、租赁、代理、借贷、技术授权等重要合同。特别注意在控制权改变后合同是否继续有效。在债务方面，应审查被投资企业的一切债务关系，注意其偿还期限、利率及债权人对其是否有限制。其他问题如公司与供应商或代理销售商之间的权利义务、公司与员工之间的雇佣合同及有关工资福利待遇的规定等也须予以注意。

（四）诉讼案件

被收购公司过去所涉及的以及将来可能涉及的诉讼案件，以便弄清这些诉讼案件是否会影响到目前和将来的利益。

在收购前，收购公司虽然通过项目初审获得一些信息，但却没有被投资企业的详细资料。通过实施法律尽职调查可以补救收购方在信息获知上的不平衡，并了解拟投资的企业存在哪些风险。这些风险的承担将成为双方在谈判收购价格时的重要内容，当获知的风险难以承担时，收购方甚至可能会主动放弃收购行为。

法律方面尽职调查的目的，是将目标公司可能的、潜在的、任何未暴露的问题调查清楚，以对目标公司进行真实评价。法律调查的关键领域包括：公司的资格、股东申明书、反垄断、员工、环境问题等。

反垄断问题可能对公司收购有非常显著影响。任何存在的并由第三方和政府基于反垄断考虑而提出的行为，都将可能严重影响未来交易的可行性，收购公司应该考虑价格和政策问题，以评价收购导致的反垄断风险。

环境方面的因素是指揭示目标公司营业中的环境和应该履行的义务，以降低并购后意外发生的可能性。

三、商业尽职调查

（一）目标公司的基本情况

目标公司基本情况包括：

（1）公司的名称、法定地址、公司章程、经营范围、上市时间、历史沿革、股权结构、信用等级、主要股东及董事、出售目的，以及所在产业的最新发展变化趋势等。

（2）主要的生产线及使用情况、主要产品、产品定价、营销组织、竞争对手、广告费用、公共关系等主营业务和营销情况。

（3）主要项目、研究开发计划与预算、开发能力、拥有专利等研究开发情况。

（二）战略分析

战略分析主要是为了解目标公司运营的市场特征和趋势，把握目标公司在市场上的目前地位、市场发展趋势,以及目标公司未来地位。战略分析的内容主要包括产业结构、产业增长、同行业竞争对手及有关情况、主要客户及供应商、劳动力及有关情况、政府管制制度、专利、商标及版权等。

（三）目标公司的组织结构和人力资源状况

组织结构、人力资源状况具体包括：组织结构图、组织结构与公司业务发展是否一致；管理团队对并购的态度、管理团队是否会留在公司；劳动合同，养老保险、医疗保险等社会保险金的缴纳等。

四、尽职调查案例

阳光天使投资有限公司并购投资尽职调查清单
第一部分　公司背景调查

一、公司历史演变调查

（一）调查目标

了解公司历史上的重大事件,检查其对公司的发展演变和企业文化形成的重大影响。

（二）调查程序

（1）获取公司所在行业管理体制历次改革的有关资料,调查行业管理体制的变化对公司的影响。

（2）获取公司历次产品、技术改造、管理能力等方面的变动及获奖情况的有关资料,判断公司核心竞争力在行业内地位的变化。

（3）调查公司历史上有重大影响的人事变动,判断核心管理者的去留已经和可能对公司产生的重大影响。

（4）审查公司历史上是否存在重大的违反法规行为,以及受到重大处罚的情况,判断其影响是否已经消除。

二、股东变更情况调查

（一）调查目标

（1）股东是否符合有关法律法规的规范。

（2）公司股东变更的行为和程序是否合法、规范。

（二）调查程序

（1）编制公司股本结构变化表,检查公司历次股份总额及其结构变化的原因及对公司业务、管理和经营业绩的影响。

（2）取得公司的股东名册,查看发起人或股东人数、住所、出资比例是否符合法律、法规和有关规定。

（3）追溯调查公司的实际控制人,查看其业务、资产情况是否对公司的产供销以及市场竞争力产生直接或间接的影响。

(4) 检查公司自然人持股的有关情况,关注其在公司的任职及其亲属的投资情况;如果单个自然人持股比例较大,还应检查是否存在其他人通过此人间接持股的情况,而可能引起潜在的股权纠纷。

(5) 检查公司是否发行过内部职工股,是否有工会持股或职工持股会持股。

(6) 调查公司的股份是否由于质押或其他争议而被冻结或被拍卖而发生转移,并导致股权结构发生变化。

(7) 获取公司与股本结构变化有关的验资、评估和审计报告,审查公司注册资本的增减变化以及股本结构的变化的程序是否合乎法律规范。

三、公司治理结构调查

(一) 调查目标

(1) 公司章程及草案是否合法合规。

(2) 股东大会、董事会、监事会的设立、运作的实质性判断。

(3) 董事、监事、高级管理人员任职及变动是否合法合规。

(二) 调查程序

(1) 查阅股东大会的会议记录、董事会的会议记录,确定公司章程及草案的制定和修改过程是否履行了法定程序,其内容是否与《公司法》等相抵触。

(2) 确认公司是否具有健全的股东会、董事会、监事会的议事规则及其合规性。

(3) 查阅公司历次的股东会、董事会、监事会的会议记录,确认其决议内容,尤其是确认董事会的对外担保、重大投资、融资及经营决策符合公司章程的规定;通过会议记录了解公司重要管理人员的变化。

(4) 确认董事、经理是否挪用公司资金或者将公司资金借贷给他人;是否以公司资产为本公司的股东或者其他个人债务提供担保;是否自营或者为他人经营与公司同类的营业或者从事损害公司利益的其他活动。

(5) 考察公司高级管理人员的激励与约束机制,如设置股票期权,判断这些机制是否有利于吸引人才,保持高级管理人员的稳定。

四、组织结构调查

(一) 调查目标

(1) 全面了解公司主要股东(追溯到实质控制人)及整个集团的所有相关企业的业务和财务情况,查找可能产生同业竞争和关联交易的关联方。

(2) 了解公司内部组织结构模式的设置对公司实现经营管理目标的影响。

(二) 调查程序

(1) 画出整个集团的组织构架图,标明各经营实体之间的具体组织联系。

(2) 画出公司组织结构图,并以实线和虚线标明各机构之间的权力和信息沟通关系,分析其设计的合理性和运行的有效性。

(3) 与管理层有关人员进行讨论,进一步获得公司组织结构设置方面、运行方面情况的资料。

五、管理团队调查

（一）调查目标

（1）主要管理层（包括董事会成员、监事会成员、总裁、副总裁以及财务总监等高级管理人员）是否正直、诚信。

（2）主要管理层是否具有与发展公司需要相匹配的开拓精神和经营管理能力。

（3）了解关键管理人员的选聘、考核和离职情况，及其程序是否合法。

（4）了解公司与主要管理人员有关的激励和约束机制，及其对公司经营和长远发展的影响。

（二）调查程序

（1）取得主要管理人员学历和从业经历简况，对核心人员要取得其详细资料，尤其要关注主要成员在本行业的执业经验和记录。

（2）与公司主要管理人员就企业发展、公司文化、竞争对手、个人发展与公司发展的关系等主题进行单独的会谈。

（3）调查过去三年中公司关键管理人员离职的情况，调查其辞职的真实原因。

（4）调查公司董事是否遵守"竞业禁止"的规定。

（5）与公司职员进行交流，获取其对管理团队以及企业文化贯彻情况的直观感受。

（6）调查公司内部管理制度规定、年度经营责任书，了解公司是否制定经济责任考核体系，特别考核体系的落实情况。

（7）了解公司为高级管理者制定的薪酬方案，持有股份及其变动情况。

（8）调查主要管理者是否有不适当的兼职，并说明必要的兼职是否会对其工作产生影响。

六、业务发展战略与目标

（一）调查目标

（1）调查公司业务发展目标与现有业务的关系。

（2）调查公司业务发展目标实现的可行性、风险。

（二）调查程序

查阅公司的发展规划、年度工作计划等资料，或与经营决策层访谈，得到以下的信息：

（1）公司发展目标的定位，包括长远发展战略、具体业务计划。

（2）公司发展目标与现有业务间的关系。

（3）公司实现业务发展目标中可能存在的潜在风险，包括法律障碍等。

（4）公司实现未来发展计划的主要经营理念或模式、假设条件、实现步骤、面临的主要问题等。

第二部分　行业和经营调查

一、行业及竞争者调查

（一）调查目标

（1）调查公司所处行业的现状及发展前景。

(2) 调查公司提供的产品(服务)较之同行业可比公司的竞争地位。

(3) 调查公司主要经营活动的合法性。

(二) 调查程序

(1) 查阅权威机构的统计资料和研究报告(如国家发改委、行业协会、国务院研究发展中心或其他研究机构),调查公司所处行业国内、外的发展现状与前景,分析影响其行业发展的有利、不利因素。

(2) 调查公司所处行业内企业是否受到国家宏观控制,如果是,其产品定价是否受到限制,是否享受优惠政策。

(3) 了解公司所处行业的进入壁垒,包括规模经济、资本投入、技术水平、环境保护或行业管理机构授予的特许经营权等方面,分析其对公司核心竞争力的影响。

(4) 了解公司所处行业的整体特征,是否属于资金、技术、劳动密集型产业;了解该行业对技术(或对资金、劳动力等要素)的依赖程度、技术的成熟度;了解该行业公司是否需要大量的研究开发支出、巨额的广告营销费用;是否应收账款周转慢;产品价格的变动特征;出口占总销售的比例等方面。

(5) 调查公司近三年内销售产品所处的生命周期阶段,是处于导入期、成长期、成熟期、衰退期中的哪个阶段;调查公司产品的寿命。

(6) 查阅国家的产业结构调整政策、公司相关财务资料和发展规划文件,获取或编制公司最近几个会计年度主要产品产销量明细表,了解公司产品结构构成;了解公司未来产品结构调整的方向。

(7) 查阅权威机构的研究报告和统计资料,调查影响公司产品需求的相关因素以及产品需求的变化趋势,分析未来几年该产品的需求状况、市场容量;获取公司所处行业中该产品的现有生产能力、未来几年生产能力的变化数据;所处行业是否因过多受到国家政策、技术进步、可替代产品的冲击等外部因素影响而具有较大的脆弱性。

(8) 对公司产品价格变动作出预测。

(9) 调查可替代产品的价格和供应状况,调查公司产品目前或在可合理预计的将来多大程度上受到进口同类产品的冲击。

(10) 对公司现有与潜在的竞争者调查,应包括但不限于整个产品市场容量、竞争者数量、公司与市场竞争者各自的市场份额;对公司与竞争者的比较应包括相对产品质量、相对价格、相对成本、相对的产品形象及公司声誉等。对公司目前、未来的市场地位作出描述和判断。

(11) 利用各大证券报、主要证券类网站披露的公开信息,与已上市公司进行比较分析。选择5~10家产品结构、生产工艺相同的公司,以这些公司近几年的数据为基础,至少在生产能力、生产技术的先进性、关键设备的先进性、销售收入、销售的地理分布、主要产品销售价格与主营业务利润率、行业平均销售价格与主营业务利润率等方面进行比较。

二、采购环节业务调查

(一) 调查目标

(1) 调查公司供应方市场、采购政策及主要的供应商。

(2) 调查公司采购业务涉及的诉讼及关联交易。

(二) 调查程序

(1) 调查供应方市场的竞争状况,是竞争、还是垄断,是否存在特许经营权等方面因素使得供应方市场有较高的进入壁垒。

(2) 与采购部门人员、主要供应商沟通,调查公司生产必需的原材料、重要辅助材料等的采购是否受到资源或其他因素的限制。

(3) 了解公司主要的供应商(至少前5名),计算最近三个会计年度公司向主要供应商的采购金额占公司同类原材料采购金额、总采购金额比例,是否存在严重依赖个别供应商的情况。

(4) 与采购部门人员、主要供应商沟通,调查公司主要供应商与公司的地理距离,分析最近几年原材料成本构成,关注运输费用占采购成本中的比重。

(5) 与采购部门人员沟通,了解公司是否建立了供应商考评制度。

(6) 调查公司与主要供应商的资金结算情况,是否及时结清货款,是否存在以实物抵债的现象。

(7) 查阅权威机构的研究报告和统计资料,调查公司主要原材料的市场供求状况,查阅公司产品成本计算单,定量分析主要原材料、动力涨价对公司生产成本的影响。

(8) 与采购部门与生产计划部门人员沟通,调查公司采购部门与生产计划部门的衔接情况,关注是否存在严重的原材料缺货风险,是否存在原材料积压风险。

(9) 与主要供应商、公司律师沟通,调查公司与主要供应商之间是否存在重大诉讼或纠纷。

(10) 如果存在影响成本的重大关联采购,判断关联采购的定价是否合理,是否存在大股东与公司之间的利润输送或资金转移的现象。

三、生产环节业务调查

(一) 调查目标

(1) 调查公司生产工艺、生产能力、实际产量。

(2) 调查公司生产组织、保障。

(3) 成本分析。

(4) 调查公司生产的质量控制、安全、环保。

(二) 调查程序

(1) 调查公司生产过程的组织形式,是属于个别制造或小批量生产;大批量生产或装配线生产;流水线生产。

(2) 了解公司各项主要产品生产工艺,获取公司产品生产工艺流程图。调查公司行业中工艺、技术方面的领先程度。

（3）调查公司主要产品的设计生产能力、最近几个会计年度的实际生产能力以及主要竞争者的实际生产能力，进行盈亏平衡分析，计算出盈亏平衡时的生产产量，并与各年的实际生产量比较。

（4）与生产部门人员沟通，调查公司生产各环节中是否存在瓶颈，是否存在某种原材料的供应、部分生产环节的生产不稳定或生产能力不足而制约了企业的生产能力。

（5）与生产部门人员沟通，调查公司的生产是否受到能源、技术、人员等客观因素的限制。

（6）采用现场查勘的方法，调查公司主要设备的产地、购入时间，机器设备的成新率，是否处于良好状态，预计尚可使用的时间；现有的生产能力及利用情况，是否有大量闲置的设备和生产能力。

（7）调查公司是否存在设备抵押贷款的情形。如有，查阅或查询借款合同的条款及还款情况，判断预期债务是否会对公司的生产保障构成影响。

（8）制造成本的横向比较。查阅公司历年来产品成本计算单、同类公司数据，分析公司较同行业公司在成本方面的竞争地位。

（9）制造成本的纵向比较。获取或编制公司最近几个会计年度主要产品（服务）的毛利率、贡献毛利占当期主营业务利润的比重指标，分析公司主要产品的盈利能力；如果某项产品在销售价格未发生重大变化时，某一期的毛利率出现异常，分析单位成本中直接材料、直接人工、燃料及动力、制造费用等成本要素的变动情况，确认成本的真实发生。

（10）与公司质量管理部门人员沟通、现场实地考察、查阅公司内部生产管理规定，调查公司的质量控制政策、质量管理的组织设置及实施情况。

（11）调查公司保障安全生产的措施，成立以来是否发生过重大的安全事故。

（12）了解公司生产工艺中三废的排放情况，查阅省一级的环境保护局出具的函件，调查公司的生产工艺是否符合有关环境保护的要求，调查公司最近3年是否发生过环境污染事故，是否存在因环保问题而被处罚的情形。

（13）查阅省一级的质量技术监督局文件，调查公司产品是否符合行业标准，是否因产品质量问题受过质量技术监督部门的处罚。

四、销售环节业务调查

（一）调查目标

（1）调查公司营销网络的建设及运行情况。

（2）调查公司产品商标的权属及合规性。

（3）调查公司销售回款、存货积压情况。

（4）调查公司销售业务涉及的诉讼及关联交易。

（二）调查程序

（1）了解公司的分销渠道，对自营零售的，调查公司销售专卖店的设置；对通过批发商进行销售的，调查经销或代理协议，是否全部委托销售代理而导致销售失控。

(2) 查阅国家知识产权局商标局的商标注册证,调查公司是否是其主要产品的商标注册人。

(3) 查阅国家质量技术监督局或省一级的质量技术监督局的证明或其他有关批复,调查公司的产品质量是否执行了国家标准或行业标准,近3年是否因违反有关产品质量和技术监督方面的法律、法规而受到处罚。

(4) 是否存在假冒伪劣产品,打假力度如何。

(5) 调查公司的主要竞争者及各自的竞争优势,从权威统计机构获取公司产品与其主要竞争者产品的市场占有率资料。

(6) 获取或编制公司近几个会计年度各项产品占销售总收入比重明细表、各项产品产销率明细表。

(7) 获取公司近几个会计年度对主要客户(至少前5名)的销售额、占年度销售总额的比例及回款情况,调查其客户基础是否薄弱,是否过分依赖某一客户而连带受到客户所受风险的影响;分析其主要客户的回款情况,是否存在以实物抵债的现象。

(8) 获取近几个会计年度按区域分布的销售记录,分析公司销售区域局限化现象是否明显,产品的销售是否受到地方保护主义的影响。

(9) 是否存在会计期末销售收入的异常增长,采取追查至会计期末几笔大额的收入确认凭证、审阅复核会计师期后事项的工作底稿等程序,判断是否属于虚开发票、虚增收入的情形。

(10) 是否存在异常大额的销售退回,查阅销售合同、销售部门与客户对销售退回的处理意见等资料,判断销售退回的真实性。

(11) 测算公司最近几个会计年度的应收账款周转率,调查公司坏账、呆账风险的大小。

(12) 对于销售集中于单个或少数几个大客户的情况,需追查销货合同、销货发票、产品出库单、银行进账单,或函证的方法以确定销售业务发生的真实性。如果该项销售系出口,尚须追查出口报关单、结汇水单等资料,以确定销售业务发生的真实性。

(13) 查阅会计师的工作底稿,调查是否存在大量的残次、陈旧、冷背、积压的存货;与会计师沟通存货跌价准备是否足额计提。计算公司最近几个会计年度产成品周转率,并与同行业可比公司比较。

(14) 抽查部分重大销售合同,检查有无限制性条款,如产品须经安装或检修、有特定的退货权、采用代销或寄销的方式。

(15) 调查关联销售的情况。如果存在对主营业务收入有重大贡献的关联销售,抽查不同时点的关联销售合同,获取关联销售的定价数据,分析不同时点的销售价格的变动,并与同类产品当时市场公允价格比较。如果存在异常,分析其对收入的影响,分析关联销售定价是否合理,是否存在大股东与公司之间的利润输送或资金转移的现象。

五、技术与研发调查

(一)调查目标

(1) 调查公司专利、非专利技术。

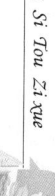

(2) 调查公司研发机构、人员、资金投入。

(3) 调查公司正在研发的项目。

(二) 调查程序

(1) 了解公司的行业技术标准,是否有国家标准、国际标准。

(2) 调查公司核心技术的选择。调查公司较同行业其他企业在技术方面的领先程度。关注其核心技术是否为其他新技术所取代。

(3) 获取公司专利技术、非专利技术等权利证书、在有权管理部门的登记文件以及相关协议,了解公司的专利技术、非专利技术有哪些。了解公司和新技术的来源,是属于自主开发、股东投资、购买或及拥有使用权。调查公司对于上述技术拥有的权限,并且关注公司是否存在与上述技术相关的重大纠纷,核心技术是否超过法律保护期限。

(4) 了解公司是否建立了相应的机制保障与主要产品生产相关的非专利技术不被泄漏。

(5) 了解研发机构设置,获取公司目前的研发人员构成、近几年来用于研究开发的支出、研发支出占销售收入的比重等数据。

(6) 了解公司是否存在与科研院所的合作开发,有哪些机构,合作项目有哪些,合作方式,合作项目的进展情况。

(7) 了解公司研究人员的薪酬情况,包括公司核心技术人员的薪酬水平、公司主要竞争者(国内、国外公司)同类技术人员的薪酬水平。了解公司研究人员历年来的流失情况,公司是否实行了包括股权激励的其他激励措施。

(8) 调查公司新产品研究开发周期(从产品开发到进入市场的周期),主要研发项目的进展情况,并对项目的市场需求作出描述。

第三部分 法律调查

一、独立性调查

(一) 调查目标

公司与具有实际控制权的法人或其他组织及其关联企业是否做到人员、财务、机构、业务独立以及资产完整。

(二) 调查程序

(1) 公司的业务是否独立于股东单位及其他关联方。

获取股东单位及其他关联方的营业执照、公司与关联方签订的所有业务协议,检查公司与关联方的业务是否存在上下游关系。

(2) 公司是否具有独立完整的供应、生产、销售系统。

① 调查公司的部门设置,检查原材料的采购部门、生产部门、销售部门是否与关联方分开,检查发起人与关联方的采购人员、生产人员、销售人员是否相互独立,有无兼职现象。

② 检查所有采购、销售或委托加工协议,确认是否存在委托关联方采购、销售或委托加工的情况。

③ 获取公司的采购、销售账户,检查原材料的采购、货物销售是否与关联方账务分离。

(3) 如供应、生产、销售环节以及商标权等在短期内难以独立,公司与控股股东或其他关联方是否以合同形式明确双方的权利义务关系。

① 获取公司与控股股东或其他关联方签订的如下协议:综合服务协议、委托加工协议、委托销售协议、商标许可协议、其他业务合作或许可协议。

② 上述合同是否明确了双方的权利义务。

(4) 拥有的房产及土地使用权、商标、专利技术、特许经营权等无形资产的情况。

获取产权证书、土地使用证书、商标注册证明、专利证书、特许经营证书等,其所有人、使用者是否合法。

(5) 公司有无租赁房屋、土地使用权等情况,租赁是否合法有效。

检查有关房屋、土地所有权证明,有租赁的,对相关租赁协议进行检查。

(6) 检查主要设备的产权归属。

检查固定资产账户,对其产权归属进行调查,并调查有无抵押发生。

(7) 是否存在产权纠纷或潜在纠纷。

(8) 公司对其主要财产的所有权或使用权的行使有无限制,是否存在主要财产被担保或者其他权利受限制的情况。

(9) 是否存在"两块牌子、一套人马"、混合经营、合署办公的情况。

(10) 控股股东和政府部门推荐董事和经理人选是否通过合法程序进行,公司董事长是否不由主要股东或控股股东法定代表人兼任,公司经理、副经理、财务负责人、营销负责人、董事会秘书等高级管理人员是否在本单位领取薪酬,是否不在股东单位兼职。

(11) 公司是否已按有关规定建立和健全了组织机构,是否与控股股东相互独立。

(12) 公司是否设立了独立的财务会计部门,是否建立了独立的会计核算体系和财务管理制度(包括对子公司、分公司的财务管理制度)。

(13) 是否不存在控股股东违规占用(包括无偿占用和有偿使用)公司的资金、资产及其他资源的情况,如有,须说明原因。

(14) 公司是否独立在银行开户,是否不存在与控股股东共用银行账户的情况。

(15) 公司是否不存在将资金存入控股股东的财务公司或结算中心账户的情况。

(16) 检查控股股东的财务公司或结算中心账户,检查公司与控股股东的往来账项。

(17) 获取公司与控股股东的税务登记证,公司是否依法独立纳税。

(18) 与财务部门有关人员进行沟通,检查公司有关财务决策制度,看公司是否能够独立作出财务决策,是否存在控股股东干预公司资金使用的情况。

二、同业竞争调查

(一) 调查目的

是否存在同业竞争,是否采取了有效措施避免同业竞争。

(二)调查程序

(1) 检查公司与控股股东及其子公司的经营范围是否相同或相近,是否在实际生产经营中存在同业竞争。

(2) 如存在或可能存在同业竞争,公司是否采取了如下有效措施避免同业竞争:

① 签署有关避免同业竞争的协议及决议,须审查该协议或决议有无损害公司利益的条款。

② 调查有无其他有效措施避免同业竞争的措施,如:

A. 针对存在的同业竞争,通过收购、委托经营等方式,将相竞争的业务纳入公司的措施。

B. 竞争方将业务转让给无关联的第三方的措施。

C. 公司放弃与竞争方存在同业竞争业务的措施。

D. 竞争方就解决同业竞争,以及今后不再进行同业竞争作出的有法律约束力的书面承诺。

(3) 查阅公司的股东协议、公司章程等文件,是否有在股东协议、公司章程等方面作出的避免同业竞争的规定。

三、关联方及关联交易调查

(一)调查目的

(1) 关联交易是否公允,是否损害公司及其他股东的利益。

(2) 关联交易是否履行了法定批准程序。

(二)调查程序

(1) 关联方及其与公司之间的关联关系调查。检查所有关联方,包括:公司能够直接或间接地控制的企业、能够直接或间接地控制公司的企业、与公司同受某一企业控制的企业、合营企业、联营企业、主要投资者个人或关键管理人员或与其关系密切的家庭成员、受主要投资者个人或关键管理人员或其关系密切的家庭成员直接控制的其他企业。获取公司的主要采购、销售合同,检查公司的主要采购、销售合同的合同方是否是关联方。

(2) 调查公司与关联企业是否发生以下行为:购买或销售商品、购买或销售除商品以外的其他资产、提供或接受劳务、代理、租赁、提供资金(包括以现金或实物形式的贷款或权益性资金)、担保和抵押、管理方面的合同、研究与开发项目的转移、许可协议、关键管理人员报酬。

(3) 检查关联交易的详细内容、数量、金额;调查关联交易是否必要;该关联交易是否对公司能够产生积极影响;关联交易的内容、数量、金额,以及关联交易占同类业务的比重如何。

(4) 关联交易定价是否公允,是否存在损害公司及其他股东利益的情况,如该交易与第三方进行,交易价格如何,检查关联价格与市场价格(第三方)的差异及原因。

(5) 检查关联交易协议条款,审查其内容是否公允合理,有无侵害公司利益的条款。

(6) 对关联交易的递增或递减作出评价,并分析原因。获取为减少关联交易签订的协议、承诺或措施,检查这些承诺或措施的可行性。

(7) 公司是否为控股股东及其他关联股东提供担保。

四、诉讼、仲裁或处罚

(一)调查目标

(1) 公司是否存在诉讼、仲裁或行政处罚事项。

(2) 上述事项对财务状况、经营成果、声誉、业务活动、未来前景的影响。

(二)调查程序

(1) 调查是否具有对财务状况、经营成果、声誉、业务活动、未来前景等可能产生较大影响的诉讼或仲裁事项。

(2) 如果有上述事项,须调查提起诉讼或仲裁的原因,诉讼或仲裁请求,可能出现的处理结果或已生效法律文书的执行情况,对财务状况、经营成果、声誉、业务活动、未来前景等可能产生的较大影响。

第四部分 资产调查

一、调查目标

了解并核实固定资产、在建工程和无形资产。

二、调查程序

(1) 了解固定资产规模、类别,并核实期末价值。

① 取得前三年及最近一个会计期末"固定资产""累计折旧"及"固定资产减值准备"明细表,并与会计报表核对是否相符。

② 调查房屋建筑物的成新度、产权归属。

③ 调查机器设备成新度、技术先进性、产权归属。

④ 了解有无设置抵押的固定资产,并与了解到的借款抵押进行核对。

⑤ 了解并描述计提折旧的方法,并将本期计提折旧额与《制造费用明细表》中的"折旧"明细项核对是否相符。

⑥ 了解并描述固定资产减值准备计提方法,判断减值准备计提是否充分。

(2) 了解在建工程规模,若规模较大,进一步调查在建工程价值、完工程度,判断完工投产后对生产经营的影响。

(3) 了解并核实无形资产入账依据及价值的合理性。

① 取得无形资产清单及权属证明。

② 调查每项无形资产来源。

③ 判断各项无形资产入账及入账价值的合理性。

(4) 关注与生产密切相关的土地使用权、商标权、专利技术等无形资产权利状况。

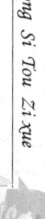

第五部分 财务调查

一、销售环节财务调查

(一) 调查目标

(1) 了解并核实各期主营业务收入、主营业务成本、主营业务利润的真实性。

(2) 了解并核实各期期末因销售活动产生债权债务余额。

(二) 调查程序

(1) 主营业务收入、主营业务成本、主营业务利润调查。

① 取得前三年及最近一个会计期间主营业务收入、成本和毛利明细表,并与前三年及最近一个会计期间损益表核对是否相符。

② 价格调查:取得产品价格目录,了解主要产品目前价格及其前三年价格变动趋势,搜集市场上相同或相似产品价格信息,并与本企业进行比较。

③ 单位成本调查:比较各期之间主要产品单位成本变化幅度,对较大幅度的变动(>10%),应询问原因并证实。

④ 销售数量调查:比较各期之间主要产品销售数量的变动比率,对较大幅度的变动(>10%),应询问原因并证实。

⑤ 毛利率调查:比较各期之间主要产品毛利率的变动比率,若变动幅度较大(>10%),应询问原因并核实;与行业平均的毛利率进行比较,若发现异常,应询问原因并核实。

⑥ 主要客户调查:取得前三年主要产品的《主要客户统计表》,了解主要客户,检查主要客户中是否有关联方,对异常客户进一步详细调查。

(2) 应收票据、应收账款、坏账准备、预收账款调查。

① 取得前三年及最近一个会计期末"应收票据""应收账款""坏账准备""预收账款"余额明细表,检查大额应收票据、预收款项、应收账款的客户是否为主要客户明细表中的主要客户;若不是公司主要客户,询问原因。

② 结合销售结算方式,判断各客户账龄是否正常,对异常情况,查明原因;对长期挂账款项,判断可回收性。

③ 了解前三年坏账准备计提方法是否发生变化,并了解变化的原因;结合账龄分析,判断坏账准备计提是否充分。

④ 计算应收账款周转率,与同行业进行比较,异常情况进一步调查原因。

(3) 营业费用调查。

计算各期之间营业费用变化比率,结合销售收入的变动幅度,分析营业费用变动幅度是否正常,对异常情况,应询问原因并证实。

二、采购与生产环节财务调查

(一) 调查目标

(1) 了解企业生产能力利用率、产销比率。

(2) 了解并核实各期期末存货价值。

(3) 了解并核实各期期末采购活动产生债权债务的余额。

(4) 了解并核实各期期末应付工资及福利费。

(二) 调查程序

(1) 了解前三年及最近一个会计期间主要产品生产能力利用率、产销比率,初步判断生产经营情况是否正常。

① 取得前三年及最近一个会计期间主要产品生产能力、产量、销量统计表。

② 结合产量,判断生产设备利用情况。

③ 结合产量、产成品库存,计算产销比率

(2) 了解并核实各期期末存货价值,为核实年销售总成本提供依据。

(3) 了解并核实各期期末采购活动产生债权债务的余额。抽查因采购原材料而发生的大额债权债务的对应方是否是本公司的主要客户,若不是,应抽查采购合同,了解业务发生的原因,判断是否正常。对其他大额长期挂账款项,要查明原因。

(4) 了解并核实各期期末应付工资及福利费。

(5) 分析前三年及最近一个会计期末资产负债表中"预提费用""待摊费用""待处理财产损溢"金额是否异常,若为异常,进一步核实。

三、投资环节财务调查

(一) 调查目标

(1) 了解并核实各会计期末短期投资余额、期末市价、跌价准备。

(2) 了解并核实各会计期末长期投资余额、减值准备。

(3) 了解并核实各会计期间投资收益的真实性。

(二) 调查程序

(1) 取得前三年及最近一个会计期间短期投资及跌价准备余额明细表,判断投资风险。

(2) 取得前三年及最近一个会计期间委托贷款及投资收益明细表,判断委托贷款安全性。

(3) 取得前三年及最近一个会计期间长期股权投资、减值准备及投资收益明细表,关注大额及异常投资收益;对现金分得的红利,关注是否收现,有无挂账情况。

四、融资环节财务调查

(一) 调查目标

(1) 了解债务融资的规模、结构。

(2) 了解权益融资。

(二) 调查程序

(1) 取得前三年及最近一个会计期间短期及长期借款增减变动及余额表,并与会计报表核对是否相符。

(2) 取得前三年及最近一个会计期间应付债券明细表,并与会计报表核对是否相符。

(3) 取得财务费用明细表,与贷款合同规定的利率进行复核。

(4) 取得前三年及最近一个会计期间长期应付款及专项应付款明细表,与会计报表核对是否相符。

(5) 取得前三年及最近一个会计期间所有者权益增减变动及余额表,与各年增资、配股情况和各年利润分配方案相核对。

五、税务调查

(一) 调查目标

(1) 调查公司执行的税种和税率。

(2) 调查公司执行的税收及财政补贴优惠政策是否合法、真实、有效。

(3) 调查公司是否依法纳税。

(二) 调查程序

(1) 查阅各种税法、公司的营业执照、税务登记证等文件,或与公司财务部门人员访谈,调查公司及其控股子公司所执行的税种(包括各种税收附加费)、税基、税率,调查其执行的税种、税率是否符合现行法律、法规的要求。

(2) 调查公司是否经营进口、出口业务,查阅关税等法规,调查公司所适用的关税、增值税以及其他税种的税率。

(3) 如果公司享受有增值税的减、免,查阅财政部、国家税务总局法规或文件,调查该项法规或文件是否由有权部门发布,调查公司提供的产品(服务)的税收优惠是否合法、合规、真实、有效,该项税收优惠的优惠期有多长。

(4) 如果公司享受有所得税减、免的优惠政策或其他各种形式的财政补贴,查阅有权部门的法规或文件,调查该政策是否合法、合规、真实、有效,该项税收优惠的优惠期有多长。

(5) 获取公司最近几个会计年度享受的税务优惠、退回的具体金额,依据相关文件,判断其属于经常性损益,还是非经常性损益,测算其对公司各期净利润的影响程度。

(6) 查阅公司最近三年的增值税、所得税以及其他适用的税种及附加费的纳税申报表、税收缴款书等文件,调查公司最近3年是否依法纳税。

(7) 获取公司所处管辖区内的国家税务总局、地方税务局以及直属的税收分局征收处的证明,调查公司是否存在偷、漏税情形,是否存在被税务部门处罚的情形,是否拖欠税金。

(8) 如果公司企业组织形式变化,如外资企业变为内资企业,是否补足了以前减免的税款。

六、或有事项调查

(一) 调查目标

(1) 调查或有事项的具体情况。

(2) 判断上述事项对公司财务状况、经营成果、声誉、业务活动、未来前景等可能产生影响。

(二) 调查程序

(1) 调查公司因诉讼或仲裁情况可能引起的或有负债,引证诉讼专题。

(2) 如果企业对售后商品提供担保,参照历史情况,估量顾客提出诉求的可能性。

(3) 公司为其他单位的债务提供担保,调查提供担保的债务数额,是否承担连带责任,是否采取反担保措施,估算可能发生或有负债金额,确认公司是否以公司资产为本公司的股东、股东的控股子公司、股东的附属企业或者个人债务提供担保。

(4) 环境保护的或有负债。

① 查阅公司有关环保方面的批文,明确是否达到环境保护的相关标准。

② 调查公司是否有污染环境的情况发生。

③ 测算出公司可能发生的治理费用数额或者可能支付的罚金数额。

第三节　中介机构及其在公司并购中的作用

中介机构作为并购活动的策划者和直接参与者,在并购过程中起着不可或缺的作用。本节主要分别就投资银行、会计师事务所、律师事务所、投资咨询顾问作简单介绍。

一、投资银行

投资银行在企业并购中作为财务顾问,为参与并购的双方提供服务。

投资银行在公司并购中的作用体现在两方面:一是在公司并购中扮演产权投资者的角色;二是在公司并购中扮演并购顾问角色。财务顾问在公司并购中的积极作用,因委托方的不同而有所差异。

投资银行作为收购方的财务顾问,其作用为:

(1) 指导和参与收购方战略制定。

帮助收购方明确收购目的,拟定收购标准。发现收购机会,寻找合适目标。

(2) 为并购交易设计适当的融资结构。

从收购公司的战略和其他方面评估目标公司,给出公允价值的建议,包括要约价格、支付方法和融资渠道。

(3) 研究收购活动对收购方的影响。

评估财务及经营协同效应,分析财务上可能出现的问题及补救措施。

(4) 设计目标公司股东能接受的收购方案。

在收购中作为代理提供谈判技巧和策略的建议。

(5) 提供收购后对目标公司的整合建议和方案。协同收购方实现收购目标。

【看一看】 摩根士丹利

摩根士丹利(Morgan Stanley，NYSE：MS)，财经界俗称"大摩"，是一家成立于美国纽约的投资银行，提供包括证券、资产管理、企业合并重组和信用卡等多种金融服务，目前在全球27个国家的600多个城市有代表处，雇员总数达5万多人。

摩根士丹利总公司下设9个部门，包括：股票研究部、投资银行部、私人财富管理部、外汇/债券部、商品交易部、固定收益研究部、投资管理部、直接投资部和机构股票部。

摩根士丹利涉足的金融领域包括股票、债券、外汇、基金、期货、投资银行、证券包销、企业金融咨询、机构性企业营销、房地产、私人财富管理、直接投资、机构投资管理等。

摩根士丹利是最早进入中国发展的国际投资银行之一，多年来业绩卓越。在2012年财富世界500强排行榜中排名第261位。2017年6月7日，2017年《财富》美国500强排行榜发布，摩根士丹利排名第76位。

资料来源：作者收集整理。

二、会计师事务所

会计师事务所是指依法独立承担注册会计师业务的中介服务机构，是由有一定会计专业水平、经考核取得证书的注册会计师(如中国的注册会计师、美国的执业会计师、英国的特许会计师等)组成的、受当事人委托承办有关审计、会计、咨询、税务等方面业务的组织。会计师事务所和注册会计师对公司以及整个资本市场产生重要影响。

会计师事务所在企业并购中的作用：

1. 并购初期

在并购初期，注册会计师应配合做好对目标公司的尽职调查，为初步收购方案的拟定提供依据。

2. 并购中期

在并购过程中，参与并购双方的谈判，提供财务咨询。签订收购意向书后，对目标公司的资产进行评定，为制定收购价格提供依据。根据并购的情况，考虑税收筹划，选择合适的支付方式。

3. 并购后期

在整合阶段，协助拟定整合方案。

【看一看】 四大国际会计师事务所

2015年数据：

普华永道(PWC)，收入354亿美元，从业人员208 100人。

德勤(DTT)，收入352亿美元，从业人员225 400人。

安永(Ernst & Young)，收入287亿美元，从业人员212 000人。

毕马威(KPMG),收入244亿美元,从业人员173 965人。

普华永道(PWC)由普华国际会计公司(Price Waterhouse)和永道国际会计公司(Coopers & Lybrand)于1998年7月1日合并而成,2008财年的收入为281亿美元。现全球共有员工155 000人。普华永道总部位于英国伦敦。中国和新加坡总共有460多名合伙人和12 000多名员工。

1989年,Deloitte Haskins & Sells International 和 Touche Ross International 合并,形成了 Deloitte Touche Tohmatsu,即德勤全球。Spicer & Oppenheim 于1991年加入了其中国香港特别行政区和英国的国际网络。1997年,德勤与中国香港特别行政区最大的华人会计师事务所关黄陈方会计师事务所合并。德勤全球2010年的收入为266亿美元,在中国拥有员工8 000多人。德勤总部位于美国纽约。

安永(Ernst & Young)于1973年在中国香港设立办事处,1981年成为最早获中国政府批准在北京设立办事处的国际专业服务公司。1992年,安永在北京成立安永华明会计师事务所。目前,安永在中国拥有超过6 500名专业人员,北京、香港、上海、广州、深圳、大连、武汉、成都、苏州、沈阳及澳门均设有分所。安永总部位于英国伦敦。

毕马威(KPMG)是一家网络遍布全球的专业服务机构,专门提供审计、税务和咨询等服务。毕马威国际合作组织("毕马威国际")瑞士实体由各地独立成员组成,但各成员在法律上均属分立和不同的个体。现毕马威在中国共设有十六家机构,专业人员约9 000名。毕马威总部位于荷兰阿姆斯特丹。

资料来源:作者收集整理。

三、律师事务所

律师事务所是指律师执行职务进行业务活动的工作机构。律师事务所在组织上受司法机关和律师协会的监督和管理。律师事务所一般实行合伙人制度。律师事务所的工作直接关系到公司和社会公众的利益,是资本市场的重要参与者。

律师事务所在并购中的作用:

(1) 评估收购在法律上的可行性。

(2) 进行法律调查和法律审计。

(3) 完成各种法律文件。

(4) 出具《法律意见书》。

【看一看】 观韬律师事务所

观韬律师事务所成立于1994年2月,总部设在北京市西城区金融大街28号盈泰中心2号楼17层,受北京市司法局管理。

观韬律师事务所除北京总部以外,在上海、深圳、大连、西安、成都、济南、厦门、香港、天津等地设有分所。观韬律师事务所在资本市场、能源和项目融资、并购、证券、破产、房地产、金融、国际投资领域,均位居中国律师事务所前列;并被《钱伯斯全球2009》

《钱伯斯亚洲2009》《国际金融法律评论2008》收录为中国区领先的律师事务所。

资料来源：作者收集整理。

四、投资顾问(咨询公司)

投资顾问(咨询公司)是为投资者提供咨询服务、接受投资者委托的中介机构。投资顾问(咨询公司)在企业并购中主要为参与并购的公司提供财务顾问服务。在收购中既可以为收购方服务，也可以为出让方服务，还可以成为目标公司董事会的独立财务顾问。

【看一看】 和君创业管理咨询有限公司

和君创业管理咨询有限公司是中国比较有特色的综合性管理咨询公司之一。公司由一流专家学者领衔创建，秉持五种系统咨询能力，为中国企业提供基于战略的资本运作与管理改进方案，推动中国企业的战略转型和管理升级。公司已经在公司战略、运营管理、资本运作、并购重组、私募融资、证券投资、基金直投等诸多领域形成了自己独特的服务能力与核心优势，为各行业大中型企业提供高水准的管理咨询与投行咨询服务，创造出众多堪称经典的杰出案例。

和君创业管理咨询师和投资银行家队伍日益壮大，每年执行各类项目几十个，在数十个行业里积累了丰富的案例样本和实战经验，有"企业难题一线杀手"之誉，被公认为是中国咨询理念、思想及方法的领导者。

资料来源：作者收集整理。

课后习题

一、案例题

1. 仔细阅读本章阳光天使投资有限公司并购投资尽职调查清单。

要求：

(1) 试用尽职调查的相关知识分析该清单。

(2) 请任选一家上市公司，根据上述尽职调查清单，撰写《××公司尽职调查报告》。

2. 综合模糊估值法——一种目标公司的选择方法。

初创期互联网在线商务企业估值研究：基于穿衣典的案例分析

一、引言

互联网企业是指"直接从互联网或与互联网相关的产品和服务中获取全部或部分收入的企业"。互联网企业分为以下四类：互联网基础设施制造或供应企业、互联网软件和服务企业、互联网媒介和内容服务企业、互联网在线商务企业。前两类更接近于传统意义上的制造和服务企业，而后两类则是真正完全由互联网本身的应用和兴起而产生的全新组织，即纯粹的互联网企业。Gaibraith提出五个阶段的企业成长周期：原理证明阶段(proof of principle)、原型阶段(prototype stage)、模型工厂阶段(model shop stage)、启动阶段(start-up volume stage)和自然成长阶段(natural growth stage)。闫磊在 Gaibraith 企业成长周期理论的基础上,认为科技型中小企业成长周期与产品生命周期一致,公司只有单一产品时,产品生命周期等同于企业成长周期,按照种子期、初创期、成长期和成熟期的阶段划分进行了科技型中小企业投资价值的生命周期特征及融资匹配分析。综合以上理论,结合穿衣典的特点,穿衣典定义为初创期互联网在线商务企业。

企业价值分析,其基本方法包括定性分析和定量分析两种。张晖明认为,定性分析对于企业估值具有决定性意义,是企业估值的基础,缺乏深刻的定性分析将使企业估值走入歧途。企业估值必须以定性分析为基础,将定性与定量方法结合起来,企业估值必须抓住影响企业价值的关键性因素,并且在此基础上进行量化处理,形成一个定性分析的量化模型,以更加精确地对企业的价值进行评估。处于初创期的高科技公司,其成长性强、风险性高的特点使得传统估值模型的运用具有很大的局限性。周孝华将实物期权的估值方法与传统的估值方法结合起来,并综合折现现金流和动态规划来评价企业价值。李恩平运用实物期权理论,针对高新技术企业风险投资的特点,提出风险投资分阶段期权定价模型。陈涛将模糊评估与实物期权相结合,提出基于模糊数学的实物期权估值方法,从风险发生来研究判断对于估值的影响程度,用模糊数学的方法说明了期望收益的不确定性。金泳锋利用层次分析模型,从技术价值、法律价值和经济价值三个方面构建了专利价值评估模型,探讨了各指标权重及其排序机理。

黄生权利用德尔菲法,研究并分析互联网企业关键价值驱动因素及其成长规律,并给出群决策环境下互联网企业价值评价体系。黄涛珍针对科技型初创企业的特点,设计出基于拓展 NPV 模型的灰色评估方法,但并没有在实践中的具体应用。周正柱以 AHP-模糊综合评价法为研究工具,对机械制造型企业的知识产权价值影响因素进行了分析,建立了模糊综合评价的指标体系与评估模型,并应用该模型得出机械制造型企业知识产权价值。但只是泛泛针对行业,而并没有具体的企业应用。

鲍新中基于知识产权在价值评估方面存在多种多样的风险,从知识产权质押融资的价值评估视角建立风险评价指标体系,结合层次分析法和模糊综合评价方法,对所选的知识产权质押融资项目案例的风险进行评价。谌鹏通过主成分分析法研究我国互联网行业的上市公司在 IPO 时影响其估值的非财务指标,认为 IPO 估值应根据市场反应进行调整。谢蓬将互联网企业商业模式分为价值主张等八个维度,架构起互联网企业商业模式价值评估体系的结构性维度,并评估互联网企业商业模式价值。

如何合理确定初创期互联网在线商务企业的价值,是目前理论和实务中的一个难点。在对初创期互联网在线商务企业进行估值时,可以对照标杆企业,运用三阶段法,即首先模糊评估价值区间;接着量化价值评估分数;最后根据市场反应,确定具体价值评估数值。

北京小黑裙国际文化传播有限公司与穿衣典业务相近,发展阶段相同,已成功融资,属于初创期互联网在线商务企业,在分析穿衣典时,将小黑裙作为对照标杆。

下面以穿衣典为研究对象,详细展开介绍与分析。

二、初创期互联网在线商务企业穿衣典估值因素分析

(一)穿衣典及其商业模式

北京中科依美科技有限公司①是专门为运营"穿衣典"项目而设立的公司,穿衣典是客户的移动在线着装顾问。公司的着装顾问免费为客户选配服装,在手机等终端媒体展示。客户通过移动终端,可方便查看、选择适合自己的服装。穿衣典项目运用大数据、云技术、图像处理、精准分发等技术,结合专业着装顾问,实现快速、智能、专业、时尚、体贴的着装顾问服务。

穿衣典属于互联网初创期在线商务企业,现阶段穿衣典呈现出成长性强、风险性高、没有稳定的现金流等特点。穿衣典运用自主开发的项目产品2.0试衣系统同时开展三个方面的业务:展示机试衣、网站试衣和App试衣。

穿衣典商业模式如图9-1所示。

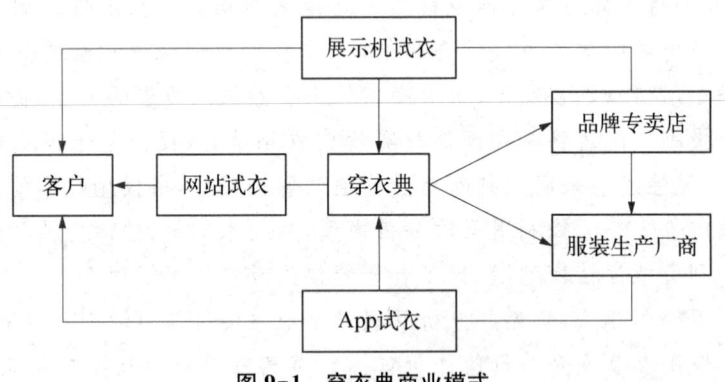

图9-1 穿衣典商业模式

(二)穿衣典价值评估指标体系构建

1. 客户价值

互联网企业的客户价值一般取决于客户的注意程度,也就是企业的产品或服务满足客户需求的程度。客户满足程度高,点击率就高,客户的注册量就会增加。穿衣典的客户价值通过以下指标来考察。

客户注册量:在穿衣典系统中注册的客户数量。

系统关注度:穿衣典潜在客户使用系统的时间。

潜在客户比:在某一时间内访问穿衣典的潜在客户数占同业总潜在客户数的比例。这一指标描述了穿衣典在网络试衣行业的影响力,类似于市场占有率。

潜在客户转化率:由潜在客户转化为现实客户的比例。

2. 战略与团队

通过以下三个指标考察。

---

① 公司名为化名。

战略执行：对于互联网试衣行业环境变化，穿衣典团队执行既定战略的宣贯能力。战略执行包括刚性和柔性，使公司战略与环境变化保持协调。

创新能力：对于互联网试衣行业环境变化，穿衣典团队的创新能力是企业的持续发展的基本保证。

学习能力：穿衣典团队的学习能力是决定北京中科伊美科技有限公司成功的关键因素之一。

3. 合作关系网络

穿衣典与合作伙伴共同创造价值，考察穿衣典合作关系网络有以下指标。

运营能力：该指标反映了北京中科伊美科技有限公司作为一个互联网企业的整合能力。

业务持续能力：该指标反映了北京中科伊美科技有限公司的风险管理能力。

人力资源水平：合作关系网络中穿衣典团队的整合能力。

4. 试衣服务

考察穿衣典试衣服务维度的指标如下。

服务宣贯率：指理解穿衣典产品与服务的人数与注意到穿衣典的人数之比例。这一指标表明了穿衣典吸引潜在客户的程度。

客户满意度：客户对于穿衣典服务的期望值与客户体验之间的匹配程度。

客户忠诚度：又称为客户黏度，指客户对于穿衣典的服务产生了好感，形成了一种依赖性的偏好，进而重复使用穿衣典系统的一种趋向。

5. 盈利潜力

对于穿衣典盈利潜力的评价，可以从三个方面入手：项目可行性、团队战斗力、第一提及率。

项目可行性：可行性分析是通过对穿衣典的主要服务内容、试衣市场需求、系统资源、试衣市场规模、经济环境变化、金融市场等进行分析，确认穿衣典是否具有投资价值。可行性分析具有预见性、公正性、可靠性和科学性的特点。

团队战斗力：团队战斗力是多元、多面向、多层次的，可依据团队成员特质、团队历程等来考量。

第一提及率：在创新创业型经济中，当客户想获得试衣服务时，首先想到的公司。该比率反映了北京中科伊美科技有限公司的用户基础和未来发展前景。

三、基于模糊综合评判法的穿衣典价值评估

（一）模糊综合评判法的应用步骤与指标权重的确定

现应用模糊综合评判法对穿衣典进行价值评估。

1. 评判因素集 P、评语集 Q、评判矩阵 S

评判因素集为：$P=(p_1, p_2, \cdots, p_n)$，$i=1,2,\cdots,n$，$P_i$ 为被考虑的因素。选取穿衣典的五个结构性维度作为价值评判的因素集 P：$P=(p_1, p_2, p_3, p_4, p_5)=$（客户价值，战略与团队，合作关系网络，试衣服务，盈利潜力）。

评语集 $Q=\{q_1,q_2,\cdots,q_j\}$，$j=1,2,\cdots,m$，Q_j 为评判的结果。评判等级一般可以分为 4~7 个等级。穿衣典价值评判分为 5 个等级：

$Q=(q_1,q_2,q_3,q_4,q_5)=(优秀,良好,中等,一般,较差)$。

从 P 到 Q 的评判矩阵 S

即：

$$S=(s_{ij})_{nm}=\begin{bmatrix} s_{11} & \cdots & s_{1m} \\ \vdots & \ddots & \vdots \\ s_{n1} & \cdots & s_{nm} \end{bmatrix}$$

2. 指标权重

赋予评判因素 p_i 权重 c_i，指标权重向量 C 记为：$C=\{c_1,c_2,\cdots,c_n\}$，$\sum c_i=1$，$0<c_i<1$。

采用德尔斐法确定指标权重，邀请 10 位专家组成评价组，10 位专家对北京中科伊美科技有限公司深入了解后，独立给出评价意见。各级指标相应的权重值，如表 9-1 所示。

3. 评判结论

用指标权重向量 C 与评判矩阵 S 相乘得评判结果：$T=C\times S=(t_1,t_2,\cdots,t_m)$。根据最大隶属度原则，$T$ 中隶属度最大的所对应的评判等级 t_i 即为评判结论。

（二）穿衣典模糊区间估值

1. 客户价值

穿衣典公测期间有用户 20 万，至 2016 年 7 月底已达 100 万。客户价值指标的单因素评价矩阵 S_1 如下。

$$S_1=\begin{bmatrix} 0.5 & 0.3 & 0 & 0.1 & 0.1 \\ 0.6 & 0.2 & 0.1 & 0.1 & 0 \\ 0.4 & 0.4 & 0.1 & 0.1 & 0 \\ 0.5 & 0.2 & 0.1 & 0.1 & 0.1 \end{bmatrix} \begin{matrix} 客户注册量 \\ 系统关注度 \\ 潜在客户比 \\ 潜在客户转化率 \end{matrix}$$

用指标权重向量 C_1 与单因素评判矩阵 S_1 相乘得评判结果：

$$T_1=C_1\times S_1=(0.15\quad 0.26\quad 0.21\quad 0.38)\times \begin{bmatrix} 0.5 & 0.3 & 0 & 0.1 & 0.1 \\ 0.6 & 0.2 & 0.1 & 0.1 & 0 \\ 0.4 & 0.4 & 0.1 & 0.1 & 0 \\ 0.5 & 0.2 & 0.1 & 0.1 & 0.1 \end{bmatrix}$$

$$=(0.505\quad 0.257\quad 0.085\quad 0.1\quad 0.053)$$

从隶属度看，客户价值评判为优秀。

2. 战略与团队

穿衣典作为一家为买方和卖方提供平台的公司，围绕让人们更美丽的使命创立，其愿景是成为世界领先的着装顾问公司。具体战略是以合体、好看、舒适的原则，实现客户自我、自信、梦想的期望。

3. 合作关系网络

不断增值的价值网络一直是穿衣典建设的重点,穿衣典为用户提供着装方案顾问服务。由专业服装设计师,按照着装 TPO 原则,为某一特定人群精心挑选搭配。数据处理中心将用户的个性特征与服装方案的属性特征相匹配,实现用户与设计师的交流。

穿衣典为服装设计师提供个人作品发布平台,服装设计师可将作品通过穿衣典平台发布。穿衣典帮助服装设计师寻找粉丝,为用户下单定制。

穿衣典为服装厂商提供新品发布、推广和销售渠道。传统电商把所有的服装放在每一位消费者面前,是从服装找人。穿衣典为每位消费者挑选最合适的服装,是为人搭配美装,推广方式从粗放转为精准,以低成本帮助服装厂商。

4. 产品与服务

为了进行业务推广,穿衣典向所有注册用户免费提供基本功能及服务,收益主要来自定制产品的供应商。

表 9-1　穿衣典价值评估指标权重值

目标	序号	一级指标	一级权重	二级指标	二级权重	综合权重
穿衣典价值评估	1	客户价值 C_1	0.28	客户注册量 C_{11}	0.15	0.042 0
				系统关注 C_{12}	0.26	0.072 8
				潜在客户比 C_{13}	0.21	0.058 8
				潜在客户转化率 C_{14}	0.38	0.106 4
	2	战略与团队 C_2	0.12	战略执行 C_{21}	0.26	0.031 2
				创新能力 C_{22}	0.43	0.051 6
				学习能力 C_{23}	0.31	0.037 2
	3	合作关系网络 C_3	0.32	运营能力 C_{31}	0.49	0.156 8
				业务持续能力 C_{32}	0.33	0.105 6
				人力资源水平 C_{33}	0.18	0.057 6
	4	试衣服务 C_4	0.11	服务宣贯率 C_{41}	0.16	0.017 6
				客户满意度 C_{42}	0.41	0.045 1
				客户忠诚度 C_{43}	0.43	0.047 3
	5	盈利潜力 C_5	0.17	项目可行性 C_{51}	0.39	0.066 3
				团队战斗力 C_{52}	0.44	0.074 8
				第一提及率 C_{53}	0.17	0.028 9

5. 盈利潜力

2016 年 6 月底,项目产品 1.0 版本上线,9 月底,项目产品 2.0 版本上线,用户体验及供应商工具产品有质的提高。2016年底项目产品3.0版本上线,构建竞争壁垒。

2016年完成100个品牌供应商、10个设计师、60万个手机安装用户的目标。2017年底达到300个品牌供应商、300个品牌设计师、300万个手机安装用户的目标。

战略与团队评价矩阵 S_2、合作关系网络的评价矩阵 S_3、试衣服务评价矩阵 S_4 和盈利潜力评价矩阵 S_5 分别如下:

$$S_2 = \begin{pmatrix} 0.4 & 0.3 & 0.1 & 0.1 & 0.1 \\ 0.4 & 0.2 & 0.2 & 0.1 & 0.1 \\ 0.6 & 0.2 & 0.1 & 0.1 & 0 \end{pmatrix} \quad S_3 = \begin{pmatrix} 0.3 & 0.2 & 0.2 & 0.2 & 0.1 \\ 0.5 & 0.3 & 0.1 & 0.1 & 0 \\ 0.5 & 0.1 & 0.3 & 0.1 & 0 \end{pmatrix}$$

$$S_4 = \begin{pmatrix} 0.3 & 0.3 & 0.2 & 0.1 & 0.1 \\ 0.1 & 0.4 & 0.3 & 0.1 & 0.1 \\ 0.4 & 0.2 & 0.2 & 0.1 & 0.1 \end{pmatrix} \quad S_5 = \begin{pmatrix} 0.4 & 0.2 & 0.2 & 0.2 & 0 \\ 0.3 & 0.4 & 0.3 & 0 & 0 \\ 0.2 & 0.2 & 0.3 & 0.2 & 0.1 \end{pmatrix}$$

用指标权重向量 C_i 与单因素评判矩阵 S_i 相乘得评判结果:

$$T_2 = (0.462 \quad 0.226 \quad 0.143 \quad 0.1 \quad 0.069)$$
$$T_3 = (0.402 \quad 0.215 \quad 0.185 \quad 0.149 \quad 0.049)$$
$$T_4 = (0.261 \quad 0.298 \quad 0.241 \quad 0.1 \quad 0.1)$$
$$T_5 = (0.322 \quad 0.288 \quad 0.261 \quad 0.112 \quad 0.017)$$

由最大隶属度原则,战略与团队、合作关系网络、试衣服务、盈利潜力分别评价为优秀、优秀、良好、优秀。

(三)穿衣典价值评估分数计算

在前文基础上,对穿衣典五个维度的模糊估值进行量化。优秀的取分区间:90~100;良好的取分区间:80~89;中等的取分区间:70~79;一般的取分区间:60~69;较差的取分区间:0~59。

上述10位专家进行第二轮打分,按照"在模糊区间内,去掉最高分、去掉最低分,剩余分数取平均数"的方法,得出穿衣典的五个维度的具体分数,再根据每个维度的权重,计算出穿衣典的价值评估分数(见表9-2)。

表9-2 穿衣典五个维度分数

序号	维度	模糊评估值	打分区间	第二轮专家定量评估值	每个维度所占权重
1	客户价值	优秀	(90~99)	92.38	0.28
2	战略与团队	优秀	(90~99)	90.50	0.12
3	合作关系网络	优秀	(90~99)	91.88	0.32
4	试衣服务	良好	(80~89)	83.75	0.11
5	盈利潜力	优秀	(90~99)	90.50	0.17

穿衣典价值评估分数计算如下：

$$92.38 \times 0.28 + 90.50 \times 0.12 + 91.88 \times 0.32 + 83.75 \times 0.11 + 90.50 \times 0.17 = 90.73$$

（四）计算穿衣典的价值评估值

2015年9月，处于初创期的互联网在线商务企业北京小黑裙国际文化传播有限公司的创始人王思明获得由俞敏洪和盛希泰共同发起成立的洪泰基金200万元的天使投资[①]。按照惯例，天使投资的占股比例一般为8%～15%。按照10%的占股比例估算，小黑裙估值2 000万元。

穿衣典与小黑裙业务类似，发展阶段均处于初创期。小黑裙作为融资成功的企业，价值评估分数如果定义为1的话，则穿衣典具体估值为：

$$2\,000\text{万元} \times 0.907\,3 = 1\,814.6\text{万元}$$

四、结论

在大众创业、万众创新的环境下，穿衣典作为整合品牌专卖店、服装生产厂商和客户的着装消费平台，其发展需要得到社会资本的鼎力相助。在融资过程中，估值问题一直是困扰投融资双方的一个难题。

穿衣典作为初创期互联网在线商务企业，成长性强、风险性高、没有稳定的现金流，在对其估值时，按照标杆对照的思路，选取与其业务相近、发展阶段相同、已成功融资的小黑裙作为标杆企业，对穿衣典估值采取了先定性，再定量的方法。首先，运用模糊评判法，从穿衣典的5个价值维度进行评估，找到价值维度的模糊区间；接着，按照评估的模糊区间，进一步量化为具体的数值，得出穿衣典的价值评估分数；最后，参照同类融资成功的企业小黑裙，计算出穿衣典的价值评估数值。

本文提出的估值思路对于同类的互联网企业具有一定的借鉴价值。

要求：请利用穿衣典的案例，讲解综合模糊评估法。

二、思考题

1. 请简述并购前期的主要工作。
2. 尽职调查的主要内容有哪些？
3. 投资银行作为收购方的财务顾问，其职责和作用是什么？
4. 请简述会计师事务所在并购中的作用。
5. 请简述律师事务所在并购中的作用。

---

① 2016年5月15日《北京晚报》第19版。

第十章 并购投资中期

 **教学目标**

- 掌握协议收购的概念和程序。
- 了解公司收购中的三种重要披露文件。
- 掌握我国要约收购规定的主要内容。
- 掌握权益融资的种类与优缺点。
- 了解银行借款融资的种类和优缺点。
- 掌握债券融资的种类和优缺点。

 **导读案例**　**中国第一例要约收购——南钢联合要约收购南钢股份（被动型要约收购）**

　　2003年3月12日，复星集团及其关联企业与南钢股份控股股东南钢集团合资设立南钢联合有限公司。南钢集团以其持有的南钢股份（600282）70.95％股权及其他资产作为出资，复星集团及其关联公司以现金出资6亿元，共持有南钢联合60％的股权，触发了对南钢股份的收购，而且超过30％的比例，应当进行要约收购。从而引发中国证券市场上的第一例要约收购，涉及金额达8.5亿元，但此案是由于南钢集团用南钢股份的股权进行投资而间接导致的要约收购，没有控制权的争夺，仅仅是形式上的要约收购。

　　资料来源：上海国家会计学院，企业并购与重组[M]．北京：经济科学出版社，2011：8。

　　要求：试分析南钢股份为什么甘愿被人收购。

第一节 协议收购

一、概述

协议收购指收购者以协商的方式,与被收购公司的股东签订收购其股份的协议,从而达到控制该上市公司的目的。协议收购主要靠双方协商解决,往往是善意收购。

首先,协议收购必须依照《公司法》《证券法》《上市公司收购管理办法》及相关的法律和行政法规的规定,与被收购公司的股东协商进行股权转让,否则收购行为无效。《证券法》第九十四条规定:采取协议收购方式的,收购人可以依照法律、行政法规的规定同被收购公司的股东以协议方式进行股份转让。

其次,《证券法》第九十四条同时规定:以协议方式收购上市公司时,达成协议后,收购人必须在三日内将该收购协议向国务院证券监督管理机构及证券交易所作出书面报告,并予公告。

最后,《证券法》第九十四条也规定:在公告前不得履行收购协议,即收购活动应公正、公开,防止有些人利用内部信息获取非正当收益。《证券法》第九十五条规定:采取协议收购方式的,协议双方可以临时委托证券登记结算机构保管协议转让的股票,并将资金存放于指定的银行。

《上市公司收购管理办法》第六十七条规定:上市公司董事会或者独立董事聘请的独立财务顾问,不得同时担任收购人的财务顾问或者与收购人的财务顾问存在关联关系。独立财务顾问应当根据委托进行尽职调查,对本次收购的公正性和合法性发表专业意见。

《上市公司收购管理办法》第七十九条规定:上市公司控股股东和实际控制人在转让其对公司的控制权时,未清偿其对公司的负债,未解除公司为其提供的担保,或者未对其损害公司利益的其他情形作出纠正的,中国证监会责令改正、责令暂停或者停止收购活动。

二、信息披露

《上市公司收购管理办法》第十三条规定:通过证券交易所的证券交易,投资者及其一致行动人拥有权益的股份达到一个上市公司已发行股份的5%时,应当在该事实发生之日起3日内编制权益变动报告书,向中国证监会、证券交易所提交书面报告,通知该上市公司,并予公告;在上述期限内,不得再行买卖该上市公司的股票。

具体而言,《上市公司收购管理办法》第十四条规定:通过协议转让方式,投资者及其一致行动人在一个上市公司中拥有权益的股份拟达到或者超过一个上市公司已发行股份的5%时,应当在该事实发生之日起3日内编制权益变动报告书,向中国证监会、证券交易所提交书面报告,通知该上市公司,并予公告。

《上市公司收购管理办法》第十四条同时规定:投资者及其一致行动人拥有权益的股份达到一个上市公司已发行股份的5%后,其拥有权益的股份占该上市公司已发行股份的比例每增加或者减少达到或者超过5%的,应当履行报告、公告义务。

《上市公司收购管理办法》第十六条规定:投资者及其一致行动人不是上市公司的第一大股东或者实际控制人,其拥有权益的股份达到或者超过该公司已发行股份的5%,但未达到20%的,应当编制《简式权益变动报告书》。

《上市公司收购管理办法》第十七条规定:投资者及其一致行动人拥有权益的股份达到或者超过一个上市公司已发行股份的20%但未超过30%的,应当编制《详式权益变动报告书》。

《上市公司收购管理办法》第二十一条规定:上市公司的收购及相关股份权益变动活动中的信息披露义务人应当在至少一家中国证监会指定媒体上依法披露信息;在其他媒体上进行披露的,披露内容应当一致,披露时间不得早于指定媒体的披露时间。

协议收购的情况一般只有协议双方清楚,外界很难知晓。收购的透明度不高,使得实践中经常出现当事人相互串通操纵股价、进行内幕交易等事件。因而有必要加强信息披露方面的监管,将协议的有关情况予以公开,接受监管部门和投资者的监督,有利于保护中小投资者的利益和维护证券市场的公正。

下面介绍协议收购中主要的两种信息披露文件。

(一) 权益变动报告书[①]

信息披露义务人因增加其在一个上市公司中拥有权益的股份,导致其在该上市公司中拥有权益的股份达到或超过该上市公司已发行股份的20%但未超过30%,或者虽未超过20%但成为该上市公司第一大股东或者实际控制人的,应当编制详式权益变动报告书。

除依法须编制收购报告书、要约收购报告书、详式权益变动报告书的情形外,信息披露义务人增加或减少其在一个上市公司中拥有权益的股份变动达到法定比例的,应当按照规定编制简式权益变动报告书。

信息披露义务人是多人的,可以书面形式约定由其中一人作为指定代表以共同名义负责统一编制和报送权益变动报告书,依照《上市公司收购管理办法》及公司信息披露与格式准则的规定披露相关信息,并同意授权指定代表在信息披露文件上签字盖章。

---

① 参考《公开发行证券的公司信息披露内容与格式准则第15号——权益变动报告书》。

杭州远方光电信息股份有限公司简式权益变动报告书

上市公司名称：杭州远方光电信息股份有限公司
股票上市地点：深圳证券交易所
股票简称：远方光电
股票代码：300306
信息披露义务人名称：邹建军
住所：杭州市西湖区新金都城市花园
通信地址：杭州市滨江区六和路 368 号一幢（北）4 层
信息披露义务人的一致行动人一：杭州迈越投资合伙企业（有限合伙）
住所：杭州市滨江区滨安路 1197 号 7 幢 180 室
通信地址：杭州市滨江区六和路 368 号一幢（北）4 层
信息披露义务人的一致行动人二：德清融和致信投资合伙企业（有限合伙）
住所：德清县武康镇志远南路 42-5 号
通信地址：杭州市滨江区六和路 368 号一幢（北）4 层
信息披露义务人的一致行动人三：德清融创汇智投资合伙企业（有限合伙）
住所：德清县武康镇志远南路 42-5 号
通信地址：杭州市滨江区六和路 368 号一幢（北）4 层
信息披露义务人的一致行动人四：张宏伟
住所：杭州市滨江区彩虹城
通信地址：杭州市滨江区六和路 368 号一幢（北）4 层

股份变动性质：持股比例增加
签署日期：2016 年 12 月 23 日

信息披露义务人声明
　　一、信息披露义务人依据《中华人民共和国证券法》（简称《证券法》）、《上市公司收购管理办法》（简称《收购办法》）、《公开发行证券公司信息披露内容与格式准则第 15 号——权益变动报告书》（简称《15 准则》）及相关法律、法规和规范性文件编制本报告书。
　　二、信息披露义务人签署本报告已获得必要的授权和批准，其履行亦不违反信息披露义务人章程或内部规则中的任何条款，或与之相冲突。
　　三、依据《证券法》《收购办法》《15 准则》的规定，本报告书已全面披露信息披露

---

① 资料来源：远方光电公告，http://www.szse.cn/。

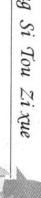

义务人在远方光电中拥有权益的股份变动情况。

截至本报告书签署之日,除本报告书披露的信息外,信息披露义务人没有通过任何其他方式增加或减少其在远方光电拥有权益的股份。

四、本次权益变动是根据本报告所载明的资料进行的。除信息披露义务人和所聘请的专业机构外,没有委托或者授权任何其他人提供未在本报告书中列载的信息和对本报告书作出任何解释或者说明。

五、本次权益变动基于远方光电的发行股份及支付现金购买资产方案。根据重组方案中各方签署的有关协议,远方光电拟以发行股份及支付现金的方式向邹建军等18名交易对方发行47 473 405股附限售条件的流通股,购买浙江维尔科技股份有限公司100%股份。本次交易完成后,信息披露义务人及其一致行动人将持有47 473 405股上市公司股票,信息披露义务人及其一致行动人持有远方光电的股权比例将由0%增至6.63%。

目　录

第一节　释义
第二节　信息披露义务人及其一致行动人介绍
第三节　持股目的和持股计划
第四节　权益变动方式
第五节　前6个月内买卖上市交易股份的情况
第六节　其他重大事项
第七节　备查文件

第一节　释义(略)
第二节　信息披露义务人及其一致行动人介绍(略)
第三节　持股目的和持股计划

一、本次权益变动的目的

根据远方光电与邹建军等18名交易对方签署的《购买资产协议》,远方光电拟以发行股份及支付现金的方式向邹建军等18名交易对方发行47 473 405股附限售条件的流通股,购买维尔科技100%股份,信息披露义务人及其一致行动人将持有19 072 439股上市公司股票,信息披露义务人及其一致行动人持有远方光电的股权比例将由0%增至6.63%。

信息披露义务人及其一致行动人拟通过以接受对价方式增持远方光电股票主要为服务于上市公司长期发展战略,积极推进上市公司的可持续健康发展,推进上市公司在生物特征识别领域方面的延伸。

二、信息披露义务人及其一致行动人未来持股计划

本次权益变动后,信息披露义务人及其一致行动人尚无计划在未来12个月内继续增持其在上市公司中拥有权益的股份。但是,信息披露义务人及其一致行动人不排除在遵守现行有效的法律、法规及规范性文件的基础上未来12个月内增加上市公司股份

之可能性。

第四节 权益变动方式(略)

第五节 前6个月内买卖上市交易股份的情况

信息披露义务人及其一致行动人截至本报告书签署日前六个月内,不存在买卖上市公司股票的情况。

第六节 其他重大事项(略)

第七节 备查文件

一、备查文件

1. 信息披露义务人邹建军的身份证明文件

2. 信息披露义务人的一致行动人杭州迈越投资合伙企业(有限合伙)、德清融和致信投资合伙企业(有限合伙)、德清融创汇智投资合伙企业(有限合伙)的营业执照,张宏伟的身份证明文件

3. 远方光电与交易对方签署的《杭州远方光电信息股份有限公司发行股份及支付现金购买资产协议》及补充协议

4. 信息披露义务人及一致行动人关于买卖杭州远方光电信息股份有限公司股票的自查报告

二、备查文件置备地点

1. 远方光电证券部

2. 联系电话:0571-88990665

3. 联系人:张杰

(二)上市公司收购报告书

《上市公司收购管理办法》第四十八条规定:以协议方式收购上市公司股份超过30%,收购人拟申请豁免的,应当在与上市公司股东达成收购协议之日起3日内编制《上市公司收购报告书》,提交豁免申请,委托财务顾问向中国证监会、证券交易所提交书面报告,通知被收购公司,并公告上市公司收购报告书摘要。

《公开发行证券的公司信息披露内容与格式准则第16号——上市公司收购报告书》第二条规定:通过协议收购、间接收购和其他合法方式,在上市公司中拥有权益的股份超过该上市公司已发行股份的30%的投资者及其一致行动人(简称收购人),应当按照本准则的要求编制和披露上市公司收购报告书(简称收购报告书)。

该准则对上市公司收购报告书的结构、收购人介绍、收购人持股情况、前六个月内买卖挂牌交易股份的情况、与上市公司之间的重大交易、资金来源、后续计划、对上市公司的影响分析、收购人的财务资料、其他重大事项、备查文件等内容都做了详细的规定。报告书的目的就是要详细、规范地披露公司的信息,以使投资者全面了解收购双方的情况。

《上市公司收购管理办法》第五十五条规定:收购报告书公告后,相关当事人应当

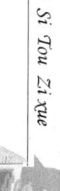

按照证券交易所和证券登记结算机构的业务规则,在证券交易所就本次股份转让予以确认后,凭全部转让款项存放于双方认可的银行账户的证明,向证券登记结算机构申请解除拟协议转让股票的临时保管,并办理过户登记手续。

【案例 10-2】[①] **包头北方创业股份有限公司收购报告书**

上市地:上海证券交易所　　股票代码:600967　　股票简称:北方创业

上市公司:包头北方创业股份有限公司

上市地:上海证券交易所

股票简称:北方创业

股票代码:600967

收购人:内蒙古第一机械集团有限公司

住所:内蒙古自治区包头市青山区民主路

通信地址:内蒙古自治区包头市青山区民主路

一致行动人	住　　所	通信地址
山西北方机械控股有限公司	太原市杏花岭区胜利街 101 号 118 幢 1 层	太原市杏花岭区胜利街 101 号 118 幢 1 层
中兵投资管理有限责任公司	北京市石景山区石景山路 31 号院盛景国际广场 3 号楼 818 室	北京市三里河南五巷四号二层
北方置业集团有限公司	北京市海淀区紫竹院路车道沟 10 号西院 61~66 幢	北京市海淀区紫竹院路车道沟 10 号西院

签署日期:2017 年 2 月

声　明

本部分所述词语或简称与本报告书"释义"所述词语或简称具有相同含义。

一、本报告书系收购人及其一致行动人依据《公司法》《证券法》《重组管理办法》《收购管理办法》和《准则第 16 号》等法律、法规及规范性文件编制。

二、依据《证券法》《收购管理办法》和《准则第 16 号》的规定,本报告书已全面披露收购人及其一致行动人在北方创业拥有权益的股份;截至本报告书签署日,除本报告书披露的持股信息外,收购人及其一致行动人没有通过任何其他方式在北方创业拥有权益。

三、收购人及其一致行动人签署本报告书已获得必要的授权和批准,其履行亦不

[①] 资料来源:北方创业公告,http://www.sse.com.cn/。

违反收购人及其一致行动人章程或内部规则中的任何条款,或与之冲突。

四、收购人本次取得北方创业发行的新股已经国防科工局批准、国务院国资委批准、北方创业股东大会通过、中国证监会核准及商务部的经营者集中审查通过;北方创业股东大会已同意收购人及其一致行动人免于发出要约,根据《上市公司收购管理办法》的相关规定,收购人及其一致行动人可以免于向中国证监会提交豁免要约收购申请。

五、本次收购是根据本报告书所载明的资料进行的。除收购人及其一致行动人和所聘请的专业机构外,没有委托或授权任何其他人提供未在本报告书中所列载的信息和对本报告书作出任何解释或者说明。

六、收购人及其一致行动人承诺本报告书不存在虚假记载、误导性陈述或重大遗漏,并对其真实性、准确性、完整性承担个别和连带的法律责任。

目　录

声明
目录
释义
第一章　收购人及其一致行动人介绍
　　一、收购人及其一致行动人基本情况
　　二、收购人及其一致行动人的主要管理人员情况
　　三、最近五年所涉及行政处罚、刑事处罚、诉讼和仲裁情况
　　四、持有或控制其他上市公司股份的情况
　　五、持股5%以上的金融机构的情况
　　六、关于收购人存在一致行动关系的说明
第二章　本次收购目的
　　一、本次收购目的
　　二、未来股份增减持计划
　　三、本次收购决定所履行的相关程序
第三章　本次收购方式
　　一、持有上市公司股份的情况
　　二、标的资产的基本情况
　　三、本次收购的基本情况
　　四、本次收购涉及协议的主要内容
　　五、本次收购所涉股份性质及转让限制情况
第四章　资金来源
第五章　后续计划
　　一、是否拟在未来12个月内改变上市公司主营业务或者对上市公司主营业务作出重大调整

二、未来12个月内是否拟对上市公司或其子公司的资产和业务进行出售、合并、与他人合资或合作的计划,或上市公司拟购买或置换资产的重组计划

三、是否拟改变上市公司现任董事会或高级管理人员的组成

四、是否拟对可能阻碍收购上市公司控制权的公司章程条款进行修改及修改的草案

五、是否拟对被收购公司现有员工聘用计划作重大变动及其具体内容

六、上市公司分红政策的重大变化

七、其他对上市公司业务和组织结构有重大影响的计划

第六章 对上市公司的影响分析

一、本次收购对上市公司主营业务和盈利能力的影响

二、本次收购对关联交易的影响

三、本次收购对同业竞争的影响

第七章 与上市公司之间的重大交易

一、与上市公司及其子公司之间的重大交易情况

二、与上市公司的董事、监事、高级管理人员之间的交易

三、对拟更换的上市公司董事、监事、高级管理人员的补偿或类似安排

四、对上市公司有重大影响的其他正在签署或者谈判的合同、默契或者安排

第八章 前六个月内买卖上市交易股份的情况

第九章 财务资料

一、内蒙古第一机械集团有限公司的财务资料

二、山西北方机械控股有限公司的财务资料

三、中兵投资管理有限责任公司的财务资料

四、北方置业集团有限公司的财务资料

第十章 其他重大事项

第十一章 备查文件

收购人及其一致行动人声明

财务顾问声明

法律顾问声明

收购报告书附表

释义(略)

第一章 收购人及其一致行动人介绍(摘要)

截至本报告书签署日,一机集团控股股东为兵器工业集团,实际控制人为国务院国资委。一机集团的产权及控制关系如图10-1所示。

一机集团、中兵投资、北方置业同受兵器工业集团控制,一机集团持有北方机械控股100%的股份。根据《收购办法》第八十三条的规定,一机集团、北方机械控股、中兵投资、北方置业为一致行动人。

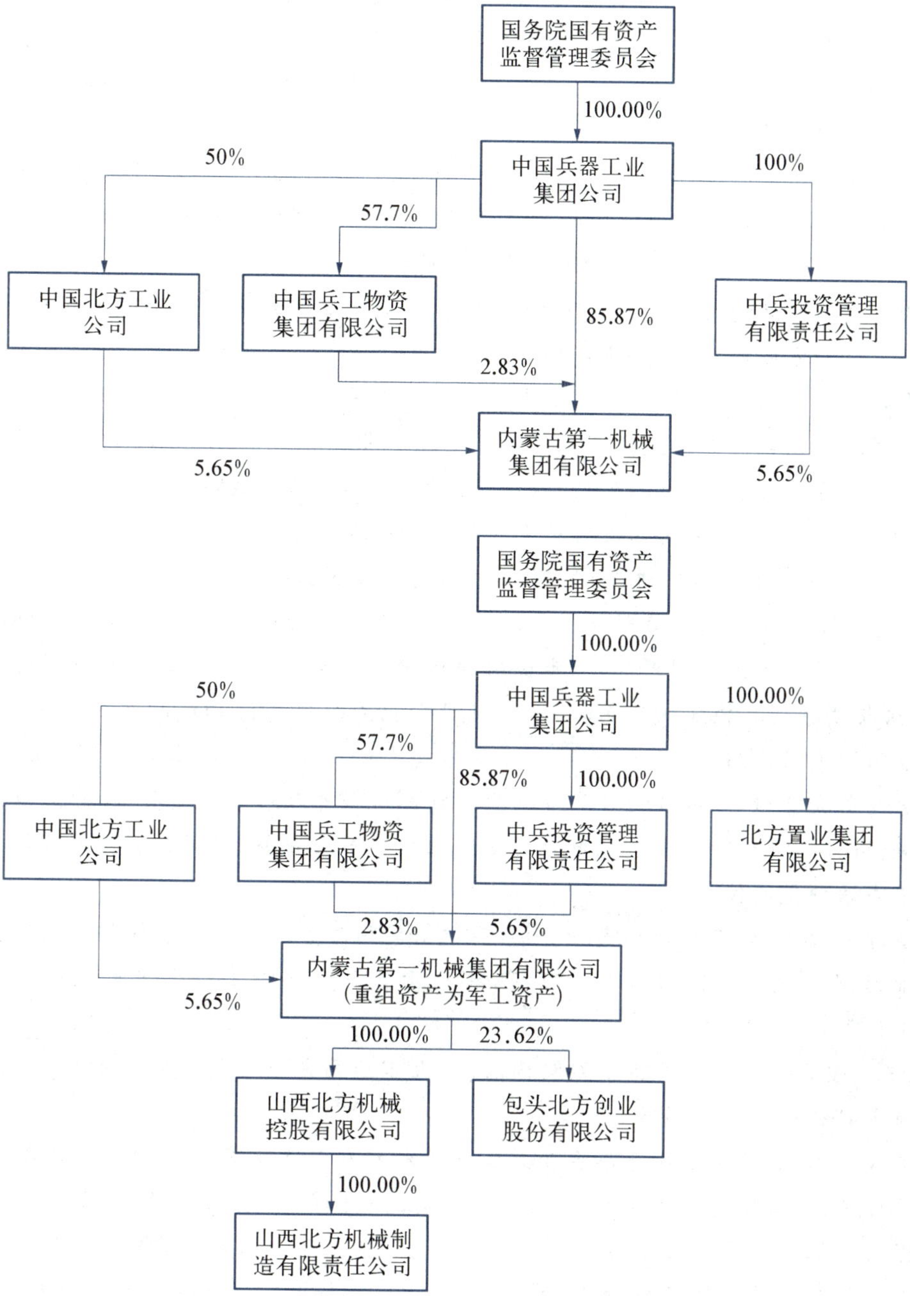

图 10-1 一机集团产权及控制关系

第二章 本次收购目的（摘要）

一、本次收购目的

（一）提升上市公司盈利能力和抗风险能力

目前我国宏观经济减速，铁路车辆市场需求下降，近两年上市公司由于业务较为单一且行业周期波动较大，业绩出现大幅下滑。为扭转上述不利情况，增强上市公司盈利能力及抗风险能力,经交易各方充分论证启动本次交易。本次交易完成后,上市公司业务及产品范围将进一步拓展,上市公司新增产品将涵盖装甲车辆等防务装备的研发及制造,上市公司主营业务规模和竞争能力得到大幅提升,上市公司的综合实力和竞争力得到全方位的增长。

本次资产注入后,上市公司的盈利能力将得到彻底改善;上市公司得以整合兵器工业集团下属核心子集团一机集团的优质技术资源、市场资源以及人力资源,通过丰富产品类型、延伸产业链条,形成军民融合的发展局面;本次交易的完成,将有助于提升上市公司的可持续发展能力和综合竞争力,切实保护全体股东特别是中小股东利益。

本次交易完成后,上市公司将形成军品主业突出、民品布局合理的产业结构,产品类型更加丰富。本次资产注入后,上市公司的资产规模、盈利能力将得到大幅提升;上市公司得以整合兵器工业集团下属核心子集团一机集团的技术资源、市场资源以及优秀的人力资源,通过丰富产品类型、延伸产业链条,形成协同效应,增强上市公司抗风险能力,进一步提升上市公司的可持续发展能力和综合竞争力。

(二)利用资本平台促进上市公司军民业务的协同发展

多年以来一机集团一直坚持军民结合、优势互补的原则,并充分利用军工技术优势和人才优势开发军民两用产品,上市公司铁路车辆业务涉及的核心技术部分起源于军品,一机集团利用其较强的研制能力,实现科研能力的在不同领域的运用,并不断拓展适应市场的民用产品。

通过本次重组,可有效提升北方创业的整体规模并改善经营质量,提升上市公司整体价值。同时,将有助于未来上市公司更好的承接军品任务,巩固上市公司在相关军民业务领域的领先地位。

通过本次重组,将有效拓宽融资渠道,更好的保障军品相关国家任务的完成。通过本次配套融资投入军民融合产业项目,有利于进一步促进上市公司军民融合产业的发展。

(三)理顺一机集团军品业务架构,减少上市公司与注入资产之间的关联交易,切实保障上市公司及股东利益

本次交易前,上市公司下属企业大成装备和特种技术装备为一机集团军品业务中间制造环节,本次交易将解决目前一机集团军品业务环节存在的分割问题,本次交易有利于保持一机集团军品业务的完整性。本次交易前上市公司与本次一机集团注入资产间存在比例较高的关联交易,本次交易完成后,随着各标的资产注入上市公司,北方创业在重组前与标的资产发生的关联交易将消除。本次交易如成功实施,将全面减少一机集团与上市公司之间的关联交易,进一步完善法人治理结构,切实保障上市公司及股东利益。

第三章 本次收购方式(摘要)

一、持有上市公司股份的情况

本次交易前,一机集团及一致行动人合计共持有北方创业 210 724 909 股股份,占

北方创业总股本的25.61%。本次交易完成后,一机集团及一致行动人将实现对北方创业的绝对控股,上市公司的股权结构变化如表10-1所示。

表10-1 股权结构变化

股东名称	本次交易前 (2016年12月20日前)		本次交易后 (截至2016年12月20日)	
	数量(股)	比 例	数量(股)	比 例
一机集团	194 339 999	23.62%	869 872 213	51.48%
北方机械控股	—	—	43 767 822	2.59%
中兵投资	16 384 910	1.99%	23 949 206	1.42%
北方置业	—	—	2 269 288	0.13%
一机集团及关联方合计	210 724 909	25.61%	939 858 529	55.63%
其他股东	612 103 090	74.39%	749 773 288	44.37%
总股本	822 827 999	100.00%	1 689 631 817	100.00%

根据投资者申购报价情况,并遵循价格优先等原则,确定本次募集配套资金的发行价格为13.22元/股,配售数量147 503 782股,募集资金额1 949 999 998.04元。其中中兵投资获配股数7 564 296股,获配金额99 999 993.12元,北方置业获配股数2 269 288股,获配金额29 999 987.36元。本次配套融资发行完成后一机集团及一致行动人合计持有上市公司股数939 858 529股,持股比例达到55.63%。

第4章—第11章(略)

第二节 要约收购

一、概述

要约收购(tender offer)是指收购方向目标公司的所有股东发出购买要约,表明收购方将以一定的价格在某一有效期内买入全部或一定比例的目标公司股票。

从1992年深圳市政府颁布的《深圳市上市公司监管暂行办法》到中国证监会2014年颁布的《上市公司收购管理办法》,我国已逐步建立了较为完善的要约收购法律体系。在国家法律方面包括《公司法》和《证券法》,在国家法规方面包括国务院颁布的《股票发行与交易管理暂行条例》,在部门规章方面主要包括由中国证监会颁布的《上市公司收购管理办法》及其配套的系列信息披露规则《权益变动报告书》《要约收购报告书》《被收购公司董事会报告书》等。

根据法律对要约收购过程中收购人收购义务规定的差异,要约收购可分为全面要

约收购和部分要约收购。《上市公司收购管理办法》第二十三条规定：投资者自愿选择以要约方式收购上市公司股份的，可以向被收购公司所有股东发出收购其所持有的全部股份的要约（以下简称全面要约），也可以向被收购公司所有股东发出收购其所持有的部分股份的要约（以下简称部分要约）。

《上市公司收购管理办法》第二十四条规定：通过证券交易所的证券交易，收购人持有一个上市公司的股份达到该公司已发行股份的30%时，继续增持股份的，应当采取要约方式进行，发出全面要约或者部分要约。

要约收购既是国外成熟证券市场公司收购的典型方式，也是各国证券法调整的核心范畴之一。与协议收购相比较，要约收购要经过较多的环节，操作程序比较繁杂，使得收购人的收购成本较协议收购高很多。

要约收购的要素：1）要约收购的主体。要约收购的主体是投资者，既包括法人，也包括自然人。2）要约收购的触发条件。收购人持有一个上市公司的股份达到该公司已发行股份的30%并继续增持股份的，应当在该事实发生的3日内对要约收购报告书摘要作出提示性公告。未履行公告义务的，收购人不得继续增持股份。

《上市公司收购管理办法》第七十八条规定：收购人未依照本办法的规定履行相关义务或者相应程序擅自实施要约收购的，中国证监会责令改正，采取监管谈话、出具警示函、责令暂停或者停止收购等监管措施；在改正前，收购人不得对其持有或者支配的股份行使表决权。

【看一看】 首次以终止上市为目的的要约收购——中石油要约收购上市子公司（主动型要约收购）

2005年10月31日，中石油旗下3家上市公司——辽河油田、锦州石化、吉林化工分别发布公告。公告显示，中石油将出资61.5亿元现金要约收购辽河油田和锦州石化所有流通A股，收购吉林化工所有流通A股、H股和美国存托股份，收购完成后，3家公司的上市地位被终止。这是近年来国内A股市场上首次以终止上市为目的的要约收购。

资料来源：上海国家会计学院，企业并购与重组［M］.北京：经济科学出版社，2011：8。

二、信息披露

《上市公司收购管理办法》第二十八条规定：以要约方式收购上市公司股份的，收购人应当编制要约收购报告书，通知被收购公司，同时对要约收购报告书摘要作出提示性公告。

《公开发行证券的公司信息披露内容与格式准则第18号——被收购公司董事会报告书》第二条规定：被收购公司董事会（简称董事会）应当在收购人要约收购上市公司或管理层收购本公司时，按照本准则的要求编制被收购公司董事会报告书（简称董事会报告书)。

《公开发行证券的公司信息披露内容与格式准则第 18 号——被收购公司董事会报告书》对相关内容作出了相关规定,如被收购公司的基本情况、利益冲突、董事建议或声明、独立财务顾问意见、重大合同和交易事项及备查文件等内容。

要约收购公告的主要文件包括《权益变动报告书》《要约收购报告书》和《被收购公司董事会报告书》等。

【案例 10-3】[①]　　**被收购公司的董事会报告书**

股票代码:000602　　　　　　　　　　　　股票简称:金马集团

广东金马旅游集团股份有限公司董事会
关于神华国能集团有限公司要约收购事宜
致全体股东报告书

上市公司名称:广东金马旅游集团股份有限公司
上市公司住所:广东省潮州市永护路口
董事会报告签署日期:二〇一三年六月二十六日

目　　录

释义

第一节　序言

第二节　本公司基本情况

　　一、公司概况

　　二、公司的股本情况

　　三、本次收购发生前,本公司前次募集资金使用情况的说明

第三节　利益冲突

　　一、公司及其董事、监事、高级管理人员与收购人存在的关联关系

　　二、本公司董事、监事、高级管理人员及其家属在收购人及其关联企业任职情况一

　　三、本公司董事、监事、高级管理人员与本次要约收购相关的利益冲突情况二

　　四、本公司董事、监事、高级管理人员在公告本次要约收购报告书摘要之前 12 个月内无直接持有或通过第三人持有收购人股份的情况

　　五、本公司董事、监事、高级管理人员及其直系亲属在本次要约收购报告书摘要公告之时持有本公司股份的情况

　　六、公司不存在下列情况

---

①　资料来源:金马集团公告,http://www.szse.cn。

第四节　董事建议或声明
　　一、董事会对本次要约收购的调查情况
　　二、董事会建议
　　三、独立财务顾问意见
第五节　重大合同和关联交易事项
　　一、在本次收购前24个月，收购人及其关联方与神华国能发生过的交易情况
　　二、本次收购发生前24个月内发生的，被收购公司进行资产重组或者其他重大资产处置、投资等行为
　　三、在本次收购前24个月，收购人及其成员以及各自的董事、监事、高级管理人员与神华国能的董事、监事、高级管理人员之间不存在交易
　　四、收购人不存在对神华国能的董事、监事、高级管理人员进行补偿或者其他类似安排
　　五、在本次收购前24个月，无第三方拟对被收购公司的股份以要约或者其他方式进行收购，或者被收购公司对其他公司的股份进行收购的情况
第六节　其他重大事项
　　一、其他应披露信息
　　二、董事会声明
　　三、独立董事声明
第七节　备查文件

第一节　序　言

2012年12月31日，收购人神华国能召开总经理办公会议，同意神华国能以终止金马集团上市为目的，全面要约收购金马集团，并同意本次要约收购方案。

2013年1月7日、1月15日，收购人神华国能的股东神华集团分别召开总经理常务会议和董事会2013年第一次会议，审议通过了本次要约收购方案。

2013年2月23日，国务院国资委出具《关于神华国能集团有限公司全面要约收购广东金马旅游集团股份有限公司股份有关问题批复》（国资产权〔2013〕77号），同意神华国能本次要约收购方案。

2013年6月14日，收购人已获得中国证监会出具的《关于核准神华国能集团有限公司公告广东金马旅游集团股份有限公司要约收购报告书的批复》（证监许可〔2013〕773号）。

中国民族证券有限责任公司（以下简称"民族证券"）接受金马集团董事会委托，担任神华国能本次要约收购金马集团的被收购人即金马集团的独立财务顾问，就本次要约收购出具独立财务顾问报告。

本次要约收购之相关各方当事人已承诺其所提供的为出具本报告所需的全部材料和文件不存在虚假记载、误导性陈述或重大遗漏，并对全部材料和文件的真实性、准确性、完整性和时效性承担法律责任。董事会的责任是按照行业公认的业务标准、道德规范和勤勉尽责的要求,本着客观、公正的原则,在认真查阅相关资料和充分了解本次要约收购行为等审慎的尽职调查的基础上发表意见,谨供投资者和有关各方参考。

第二节 本公司基本情况(摘要)

一、公司2010—2012年三年主要会计数据和财务指标如表10-2所示。

表10-2 2010—2012年主要会计数据和财务指标

项 目	2012.12.31	2011.12.31	2010.12.31
总资产(万元)	1 299 321.96	1 374 117.98	1 492 466.37
净资产(万元)	481 688.85	498 785.78	413 410.71
资产负债率(%)	62.93	63.70	72.30
项 目	2012年	2011年	2010年
主营业务收入(万元)	479 157.50	508 217.32	566 853.91
净利润(万元)	93 714.45	69 771.56	−18 064.83
加权平均净资产收益率(%)	18.39	15.83	−8.97

二、2011年重大资产重组

2011年6月28日,经中国证监会《关于核准广东金马旅游集团股份有限公司重大资产重组及向山东鲁能集团有限公司发行股份购买资产的批复》(证监许可〔2011〕1012号)及《关于核准山东鲁能集团有限公司公告广东金马旅游集团股份有限公司收购报告书并豁免其要约收购义务的批复》(证监许可〔2011〕1013号)核准:公司向山东鲁能集团有限公司(以下简称"鲁能集团")发行35 382.41万股A股份,购买其持有的山西鲁能河曲电煤开发有限责任公司(以下简称"河曲电煤")70.00%股权、山西鲁能河曲发电有限公司(以下简称"河曲发电")60.00%股权及山西鲁晋王曲发电有限责任公司(以下简称"王曲发电")75.00%股权;同时,本公司将所持眉山启明星铝业有限公司(以下简称"眉山启明星")40.00%的股权出售给山西鲁能晋北铝业有限责任公司(以下简称"晋北铝业")。

本公司于2011年8月完成重大资产重组工作。上述新增股份经中瑞岳华会计师事务所审验并出具中瑞岳华验字〔2011〕第160号《验资报告》,本公司已在中国证券登记结算有限责任公司深圳分公司办理完成新发行股份的登记工作,变更后总股本50 457.41万股。

三、收购人持有、控制情况

截至本报告签署日,神华国能直接持有金马集团的股权股份种类、数量及占已发行股份的比例的情况如表10-3所示。

表 10-3　股权股份种类、数量及占比

股份性质	股份数量(万股)	占总股本比例(%)
一、有限售条件的流通股	79 697.05	78.97
二、无限售条件的流通股	—	—
合　计	79 697.05	78.97

同时,神华国能山东鲁能发展集团有限公司间接持有金马集团 75.53 万股,其中 62.94 万股为有限售条件流通股,12.59 万股为无限售条件流通股。神华国能拥有金马集团的权益合计占金马集团总股本的 79.04%。

第三节　利益冲突(摘要)

本次要约收购的收购人为神华国能,是本公司的控股股东。本公司的董事、监事、高级管理人员除任职或由收购人委派外,与收购人神华国能不存在其他关联关系。

第四节　董事建议或声明(摘要)

一、董事会对本次要约收购的调查情况

（一）收购人的股权结构和控制关系情况如图 10-2 所示。

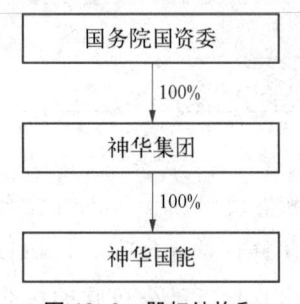

图 10-2　股权结构和控制关系

（二）收购人控股股东基本情况

神华集团是收购人神华国能的控股股东,神华集团的注册地为北京市东城区安定门西滨河路 22 号,注册资本为 3 927 162.10 万元。神华集团是国务院批准的国家授权投资机构,主要经营国务院授权范围内的国有资产,开发煤炭等资源性产品,进行电力、热力、港口、铁路、航运、煤制油、煤化工等行业领域的投资、管理;规划、组织、协调、管理神华集团所属企业在上述行业领域内的生产经营活动。

神华集团成立于 1995 年 10 月,为国家投资组建的国有独资公司。神华集团是以煤为基础,电力、铁路、港口、航运、煤制油与煤化工为一体,产运销一条龙经营的特大型能源企业,是中国规模最大的煤炭企业和世界上最大的煤炭经销商。

（三）收购目的

为了加强国有大型企业强强合作,优化资源配置,进一步发挥煤电一体化优势,经国务院国资委批准,神华集团于 2012 年 10 月受让国家电网公司持有的国网能源开发有限公司(已更名为神华国能)100.00% 的股权,从而间接收购了金马集团。由于神华集团、中国神华、神华国能、金马集团均从事煤炭及发电业务,构成现时及潜在的同业竞争,神华集团、神华国能在分别对中国神华、金马集团进行资产、业务整合时,面临不可避免的利益冲突,不仅增加了整合难度,也无法同时维护中国神华和金马集团两家上市公司公众股东的利益。同时,如果持续向金马集团注入相关煤电资产,中国神华与金马集团业务经营地域也会进一步重叠,形成并逐步加剧两家上市公司间的同业竞争。

为彻底解决中国神华与金马集团之间潜在及可能的同业竞争问题,提高神华集团对下属煤电资产、业务的整合效率,经过研究论证,神华国能制定了本次要约收购方案。

本次要约收购以终止金马集团上市为目的。

(四)要约收购的股份数量及价格

本次要约收购对象为金马集团除收购人以外的全体流通股股东所持有的股份,要约收购数量为212 177 804股,占金马集团现有总股本的比例为21.03%。本次要约收购的要约价格为13.46元/股。

(五)要约收购期限

本次要约收购期限为30个自然日,起始时间为2013年6月19日(包括当日),截止时间为2013年7月18日(包括当日)。

在要约收购期限届满前3个交易日内(即2013年7月16日、2013年7月17日、2013年7月18日),预受股东不得撤回其对要约的接受。

(六)要约收购资金

本次要约收购以现金作为对价支付方式,所需最高资金总额为285 591.32万元。本次要约收购资金来源于收购人股东神华集团专项拨付资金,资金来源具有合法性,没有直接或者间接来源于被收购公司或者其下属企业,也不存在利用本次收购的股份向银行等金融机构质押取得融资的情形。

收购人已在要约收购提示性公告前将履约保证金57 118.26万元(不低于收购所需最高资金总额的20%)存入登记公司指定的银行账户。收购人承诺具备履约能力。要约收购期限届满,收购人将根据登记公司临时保管的接受要约的股份数量确认收购结果,并按照要约条件履行收购要约。

二、董事会建议

独立董事意见:

本公司独立董事就要约收购发表意见如下:收购人神华国能对金马集团除收购人以外的全体流通股股东发出全部要约收购的条件为要约收购价格为13.46元/股,要约期限为2013年6月19日(包括当日)至2013年7月18日(包括当日),以现金方式支付。鉴于上述要约收购条件及收购人履行的要约收购程序符合国家有关法律、法规的规定,经查阅金马集团所聘请的独立财务顾问中国民族证券有限责任公司就本次要约收购出具的《独立财务顾问报告》,基于独立判断,我们认为公司董事会所提出的建议是审慎、客观的。

我们同意董事会向公司股东所做的建议,即:在目前的市场环境下,考虑到公司股票在二级市场的表现,对于《要约收购报告书》中列明的要约收购条件,建议股东予以接受。

第五节 重大合同和关联交易事项(略)

第六节 其他重大事项(略)

第七节 备查文件(略)

【看一看】 中国石化要约收购上市子公司(主动型要约收购)①

2006年2月15日,中国石化以10.18元、13.95元、12.12元和10.30元的价格,以现金要约方式,分别对齐鲁石化、扬子石化、中原油气、石油大明的流通股与非流通股股东实施要约收购。如果4家目标公司的流通股股东全部接受要约,流通股部分的现金对价总计约143亿元。此次中国石化要约收购子公司是中国石化建设具有国际竞争力一体化能源化工公司的战略目标的进一步实施,不仅能进一步理顺中石化上、中、下游产业链关系,还将有效地解决关联交易和同业竞争的问题。

第三节 公司并购融资

一、权益融资

权益融资即股票融资。股票按股东权利和义务的不同,有普通股和优先股之分。

(一)普通股融资

普通股是享有普通权利、承担普通义务的股份,是公司股份的最基本形式。普通股融资是股份制企业筹集权益资金的最主要方式。

1. 普通股融资的优点

(1) 能增加并购公司的信誉。

(2) 能减少并购公司的风险。

2. 普通股融资的缺点

(1) 资本成本较高。

(2) 分散原股东对公司的控制权。

(二)优先股融资

优先股是享有优先权的股票。它既具有普通股的某些特征,又与债券有相似之处。优先股的股东对公司资产、利润分配等享有优先权,其风险较小。从法律上讲,优先股具有权益资金的性质。

1. 优先股的特点

(1) 优先分配股利。优先股股利的分配在普通股之前,其股利率是固定的。

(2) 优先分配剩余财产,企业清算时,优先股的剩余财产请求权位于债权人之后,但位于普通股之前。

2. 优先股融资的优点

(1) 没有固定的到期日,不用偿还本金。

---

① 资料来源:上海国家会计学院.企业并购与重组[M].北京:经济科学出版社,2011:8.

(2) 优先股没有表决权,能保持原普通股股东的控制权。

3. 优先股筹资的缺点

(1) 资本成本高。

(2) 优先股较普通股限制条款多

【案例 10-4】[①] **三峡新材定增募资 30 亿元收购恒波股份向双主业迈进**

三峡新材(600293)2015 年 5 月 14 日晚间公布非公开发行 A 股股票预案,公司计划以 5.96 元/股的价格向许锡忠、前海佳浩、华昊投资、金鹰基金、前海富荣、陈庚发、海之门休闲、蒙商基金和前海世嘉方盛共计 9 名特定投资者非公开发行股票的数量不超过 51 006.71 万股。募集资金总额不超过 30.4 亿元,将用于收购深圳市恒波商业连锁股份有限公司(恒波股份)100%股权,补充三峡新材流动资金,并用于补充恒波股份流动资金。

恒波股份全体股东承诺该公司 2015 年、2016 年、2017 年和 2018 年的税后净利润数分别为 15 403.23 万元、24 348.88 万元、29 723.82 万元和 33 052.06 万元。

三峡新材主要产品及提供的劳务为平板玻璃及玻璃深加工产品。受国内经济增速放缓的影响,以及房地产行业及汽车等下游行业的影响,国内外市场对玻璃的需求增长放缓,加之目前国内玻璃制造行业总体产能过剩,近年来国内玻璃加工企业整体盈利能力偏弱。并购逐渐成为企业扩张、产业升级和转型、跨行业发展的有效途径。三峡新材最终选择了移动互联网终端及服务行业。

国家对移动互联网终端及服务产业的战略定位与大力扶持为该行业企业向更深层次的纵向发展和更广泛行业领域的横向发展奠定了基础,并将我国移动互联网终端及服务行业的战略定位提升到新的高度。同时,随着我国国民经济持续增长、人民物质生活水平不断提高,我国移动互联网终端及服务产业不断增长,移动互联网终端作为丰富精神文化需求的重要产品,行业市场规模持续快速增长。

恒波股份作为拥有数百家门店的移动终端连锁企业,公司手机销量大,2014 年销售额 31 亿元,线上及线下累计 1 000 万名用户及会员数量,是全国排名前几位的专业零售商之一。本次非公开发行及收购恒波股份 100%股权完成后,公司将在平板玻璃生产及玻璃深加工业务外,新增移动互联网终端的销售、增值服务及其衍生业务,实现双主业发展模式。公司单一业务周期性波动的风险将得以分散、主营业务收入结构将得以改善。

二、债务融资

负债是企业所承担的能以货币计量、需以资产或劳务偿付的债务。并购企业通过银行借款、发行债券等方式筹集并购资金。

---

① 资料来源:《中国证券报》,2015 年 5 月 14 日。

(一)银行借款

银行借款是指企业根据借款合同向银行或非银行金融机构借入的需要还本付息的款项。

1. 银行借款的种类

(1) 按借款期限长短。

按借款期限长短可分为短期借款和长期借款。短期借款是指借款期限在1年以内的借款;长期借款是指借款期限在1年以上的借款。

(2) 按借款担保条件。

按借款担保条件可分为信用借款、担保借款。

(3) 按提供贷款的机构。

按提供贷款的机构可分为政策性银行贷款和商业性银行贷款。

2. 银行借款的优点

(1) 筹资速度快。与发行证券相比,不需印刷证券、报请批准等,一般所需时间短,可以较快满足资金的需要。

(2) 筹资的成本低。与发行债券相比,借款利率较低,且不需支付发行费用。

(3) 借款灵活性大。企业与银行可以直接接触,商谈借款金额、期限和利率等具体条款。借款后如情况变化可再次协商。到期还款有困难,如能取得银行谅解,也可延期归还。

3. 银行借款的缺点

(1) 筹资数额往往不可能很多。

(2) 银行会提出对企业不利的限制条款。

(二)债券融资

债券是企业依照法定程序发行的、承诺按一定利率定期支付利息,并到期偿还本金的有价证券,是持券人拥有公司债权的凭证。

1. 债券的种类

(1) 按有无抵押担保可分为信用债券、抵押债券和担保债券。

信用债券又称无抵押担保债券,是以债券发行者自身的信誉发行的债券。政府债券属于信用债券,信誉良好的企业也可发行信用债券。抵押债券是指以一定抵押品作抵押而发行的债券。担保债券是指由一定保证人作担保而发行的债券。

(2) 按偿还期限可分为短期债券和长期债券。短期债券是指偿还期在一年以内的债券。长期债券是指偿还期在一年以上的债券。

(3) 按是否记名可分为记名债券和无记名债券。

(4) 按计息标准可分为固定利率债券和浮动利率债券。

(5) 按是否可转换成普通股可分为可转换债券和不可转换债券。

2. 债券融资的优缺点

(1) 债券融资的优点。

① 债券利息作为财务费用在税前列支,而股票的股利需由税后利润发放,利用债

券筹资的资金成本较低。

② 债券持有人无权干涉企业的经营管理,因而不会减弱原有股东对企业的控制权。

③ 债券利率在发行时就确定,如遇通货膨胀,则实际减轻了企业负担;如企业盈利情况好,由财务杠杆作用导致原有投资者获取更大的得益。

(2) 债券融资的缺点。

① 风险高。债券有固定到期日,要承担还本付息义务,有偿债的压力。

② 限制条件多。债券持有人为保障债权的安全,往往要在债券合同中签订保护条款,这对企业造成较多约束。

③ 筹资数量有限。债券筹资的数量比银行借款一般要多,但属于债务资金,不可能太多,否则会影响企业信誉。

【案例 10-5】 京东方收购韩国现代电子 TFT-LCD 的融资安排

京东方科技集团股份有限公司(000725、200725)于 2003 年 1 月成功收购了韩国现代半导体株式会社(HYNIX)属下韩国现代显示技术株式会社(HYDIS)的 TFT-LCD(薄膜晶体管液晶显示器件)业务的全部资产,耗资 3.8 亿美元。此次收购的具体融资安排如下:

(1) 投资 1.5 亿美元资金设立收购主体 BOE-HYDIS,其中京东方自有资金及自有资金购汇 6 000 万美元,通过国内银行借款 9 000 万美元,借款期限均为 1 年,利率为 1.69%～1.985%。

(2) BOE-HYDIS 以资产抵押方式,向韩国产业银行、韩国外换银行、Woori 银行、现代海商保险借款折合 1.882 亿美元,利息率由提款日前一天的市场利率决定,并将在提款日后 3 年进行调整。

(3) BOE-HYDIS 以资产向 HYDIS 再抵押方式获得卖方信贷,BOE-HYDIS 向 HYNIX、HYDIS 签发了长期票据 A 和票据 B,金额分别为 3 590 万美元(5 年期)和 373.0 万美元(6 年期),利率均为伦敦同业拆借利率加 3%。

京东方运用了设立境外子公司、自有资金购汇、资产抵押和再抵押等诸多财技,以不到 16% 的自有资金,完成了高达 3.8 亿美元的庞大收购。

资料来源:上海国家会计学院,企业并购与重组[M].北京:经济科学出版社,2011:191,部分有改动。

 课后习题

一、案例题

1. 仔细阅读本章杭州远方光电信息股份有限公司案例。

要求:

(1) 试画出此次交易的结构图。

(2) 该《简式权益变动报告书》在"第三节持股目的和持股计划"中披露：远方光电拟以发行股份及支付现金的方式向邹建军等18名交易对方发行47 473 405股附限售条件的流通股，购买维尔科技100%股份，信息披露义务人及其一致行动人将持有19 072 43股上市公司股票。为什么发行与持有的股票数量不一致，试分析其中可能的原因。

(3) 从并购动机角度分析该交易。

2. 仔细阅读本章包头北方创业股份有限公司案例。

要求：

(1) 试画出本次交易的结构图。

(2) 从出资方式角度分析该并购的类型。

(3) 从并购动机角度分析该交易。

3. 仔细阅读本章广东金马旅游集团股份有限公司案例。

要求：试分析该项并购的特征。

二、思考题

1. 请简述协议收购的概念与信息披露。
2. 请简述要约收购的概念和主要内容。
3. 请简述权益融资的种类与优缺点。
4. 请简述银行借款融资的种类和优缺点。
5. 请简述债券融资的种类和优缺点。

第十一章 并购投资后期

教学目标

- 掌握公司并购会计处理的基本方法。
- 理解并购整合的主要内容。

导读案例　　　　京东方的并购之路

京东方科技集团股份有限公司(简称京东方)创立于1993年4月,1997年在深圳证券交易所上市,股票名称:京东方A(000725)、京东方B(200725)。目前公司注册资本28.7亿元人民币,总资产139亿元人民币。京东方定位于一家"新型光电子器件、整机与系统并举的电子信息高科技企业",主营业务包括:显示器件与设备(TFT、STN、VFD、CRT、LED显示系统);光电子、光通信器件;移动信息终端设备;无线通信技术;智能卡系统、软件与服务等几个部分,已形成了从硬件到软件系统的完整产品链,主要产品在各业务领域均保持领先地位。京东方本部及旗下企业均已通过ISO9000系列国际质量体系认证,部分下属企业还通过了ISO14001国际环境管理体系认证。凭借着高科技实力、国际化战略和现代化管理,京东方已经成为IT行业的一支生力军。

(一)第一次海外并购

2001年,京东方与韩国半导体工程有限公司(SEC)、韩国现代半导体株式会社(HYNIX)在韩国合资设立了现代液晶显示器有限公司(HYLCD),然后,京东方将HYLCD作为收购主体,收购HYNIX全资子公司韩国现代显示技术株式会社(HYDIX)所持的STN-LCD及OLED业务的资产。STN-LCD就是"超扭转向列型液晶显示器",是LCD行业中除TFT-LCD之外的第二大产业。OLED是"有机电致发光显示器件",是新一代的平板显示技术,也是全球众多厂家争相抢夺的下一代平板显示技术的制高点。京东方支付收购资金2 250万美元(折合人民币18 675万元,后因项目变更实际资金投入14 584万元),资金来源于公司2000年12月公募增发6 000万A股的募集资金。

(二) 第二次海外并购

借鉴第一次海外并购的成功经验,京东方在韩国设立子公司 BOE-HYDIS 作为收购主体。2002 年 11 月,BOE-HYDIS 收购了韩国现代半导体株式会社(HYNIX)及其子公司韩国现代显示株式会社(HYDIS)全部与 TFT-LCD(薄膜晶体管彩色液晶显示器件)业务持续进行有关的资产、房产和权益。用于收购的 3.8 亿美元资金来自四个方面:(1) 京东方筹集 15 000 万美元资金用于投资 BOE-HYDIS。(2) BOE-HYDIS 以资产抵押方式,向韩国数家金融机构借款折合 18 820 万美元。(3) BOE-HYDIS 以资产向 HYDIS 再抵押方式获得卖方信贷,BOE-HYDIS 向 HYNIX、HYDIS 签发了长期票据 A 和票据 B,金额分别为 3 590 万美元(5 年期)和 373 万美元(6 年期)。(4) 根据《托管协议》规定,京东方的 BOE-HYDIS 股权证交由中国工商银行首尔分行托管。在 BOE-HYDIS 全额偿还借款本息之前,京东方对其控股权不得低于 51%,由于股利分配或股权转让等情形而产生的股份或财产也将交由中国工商银行首尔分行托管。

(三) 第三次海外并购

2003 年 8 月 6 日,京东方与 FIELDS PACIFIC LIMITED(简称"FPL")、潘方仁(FPL 的全资持有人)签署协议,收购 FPL 持有的、占冠捷科技(0903,HK)已发行普通股总数 26.36% 比例的股份,收购总价款为 10.5 亿港元。收购资金来源尚未明确披露,只是提到收购价款来源于京东方自有资金和银行借款。冠捷科技的 CRT 显示器产销量居世界第二位,液晶显示器产销量居世界第四位。

资料来源:作者收集整理。

要求:
(1) 分析京东方公司三次并购的性质,并且指出不同性质之间的差异。
(2) 分析判断京东方公司三次并购的动机,谈谈你从中得到的启示。
(3) 结合京东方并购案例,谈谈你从中得到的启示。

第一节 会计处理

企业并购现象的出现,对会计提出了新的要求。财政部在借鉴国际会计准则的基础上,制定了《企业会计准则第 20 号——企业合并》。

一、企业合并的概念及其分类

(一) 法律意义上的企业合并

一般来说,法律意义上的企业合并主要有三种形式:吸收合并、新设合并和控股合并。

1. 吸收合并

这是指两家或两家以上的企业合并成一家企业,其中一家企业将另一家企业吸收进自己的企业,并以自己的名义继续经营,而被吸收的企业则解散消失。

比如,在我国证券市场上,清华同方合并鲁颖电子,其方式是清华同方定向增发人民币普通股,然后按照 1.8∶1 的比例换取鲁颖电子股东持有的全部股份,这样,把鲁颖电子的全部资产并入清华同方,合并后,鲁颖电子的法人资格注销。这就是典型的吸收合并。

这种合并形式,用公式表示就是:A 企业＋B 企业＝A 企业。

2. 新设合并

这是指两家或多家企业合并设立一家新企业。合并完成后,合并各方解散。新设合并后,原企业所有者将各自企业的全部净资产投入新企业,成为新企业的股东,原有企业不再作为单独的法律主体而存在,只是作为新企业的分部进行经营活动。

这种合并形式,用公式表示就是:A 企业＋B 企业＋C 企业＝D 企业。

3. 控股合并

这是指一个企业通过支付现金、转让非现金资产、承担债务或发行权益性证券取得其他企业的全部或足以控制该企业的部分有表决权的股份而实现的企业合并。控股合并后,合并各方仍作为单独的法律主体而存在,控股公司和被控股公司形成母子公司的关系。

这种合并形式,用公式表示就是:A 企业＋B 企业＝A 企业＋B 企业。

在以上三种合并形式中,吸收合并和新设合并后存在的是单一的企业,报告主体就是这一个企业,如果把企业合并定义中的"一个报告主体"改为"一个企业",是完全可以的。但在控股合并下,情况就发生了变化。

控股合并后,原来的企业依然作为独立的法律主体而存在,并且名称一般也不发生变化,但它们之间的关系已经发生实质性的变化。合并前,两个企业不存在母子公司关系,而合并后,两个企业之间的关系变成了母子公司的关系。在存在母子公司关系的条件下,在经营决策和财务决策上母公司可以对子公司实施控制,在生产经营方面两者成为事实上的一个整体,即由母公司和由该母公司所控制的子公司组成的企业集团。为了反映企业集团的财务状况,就需要在各个报告期末另外编制反映集团整体的合并会计报表。在这种情况下,报告主体就不是一个企业了,而是由多个企业组成的企业集团。

(二) CAS 中的企业合并

《企业会计准则第 20 号——企业合并》第二条规定:企业合并,是指将两个或者两个以上单独的企业合并形成一个报告主体的交易或事项。企业合并分为同一控制下的企业合并和非同一控制下的企业合并。

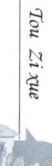

在我国的企业合并准则中,对企业合并提出了一个新的分类,即按照控制对象的不同,将企业合并分为两类:一类是同一控制下的企业合并;另一类是非同一控制下的企业合并。这是我国会计准则与国际会计准则不同的一个地方。

1. 同一控制下的企业合并

《企业会计准则第 20 号——企业合并》第五条规定:参与合并的企业在合并前后均受同一方或相同的多方最终控制且该控制并非暂时性的,为同一控制下的企业合并。同一控制下的企业合并,在合并日取得对其他参与合并企业控制权的一方为合并方,参与合并的其他企业为被合并方。

同一控制下的企业合并是指参与合并的企业在合并前后均受同一方或相同的多方控制且该控制并非暂时性的。也就是说,在这种合并形式下,参与合并的各方在合并前后均受同一方或相同多方的非暂时性的控制。

【看一看】 同一控制下的企业合并

A 公司拥有 B 公司 60% 的股权,对 B 公司具有控制权;A 公司拥有 C 公司 70% 的股权,对 C 公司具有控制权;B 公司和 C 公司是同受 A 公司控制的两家公司。而此时 B 公司和 C 公司合并为 D 公司,便为同一控制下的企业合并。这种合并形式,通俗的理解,就是将自己的东西从"一个口袋转移到另一个口袋"。对于最终控制方 A 公司来说,其所控制的净资产没有发生变化。

2. 非同一控制下的企业合并

《企业会计准则第 20 号——企业合并》第十条规定:参与合并的各方在合并前后不受同一方或相同的多方最终控制的,为非同一控制下的企业合并。非同一控制下的企业合并,在购买日取得对其他参与合并企业控制权的一方为购买方,参与合并的其他企业为被购买方。

非同一控制下的企业合并是指不存在一方或多方控制的情况下,一个企业购买另一个或多个企业股权或净资产的行为。也就是说,在这种合并形式中,参与合并的各方,在合并前后均不属于同一方或多方最终控制。

在企业合并时和企业合并后均会产生新的会计问题。

二、同一控制下企业合并的会计处理

企业合并分为同一控制下的企业合并和非同一控制下的企业合并两类,对于前者应按照权益法进行会计处理,对于后者应按照购买法进行会计处理。

《企业会计准则第 20 号——企业合并》第六条规定:合并方在企业合并中取得的资产和负债,应当按照合并日在被合并方的账面价值计量。合并方取得的净资产账面价值与支付的合并对价账面价值(或发行股份面值总额)的差额,应当调整资本公积;资本公积不足冲减的,调整留存收益。

可以看出,同一控制下企业合并的会计处理方法适用于权益法。权益法是指长期股权投资按投资企业在被投资企业权益资本中所占比例计价的方法。权益法认为企业合并是一种股权结合,各合并主体的权益既不因合并而增加,也不因合并而减少。

(一)控股合并下长期股权投资的确认与计量

1. 合并方以支付现金、转让非现金资产或承担债务方式作为合并对价

在控股合并下,作为合并方来说,是一种长期股权投资行为,这样就涉及如何确定长期股权投资的入账价值问题。

《企业会计准则第2号——长期股权投资》第五条规定:同一控制下的企业合并,合并方以支付现金、转让非现金资产或承担债务方式作为合并对价的,应当在合并日按照被合并方所有者权益在最终控制方合并财务报表中的账面价值的份额作为长期股权投资的初始投资成本。长期股权投资初始投资成本与支付的现金、转让的非现金资产以及所承担债务账面价值之间的差额,应当调整资本公积;资本公积不足冲减的,调整留存收益。

《企业会计准则第20号——企业合并》第六条规定:同一控制下,合并方在企业合并中取得的资产和负债,应当按照合并日在被合并方的账面价值计量。合并方取得的净资产账面价值与支付的合并对价账面价值(或发行股份面值总额)的差额,应当调整资本公积;资本公积不足冲减的,调整留存收益。

【例11-1】 甲企业以转让非现金资产的方式控股合并乙企业,取得乙企业60%的股份。转让非现金资产的账面价值为400万元,公允价值为500万元。乙企业所有者权益的账面价值为800万元,公允价值为900万元。

按照准则规定,甲企业长期股权投资的入账价值应为:$800 \times 60\% = 480$万元。长期股权投资的入账价值确定之后,接下来就产生另一个问题,长期股权投资的入账价值480万元,转让非现金资产的账面价值400万元,相当于以400万元的东西换回了480万元的东西,盈利80万元。对于两者之间的这个差额,按照准则规定,不进入利润表,调整资本公积。也就是增加资本公积80万元。

分录:

借:长期股权投资　　　480万
　　贷:非现金资产　　　400万
　　　　资本公积　　　　80万

如果长期股权投资的入账价值是400万元,转让非现金资产的账面价值是480万元,这也是一个80万元的差额,这个差额应该如何处理?请写出会计分录。

(注:这个差额80万元可以理解为你以价值480万元的东西换回了价值400万元的东西,亏损80万元。对于这个差额,准则规定,也不进入利润表,要冲减资本公积。如果资本公积没有80万,只有70万,则先冲减资本公积70万,余下的10万再冲减留存收益。)

以上是"合并方以支付现金、转让非现金资产或承担债务方式作为合并对价"时长期股权投资的确认与计量以及相关问题的处理。

2. 合并方以发行权益性证券作为合并对价

《企业会计准则第2号——长期股权投资》第五条规定：同一控制下的企业合并，合并方以发行权益性证券作为合并对价的，应当在合并日按照被合并方所有者权益在最终控制方合并财务报表中的账面价值的份额作为长期股权投资的初始投资成本。按照发行股份的面值总额作为股本，长期股权投资初始投资成本与所发行股份面值总额之间的差额，应当调整资本公积；资本公积不足冲减的，调整留存收益。

【例11-2】 A、B公司同为C公司控制下的子公司，2015年9月1日A公司以现金600万元的对价收购了B公司100%的股权。2015年8月31日，A、B两公司的资产负债表数据如下：

（单位：万元）

	A公司	B公司	（B公司公允价值）
现　金	50	20	20
应收账款	450	180	150
存　货	300	200	180
固定资产净值	1 000	300	400
短期借款	500	200	200
所有者权益	1 300	500	550

假设该合并为控股合并，要求按权益法进行合并日的有关账务处理。

根据准则规定，合并方以支付现金方式作为合并对价的，应当在合并日按照取得被合并方所有者权益账面价值的份额作为长期股权投资的初始投资成本。本例中，合并方为A公司，被合并方为B公司，A公司取得B公司所有者权益账面价值的份额为500万元，所以，长期股权投资的初始投资成本就是500万元。

确定长期股权投资的初始投资成本以后，下一个问题是长期股权投资的初始投资成本与支付的现金之间的差额如何处理？根据准则规定，长期股权投资初始投资成本与支付的现金之间的差额，应当调整资本公积；资本公积不足冲减的，调整留存收益。本例中，初始投资成本为500万元，支付现金600万元，差额100万元，应当调整资本公积或留存收益。

根据以上分析，9月1日A公司应该做的会计处理如下：

借：长期股权投资　　　　　　500万
　　资本公积（或留存收益）　100万
　　贷：银行存款　　　　　　600万

上述两种情况都是按照取得的被合并方所有者权益的账面价值作为长期股权投资的入账价值，入账价值与合并对价的差额，调整资本公积或留存收益。

（二）吸收合并的会计处理

同一控制下的吸收合并中，合并方主要涉及合并日取得被合并方资产、负债入账价值的确定，以及合并中取得有关净资产的入账价值与支付的合并对价账面价值之间差额的处理。

合并方对同一控制下吸收合并中取得的资产、负债应当按照相关资产、负债在被合并方的原账面价值入账。

1. 合并方以支付现金、转让非现金资产或承担债务方式作为合并对价

合并方在确认了合并中取得的被合并方的资产和负债后，以发行权益性证券方式进行的该类合并，所确认的净资产入账价值与发行股份面值总额的差额，应记入资本公积（资本溢价或股本溢价），资本公积（资本溢价或股本溢价）的余额不足冲减的，相应冲减盈余公积和未分配利润；以支付现金、非现金资产方式进行的该类合并，所确认的净资产入账价值与支付的现金、非现金资产账面价值的差额，相应调整资本公积（资本溢价或股本溢价），资本公积（资本溢价或股本溢价）的余额不足冲减的，应冲减盈余公积和未分配利润。

与控股合并相比，可以发现，准则规定的精神基本一致。合并方取得的资产和负债的入账价值按账面价值确认，如果取得的净资产账面价值与付出资产等的账面价值存在差额，这一差额仍然不进利润表，调整资本公积或留存收益。

【例11-3】 在【例11-2】中，假设合并形式为吸收合并，在合并日应如何进行会计处理？

根据以上规定，取得的资产和负债按被合并方的账面价值入账，确认的净资产账面价值500万元与放弃净资产账面价值600万元的差额100万元，调整资本公积和留存收益。

根据分析，应做如下会计处理：

借：现金　　　　　　　　　　20万
　　应收账款　　　　　　　　180万
　　存货　　　　　　　　　　200万
　　固定资产净值　　　　　　300万
　　资本公积或留存收益　　　100万
贷：短期借款　　　　　　　　200万
　　银行存款　　　　　　　　600万

2. 合并方以发行权益性证券作为合并对价

下面通过一个换股合并的会计处理来说明。

【例11-4】 E公司和F公司是受A公司控制的两家子公司。2015年6月30日，E公司和F公司达成合并协议，由E公司以2股面值为1元的普通股换取F公司1股面值为1元的普通股。换股后，F公司作为E公司的业务分部继续开展经营活动。合并日E公司和F公司的资产负债表如下（单位：元）：

E公司资产负债表				F公司资产负债表			
资产		负债		资产		负债	
货币资金	120 000	流动负债	210 000	货币资金	105 000	流动负债	160 000
应收账款	180 000	长期负债	0	应收账款	95 000	长期负债	380 000
存货	250 000	所有者权益		存货	100 000	所有者权益	
固定资产	920 000	股本	780 000	固定资产	750 000	股本	305 000
累计折旧		资本公积	350 000	累计折旧		资本公积	120 000
	(200 000)	盈余公积	480 000		(120 000)	盈余公积	55 000
无形资产	550 000	权益合计		无形资产	90 000	权益合计	
资产合计	1 820 000		1 820 000	资产合计	1 020 000		1 020 000

要求：按权益法进行合并日的有关会计处理。

根据题目中所给定的条件，我们可以判断出该企业合并属于同一控制下的企业合并，并且是通过换股实现的吸收合并。

合并日的会计处理如下：

借：现金、银行存款等　　　105 000
　　应收账款　　　　　　　 95 000
　　存货　　　　　　　　　100 000
　　固定资产　　　　　　　750 000
　　无形资产　　　　　　　 90 000
　　资本公积　　　　　　　130 000
　贷：累计折旧　　　　　　120 000
　　　应付账款等　　　　　160 000
　　　长期负债　　　　　　380 000
　　　股本　　　　　　　　610 000

假设上例中的企业合并为控股合并，则E公司在合并日应如何进行会计处理？

关于这个问题，请根据准则规定，自己作出相应的会计分录。

（注：根据权益法的要求，合并企业应按被合并企业净资产的账面价值记录所取得的资产和负债，发行权益性证券方式确认的净资产账面价值与发行股份面值之间的差额，调整资本公积和留存收益。

在本例中，F公司股本是305 000元，由于面值为1元，所以普通股的股数为305 000股，E公司以2股面值为1元的普通股换取F公司1股面值为1元的普通股，则E公司发行普通股的股数＝305 000×2＝610 000股，发行普通股的面值为610 000元。确认的净资产账面价值＝305 000（股本）＋120 000（资本公积）＋55 000（盈余公积）＝480 000（元）。确认的净资产账面价值与发行股份面值之间的差额＝610 000－480 000＝130 000（元）。该差额应首先冲减F公司的资本公积120 000元，然后再冲减E公司的资本公积10 000元。）

从控股合并和吸收合并来看，准则对于利润操纵具有明显的抑制作用。对于合并中取得的被合并方的所有者权益或者净资产均按其账面价值计量，而不是按公允价值计量，这就避免了因使用公允价值而可能引发的利润操纵；支付的对价与账面价值的差额，不进入利润表，直接增加或减少资本公积，这也就堵住了利用这个差额调节利润的通道。

（三）合并费用的处理

《企业会计准则第 20 号——企业合并》第八条规定：同一控制下，合并方为进行企业合并发生的各项直接相关费用，包括为进行企业合并而支付的审计费用、评估费用、法律服务费用等，应当于发生时计入当期损益。

为企业合并发行的债券或承担其他债务支付的手续费、佣金等，应当计入所发行债券及其他债务的初始计量金额。企业合并中发行权益性证券发生的手续费、佣金等费用，应当抵减权益性证券溢价收入，溢价收入不足冲减的，冲减留存收益。

可以看出，直接费用和间接费用的处理有差异，直接费用计入当期损益，间接费用分不同情况分别处理。

（四）合并财务报表的编制

《企业会计准则第 20 号——企业合并》第九条规定：同一控制下，企业合并形成母子公司关系的，母公司应当编制合并日的合并资产负债表、合并利润表和合并现金流量表。

合并资产负债表中被合并方的各项资产、负债，应当按其账面价值计量。因被合并方采用的会计政策与合并方不一致，按照本准则规定进行调整的，应当以调整后的账面价值计量。

合并利润表应当包括参与合并各方自合并当期期初至合并日所发生的收入、费用和利润。被合并方在合并前实现的净利润，应当在合并利润表中单列项目反映。

合并现金流量表应当包括参与合并各方自合并当期期初至合并日的现金流量。

这里需要注意其中的"被合并方在合并前实现的净利润，应当在合并利润表中单列项目反映"。这样规定的好处是，便于企业的利益相关者更好地对企业的盈利状况进行判断。

三、非同一控制下企业合并的会计处理

购买法是企业合并业务会计处理方法之一，适用于非同一控制下的企业合并。购买法把合并方获取被合并方净资产的行为视为资产交易行为，即将企业合并视为合并方以一定的价款购进被合并方的机器设备、存货等资产项目，按合并时的公允价值计量被合并企业的净资产。

（一）控股合并

在控股合并情况下，购买方应按确定的合并成本作为对被购买方的长期股权投资成本。合并成本包括购买方为进行企业合并支付的现金或非现金资产、发行或承担的债务、发行的权益性证券等在购买日的公允价值以及企业合并中发生的各项直接相关费用之和。通过多次交易分步实现的企业合并，其企业合并成本为每一单项交易的成本之和。

【例 11-5】 甲企业以所持有的部分非流动资产作为对价，购入乙企业 100% 的股权。作为对价的非流动资产的账面价值为 800 万元，其目前的市场价格为 1 200 万元。

合并成本为付出的流动资产的公允价值 1 200 万元，付出的流动资产公允价值与账面价值之间的差额 400 万元（1 200—800），应当计入当期损益。

（二）吸收合并

非同一控制下的吸收合并，购买方在购买日应当将合并中取得的符合确认条件的各项可辨认资产、负债，按其公允价值确认为本企业的资产和负债；作为合并对价的有关非货币性资产在购买日的公允价值与其账面价值的差额，应作为资产处置损益计入合并当期的利润表；确定的企业合并成本与所取得的被购买方可辨认净资产公允价值之间的差额，视情况分别确认为商誉或是计入企业合并当期的损益。

在合并中，可能会出现两个差额：一是购买方在购买日作为合并对价的有关非货币性资产在购买日的公允价值与其账面价值的差额；另一个是合并成本与所取得的被购买方可辨认净资产公允价值之间的差额。

根据准则规定，对于第一个差额，要作为资产处置损益，计入当期损益。对第二个差额要分两种情况处理，分别确认为商誉或是计入企业合并当期的损益。

1. 合并成本大于所取得的被购买方可辨认净资产公允价值，其差额应当确认为商誉

假如合并成本为 9 000 万元，被购买方可辨认净资产的公允价值为 8 000 万元，两者的差额为 1 000 万元。按照准则规定，该差额 1 000 万元，应当确认为商誉。

2. 合并成本小于所取得的被购买方可辨认净资产公允价值，其差额应当计入当期损益

假设合并成本为 8 000 万元，被购买方可辨认净资产公允价值为 9 000 万元，两者的差额为 1 000 万元。按照准则规定，该差额 1 000 万元，应首先进行复核，假如复核后这一差额仍然存在，则应将该差额 1 000 万元计入当期损益。

【例 11-6】 D 公司和 E 公司是不具有关联方关系的两个独立的公司。2015 年 1 月 1 日，这两个公司达成合并协议，由 D 公司将 E 公司吸收合并。2015 年 7 月 1 日，D 公司以公允价值为 1 500 万元、账面价值为 950 万元的资产作为对价合并了 E 公司，2015 年 7 月 1 日 E 公司资产、负债情况如下（单位：万元）：

	账面价值	公允价值
固定资产	600	850
长期投资	550	650
长期借款	350	350
净资产	800	1 150

要求：按购买法对企业合并进行账务处理。

在本例中，D公司付出的资产的公允价值为1 500万元，合并成本为1 500万元。取得的被购买方可辨认净资产的公允价值为1 150万元。合并成本大于合并中取得的被购买方可辨认净资产公允价值，差额为350万元，确认为商誉。

购买方在购买日付出的资产的公允价值1 500万元与账面价值950万元之间的差额550万元应当计入当期损益。

根据以上分析，D公司的账务处理如下：

借：固定资产　　　850
　　长期投资　　　650
　　商誉　　　　　350
　贷：长期借款　　　350
　　　相关资产　　　950
　　　资产处置收益　550

四、信息披露

《企业会计准则第20号——企业合并》第十八条规定：企业合并发生当期的期末，合并方应当在附注中披露与同一控制下企业合并有关的下列信息：

(1) 参与合并企业的基本情况。

(2) 属于同一控制下的企业合并的判断依据。

(3) 合并日的确定依据。

(4) 以支付现金、非现金资产以及承担债务作为合并对价的，所支付对价在合并日的账面价值；以发行权益性证券作为合并对价的，合并中发行权益性证券的数量及定价原则，以及参与合并各方交换表决权股份的比例。

(5) 被合并方的资产、负债在上一会计期间资产负债表日及合并日的账面价值；被合并方自合并当期期初至合并日的收入、净利润、现金流量等情况。

(6) 合并合同或协议约定将承担被合并方或有负债的情况。

(7) 被合并方采用的会计政策与合并方不一致所作调整情况的说明。

(8) 合并后已处置或拟处置被合并方资产、负债的账面价值、处置价格等。

《企业会计准则第20号——企业合并》第十九条规定：企业合并发生当期的期末，购买方应当在附注中披露与非同一控制下企业合并有关的下列信息：

(1) 参与合并企业的基本情况。

(2) 购买日的确定依据。

(3) 合并成本的构成及其账面价值、公允价值及公允价值的确定方法。

(4) 被购买方各项可辨认资产、负债在上一会计期间资产负债表日及购买日的账面价值和公允价值。

(5) 合并合同或协议约定将承担被购买方或有负债的情况。

(6) 被购买方自购买日起至报告期末止的收入、净利润和现金流量等情况。

(7) 商誉的金额及其确定方法。

(8) 因合并成本小于合并中取得的被购买方可辨认净资产公允价值的份额计入当期损益的金额。

(9) 合并后已处置或拟处置被购买方资产、负债的账面价值、处置价格等。

我国会计准则中提出了同一控制下的企业合并概念,并将企业合并划分为同一控制下的企业合并和非同一控制下的企业合并,而在国际会计准则中,不包括同一控制下的企业合并。

我国会计准则规定企业可以分不同情况采用权益法和购买法,而在国际会计准则中只允许采用购买法。

第二节 并购整合

企业的全部经营活动,可以分为业务活动和管理活动两类。业务活动包括技术、商业、财务、会计、安全活动,管理活动包括制度、组织、战略、领导风格、企业文化等要素。当两个或多个企业并购为一体时,整合活动就是要将上述活动进行联合、调整、协调,使各个子系统在新情况下的运转符合总体战略的需要。

一、战略整合

如何将双方原来互不相关的战略整合成一个统一的新公司战略,利用双方公司的特殊经验和强项,来弥补对方的弱点,取得并购的协同效应,是战略整合中面临的主要问题。

战略整合是指收购方在综合分析目标企业情况后,将目标企业纳入其战略之内,使目标企业的所有资源服从主并购企业的总体战略以及为此所做的相应安排与调整,使并购企业的各业务单位之间形成一个相互关联、互相配合的战略体系,从而取得战略上的协同效应的动态过程。

战略整合包括战略决策的一体化及各子系统的战略目标、战略手段的一体化。收购一家在经营策略上不能互相融合的公司,即使价格再便宜,也会引起整合困难。

二、业务整合

横向并购的主要动机往往是双方业务链整合后产生的规模效应,因为并购后,企业可以将一些业务活动合并,如相同的生产线、研究与开发活动、分销渠道等,同时放弃一些多余的业务活动,如不适应新战略的资产、业务活动,并协调各种活动的衔接,业务活动整合与资产整合密切相关。

业务整合又称业务重组,是指对被收购企业的业务进行划分,从而决定哪一部分业务进入收购企业业务的行为。它是企业并购整合的基础。业务整合时,划分经营性业务和非经营性业务、营利性业务和非营利性业务、主营业务和非主营业务,然后把经营性业务和盈利性业务纳入收购企业业务,剥离非经营性业务和非营利性业务。

生产作业的整合涉及某些重复设备的处置,往往比业务链的整合还难。在业务整合时,厂房设备的搬迁费用是不可避免的,但可以通过降低生产成本、存货成本而提高整体利润水平,达到并购目的。生产作业整合的效果通常要一段时间后才能体现出来,而且在整合期间,由于大量的整合措施以及新旧制度的摩擦,企业的经营效率往往不升反降。在不同并购案例中,业务整合的程度和进度是不同的,有些整合可以马上进行,有些却须延后甚至分步执行,甚至两三年后才能基本完成业务活动的融合过程。

另外,目标公司良好的经营方法也是业务整合的内容之一,通过并购整合,可把其转移到买方。例如,我国台湾统一食品公司收购美国温德姆(Wyndham)饼干公司的动机之一,就是希望将其良好的分销制度引入我国台湾地区。

三、组织整合

随着双方业务活动的融合,双方的组织机构也会发生变化。并购完成后,并购企业根据具体情况调整组织结构,有的并购企业把目标企业作为一个相对独立的整体加以管理,有的将目标企业进行分解,并入本企业的相应子系统。

组织整合又称组织结构整合,是指并购后的企业在组织机构和制度上进行必要的调整或重建,以实现企业的组织协同。并购后收购公司要进行组织整合,重建企业的组织指挥系统,以保证企业有健全的制度和合理的组织结构,从而实现重组双方最佳的协同效应,提高运作效率。

(一)组织机构整合

在调整组织结构时,并购企业要注意目标统一、分工协调、精干高效,使责权利相结合、明确相应的报告与协作关系,建立高效率、融洽的、有弹性的组织机构系统。

通常情况下,在并购完成后,并购企业应尽可能地将合并目标企业和本企业的组织

机构，尤其是财务、法律、研究开发等方面的专业人员，在组织上予以合并，同时协调其他部门的人员，并视必要决定保留目标企业原来的哪些部门的独立。

此外，组织整合的程度也随并购企业兼并与收购目的不同而应有所区别。如果并购是为了取得规模效益，则并购企业应将目标企业纳入自己的组织，将自己的管理控制制度推广到被并购企业，以便于统一经营管理。如果并购的目的是利用目标企业的营销网络，则应注意在营销决策与活动方面进行较深层次的整合。如果并购目的是为了多元化经营，目标企业就可以保持相对独立。当然，如果目标公司经营管理不善，需引入新的管理思想和制度，则应进行相应的组织整合。

（二）制度整合

制度整合是指并购企业制定规范的、完整的管理制度，替代被并购企业原有的制度，作为企业成员行为的新准则和秩序要求。一般情况下，买方必然考虑将本身的管理制度移植到目标公司，但是被收购企业区别于自创企业的一点就是前者有一个现成且正在运转的管理制度。如果目标企业原有制度良好且与收购方协调，并购者可以不予改变。如果该制度不符合收购者要求，收购后买方则须将一套良好的制度移植到目标公司。

然而，在推行新制度时往往会出现许多问题。例如，当母公司欲改变所收购子公司的管理制度时，被收购公司的经理人员通常在试行新制度之前就抵制新制度，其所持的理由往往是：这也许适合母公司，但在此地不适用。此时，有的并购方就会失去沟通、解释的耐心强令对方执行，造成整合中不必要的冲突，有的并购方在重重阻力面前就会失去进一步推动整合的勇气。因此，在文化整合中，并购企业应首先仔细了解目标企业原有的制度，并根据并购双方的差异，制定适合目标企业情况的整合措施。

四、人力资源整合

人力资源整合是指依据战略与组织管理的调整，在并购完成后，引导组织内各成员的目标与组织目标向同一方面靠近，对人力资源的使用达到最优配置，提高组织绩效的过程。

并购活动的战略意义不仅在于获取目标企业的业务、关键技术或市场占有率，更重要的是要获得目标企业的高级技术人才和高级管理人才，人才是并购企业最重要的资源之一。但是，并购活动会给并购双方人员的工作和生活带来较大的影响，尤其是目标企业的人员，他们对未来的预期感到极大的不确定性，现实受到威胁，从而形成沉重的心理负担。因此并购企业如何稳定目标企业的核心人力资源，尽快消除其心理压力，成为人力资源整合的首要问题。

并购企业对人才的态度将会影响被并购企业员工的去留。如果并购企业重视人力资源管理，目标企业人员将会感觉到继续发展机会的存在，自然愿意留任。并购企业在作出重要人事决策之前，都应当同目标企业员工进行沟通。并购企业应采取实质性的激励措施,使目标企业人才愿意留任。详细的人才激励措施,常常成为整合计划的焦点。

在留任目标企业员工的工作中,并购企业应加强并购双方员工的沟通与交流。并购双方的员工都会有一些顾虑,如并购企业员工怕调任新职后挑战太大,但更麻烦的是目标企业员工怕受歧视,并购方稍有处理不当就会令他们产生"二等公民"的感觉。此时,加强沟通是解决员工思想问题、提高士气的重要方式。

为了避免员工抗拒收购,并购企业应安排一系列员工沟通会议,让员工清楚整个并购的大致情形,如股权的安排、未来的经营方向等。事实上,要发挥最佳整合效果,一定要对目标企业员工的情况有深入的了解,并就未来设想取得他们的认同。

在充分的沟通并了解目标企业的人力资源状况后,并购企业可制定原有人员的留任政策,调整人员,以提高经营绩效。

五、文化整合

企业文化是指企业中共同的价值观、精神、领导风格和共同的行为规范,是企业在长期的经营活动中形成的、影响人们日常行为的思维模式。对并购企业来说,互相对立的文化很难整合,会导致严重的文化冲突,这种整合甚至会成为一场灾难。与文化风格类似的企业并购才会产生理想效果。

在并购后的文化整合管理中,常常是并购企业将优秀的企业文化传播给目标企业,用优良作风、整体意识和效率观念等文化来约束和影响员工。

以下为常用的四种文化整合模式。

（一）吸纳式文化整合

这是指被并购方完全放弃原有的价值理念和行为假设,全盘接受并购方的企业文化,使并购方获得完全的企业控制权。鉴于文化是通过长期习惯根植于心灵深处的东西,很难轻易舍弃,这种模式只适用于并购方的文化非常强大且极其优秀,能赢得被并购企业员工的一致认可,同时被并购企业原有文化又很弱的情况。例如,海尔集团并购的文化整合。

（二）渗透式文化整合

这是指并购双方在文化上互相渗透,都进行不同程度的调整。这种文化整合模式适合于并购双方的企业文化强度相似,且彼此都欣赏对方的企业文化,愿意调整原有文化中的一些弊端的情况。

（三）分离式文化整合

在这种模式中被并购方的原有文化基本无改动,在文化上保持独立。运用这种模式的前提是并购双方均具有较强的优质企业文化,企业员工不愿文化有所改变,同时,并购后双方接触机会不多,不会因文化不一致而产生大的矛盾冲突。

（四）文化消亡式整合

这是指被并购方既不接纳并购企业的文化,又放弃了自己原有文化,从而处于文化

迷茫的整合情况。这种模式有时是并购方有意选择的,其目的是为了将目标企业揉成一盘散沙以便于控制,有时却可能是文化整合失败导致的结果。无论是何种情况,其前提是被并购企业甚至是并购企业拥有很弱的劣质文化。

整合的战略目标和详细计划明确后,企业各项业务、各种职能、营销网络、各种资产的处理即可按部就班地进行,因此在并购方入驻被并购方之后,即可开始实施整合措施。

 课后习题

一、案例题

吉利并购沃尔沃①

一、并购双方概况

（一）吉利集团

浙江吉利控股集团有限公司,是国内迄今为止最大的,同时也是最早的民营汽车企业,创立于1986年,总部设在浙江杭州市。自1997年以来,吉利开始进入汽车行业。近二十年来,吉利依附其不断的创新能力与先进的技术,取得了快速的发展。目前吉利汽车拥有吉利、沃尔沃、伦敦出租车等这些品牌,此外吉利还在国内多个地方建有汽车生产制造基地。迄今为止,吉利已有十多款汽车产品以及和其匹配的全系列的变速器及发动机。

吉利汽车在2012年的时候首次被评入世界500强企业,2012年时候,吉利再次入选,至2013年的时候,吉利已经连续三年被评入世界500强,其总资产已超过千亿元。吉利不仅是世界500强,在国内,吉利连续12年被评选为中国企业的500强,并且连续9年入选中国汽车行业的10强企业,更是我国的汽车整车出口基地企业。至2014年的时候,社会上的吉利汽车累计达到350万辆,吉利汽车也被评为中国驰名商标。

吉利汽车目前有18 000多名员工,4 700多人为工程技术人员,并且还有3名院士和数百名国外的专家,员工中有博士生60多人,800多名硕士生,以及多位研究员和高级工程师。吉利集团特别注重对员工的培育,创办了吉利大学,是一家拥有众多高端人才且重视人才培养的民营企业。吉利汽车集团还先后花费巨额建成了浙江汽车职业技术学院,海南大学三亚学院,北京吉利大学等这些职业类高等院校,这些院校有超过40 000名的在校生,每年有10 000名左右的毕业生走上汽车行业的岗位,这为我国汽车行业的发展作出了巨大的贡献。另外吉利建成的浙江汽车工程学院,是国内第一所仅仅培养汽车相关专业的研究生院,每年为汽车行业输送了大量的硕士和博士专业人才。

吉利汽车在中国拥有着广泛的营销渠道网络,还有着不计其数的服务网点,并且在

---

① 选自钟玉娇:吉利并购沃尔沃的协同效应研究[D].兰州:兰州大学,2016:4-7.

国外也有着将近200个销售和服务网点；此外吉利花费数千万元建成了一个顶尖的呼叫服务中心，全天候不间断地为客户提供快速的服务；吉利还建成了自己的企业信息系统，对市场需求和客户订单进行即时处理；此外，吉利还在苏宁线上商城开了一家店，打开了网上销售汽车的新方法。

（二）沃尔沃

沃尔沃是瑞典著名的汽车品牌，其因旗下汽车产品的高度安全性而闻名全球。沃尔沃如今分为沃尔沃集团和沃尔沃汽车，沃尔沃汽车先是被美国福特集团收购，如今归于吉利旗下。

沃尔沃集团在商业用的运输产品上，一直处于全球领先的供应商行列。沃尔沃生产卡车、客车、机械设备、船舶等，还生产航空用的发动机。旗下的产品还包括整体解决方案的提供与维护，也涉及融资、租赁、保险等业务。沃尔沃集团主要有八个业务领域，涉及卡车、客车、建筑设备，甚至航空航天以及金融服务等。除此之外，沃尔沃还涉及很多其他领域，商业帝国遍布各行各业，产品也远销世界各地。

在全世界各地，沃尔沃都因其高度的安全性和产品质量收获了非常好的口碑，尤其是以它的安全性闻名世界，人们一想到沃尔沃就会想到安全。一项美国的公路调查数据显示，在评比出的10大最安全的汽车中，沃尔沃排名第一。沃尔沃已经是一家百年企业，至1937年，沃尔沃的年产量就已经达到10 000辆汽车，同时沃尔沃还将它的业务范围延伸到了能源等多个领域，成为北欧最负盛名的大企业。

然而，由于公司新款车型的开发前期需要大量的现金投入，到1999年的时候，沃尔沃集团面临严峻的现金流问题，而沃尔沃最畅销的客车和卡车业务也开始面临问题，于是沃尔沃集团开始考虑卖出沃尔沃汽车来保全整个集团，在当时被福特公司以64.5亿美元的价格买走。然而，不幸的是福特在购买后的十年并未将沃尔沃从衰退的道路上拉回来，又遇上经济危机，沃尔沃销量大幅下跌，与此同时，福特集团也面临严重的财务危机。

二、吉利并购沃尔沃的背景

在1999年的时候，福特接手了沃尔沃汽车的全部股权及资产，收购价格为64亿美元。可惜的是沃尔沃汽车并没有在福特旗下得到较好发展，反之，沃尔沃被福特收购后全球销量逐渐下滑。自2005年以来，沃尔沃逐渐萎缩其在豪华车市场上的市场份额，连年亏损，亏损超过10亿美元，在其主要销售地，欧洲和美国的销售量更是大幅下降。

2008年金融危机席卷全世界，福特公司也没有意外地被卷入到国际汽车行业的衰退浪潮中，造成了巨大的损失。为了公司的生存，为了摆脱现金流困境，福特不得不急于寻找合适的买家来摆脱连年亏损的沃尔沃汽车。

与此同时，中国的汽车市场似乎并没有受到金融危机太多的影响，国内经济依旧高速增长，中国的汽车行业也在快速发展，这与国际汽车市场的大幅下滑形成了鲜明的对比。由于国内庞大的人口基数以及经济快速发展给人们带来的日益增多的可支配收入，人们购买汽车的需求越来越旺盛，福特和沃尔沃对中国汽车的市场持乐观态度，对

稳步发展的吉利公司更是信心十足。

吉利作为国内汽车行业十强当中唯一的一家民营企业，在进入汽车这个行业后一直稳扎稳打，不断创新，稳步快速发展。根据以往数据表明，在2009年11月的时候，吉利汽车总共销售了36 208台汽车，同比增长达到110.5%，创下了有史以来最高的纪录；在1月到11月份吉利销售达到了290 041辆汽车，同比增长了44.4%，有着非常好的发展趋势。这使得当时的吉利将沃尔沃收入囊中的想法越来越强烈，但吉利和沃尔沃之间的差距仍较远，外部条件一直不够成熟，直到金融危机给全球汽车行业造成了空前的打击，美国的汽车公司此时普遍出现财务危机，在这样一个特殊的时刻，受金融危机影响较小的中国企业就有机会以低价收购一些濒临破产的企业，因此吉利将沃尔沃收入囊中的想法也越来越强烈。

三、吉利并购沃尔沃的过程

在1999年的时候，福特接手了沃尔沃汽车的全部股权及资产，包括知识产权与专利等，收购价格为64亿美元。然而，由于高端汽车市场激烈的竞争，沃尔沃销售额大幅下降，再加上金融危机的影响，福特公司负债累累。在2008年12月的时候，福特面临财务危机，对外宣布以60亿美元的价格考虑卖出沃尔沃，吉利闻讯后，立刻组成了一个谈判项目小组，集结咨询公司、律师事务所、金融机构等专业人员对收购项目做全面的分析与评估，在这期间国家发展和改革委员会批准了国内的吉利与奇瑞这两家公司参与对沃尔沃的收购。在与福特公司进行十个月的沟通与谈判后，2009年10月，吉利集团成为福特对外公布的有限竞购方。2009年底，双方就关于收购协议等事项达成了一致。2010年3月28日，在瑞典的哥斯堡，福特与吉利签订了最后的股权收购协议。至此，吉利汽车花费18亿美元的价格顺利将沃尔沃汽车收入囊中，取得沃尔沃的全部股权及资产，包括知识产权与专利等。

在吉利与福特签订的收购沃尔沃的协议中规定，吉利以18亿美元的价格买入沃尔沃的全部股权，其中2亿美元用票据来进行支付，余下的16亿美元以现金支付。然而，在吉利集团签署股权收购协议后一直至福特集团将沃尔沃交付给吉利的那段时间，欧元大幅度的发生贬值，这使得以欧元计价的沃尔沃的资产价格大幅度减少，在最终实际交付的时候，吉利实际仅付出了13亿美元的现金和2亿美元的票据，总共15亿美元。除了支出的这18亿美元外，沃尔沃还需要有以后生产经营的流动资金，这样总共达到了27亿美元。这27亿美元中有一半来自境内资金，另一半来自境外资金。境内资金有一半是来自吉利的自有资金，另一半则来自地方政府资金和银行贷款，有北京、成都和大庆的政府资金投入，有来自中国进出口银行和中国银行等银行的贷款。境外资金主要来自欧洲、美国等。总体来说，吉利仅用自有资金支付了很少的一部分，剩余部分由可转换债券及股权融资、银行贷款融资及地方政府融资等方式融入资金。

四、吉利并购沃尔沃的动因

通过上面的分析可知，自从福特集团决定将旗下的沃尔沃汽车出售后，吉利就希望能够将沃尔沃收入囊中。金融危机对全球的汽车行业带来了巨大的冲击，全球其他的汽车业巨头们也面临着自身的经营和财务问题,而与此同时,随着中国经济的蓬勃发展与国家对国有汽车制造业的大力支持,中国的汽车行业反而呈现出较好的状态,行业中的吉利集团更是迅猛发展,使得吉利并购沃尔沃的想法越来越强烈。

(一)实现规模经济效益

吉利并购沃尔沃后可以使吉利集团的规模大幅增加,年生产量也会大幅上升,实现规模经济效益。规模经济效益就是指,生产和经营的规模的扩大所带来的经济效益的增加,也即企业规模的增加会带来企业生产和经营的成本的降低,使企业取得成本优势。吉利并购沃尔沃后还会带来采购上的收益,采购量的增加增强了购买方的议价能力,以及获取信息的能力,从而会使得吉利在和供应商谈判时更具有优势,降低单位采购成本,除此之外,还可以通过更加专业化的分工来降低单位成本,实现规模经济效益。

(二)获取沃尔沃的专利技术

吉利并购沃尔沃后,不仅可以获取沃尔沃100%的股权,还可以取得沃尔沃的全部知识产权与技术,沃尔沃是一家致力于研发以安全性为主打的高端汽车企业,它的研发技术则一直是从事低端汽车制造的吉利集团所迫切渴望获得的,吉利可以依托沃尔沃汽车的高端形象与技术,来提升自己的品牌形象。除此之外,还可以借收购沃尔沃再创立一个旗下的高端汽车系列,从而凭借沃尔沃这个原有的高端品牌实现自己向高端汽车企业的转型,整体上提升吉利在世界汽车行业的形象与地位。

(三)提高市场份额

长久以来,吉利走的都是低端低价格路线,但随着外资品牌的国内化生产,这些产品的价格与吉利汽车相差无几,但品牌与质量又比吉利汽车高出很多,这使得吉利汽车赖以生存的低价格路线的优势越来越不明显了。从全球范围内来看,吉利汽车的出口量也极少,这不仅是吉利汽车产品的原因,还有一个重要原因就是吉利在国外的销售网络覆盖极少,而沃尔沃作为全球著名品牌有着极为广泛的销售覆盖网络,在全球100多个国家有着2 000多家经销商,吉利在并购沃尔沃后,可以取得沃尔沃的销售渠道,借此吉利可以打开国际市场,将吉利的产品推广到全世界,既可以提高自己的产品覆盖率,又可以提高自己产品的全球市场份额。国内汽车企业的汽车,由于技术上相对比较落后,通常都较难以出口到海外,而吉利通过收购沃尔沃则可以获取沃尔沃的技术,再加上覆盖广泛的全球销售渠道及网络,可以更容易地进入国际汽车市场,提高自己产品的全球市场占有率,实现全球化目标。

(四)提升品牌价值

沃尔沃作为一家世界知名的汽车公司,单单是沃尔沃这个品牌的价值就不可估量,而且在安全性这个方面,还没有一个汽车的知名度能超过沃尔沃,沃尔沃已成为人们心中安全的代名词,而且安全与吉利的定位相符,使得收购后的沃尔沃仍有广阔的发展前景。通过收购国际豪华车品牌,一方面可以获得沃尔沃的品牌价值,另一方面也可以提升吉利在汽车行业的地位。过去吉利一直走的是低端路线,汽车主打低价便宜,收购沃尔沃后,能够将沃尔沃的核心技术收入囊中,有助于改善吉利以往在顾客心中低端的形

象。加上吉利收购沃尔沃这一事件在国内国外的宣传,可以大幅提升吉利品牌的知名度,借助沃尔沃高端品牌的形象,来提高吉利的行业地位。

要求:从并购整合的角度分析该案例。

二、思考题

1. 请简述法律上企业合并的分类。
2. 请简述 CAS 对于企业合并的分类。
3. 请简述并购整合的内容。
4. 通过吉利收购沃尔沃的案例,请分析并归纳在并购整合中并购企业有哪些风险。
5. 搜集资料,对于并购整合中存在的主要问题,有哪几种理论解释?

第十二章 创业（风险）投资

教学目标

- 掌握风险投资的含义、特征和作用。
- 了解风险投资公司的运作程序和运行机制。
- 掌握风险企业的定义、特征。
- 了解风险企业的发展阶段与融资机制。

导读案例　　　红杉风投

红杉资本创始于1972年，创始人唐·瓦伦丁共有18只基金，超过40亿美元总资本，总共投资超过500家公司，200多家成功上市，100多个通过兼并收购成功退出的案例。

红杉资本在成立之后的30多年之中，作为第一家机构投资人投资了如Apple，Google，Cisco，Oracle，Yahoo，Linkedin等众多创新型的领导潮流的公司。在中国，红杉资本中国团队目前管理约20亿美元的境外基金和近40亿元人民币的境内基金，用于投资中国的高成长企业。红杉中国的合伙人及投资团队兼备国际经济发展视野和本土创业企业经验，从2005年9月成立至今，在科技，消费服务业，医疗健康和新能源/清洁技术等投资了众多具有代表意义的高成长公司。红杉中国的投资组合包括新浪网、阿里巴巴集团、京东商城、文思创新、唯品会、豆瓣网、诺亚财富、高德软件、乐蜂网、奇虎360、乾照光电、焦点科技、大众点评网、中国利农集团、乡村基餐饮、斯凯网络、博纳影视、开封药业、秦川机床、快乐购、蒙草抗旱、匹克运动等。作为"创业者背后的创业者"，红杉中国团队正在帮助众多中国创业者实现他们的梦想。

资料来源：作者收集整理。

要求：试分析红杉风投的投资特点。

第一节　风险投资概述

全球高新技术发展的前沿在美国硅谷,硅谷被誉为美国经济发展的动力和商业典范。风险资本和高新技术的结合是成就硅谷神话的基础,创业(风险)投资是硅谷腾飞的原动力。

在中国,创业(风险)投资在促进科技成果转化、发展创业型企业、培育新兴产业等方面发挥了重要作用,逐步形成了具有中国特色的发展模式,成为建设创新型国家的重要推动力量。

一、风险投资的含义

风险投资(venture capital,VC),又称为创业投资,或称为创业(风险)投资,主要是指向初创企业提供资金支持并取得该公司股份的一种融资方式。风险投资是股权投资的一种形式。

广义的风险投资是指一切具有高风险、高潜在收益的投资;狭义的风险投资是指以高新技术为基础的高风险、高潜在收益的投资。

美国全美风险投资协会对于风险投资的定义:风险投资是由职业金融家投入到新兴的、迅速发展的、具有巨大竞争潜力的企业中的一种权益资本。

【看一看】　企业家精神

企业家精神是指某些人所具有的组织土地、劳动及资本等资源用于生产商品、寻找新的商业机会以及开展新的商业模式的特殊才能。西方发展到19世纪,人们将企业家具有的某些特征归纳为企业家精神,在英文术语使用上,企业家(entrepreneur)和企业家精神(entrepreneurship)常常互换。

熊彼特认为,创新就是建立一种新的生产函数,也就是说,把一种从来没有过的关于生产要素和生产条件的"新组合"引入生产体系。

德鲁克继承并发扬了熊彼特的观点。他提出企业家精神中最主要的是创新,进而把企业家的领导能力与管理等同起来,认为"企业管理的核心内容,是企业家在经济上的冒险行为,企业就是企业家工作的组织"。

与一般的经营者相比,创新是企业家的主要特征。企业家的创新精神体现为一个成熟的企业家能够发现一般人所无法发现的机会,能够运用一般人所不能运用的资源,能够找到一般人无法想象的办法。

二、风险投资的特征

(一)风险投资对象为处于创业期的中小型高新技术企业

风险投资的投资对象属于高风险、高成长和高收益的创新事业。

（二）风险投资方式为流动性较小的中长期权益投资

风险投资一般为股权投资，通常不要求控股权，也不需要任何担保或抵押，投资期限较长。

风险投资不是借贷资本，而是一种权益资本。风险投资着眼点不在于投资对象当前的盈亏，而在于他们的发展前景和资产的增值。

风险投资是以追求超额利润回报为主要目的，投资人并不以在某个行业获得强有力的竞争地位为最终目标，因此风险投资具有较强的财务性投资属性。

（三）风险投资决策高度专业化和程序化

通常一家处于创业期的中小型高新技术企业要得到风险投资，必须首先向风险投资人递交商业计划书，介绍本公司的基本情况和发展计划，以此进行初步接触，如果风险投资人对业务计划感兴趣，双方就可以进行进一步协商，一旦达成协议，创业公司可以向风险投资人出售部分股权，从而获得发展资金。

风险投资人在出售股权之前，必须持续给受资企业各发展阶段注入资金。当被投资企业增值后，风险投资人会通过上市、收购兼并或其他股权转让方式撤出资本，实现增值。

（四）风险投资人积极参与

风险资金与高新技术是构成风险投资事业的两大要素，缺一不可。风险投资人在向风险企业注入资金的同时，为降低投资风险，必然介入该企业的经营管理。

风险投资人积极参与被投资企业的经营管理，提供增值服务；创业家和投资家必须充分合作和信任，以保证计划顺利进行。风险投资实际上通过风险投资家特有的评估技术的眼光，将创业家具有发展潜力的投资计划和风险投资家充裕的资金结合，在这过程中，风险投资家积极参与企业管理，辅导企业经营。

从上述分析可知，风险投资是专门对处于发展早期阶段的中小型高新技术企业进行投资，并以获得高额资本利得为目的的资本组织形态。风险投资的企业主要是从事高新技术的企业，但并非只有高新技术企业才是风险投资的对象。

三、风险投资的作用

（一）风险投资促进技术创新，加快高新技术成果的转化

风险投资是促进技术创新、加快高新技术成果转化的重要因素。大量有竞争力的新产品、新技术和新工艺来源于实验室，来源于科学家、工程师们创造性的劳动。世界经济中增长最快的行业和世界贸易中增长最快的产品类别都是技术密集型的。

历史发展表明，风险投资是促进技术创新、加快高新技术成果转化的一个必不可少的重要因素。

高新技术转化为商品、形成产业，依赖于大量的投资。利用风险投资有助于缩短科学研究到工业生产的时间，加快高新技术成果商品化，促进高新技术产业的发展。

(二)风险投资为高新技术产业化提供金融支持

资金是推动高新技术产业化的重要力量,资金的缺乏对高科技企业的创业和成长发展都构成致命的约束。高新技术产业化具有高投入、高风险、高收益的特征。一项高新技术成果从发明到产业化,面临着能否转化为产品的技术风险、能否满足消费者需求的市场风险,以及自身发展不确定性因素多的风险,存在较高的失败率。然而,高新技术成果一旦产业化成功,又往往能够带来高附加价值、可观的回报。这与传统的投资原则相违背,却恰好是风险投资人的兴趣所在。

风险投资作为一种新型的投资机制,支持高新技术企业的创业和发展。风险投资通过灵活的投资方式,在资本和高新技术之间架起了桥梁,为成千上万的高新技术企业的诞生和成长提供了资金保证。

这种成功揭示了高新技术企业与风险投资休戚与共的依存关系,风险投资为高新技术产业化注入了活力,高新技术也为风险投资拓展出了广阔的空间,风险投资与高新技术的紧密结合,促成了高新技术产业的繁荣发展。

(三)风险投资促进经济增长

风险投资在促进一国经济增长、提高就业等方面起到了重要的作用,主要体现在企业成长快速,创造了大量的工作机会。

风险投资活动的兴衰与一个国家的经济增长紧密相关。从长期来看,风险投资业的发展与经济增长是相伴相生的关系。现代经济增长对风险投资产业的发展作用,可以从两个方面来说明:一是现代经济增长为风险投资的产生、发展提供了基础的环境;二是现代经济增长为风险投资业的产生、发展提供了机遇与空间。

第二节 风险投资公司的运作

一、风险投资人的类型

风险投资人大体可以分为以下四类。

(一)风险资本家

风险资本家是向其他企业投资的企业家,与其他风险投资人一样通过投资来获得利润。风险资本家所投出的资本全部归其自己所有,而不是受托管理的资本。

(二)风险投资公司(风险投资基金)

大部分风险投资公司通过风险投资基金来进行投资,这些基金一般以有限合伙制为组织形式。

【看一看】 风险投资公司的组织形式

风险投资公司的组织形式大都采用有限合伙制。有限合伙制既不同于公司制,也不同于普通合伙制。

有限合伙制公司的出资人分两类：有限合伙人和普通合伙人。有限合伙人是风险投资的真正投资人，他们提供了大部分风险资本，构成风险投资公司的主要资本来源，并以其出资额为限对有限合伙制公司承担有限责任；普通合伙人就是风险投资家，其出资额较少，同时承担无限责任。

有限合伙人投入的是货币，普通合伙人投入的是知识、管理经验和金融特长。有限合伙人一般不参与风险投资公司的经营管理。普通合伙人既是风险投资公司的管理者，又是风险资本的实际运作者和风险投资公司派驻风险企业的代表。

在以公司制为标志的现代企业制度下，有限合伙制公司成为风险投资业的主要组织形式。

（三）风险投资管理公司（风险投资管理基金）

风险投资管理公司是指依据有关法律法规设立的对基金的募集、基金份额的申购和赎回、基金财产的投资、收益分配等基金运作活动进行管理的公司。

（四）天使投资人

天使投资人又被称为投资天使，天使投资是权益资本投资的一种形式，指具有一定净财富的个人或者机构，对具有巨大发展潜力的初创企业进行早期的直接投资，属于一种自发而又分散的民间投资方式。

在风险投资领域，天使投资人指的是企业的第一批投资人，这些投资人在公司产品和业务成型之前就把资金投入进来。

本节介绍风险投资公司。

二、风险投资公司的概念与类型

（一）风险投资公司的概念

风险投资公司是风险基金（或风险资本）把所掌管的资金有效地投入富有盈利潜力的高科技企业，并通过后者的上市或被并购而获取资本报酬的企业。

风险投资公司将资金投资于新的企业，帮助管理队伍将公司发展到可以"上市"的程度，即将股份出售给投资公众。一旦达到这一目标，典型的风险投资公司将售出其在公司的权益，转向下一个新的企业。

虽然风险投资在中国真正出现的时间并不长，但是由于中国的发展以及特殊的市场，近几年风险投资在中国的发展非常的迅速，从风险投资公司在中国的发展能够看到这一体现。

【看一看】 中国风险投资有限公司

中国风险投资有限公司（以下简称"中国风投"）成立于2000年，由民建中央发起设立，专业从事风险投资、基金管理等业务的投资机构，是国内最早的风险投资机构之一。中国风投主要股东有中国宝安集团、中华思源基金会、通威集团、林达集团、天正集团等。

中国风投总部设在北京,深圳设有办事处,并在深圳和杭州设立了创业风险投资基金。中国风投自成立以来,一直遵循成思危先生提出的"支持创新者创业,帮助投资人投机"的风险投资理念,致力于风险投资领域实践和理论的研究和探索,在节能环保、新材料、通讯、现代制造业等领域先后投资了数十个项目,已有多个项目在国内或香港证券市场上市,取得了显著业绩,目前已发展成为国内著名的风险投资机构之一。

中国风投一直致力于风险投资的理论研究和倡导工作。2003年,中国风投发起设立中国风险投资研究院,开展创业风险投资理论研究、出版《中国风险投资》杂志和《中国风险投资年鉴》,承办每年一届的中国风险投资论坛。目前中国风险投资论坛已成为中国国内最大、最具影响力的风险投资论坛之一,每年吸引国内外众多投资机构及创业者参加。

目前中国风投自有资金5亿元人民币,发起设立并管理人民币基金2支,基金总规模分别为10亿元人民币和2亿元人民币。

(二) 风险投资公司的类型

按照风险投资公司资金来源的属性,风险投资公司有以下三种类型。

1. 民营企业创办的风险投资公司

民营企业创办的风险投资公司主要吸收个人资金或其他资金,以有限合伙制形式运作,由合伙人管理。有限合伙制风险投资公司主要投资于创建和成长阶段的高新技术企业,一般在企业成熟后即以上市或并购等方式退出。

部分规模较大的民营企业也有依靠自有的资金来投资风险企业。

2. 国有企业创办的风险投资公司

这种类型的风险投资公司是依托大公司、大集团组建的风险投资机构,一般采用分公司或子公司的形式。建立这类风险投资公司的真正目的是促进母公司内部的资本、技术市场的发展,以便使自身的资源配置更容易进行调整,更能适应高新技术的应用,以取得良好的综合效益。

在这类投资机构中,大公司、大集团承担的投资风险较大,政府的引导作用较弱。

3. 政府创办的风险投资公司

政府创办的风险投资公司主要作用是引导风险投资,调整风险投资政策,培育、发展风险投资公司。这种模式是政府以一定量的启动资金带动民间资本的投入。

在这种类型下,政府是风险投资政策的制定者和风险投资市场体系的掌控者。政府参与型风险投资公司既可以减少财政资金的投入,避免在国有风险投资公司中投资风险过度集中的弊端,又可以通过宏观调控发挥政府在风险投资中的引导作用。这在一个国家风险投资业发展初期被广泛运用。

三、风险投资公司的运作程序

风险企业要成功获取风险资本,首先要了解风险投资公司的基本运作程序。风险投资公司的运作包括融资、投资、管理、退出四个阶段。

（一）融资阶段

融资阶段解决钱从哪儿来的问题。通常，提供风险资本的包括社保基金、保险公司、商业银行、证券公司、富有的个人及家族等，在融资阶段最重要的问题是如何解决投资者和风险投资公司的权利义务及利益分配。

（二）投资阶段

投资阶段解决钱往哪儿去的问题。风险投资公司通过项目初审、面谈、尽职调查、估值与条款设计、谈判与签订合同等一系列程序，把风险资本投向那些具有巨大增长潜力的创业企业。

1. 项目初审

风险投资公司所从事的工作主要包括融资、管理资金、寻找最佳投资对象、谈判并投资，对投资进行管理以实现其目标，并力争使其投资者满意。因此，风险投资公司在拿到风险企业的商业计划书后，往往只用很短的时间浏览一遍，以决定在这件事情上花时间是否值得。只有吸引风险投资公司的项目才能使之花时间仔细研究，因此第一感觉特别重要。

在大的风险投资公司，相关的人员会定期聚在一起对通过初审的商业计划书进行讨论，决定是否需要进行面谈，或者回绝。

2. 面谈

如果风险投资公司对风险企业家提出的项目感兴趣，他会与风险企业家接触，直接了解其项目背景、管理团队和风险企业，这是整个过程中最重要的一个环节。如果进展得不好，交易便会以失败告终。如果面谈成功，风险投资公司会希望进一步了解更多的有关企业和市场的情况，或许他还会动员可能对这一项目感兴趣的其他风险投资公司。

3. 尽职调查

如果初次面谈比较成功，风险投资公司接下来便开始对企业的经营情况进行考察，尽可能多地对项目进行了解。他们通过尽职调查程序对风险企业的技术、市场潜力、市场规模以及管理队伍进行仔细地评估。通常包括参观公司、与关键人员面谈、对技术前景和销售渠道进行评估。还可能与风险企业的债权人、客户、相关人员进行交谈。

风险投资公司对项目的评估是理性与感性的结合。理性分析与一般的商业分析大同小异，如市场、成本、商业模式和经营计划的分析。所不同的是感性分析在风险投资中占有一定比重，如对技术的把握和对管理团队的评价。

4. 估值与条款设计

尽职调查阶段完成之后，如果风险投资公司认为风险企业的项目前景看好，那么便开始进行投资形式和估价的谈判。通常会得到一个条款清单，概括出涉及的内容。

5. 谈判与签订合同

风险投资公司力图使他们的投资回报与所承担的风险匹配。根据切实可行的计划，风险投资公司对未来3~5年的投资价值进行分析，首先预测收入并计算现金流量，

而后根据对技术前景、管理团队、经营计划、知识产权及工作进展的评估,决定其风险大小。

通过讨价还价后,双方进入签订协议的阶段。签订协议代表风险企业和风险投资公司明确双方的权利和义务。一旦最后协议签订完成,风险企业便可以得到风险投资。在多数协议中,还包括退出计划,即简单概括出风险投资公司如何撤出其资金以及当遇到预算、重大事件和其他目标没有实现的情况将如何处理。

【看一看】 影响风险投资最终成功的因素

1. 风险资金的市场规模

风险资本市场上的资金越多,对风险企业的需求越大,会导致风险企业价值增加。在这种情况下,风险企业能以较小的代价换取风险投资公司的风险资本。

2. 退出战略

市场对上市、并购的反应直接影响风险企业的价值。上市与并购均为可能的撤出方式,这比单纯的以并购撤出的方式更有利于提高风险企业的价值评估。

3. 资本市场时机

在一般情况下,股市走势看好时,风险企业的价值也看好。

(三) 管理阶段

管理阶段解决价值增值的问题。

风险投资生效后,风险投资公司便拥有了风险企业的股份,并在其董事会中占有席位。多数风险投资公司在董事会中扮演着咨询者的角色。作为咨询者,他们主要就改善经营状况提出相关建议,帮助风险企业物色合适的管理人员,定期与风险企业接触以了解经营的进展情况。

风险投资公司主要通过监管和服务实现价值增值。监管包括参与风险企业董事会、在风险企业业绩达不到预期目标时更换管理团队成员;服务主要包括帮助被投资企业完善商业计划、公司治理结构以及帮助被投资企业获得后续融资。价值增值型的管理是风险投资区别于其他投资的重要方面。

如果风险企业陷入困境,风险投资公司可能被迫着手干预或完全接管。他们可能不得不聘请其他的管理者取代原来的管理层,或者亲自管理风险企业。

(四) 退出阶段

退出阶段解决收益如何实现的问题。风险投资公司主要通过公开上市、兼并与收购和破产清算三种方式退出所投资的风险企业,实现投资收益。退出完成后,风险投资公司还需要将投资收益分配给提供风险资本的投资者。

【看一看】 风险投资的退出机制

风险投资的退出机制是指风险投资公司面对高收益同时高风险的项目投资时,为了防止资金被锁定,一般在契约条款中意向性规定资金的退出时间和方式等一系列条款。风险投资的退出机制是整个风险投资运作过程的关键环节。风险投资的本质是资本运作,退出是实现收益的阶段,同时也是进行资本再循环的前提。一般来讲,风险投资的退出方式主要有以下三种。

1. 公开上市

公开上市(initial public offering，IPO)，即首次公开发行上市，是指将风险企业改组为上市公司，风险投资的股份通过资本市场第一次向公众发行，使风险投资公司持有的不可流通的股份转变为上市公司的股票，实现其盈利性和流动性，实现投资回收和资本增值。

公开上市通常是风险投资最佳的退出方式。首次公开发行上市作为国际投资者首选的投资退出方式，在我国目前的法律框架下，国际投资者同样可以通过股份上市的方式退出在华投资，而且已为一些投资者所采用。

主板市场的上市标准较高，监管严格，而风险企业一般是中小高新技术企业，在很多方面均难以达到要求，因此在主板市场上市比较困难。创业板市场(二板市场)比主板市场上市条件相对宽松，主要为具备成长性的中小高新技术企业和风险投资企业提供融资服务，这增强了风险投资公司通过公开上市方式退出的吸引力。

2. 兼并与收购

并购市场为风险投资公司顺利出售所持有的风险企业的股权提供了便利。兼并与收购(M&A)是指风险投资公司通过由另一家企业兼并收购风险企业的方法来使资本退出风险企业的一种方式。收购与兼并是与IPO并列的另一种重要的退出方式。

这种类型的一种特殊情况是风险投资公司将其所持有的风险企业的股权转让给另一家风险投资公司，由其接手第二期投资。如果原来的风险投资公司只出售部分股权，则原有投资部分实现流动，并和新投资者一起形成投资组合；如果完全转让，则原来的风险投资公司全部退出，但风险资本并没有从风险企业中撤出，转换的只是不同的风险投资者，因此企业不会受到撤资的冲击。

3. 破产清算

通过公司破产清算来退出投资是风险投资公司最后的选择，这是在风险企业未来收益堪忧时的退出方式。这种方式通常只能收回一部分风险投资，任何投资者在决定投资时都不希望日后公司破产清算，但在必要的情况下必须果断实施，否则可能会带来更大的损失。如果因为所投资的风险企业经营失败等原因导致其他退出机制不可能时，对公司破产清算将是避免更大损失的唯一选择。因为企业的经营状况可能继续恶化，风险资金与其陷入其中不能发挥作用，不如及时收回投入到更加有希望的项目中去。

第三节　风险企业的运作

一、风险企业的定义

风险企业以高新技术项目为开发对象，专门在风险极大的高新技术产业领域进行研发、生产和经营，获取一般企业所不能获得的高额利润。

风险企业主要分布在通信设备、软件产业、新材料工业、医药保健、生物科技、新能源等行业。

二、风险企业的发展阶段

风险企业的发展包括四个阶段：种子期、初创期、成长期和成熟期。

（一）种子期（种子阶段）

种子期是指技术的酝酿与发明阶段。种子期的风险投资称作种子资本（seed capital）。

（二）初创期（创建阶段）

初创期是技术创新和产品试销阶段。风险投资公司在初创期主要考察风险企业商业计划的可行性。这一阶段的风险主要是技术风险、市场风险和管理风险。

（三）成长期

成长期是指技术发展和生产扩大阶段。成长期的风险投资称作成长资本（expansion capital），这也是风险投资的重要阶段。成长资本投资于已经具备一定运营收入，为进一步扩大经营规模和市场份额而需要融资的风险企业。这一阶段的主要风险是市场风险和管理风险。

企业规模扩大会对原有组织结构提出挑战。风险投资公司应参与重大事件的决策，提供管理咨询，选聘更换管理人员，排除、分散风险。风险投资公司在帮助风险企业增加价值的同时，也应着手准备退出。

（四）成熟期

成熟期是指技术成熟和产品进入大工业生产阶段，这一阶段的资金称作成熟资本。该阶段风险投资很少再增加投资。随着各种风险的大幅降低，利润率已不再那么高，对风险投资不再具有足够的吸引力。成熟期是风险投资的退出阶段。

 课后习题

一、案例题

1. 阿里巴巴融资。

创业伊始，第一笔风险投资救急

1999年年初，马云决定回到杭州创办一家能为全世界中小企业服务的电子商务站点。筹集了50万元后，阿里巴巴诞生了。创业团队里除了马云之外，还有他的妻子、他当老师时的同事和学生，以及被他吸引来的精英。比如，阿里巴巴首席财务官蔡崇信。

阿里巴巴成立初期，公司是小到不能再小，18个创业者往往是身兼数职。阿里巴

巴很快面临资金的瓶颈:公司账上没钱了。当时,马云开始去见一些投资者,但是他并不是有钱就要,而是精挑细选。即使囊中羞涩,他还是拒绝了38家投资商。马云后来表示,他希望阿里巴巴的第一笔风险投资除了带来钱以外,还能带来更多的非资金要素,例如进一步的风险投资和其他的海外资源。

就在这个时候,以高盛为主的一批风险投资向阿里巴巴投了500万美元。这一笔"天使投资"让马云喘了口气。

第二轮投资,挺过互联网寒冬

1999年秋,日本软银总裁孙正义约见了马云。孙正义表示将给阿里巴巴投资3 000万美元,占30%的股份。马云经过思考,最终确定了2 000万美元的软银投资,阿里巴巴管理团队仍绝对控股。

从2000年4月起,纳斯达克指数开始暴跌,互联网行业长达两年的寒冬开始了。阿里巴巴却安然无恙,很重要的一个原因是阿里巴巴获得了2 000万美元的融资。

第三轮融资,完成上市目标

2004年2月17日,阿里巴巴再获8 200万美元的战略投资。这笔投资是当时国内互联网行业最大的一笔风险投资。2005年8月,雅虎、软银向阿里巴巴投资数亿美元。之后,阿里巴巴创办淘宝网,创办支付宝,收购雅虎中国,创办阿里软件,一直到阿里巴巴上市。

2007年11月6日,阿里巴巴在香港联交所正式挂牌上市。按收盘价估算,阿里巴巴市值约280亿美元,超过百度、腾讯,成为中国市值最大的互联网公司。

资料来源:作者收集整理。

要求:

(1) 请从阿里巴巴的角度分析风险企业的发展阶段与融资情况。

(2) 请从风险投资人的角度分析其类型和退出机制。

2. 幸福牌生物农药创业计划。

幸福牌生物农药
创业计划书

嘉碱成锄生物科技有限公司
Jiajianchengchu Biotechnology Company Limited

公司负责人:杨燕英

财务负责人:赵正辰

公司地址:北京市大兴区亦庄经济技术开发区路东区科创12街9号

公司邮编:100176

公司电话:010-56318768

公司网址:http://jiajianchengchu.com

一、概要

"幸福牌"褐腐病杀菌药是我公司拥有自主知识产权的品牌生物农药,产品是根据

中华人民共和国国家知识产权局颁发的一种抑制桃褐腐病菌的缓释微囊及复合膜的制备方法(专利号：200910087176.4，已授权)及一种杀灭桃褐腐菌的微乳剂及其制备方法(专利号：200910235271.4)研制而成的。产品制备成水剂、水乳剂、乳剂、缓释微囊、复合膜五种剂型，可以满足果树自花期到储藏期、蔬菜自幼苗到储存期等各个时期褐腐病菌等真菌的预防和治疗。

公司的商业模式为技-贸-工模式，公司拥有自己的知识产权，可提供技术上的保证，且公司以承租方式把产品的生产交付其他药厂代加工，节约公司产房费用。在公司规模较大之后，会收回加工权，建立自己的生产车间。

公司拥有完整的销售网络及详细的营销战略，细分中国市场，制定不同的市场营销组合，对竞争对手进行了细致分析，因此公司具有较大的营业力，在公司建立之初总投资是1 300万元，5年后净利润可达到1 999.24万元。

二、项目概况

北京嘉碱成锄生物科技发展有限公司是以生产生物农药的农药生产公司。其主要产品"幸福牌"生物农药是根据中华人民共和国国家知识产权局颁发的一种抑制桃褐腐病菌的缓释微囊及复合膜的制备方法的专利(专利号200910087176.4，已授权)及一种杀灭桃褐腐菌的微乳剂及其制备方法(专利号200910235271.4)研发而成的。

作为高科技农药公司，公司将研发地选在了北京亦庄生物医药园经济开发区，既可享受国家对高科技公司的相关优惠政策，还可为公司的研发提供技术保证，并能及时了解医药行业的最新信息，从而把握市场的最新走向。另一方面，该地是人才的集聚地，因此可为公司招揽一大批优秀创新人才参与公司产品的研发。公司的产品生产主要是以承租的方式交给周边的医药公司，这样既可减少公司的费用，还可节约设备资源，有利于公司开展其他产品的研发工作。公司产品集中存放于公司的厂房中，以节约运输成本。另外，公司的售后服务点将与产品经销处形成配套体系，第一时间为消费者提供更好的售后服务，提高顾客的满意度与忠诚度。

三、产品介绍

(一)产品研发背景

随着生物工程技术的发展和人们对环境的日益重视，无公害、无污染的生物农药开始受到人们的青睐，成为农药产业的发展趋势与潮流。目前，国外农药生产正朝着高效、低毒或无毒、低残留的方向发展，而我国高效、低毒或无毒、低残留农药的市场缺口很大。我国全面禁止高毒农药在农业生产中使用，以及国际市场的禁用，将给国内农药市场留下很大的发展空间。高效、低毒农药需求量会大幅增加。因此，高毒农药替代品种的开发尤其是新型生物农药的开发势必将成为我国农药研究开发的热点，其市场前景非常广阔。因此，公司在研究市场发展趋势之后，着手研发了高效、无毒、无残留的新型生物农药，以天然药用植物的天然产物为主要有效成分，融合当前的最新药物剂型，研发出"幸福牌"绿色生物农药。

（二）研发产品的现实意义

我国植物种类繁多、资源丰富，生物源农药开发技术水平较高，植物源农药有望成为我国农药特色自主创新突破口，作为"绿色农药"有助于提高农产品品质和附加值。从植物中寻找杀菌抑菌活性物质是目前研究开发杀菌剂的重要途径之一。已经发现植物中提取的多种天然物质具有很强的抑菌活性。

本产品的选用的主要成分是小檗碱和水杨酸，小檗碱对真菌有很强的杀灭抑制作用，而两者都对褐腐病菌具有很强的抑制杀灭作用。通过多次重复实验小檗碱与水杨酸能抑制桃褐腐菌丝生长和孢子的萌发。本产品的主要剂型是水剂、水乳剂、乳剂、缓释微囊、复合膜剂等先进剂型，可满足植物的生长前期、植物生长后期和储存期等不同的时期需要。

（三）产品概述

幸福牌生物农药，主要剂型是乳剂、膜剂，本产品已经申请专利（专利号200910087176.4），生产许可号正在申请中。幸福牌商标已经申请注册，正在审批当中。

本产品是一种新型的生物农药，在小剂量下可杀死病原菌且工艺条件易控制，生产周期短，原材料便宜易得，适合大规模的工业化生产。

四、市场分析

（一）中国农药行业特征

农药行业是弱周期行业，受宏观经济影响较小。农药是农业生产的必需品，刚性需求强。

农药行业具有明显的季节性，一般而言，每年上半年是农药生产的高峰期，而3～9月是农药使用的高峰期。全球农药采购商往往于每年春耕前采购，以备用药高峰期销售，因此，每年3～6月和10～12月份是农药行业的旺季。

由于季节、地域、气象的差异，每个农药品种的功效都有较强的针对性，因此整个农药市场是由数量众多的单个品种细分市场组成。

（二）市场预测

根据农业农村部农业市场专家预测：未来几年农药市场呈刚性长存、理性增长格局，农药年需增长3%～6%。

根据公司所做的市场调查问卷，生物农药的需求量总体上略低于化学农药的需求量，化学农药需求量占总需求量的56%，而生物农药占需求量的44%，但是在一、二线城市的调查中，生物农药高于化学农药，在三线城市中，化学农药所占比例远远高于生物农药。

未来我国的农药行业的主流是安全高效。低毒或无毒、高效、低残留农药将会在农药市场走俏，绿色农药的市场前景非常广阔。

（三）市场细分

公司主要针对北京（平谷），河北（乐亭县），福建（永安市），山东（蒙阴）。本公司销售部共20人，其中，北京平谷销售点员工6人，河北乐亭销售点员工5人，山东蒙阴销

售点员工5人,福建永安销售点员工4人。并且,在这4大城市采用赊销给销售者充分的能力去销售,对员工进行奖惩制度,北京底薪1 200+提成1瓶农药5角,河北底薪1 200+提成1瓶农药4角,福建底薪1 000+提成一瓶农药4角,山东底薪1 000+提成一瓶农药4角。20人总工资加奖金46万元左右。以公司投入市场初期——第一年的销售为例,公司计划第一年的销售数量是88万瓶,在其后公司上市的几年中公司将按照一定的比例增加产品数量,第二年为176万瓶,第三年为220万瓶,第四年为275万瓶,第五年为344万瓶①。

五、竞争分析

(一) 行业竞争分析

1. 国内农药行业集中度不高

规模小的区域性制剂企业众多,目前,国内共有农药厂家2 200多家,登记产品数22 000多个,大多数企业销售规模小。2006年销售额超过500万元的企业有764家,前20位农药企业的销售额合计为251.30亿元,占全行业销售额的34.40%。

2. 国内外农药品牌竞争充分

国际知名的农药企业(如杜邦、拜耳、巴斯夫)主要通过建立合资企业或合作项目等方式进入国内市场。该类企业拥有领先的技术,不断推出专利新品种,在高端制剂市场表现较好,但我国农村市场对高端农药制剂购买力有限,国内防治同类病虫草害的产品众多,国际农药企业在终端市场上并未占据显著优势。

(二) 竞争态势分析

主要有以下竞争者。

1. 上海杜邦农化有限公司

美国杜邦农药产品素以产品齐、门类全而著称。专门的研究机构结合全球不同的作物种类和生长特点,以及地理气候条件,研制和生产出了抵御不同种类病虫灾害的产品,涵盖了除草、杀虫和杀菌极具科学界定的三大类共几十个产品,其突现的产品品质历来为众多使用者所公认,同时也成为中国农民熟识和选用的产品。

2. 大连瑞泽农药股份有限公司

大连瑞泽农药股份有限公司是国家火炬计划重点高新技术企业,目前已开发出以除草剂、杀虫剂、杀菌剂、农用肥料四个系列八十多个产品组成的产品体系。在瑞泽自行研发的二十多种新产品中,多种产品获得我国的优秀产品奖。其产品科技含量高,被专家公认为我国农药优质品种。

3. 广东德利生物科技有限公司

广东德利生物科技有限公司目前主要以农药分装、加工,原药生产、加工为主,与多家外国公司合作,其生产的腈苯唑农药是一种低毒、对褐腐病有较大作用的喷雾型农

---

① 渠道成员选择:代理商选择具有较高忠诚度的;分销商选择农村供销合作社,农药化肥专营店,植物保护站,土壤肥料站,农业、林业技术推广机构等。

药。与公司的幸福牌生物农药属针对同一种病害药物,是公司在产品上市后的主要竞争对手。

六、营销战略

公司产品要在获利的基础上全力以赴地降低成本,抓紧成本与管理费用的控制,最大限度地减少研究、开发、服务、推销、广告费用,从而降低成本。为了达到这些目标,首先在管理方面对成本给予了高度的重视,尽管质量服务方面不能忽视,但针对农药较好的管理手段是成本低的最有利条件,但也得保证质量,赢得很好的商标。本企业利用地位优势,且与原材料供应方面有很好的联系,所以总成本很低,非常吸引人。

同时,差异化战略也是本公司的另一策略,公司最独特的是生物的农药,很少副作用,树立起全产业范围中具有独立特性的东西,在建立公司的差异化战略的活动中总是伴随着很高的成本代价,有时即便全产业范围的顾客都了解公司的独特优点,也并不是所有顾客都将愿意或有能力支付公司要求的高价格。所以,我们将采取一定的差异化手段,注重低成本策略。

七、企业概述

(一)公司基本情况

公司名称:嘉碱成锄生物科技发展有限公司。

公司类型:有限公司。

公司地址:北京市大兴区亦庄经济技术开发区路东区科创12街9号。

(二)公司主要管理人员

公司主要管理人员如表12-1所示。

表12-1 公司主要管理人员

职 位	姓 名	籍 贯	专 业	学 历
公司总经理	杨燕英	北京	制药工程	本科在读
生产部部长	闫薪竹	北京	制药工程	本科在读
财务部部长	赵正晨	北京	会计学	本科在读
营销部部长	樊斌	北京	会计学	本科在读

八、风险分析

(1)政策风险。自2003年1月1日起,停止执行对部分列名进口农药免征进口环节增值税的政策,2004年1月1日起,停止执行对部分进口农药原料及中间体进口环节增值税先征后返的政策。可能会造成国外农药价格降低,增大其竞争力。

(2)原料风险。原料能否保证充足的供应,原料价格是否会发生变动。

(3)技术风险。技术能否推陈出新,紧跟时代变化。

(4)公司规模不大,难与国外公司竞争,一旦国外公司采取价格竞争策略,公司将难以应对。

九、财务分析

(一) 注册资本

公司注册资本为1 000万元,股本结构和规模如表12-2所示。

表12-2 股本结构和规模

股本规模＼股本来源	风险投资	战略伙伴出资	技术入股
金额(万元)	200	300	500
比例(%)	20	30	50

在股本结构中,无形资产为500万元,占总股本的50%;风险投资和战略伙伴出资共500万元。风险投资方面,我们打算引入2～3家风险投资共同入股,以利于筹资,化解风险,并为以后扩大规模做准备;另外,引入北京市2家大型农药厂作为战略伙伴,入股总额为300万元,占总股本的30%,以便迅速建立市场通路,降低经营风险。

资金运用:购买生产设备,其中分析仪一台,价格136万元,色谱分析仪一台,价格40万元,铺底流动资金324万元。

(二) 财务分析

(1) 公司设在交通设施完善、投资环境良好的北京亦庄开发区,所得税率为25%。

(2) 根据本公司现实基础、能力、潜力和业务发展的各项计划以及投资项目可行性,经过分析研究采用正确计算方法,本着求实稳健的原则,并遵循我国现行法律、法规和制度。在各主要方面与财政部颁发的会计制度和修订过的会计准则相一致。

(3) 成本费用中的主营业务收入、营业费用均与销售收入密切相关,呈同向变化,营业费用与销售收入呈比例变化。

(4) 主营业务税金及附加、财务费用和管理费用等与企业的销售收入关系不大。

预计单位直接生产成本＝生产总费用/合成数量

原料采集价格和基本参数如表12-3和表12-4所示。

表12-3 原料采集价格

名称	数量	单价(元)
小檗碱	1千克	230
工业级水杨酸	1吨	9 800
乙醇	1吨	3 500

(续表)

名　　称	数　　量	单价(元)
乙二醇	1千克	10
吐温80	1千克	14 900
壳聚糖	1千克	160

表 12-4　基　本　参　数

项　　目	第一年	第二年	第三年	第四年	第五年
总投资(万元)	500				
长期投资					
固定资产投资	176				
流动资金垫支(万元)	324				
销售数量(万瓶)产品A	40	52	68	88	114
销售单价(万元/万瓶)	15	15	15	15	15
销售收入(万元)产品A	600.00	780.00	1 014.00	1 318.20	1 713.66
销售数量(万瓶)产品B	35	46	59	77	100
销售单价(万元/万瓶)	15	15	15	15	15
销售收入(万元)产品B	525.00	682.50	887.25	1 153.43	1 499.45
销售费用(万元)	336	550	610	786	957
管理费用(万元)	20	25	30	40	45
销售成本(万元)	382	764	970	1 220	1 525
生产产量(吨/年)	88	176	220	275	344
原材料(万元/吨)	0.15	0.15	0.15	0.15	0.15

(三) 项目评价

(1) 投资回收期。

第1年仍未收回的投资额：

$$500 - 419.54 = 80.46(万元)$$
$$投资回收期 = 1 + 80.46/220.14 = 1.37(年)$$

(2) 项目净现值(折现系数8%)为1 227.53万元，NPV 大于0，项目可行。

(3) 项目内部收益率为72%。

项目分析所涉及数据如表12-5至表12-12所示。

表 12-5 投资计划与资金筹措 单位:万元

序号	项目	年份			合计
		1	2	3	
1	投资总额	500			500.00
1.1	甲方投资(20%)	200			200.00
1.2	乙方投资(30%)	300			300.00

表 12-6 固定资产折旧费估算 单位:万元

序号	项目	年份					合计
		1	2	3	4	5	
1	机器设备						
1.1	原值	176	176	176	176	176	176
1.2	折旧费		35.20	35.20	35.20	35.20	35.20	176
1.3	净值	176	140.80	105.60	70.40	35.20	0.00

注:折旧年限 5 年,期末无残值。

表 12-7 无形资产摊销估算 单位:万元

序号	项目	年份					合计
		1	2	3	4	5	
1	专有技术						
1.1	原值	500	500	500	500	500	500
1.2	摊销		100	100	100	100	100	176
1.3	净值	500	400	300	200	100	0

注:摊销期限 5 年。

表 12-8 总成本费用估算 单位:万元

序号	项目	年份				
		1	2	3	4	5
1	生产成本	382	764	970	1 220	1 525
2	销售费用	336	550	610	786	957
3	管理费用	20	25	30	40	45
4	总成本费用	738	1 339	1 610	2 046	2 527

(续表)

序号	项目	年份				
		1	2	3	4	5
	其中：折旧费	35.2	35.2	35.2	35.2	35.2
	摊销费	100	100	100	100	100
5	经营成本	602.8	1 203.8	1 474.8	1 910.8	2 391.8

表12-9 营业收入、税金及附加估算　　　　　　　　　　　单位：万元

序号	项目	年份				
		1	2	3	4	5
1	营业收入	1 125.00	1 462.50	1 901.25	2 471.63	3 213.11
2	增值税	78.75	102.38	133.09	173.01	224.92
3	税金附加	7.88	10.24	13.31	17.30	22.49
	其中：城建税	5.51	7.17	9.32	12.11	15.74
	教育费附加	2.36	3.07	3.99	5.19	6.75

表12-10 预计利润　　　　　　　　　　单位：万元

项目（万元）	第一年	第二年	第三年	第四年	第五年
一、主营业务收入	1 125.00	1 462.50	1 901.25	2 471.63	3 213.11
减：主营业务成本	382	764	970	1 220	1 525
主营业务税金及附加	7.88	10.24	13.31	17.30	22.49
二、主营业务利润	735.12	688.26	917.94	1 234.33	1 665.62
减：销售费用	336	550	610	786	957
管理费用	20	25	30	40	45
利润总额	379.12	113.26	277.94	408.33	663.62
减：所得税	94.78	28.32	69.49	102.08	165.91
净利润（万元）	284.34	84.95	208.46	306.25	497.72

表12-11 预计资产负债表　　　　　　　　　　单位：万元

项目	年份				
	1	2	3	4	5
资产	1 284.34	1 369.29	1 577.75	1 884	2 381.72
流动资金	324.00	324.00	324.00	324.00	324.00
现金	419.54	639.69	983.35	1 424.8	2 057.72

(续表)

项 目	年 份				
	1	2	3	4	5
固定资产净值	140.80	105.60	70.40	35.20	0.00
无形资产净值	400	300	200	100	0
负债及投资人权益合计	1 284.34	1 369.29	1 577.75	1 884	2 381.72
长期借款					
投资人权益	1 000.00	1 000.00	1 000.00	1 000.00	1 000.00
甲方资本金	200	200	200	200	200
乙方资本金	300	300	300	300	300
丙方资本金	500	500	500	500	500
未分配利润	284.34	369.29	577.75	884	1 381.72

表 12-12　预计现金流量表　　　　　　　　　　　　　　　　单位：万元

年 份 项 目	第零年	第一年	第二年	第三年	第四年	第五年
现金流入	0	1 125.00	1 462.50	1 901.25	2 471.63	3 537.11
营业收入		1 125.00	1 462.50	1 901.25	2 471.63	3 213.11
回收残值		0.00	0.00	0.00	0.00	0.00
回收流动资金		0.00	0.00	0.00	0.00	324.00
现金流出	−500	705.46	1 242.36	1 557.6	2 030.18	2 580.2
固定资产投入	176					
流动资金投入	324					
经营成本		602.8	1 203.8	1 474.8	1 910.8	2 391.8
税金及附加		7.88	10.24	13.31	17.30	22.49
所得税费用		94.78	28.32	69.49	102.08	165.91
净现金流量	−500	419.54	220.14	343.65	441.45	956.91
累计净现金流量	−500	−80.46	139.68	483.33	924.78	1 881.69

要求：请从风险投资的角度分析该项目。

二、思考题

1. 请简述风险投资的概念与作用。
2. 如何理解风险投资既是一种融资机制，又是一种权益资本？
3. 风险投资的基本特征是什么？为什么？
4. 风险投资有哪些作用？

5. 风险投资公司在风险投资体系中起什么作用？
6. 风险投资公司有哪些主要的特点？
7. 什么是有限合伙制？它有什么特点？
8. 风险投资为什么要强调退出？如何退出？
9. 风险企业的发展可以划分为哪几个阶段？

第十二章 私募股权投资

 **教学目标**

- 掌握私募股权基金的概念和特征。
- 了解私募股权基金的募集形式。
- 了解私募股权基金投资的一般流程。
- 理解对赌协议。

 **导读案例　吴长江引入软银赛富和施耐德后被逼出雷士照明**

　　1998年底，吴长江出资45万元，他的另外两位同学杜刚与胡永宏各出资27.5万元，以100万元的注册资本在惠州创立了雷士照明。从股权结构看，吴长江是占比45%的单一大股东，而相对两位同学的合计持股，他又是小股东。随着企业的做大，自2002年起"事情正在起变化"，股东之间的分歧开始悄然孕育，裂痕随即产生。

　　2005年，随着雷士的销售渠道改革，三位股东的矛盾全面爆发，其他两位股东激烈反对吴长江的改革方案。结果是吴长江支付给两位股东各8 000万元，两位股东退出雷士照明。但是，雷士账上并没有足够支付股东款的现金。最终达成的折中方案是，两位股东先各拿5 000万元，剩余款项半年内付清。在兑现了1亿元的股东款之后，雷士账上几乎变成"空壳"，雷士照明极度缺钱。

　　2006年8月，在毛区健丽的牵线搭桥下，软银赛富正式决定投资雷士。8月14日，软银赛富投入的2 200万美元到账，占雷士股权比例35.71%。

　　两年之后的2008年8月，雷士照明为了增强其制造节能灯的能力，以现金＋股票的方式收购了世通投资有限公司（其旗下的三友、江山菲普斯及漳浦菲普斯专事节能灯灯管及相关产品的制造），其中现金部分须支付4 900余万美元。

　　当时雷士并没有足够的现金来支付这笔收购款，账上现金及存款仅有3 000万美元。为了完成此次收购，雷士照明不得不再次寻求私募融资。在该次融资中，高盛与软银赛富联合向雷士照明投入4 656万美元，其中高盛出资3 656万美元、软银赛富出资

1 000万美元。

此次融资,吴长江的持股比例因稀释而失去了第一大股东地位,持股 34.4%;而赛富则因先后两次投资,持股比例超越吴长江达到 36.05%,成为第一大股东;高盛以 11.02%的持股比例成为第三大股东。

2010年5月20日,雷士照明登陆港交所,发行6.94亿股新股(占发行后总股本的 23.85%),发行价 2.1港元/股,募资 14.57 亿港元。

2011 年 7 月 21 日,雷士引进法国施耐德电气作为策略性股东,由软银赛富、高盛联合吴长江等六大股东,以 4.42 港元/股(较当日收盘价溢价 11.9%)的价格,共同向施耐德转让 2.88 亿股股票。施耐德耗资 12.75 亿港元,股份占比 9.22%,因此而成为雷士照明第三大股东。

从雷士照明的股权结构来看,创始人吴长江早已失去第一大股东地位,而软银赛富在雷士上市以前就俨然已是相对控股的第一大股东。但是,失去第一大股东地位的吴长江,并未意识到自己面临局势的危险性。吴长江非但不担心自己的控制权旁落,反而在上市以后还大幅减持股票,直到转让部分股权给施耐德之后,吴长江(包括其个人及通过全资公司 NVC 合计)的持股比例下降到了 17.15%的最低点。然而,赛富则还拥有 18.48%的持股比例。

当财务投资人股东引荐大鳄型的产业投资人进入企业时,其中暗含的含义已经相当清晰了。以黑石、凯雷、KKR 等为代表的 PE 机构,专门猎食性地入股一些价值被低估或者暂时陷入困境的企业,经过一番整合之后再将企业打包或者分拆出售给产业大鳄,而 PE 投资人则借此一进一出获得超额暴利。华尔街著名的纪实商战图书《门口的野蛮人》,已经将此种情形描述得精彩纷呈。

2012 年 5 月 25 日,吴长江被毫无征兆地"因个人原因"而辞去了雷士照明一切职务,而接替他出任董事长的则是软银赛富的阎焱,接替他出任 CEO 的则是来自施耐德并在施耐德工作了 16 年的张开鹏。

资料来源:作者收集整理。

要求:试分析吴长江作为雷士照明的创始人,为什么反而被挤出了公司?

第一节 私募股权基金概述

一、私募股权基金的概念

私募股权基金(private equity,PE),是从事私人股权(非上市公司股权)投资的基金。私募股权基金通过非公开的方式,向少数机构投资者或个人募集资金,追求的不是

股权收益,而是通过被投资企业上市、并购或管理层收购等方式退出而获利的投资基金。私募股权基金主要包括投资非上市公司股权或上市公司非公开交易股权两种。

私募股权基金向特定的机构投资者或个人募集资金,不通过广告的方式进行募集,并以此区别于公募基金。

二、私募股权基金的特征

(一)募集方式

在募集方式上,私募股权基金以非公开的方式募集。

私募股权基金的募集主要通过非公开的方式募集,基金发起人通过与投资者协商等方式进行,不通过公开媒体广告。

(二)募集对象

在募集对象上,私募股权基金向特定机构和个人募集。特定机构包括社保基金、保险公司等。

(三)投资形式

在投资形式上,私募股权基金一般采取权益型、中长期的投资方式。

私募股权基金投资对象多为未上市、具有高成长性的企业,比较少的是已公开发行股票的公司。私募股权基金在投资期内不能退出,只能通过被投资企业上市、并购、管理层收购等方式退出。

三、私募股权基金(PE)与风险投资基金(VC)的比较

私募股权基金与风险投资基金都是对未上市企业的投资,但是两者在投资阶段、投资规模、投资理念等方面有很大的不同。

(一)投资阶段不同

私募股权基金主要投资于已经形成一定规模的,并产生稳定现金流的成熟企业。风险投资主要投资于尚未形成规模和未产生现金流的企业,风险投资属于种子期和初创期阶段的投资,私募股权基金一般投资成长期和成熟期的企业。

(二)投资规模不同

私募股权基金一般单个项目投资规模较大。风险投资则视项目需求和风险投资机构而定。

(三)投资理念不同

风险投资强调高风险高预期年化收益,既可进行长期股权投资并协助管理,也可短期投资寻找机会将股权进行出售。而私募股权基金一般是协助投资对象完成上市,然后套现退出。

当然,两者之间的区别并不是泾渭分明,很多传统上的 VC 机构现在也介入 PE 业

务,而许多传统上被认为专做PE业务的机构也参与到VC项目中,在实际业务中两者的界限越来越模糊。如著名的PE机构凯雷(Carlyle),其投资于携程网、聚众传媒等便是VC形式的投资。

第二节 私募股权基金募集

私募股权基金主要有三种组织形式:公司制、有限合伙制和信托制。

一、公司制私募股权基金

(一)公司制私募股权基金的概念与特点

私募股权基金发展的早期以公司制形式为主,第一个私募股权基金是1946年成立的"美国研究与发展公司"(ARD公司),其组织形式就是公司制的私募股权基金。公司制私募股权基金是以公司的组织形式,以发行股份的方式募集资金。投资者以购买基金公司股份的方法认购基金,成为基金公司股东。

设立公司制私募股权基金的法律依据主要是2018年10月26日修订并施行的《中华人民共和国公司法》(下称《公司法》)。公司制私募股权基金的设立程序,类似于一般的有限责任公司和股份有限公司。

无论是有限责任公司还是股份有限公司,私募股权基金都具有如下的特点:

1. 公司作为企业法人具有独立的财产权

《公司法》第三条规定:公司是企业法人,有独立的法人财产,享有法人财产权。公司以其全部财产对公司的债务承担责任。

2. 公司股东仅以其认缴的出资额或认购股份为限对公司承担责任

《公司法》第三条规定:有限责任公司的股东以其认缴的出资额为限对公司承担责任;股份有限公司的股东以其认购的股份为限对公司承担责任。

3. 法人治理与一般公司相同,经营管理与一般公司相差较大

在法人治理上,公司制私募股权基金设有股东会、董事会和监事会。公司制私募股权基金公司的经营管理和一般的公司不相同。基金公司不设经营管理组织,而是委托专业投资管理机构或者外部专业团队管理运营,公司由此转化成为基金。另外,资金也委托专业的保管人保管,便于资金进出的监控。

(二)公司制私募股权基金的资金来源

公司制私募股权基金的投资资金主要来源于注册资本。直接设立私募股权公司,将募集的资金作为注册资本和投资资金来源,在设立时即确定投资人及其股份金额。今后吸引到新的投资人或原有投资人退出,则须采用增资(减资)或股权转让的方式。

《公司法》第二十六条规定:有限责任公司的注册资本为在公司登记机关登记的全

体股东认缴的出资额。法律、行政法规以及国务院决定对有限责任公司注册资本实缴、注册资本最低限额另有规定的,从其规定。

《公司法》第七十一条规定：有限责任公司的股东之间可以相互转让其全部或者部分股权。股东向股东以外的人转让股权,应当经其他股东过半数同意。股东应就其股权转让事项书面通知其他股东征求同意,其他股东自接到书面通知之日起满三十日未答复的,视为同意转让。其他股东半数以上不同意转让的,不同意的股东应当购买该转让的股权;不购买的,视为同意转让。

《公司法》第八十条规定：股份有限公司采取发起设立方式设立的,注册资本为在公司登记机关登记的全体发起人认购的股本总额。在发起人认购的股份缴足前,不得向他人募集股份。股份有限公司采取募集方式设立的,注册资本为在公司登记机关登记的实收股本总额。法律、行政法规以及国务院决定对股份有限公司注册资本实缴、注册资本最低限额另有规定的,从其规定。

《公司法》第一百三十七条规定：股东持有的股份可以依法转让。

《公司法》第一百三十八条规定：股份有限公司股东转让其股份,应当在依法设立的证券交易场所进行或者按照国务院规定的其他方式进行。

私募股权公司在积累了一定投资业绩之后,可以逐步通过有限合伙或信托方式募集新的基金。如果通过有限合伙制募集基金,则原有私募股权公司担任普通合伙人,新的投资人称为有限合伙人;如果通过信托方式,则原有私募股权公司担任投资顾问,新的投资人成为委托人(受益人),这也是我国公司制私募股权基金独特的发展特点。

二、有限合伙制私募股权基金

有限合伙制在私募股权基金的组织形式中占据主导地位。2007年6月1日修订后的《中华人民共和国合伙企业法》(下称《合伙企业法》)专门规定了有限合伙,《合伙企业法》从国家层面认可了有限合伙,使得我国的私募股权基金得到了长足发展。

（一）有限合伙制私募股权基金的特征

1. 有限合伙制私募股权基金由普通合伙人与有限合伙人共同出资组成

《合伙企业法》第六十一条规定：有限合伙企业由二个以上五十个以下合伙人设立;但是,法律另有规定的除外。有限合伙企业至少应当有一个普通合伙人。

有限合伙制是大多数私募股权基金的组织形式,有限合伙制私募股权基金由GP(general partner)和LP(limited partner)两类合伙人共同出资组成。

《合伙企业法》第六十五条规定：有限合伙人应当按照合伙协议的约定按期足额缴纳出资;未按期足额缴纳的,应当承担补缴义务,并对其他合伙人承担违约责任。有限合伙人(LP)需按照有限合伙协议约定按期、足额地缴纳认缴出资,有限合伙人通常包括社保基金、保险公司和富有的个人等。

普通合伙人(GP)又称为执行事务合伙人,具有专业投资经验和股权增值能力,主要负责合伙企业投资等重大事项的管理与决策,其责任是认真、谨慎地执行合伙企业事务。

2. 有限合伙制私募股权基金合伙人承担的责任不同

有限合伙制私募股权基金是有限责任与无限责任的结合,普通合伙人(GP)与有限合伙人(LP)承担的责任不同。

《合伙企业法》第二条规定:有限合伙企业由普通合伙人和有限合伙人组成,普通合伙人对合伙企业债务承担无限连带责任,有限合伙人以其认缴的出资额为限对合伙企业债务承担责任。

《合伙企业法》第九十二条规定:合伙企业不能清偿到期债务的,债权人可以依法向人民法院提出破产清算申请,也可以要求普通合伙人清偿。合伙企业依法被宣告破产的,普通合伙人对合伙企业债务仍应承担无限连带责任。

3. 有限合伙制私募股权基金拥有独立财产

有限合伙制私募股权基金是一个独立的非法人经营实体,拥有自己独立的财产。

《合伙企业法》第二十条规定:合伙人的出资、以合伙企业名义取得的收益和依法取得的其他财产,均为合伙企业的财产。

《合伙企业法》第二十一条规定:合伙人在合伙企业清算前,不得请求分割合伙企业的财产;但是,本法另有规定的除外。

4. 有限合伙制私募股权基金可以避免双重纳税

《合伙企业法》第六条规定:合伙企业的生产经营所得和其他所得,按照国家有关税收规定,由合伙人分别缴纳所得税。

合伙企业不是独立的法人实体,不能独立于合伙人而存在,因此只能在合伙人环节征税。有限合伙制私募股权基金只缴纳个人所得税,而公司制私募股权基金除了个人所得税以外,还要缴纳公司所得税。有限合伙制的形式有效避免了双重纳税的问题,使得有限合伙制成为越来越多私募股权基金首选的组织形式。

(二)有限合伙协议的核心条款

在有限合伙协议中,核心条款有出资缴付、投资限制、管理费、利润分配、普通合伙人约束条款等。

1. 出资缴付

有限合伙制私募股权基金采取承诺出资制。如某合伙企业《有限合伙协议》规定:各合伙人的出资在两年内分三期缴付,首期30%在基金成立时缴付,二期30%和三期40%由基金管理人通知缴付,间隔期原则上不低于6个月。

2. 投资限制

由于投资存在的风险性,在有限合伙协议中会约定合伙企业的投资限制。如某合伙企业《有限合伙协议》规定:不得主动投资于不动产或其他固定资产、动产、股票、开放或封闭式基金等,只能以被动投资方式进行管理;未经咨询委员会同意,对同一被投资企业的投资不得超过合伙企业总认缴出资额的20%;未经合伙人会议一致通过,合

伙企业存续期间内不得举借债务、不得对外提供担保。

3. 管理费

普通合伙人(GP)的管理费为有限合伙企业运营的一大成本,如何区分有限合伙企业的运营成本和普通合伙人(GP)的管理费,一般有两种做法:一是管理费包含运营成本,二是管理费单独拨付,后者是通行的做法。

如某合伙企业《有限合伙协议》规定:作为普通合伙人(GP)对合伙企业提供管理及其他服务的对价,在合伙企业经营期限内,合伙企业按管理费计算基数的2.5%/年支付管理费;管理费计算基数为总认缴出资额扣减该计费期起算之前已退出项目的原始投资成本。管理费每年分两期支付,每半年支付一次。

4. 收益分配

有限合伙制私募股权基金通常每退出一个项目即在普通合伙人(GP)和有限合伙人(LP)之间分配投资收益。通常先按照有限合伙人和普通合伙人的顺序,分配其实缴出资。这种分配方式在某个项目亏损时由各合伙人按实际出资比例分担,并不保障有限合伙人安全收回所投资本金。

如某合伙企业《有限合伙协议》规定:投资项目退出一个分配一个,合伙企业取得的项目投资的现金收入不得用于再投资,应依有限合伙协议约定向合伙人进行分配;分配顺序上,首先向有限合伙人分配其实缴出资,其次向普通合伙人分配其实缴出资,剩余收益的80%由全体合伙人按实缴出资比例分配,20%作为业绩奖励分配给普通合伙人。

为吸引到投资人,即有限合伙人,私募股权基金采用回拨机制和优先回报率等方式,确保有限合伙人在收回投资之后才可进行收益分配。

【看一看】 回拨机制

回拨机制要求普通合伙人从单个项目获取的收益中拿出一定比例存入以有限合伙企业名义专门开立的普通合伙人收益分成账户,收益分成账户中的资金用于确保有限合伙人收回其全部实缴出资额,也是作为投资项目亏损后补亏的有效方式。

当有限合伙取得的现金收入不足以满足分配要求时,收益分成账户内的资金进行回拨,直至有限合伙人收回全部实缴出资,在确保有限合伙人收回全部实缴出资的前提下,普通合伙人可自行支配收益分成账户的资金。

【看一看】 优先回报率

投资者收回投入基金的全部出资后,其余部分向全体合伙人按投资比例进行收益分配。如投资收益率不超过8%,则全部投资回报分配给全体合伙人;如投资收益率高于8%但不超过10%,则8%以内部分分配给全体合伙人,其余收益分配给普通合伙人;如投资收益率高于10%,则回报的80%分配给全体合伙人,剩余20%分配给普通合伙人。

如某合伙企业《有限合伙协议》规定:如果合伙企业的年均投资收益率低于8%,则全部收益由全体合伙人按实际出资比例分配;如果合伙企业年均投资收益率大于或等于8%,则全部收益中80%由全体合伙人按实际出资比例分配,20%分配给普通合伙人。

三、信托制私募股权基金

信托制私募股权基金是指依据《信托法》等相关法规设立的投资基金,通过信托契约明确委托人(投资人)、受托人(投资管理机构)和受益人三者的权利义务关系,也就是私募股权投资信托。

信托制私募股权基金又称为契约制私募股权基金,其组织形式不是公司,而是投资人将资金委托给运营人经营的一种委托(信托)关系,信托关系是一种存在对等权利和义务的法律关系。

信托制私募股权基金的募集方法,是受托人与投资人签订信托合同,受托人向投资人发行基金受益凭证。从募集资金的方法看,公司制私募股权基金和信托制私募股权基金都是通过"投资人购买"来认购。但公司制私募股权基金购买的是股份,而信托制私募股权基金购买的是基金受益凭证。

(一)信托制私募股权基金的参与者

信托制私募股权基金信托计划中的主要当事人包括委托人、受托人、投资顾问、保管人和受益人。

1. 委托人和受益人

投资人既是信托委托人,又是信托受益人。

《信托公司集合资金信托计划管理办法》第五条规定:委托人为合格投资者;参与信托计划的委托人为唯一受益人。

在具体业务中,信托制私募股权基金的受益人可以由基金投资人(即委托人)指定,因此可以实现委托人与受益人的分离。

2. 受托人

信托公司作为受托人既是资金募集人,又是投资管理人。

《信托公司集合资金信托计划管理办法》第二条规定:在中华人民共和国境内设立集合资金信托计划(以下简称信托计划),由信托公司担任受托人,按照委托人意愿,为受益人的利益,将两个以上(含两个)委托人交付的资金进行集中管理、运用或处分的资金信托业务活动,适用本办法。

《信托公司私人股权投资信托业务操作指引》第二十条规定:信托公司管理私人股权投资信托,可收取管理费和业绩报酬,除管理费和业绩报酬外,信托公司不得收取任何其他费用;信托公司收取管理费和业绩报酬的方式和比例,须在信托文件中事先约定,但业绩报酬仅在信托计划终止且实现盈利时提取。

3. 投资顾问

投资顾问指专业性的基金投资管理公司,负责代表信托公司管理所持有的资产。投资顾问应当在受托人的指导、监督和授权范围内管理和运用信托财产,并按照受托人授权和信托文件的约定,对信托财产进行具体的投资组合管理。

《信托公司私人股权投资信托业务操作指引》第二十一条规定：信托文件事先有约定的，信托公司可以聘请第三方提供投资顾问服务，但投资顾问不得代为实施投资决策。信托公司应对投资顾问的管理团队基本情况和过往业绩等开展尽职调查，并在信托文件中载明。

4. 保管人

保管人是指接受信托托管的商业银行，依法持有并保管信托财产、获取信托托管费、监督信托的投资运作、监督投资管理人，同时负有安全保管信托财产的义务。

《信托公司集合资金信托计划管理办法》第十九条规定：信托计划的资金实行保管制。对非现金类的信托财产，信托当事人可约定实行第三方保管，但中国银行业监督管理委员会另有规定的，从其规定。信托计划存续期间，信托公司应当选择经营稳健的商业银行担任保管人。信托财产的保管账户和信托财产专户应当为同一账户。信托公司依信托计划文件约定需要运用信托资金时，应当向保管人书面提供信托合同复印件及资金用途说明。

（二）信托制私募股权基金的运作模式①

信托公司是私募股权基金信托中的唯一受托人。

《信托公司私人股权投资信托业务操作指引》第二十一条规定：私人股权投资信托计划设立后，信托公司应亲自处理信托事务，独立自主进行投资决策和风险控制。信托文件事先有约定的，信托公司可以聘请第三方提供投资顾问服务，但投资顾问不得代为实施投资决策。信托公司应对投资顾问的管理团队基本情况和过往业绩等开展尽职调查，并在信托文件中载明。

私募股权基金信托是一种资金信托，按先融资后投资的流程进行操作。信托制私募股权基金的运作模式，如图13-1所示。

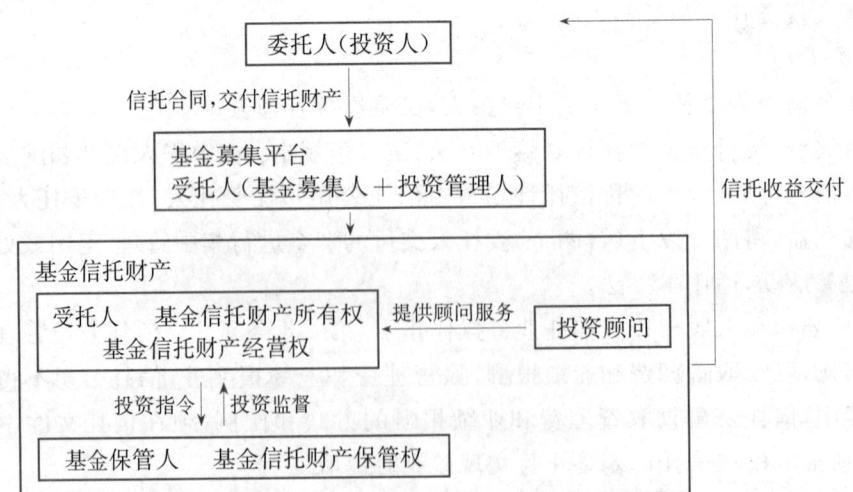

图 13-1　私募股权基金信托运作模式

资料来源：邹菁,私募股权基金的募集与运作：法律实务与案例(第四版)[M].北京：法律出版社,2014：32.

---

①　资料来源：邹菁,私募股权基金的募集与运作：法律实务与案例(第四版)[M].北京：法律出版社,2014：31-32.

(1) 信托公司作为受托人根据信托合同通过信托平台募集资金和设立基金，发行基金凭证。

(2) 投资人作为委托人，购买基金凭证，将财产委托给受托人管理，信托合同一经签订后，基金财产的所有权和经营权随即全部转移给受托人。

(3) 基金保管人（往往是第三方监管银行）对基金财产行使保管权和监督权，并办理投资运作的具体清算交收业务。

(4) 受托人以自己的名义管理基金财产，受托人聘请投资顾问就筛选项目、项目投资决策提供专业咨询意见。受托人在确定投资目标后，向受资公司进行投资，通过受资公司上市或资产并购受益，投资收益的分配依信托合同的约定进行。

(5) 项目退出后，委托人根据信托合同享受信托收益或承担风险。

（三）信托制私募股权基金的特征

1. 信托制私募股权基金是一种信托资产

信托公司是法人实体，而信托制私募股权基金不是法人实体，是一种信托资产。信托资产是指委托人通过信托行为，转给受托人并由受托人按照一定的信托目的进行管理的财产。

2. 信托制私募股权基金管理方式是受益人大会

由于信托制私募股权基金不是法人实体，不设基金股东会、董事会和监事会。它的管理方式是受益人大会。

《信托公司集合资金信托计划管理办法》第四十三条规定：受益人大会由受托人负责召集，受托人未按规定召集或不能召集时，代表信托单位10%以上的受益人有权自行召集。

《信托公司集合资金信托计划管理办法》第四十六条规定：受益人大会应当有代表50%以上信托单位的受益人参加，方可召开；大会就审议事项作出决定，应当经参加大会的受益人所持表决权的2/3以上通过；但更换受托人、改变信托财产运用方式、提前终止信托合同，应当经参加大会的受益人全体通过。受益人大会决定的事项，应当及时通知相关当事人，并向中国银行业监督管理委员会报告。

《信托公司集合资金信托计划管理办法》第四十二条规定：出现以下事项而信托计划文件未有事先约定的，应当召开受益人大会审议决定：（一）提前终止信托合同或者延长信托期限；（二）改变信托财产运用方式；（三）更换受托人；（四）提高受托人的报酬标准；（五）信托计划文件约定需要召开受益人大会的其他事项。

3. 信托制私募股权基金的实际运作人是投资顾问

信托公司并不真正对信托制私募股权基金进行经营管理，而是委托给专业的投资机构或者资深投资人等。信托公司仍然是受托人，但是信托制私募股权基金的经营管理由专业机构和专业人士取代了。

第三节 私募股权基金投资

项目初审、签署投资意向书、尽职调查、签署正式投资协议并完成投资、投资后的管理与退出,这是私募股权基金投资的五个步骤。在私募股权基金的投资流程中,如何给被投资企业估价以及对估价调整的约定是整个投资过程的核心。

一、私募股权基金投资的一般流程

(一)项目初审

项目初审往往是私募股权基金投资流程的第一步。私募股权投资成功的重要基础是如何获得好的项目,这也是对基金管理人最直接的考验。

每个基金经理人均有其潜心研究的行业,而对行业企业的更为细致的调查是发现好项目的一种方式。另外,与行业内各公司高层管理人员的联系以及广大的社会网络也是优秀项目的来源。

通常最直接的方式是获得由项目方直接递交上来的商业计划书。项目初审包括书面初审和现场调研两个部分。书面初审以项目的商业计划书为主,而现场调研则要求私募股权基金里的相关人员到企业现场,调研生产经营、运作等状况。

在获得相关的信息之后,私募股权投资公司会联系目标企业表达投资兴趣,如果对方也有兴趣,就可进行初步评估。

项目经理领到项目后,会重点了解以下方面:注册资本及大致股权结构、所处行业发展情况、主要产品竞争力或盈利模式特点、前一年度大致经营情况、初步融资意向和其他有助于项目经理判断项目投资价值的企业情况。通过这些工作,私募股权投资公司会对行业趋势、投资对象的业务增长点等有一个更深入的认识。

(二)签署投资意向书

对于初步选中的项目,私募股权投资公司要求与被投资企业进行谈判,谈判的目的在于签署投资意向书。投资意向书是双方当事人就项目的投资问题,通过初步洽商,就各自的意愿达成一致,并表示合作意向的书面文件,这是双方进行实质性谈判的依据,是签订投资协议的基础。

投资意向书,一般称为 term sheet,内容是已经确定的一些核心商业条款,这些条款在签署正式投资协议时一般不能变更。有时会用投资条款清单来取代投资意向书。

(三)尽职调查

尽职调查,也称谨慎性调查,一般是指投资人在与目标企业达成初步合作意向后,经协商一致,投资人对目标企业一切与本次投资有关的事项进行现场调查、资料分析的一系列活动,主要包括财务尽职调查、法律尽职调查和商业尽职调查。

中介机构完成尽职调查后,将向私募股权基金提交尽职调查报告。根据尽职调查报告,可能会有两个结果:① 尽职调查报告与项目初审所了解的情况基本一致,与被投资企业就细节问题进行谈判,包括协商价格;② 尽职调查报告与项目初审所了解的情况相差较大,放弃收购。

(四)签署正式投资协议

正式的投资协议是以投资意向书为基础签订的,正式的投资协议具有法律效力,私募股权基金和被投资企业必须遵守。正式投资协议往往比较复杂,除了商业条款之外,还有复杂的其他条款。正式投资协议反映了私募股权基金拟采取的投资策略,包括进入策略和退出策略。进入策略通常包括两种方式:一是股权转让;一是增资扩股。

签署正式投资协议之后,需要被投资企业配合履行公司章程规定的内部程序,包括签署股东会及董事会的决议,签署新公司章程,变更董事会组成以及公司更名等事项的完成。同时,私募股权基金需要被投资企业配合完成工商变更登记手续,若是外资私募股权基金,还需要履行外资审批部门规定的审批程序。私募股权基金也需要根据正式投资协议的约定按期将资金支付给被投资企业。

(五)投资后的管理与退出

私募股权基金作为财务投资人,一般不会实际参与被投资企业的经营管理。私募股权基金往往会给予被投资企业一定的帮助和提供相关增值服务,如帮助被投资企业进行后期融资,帮助选择中介机构,向被投资企业推荐高级管理人员,参与被投资企业的重大战略决策。

私募股权基金投资的目的在于通过上市或并购等手段退出获得高额回报,其中上市退出盈利幅度最高,故成为退出方式之首选。在上市或并购退出的过程中,私募股权基金需要与被投资企业的原股东和管理层配合,以避免对企业的正常经营产生影响。

二、私募股权基金投资的方式

私募股权投资的方式主要有以下三种。

(一)增资扩股投资方式

增资扩股就是目标公司新发行一部分股份,将这部分新发行的股份出售给私募股权基金,这样的结果将导致公司股份总数的增加。

(二)股权转让投资方式

股权转让是指目标公司股东将自己的股份让渡给私募股权基金,使私募股权基金成为目标公司的新股东。

(三)增资扩股加股权转让投资方式

上述两种投资模式还可以两者并用。

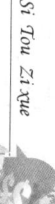

一、案例题

拓诚基金(有限合伙)募集说明书

摘 要

基金名称：拓诚基金(有限合伙)(以下简称"本基金")。

基金类型：有限合伙制股权投资基金。

基金管理人：拓诚有限公司。

投资方向：拟上市的优质企业、高成长的细分行业领袖、创业型企业。

基金期限：5+2年。

基金规模：5亿元人民币(首期募集3亿元人民币)。

基金管理费：2011—2013年各年度年管理费为基金总规模的2%；2014年及以后各年度年管理费为已投资并处于投资管理状态下各项目原始投资本金总金额的2%，但某年度已经完全退出的项目，自下一年度起将不再视为处于投资管理状态。

预期投资收益率：80%(预期投资收益率不作为最终承诺)。

投资收益分配：基金就其任何项目投资取得现金收入，基金管理人将在取得现金收入三十日之内尽快向各合伙人进行分配。并且，在合伙人的投资收益率小于等于15%("优先收益")的情况下，基金管理人不享受业绩分成；在合伙人的投资收益率大于15%的情况下，由基金管理人和全部合伙人按照20%：80%的比例对超出15%投资收益率的剩余可分配收益进行分配。在前述任何情形下，均不影响和妨碍基金管理人由于其出资而应当然享有的分享合伙收益的权利(详见《拓诚投资基金(有限合伙)合伙协议》)。

认购期限：2016年11月1日至2017年4月30日。

基金份额：共100份，500万元人民币/份。

最低认购额：1 000万元人民币。

一、中国私募股权投资机会分析

(一)发达的制造业

1. 世界级的制造中心

现在"Made in China"无处不在，中国产品几乎成了全世界人民日常生活中不可或缺的部分。

2. 大量接近上市的公司

通过改革开放的发展，国内制造业各细分行业都得到长足发展，大量公司已经确立上市发展战略或已经启动IPO进程，接近上市，具有很高的投资价值，对这些企业进行上市前的股权投资构成了一个丰富的投资基础。此外，目前中国制造业的分散度较高，各细分行业内的领袖企业正在形成,投资于已经确立 IPO 发展战略并具有在 1~3 年内上市潜力的潜在行业领袖公司,帮助其借助资本的力量实现快速成长,已经成为高回报的投资机会。

3. 与制造业相关的投资机会

在制造业各细分行业,尤其是附加值较高、具有一定行业进入壁垒的工业及高科技制造细分行业,有大量接近上市的公司。拓诚投资基金将用一定比例的资金投资于这些周期短、回报高的上市前 Pre-IPO 项目。

在风险投资阶段,投资周期 3~7 年,上市率 20%;而到了 PE 阶段,由于公司相对更加成熟,投资风险显著降低,一般投资周期只需 1~3 年,上市成功率相对较高。因此,定位于投资周期短、回报高的上市前 Pre-IPO 项目,将直接缩短投资周期,并大大提高项目上市退出的成功率,具有短周期、低风险、高回报的特征。

(二)加速来临的行业整合

1. 行业集中度低

目前,中国大多数行业集中度低,行业内存在着大量的同质竞争者。例如玩具行业,仅广东就存在 30 000 多家生产企业。行业集中度低导致了重复投资、低效率、价格战的恶性循环,企业经营规模难以扩大,核心竞争力也难以快速提升。

2. 行业整合加速

随着资本市场的成熟,各行各业将通过上市、收购等手段,加速行业整合。龙头企业通过融资,收购同行业其他企业,扩大市场份额,通过上市进一步融资用于再收购及进一步扩大市场份额,从而成长为行业的领袖,家电零售行业的国美和苏宁成长为行业的领袖就是典型的案例。这样的故事已经在、正在、在未来一段时间内还将在中国不断发生。

3. 与行业整合相关的投资机会

美国的发展经验表明:第一,每个行业将留下几个行业领袖,占据整个行业的主要市场份额;第二,对每个行业领袖进行投资的投资人都有望获取丰厚的投资回报。

现在正发生在中国的行业整合过程告诉我们,以上两条美国的经验在中国也不会例外。国美和苏宁已经通过行业整合成长为了中国家电零售行业的领袖,而在几年前投资国美或者苏宁的投资者已经获得几百倍的收益。深圳拓诚投资基金将通过股权投资,帮助潜在的行业龙头快速成长为行业领袖,并培育和协助其在中国资本市场上市,从而获取丰厚的回报。

(三)快速进程中的城市化

1. 未来世界最大的消费市场

2003 年我国进入快速城市化阶段,每年近 3 000 万人进入城市,预计到 2020 年我国城市人口将达到 10 亿人。10 亿城市人口的吃、穿、住、行等各项消费都将在城市里完成,中国高速经济发展伴随居民可支配收入的持续上升,中国毫无疑问将成为世界最

第十三章 私募股权投资

大的消费市场。这个世界最大的市场将注定使得中国行业里的龙头企业成长为世界级的企业,投资这些行业的龙头企业将获取丰厚的回报。

2. 未来世界流通业龙头

拓诚投资基金定义的流通行业为接近或靠近顾客的行业,如零售和服务业。伴随中国的快速城市化,中国的第三产业每年以20%～30%的速度高速增长。世界最大规模的10亿消费者,将催生出最大规模的流通行业。美国的经验表明,在所有产业中,流通业是财富的最大创造行业。通过行业整合脱颖而出的中国的细分流通行业领袖也必将是世界同行业的龙头企业。

二、基金的组织、运行与管理

(一)组织形式

拓诚基金(有限合伙)为有限合伙制,投资人作为有限合伙人,拓诚基金管理有限公司作为普通合伙人。普通合伙人作为基金管理人负责运营和管理拓诚投资基金,承担无限责任。有限合伙人只作为投资人,不参加基金的投资决策和管理。图13-2描述了拓诚投资基金的基本组织形式。

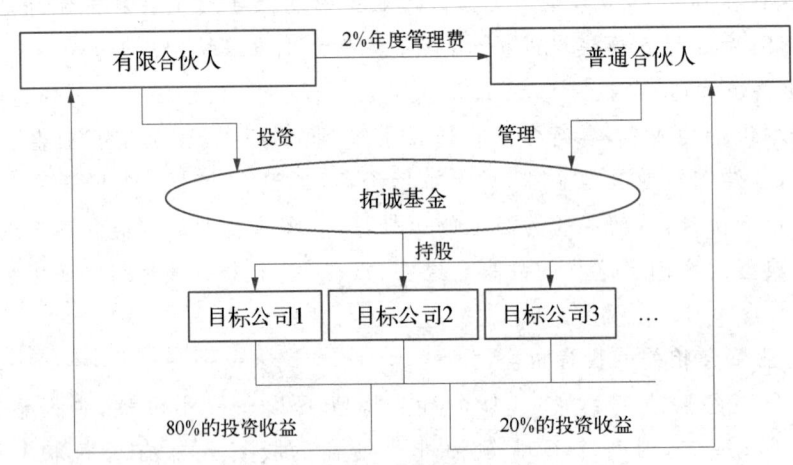

图13-2 拓诚基金组织形式

(二)设立方案

1. 责任

执行合伙人:执行合伙人参与投资项目的发掘,负责项目的投资决策和决定投资项目的股权转让。

投资顾问:协助执行合伙人开展工作,包括但不限于资金的募集,实施投资项目的发掘、甄选、立项和尽职调查,提出投资建议,参与投资决策、投资管理及提出股权转让计划。

2. 基金定位

本基金定位于对中国的成长性企业,尤其是拟上市的优质企业,以及具有1～3年内上市潜力的高成长的细分行业领袖和潜在龙头企业进行上市前的股权投资。

3. 基金名称

拓诚投资基金(有限合伙)。

4. 基金性质

有限合伙制私募股权投资基金。

5. 注册地址

深圳市。

6. 设立方式

本基金由有限合伙人和普通合伙人共同出资设立。

7. 基金规模

本基金规模为5亿元人民币。

8. 基金份额

本基金分为100个基金份额,每个基金份额500万元人民币。

9. 初始认购价格

本基金的初始认购价格为1 000万元人民币/基金份额。

10. 认购限额

有限合伙人最低出资额为1 000万元人民币,且为人民币500万元的整倍数。

11. 认购起止时间

2016年11月1日至2017年4月30日。

12. 基金发起人与管理人

本基金的发起人为拓诚基金管理有限公司,基金的管理人为拓诚基金管理有限公司。

13. 收益的分配

本基金的收益分配(详见《拓诚投资基金(有限合伙)合伙协议》)遵循以下五个原则:

(1) 基金投资人按照其交付的出资额占本基金的比例享有本基金权益。

(2) 投资本金完全由合伙人享有。

(3) 基金经营期间取得的任何项目投资现金收入不得用于再投资。

(4) 基金就其任何项目投资取得现金收入,基金管理人将在取得现金收入三十日之内尽快向各合伙人进行分配。并且,在合伙人的投资收益率小于等于15%("优先收益")的情况下,基金管理人不享受业绩分成;在合伙人的投资收益率大于15%的情况下,由基金管理人和全部合伙人按照20%:80%的比例对超出15%投资收益率的剩余可分配收益进行分配。

(5) 基金就其任何项目投资取得现金收入,则基金管理人应在取得现金收入三十日之内尽快将现金收入进行分配。但当某笔现金收入金额不足100万元人民币时,应累积到基金获得的下笔现金收入中,直至累计获得现金收入金额达到100万元人民币,再按本款前述约定分配给各合伙人。

14. 基金主要费用

(1) 基金管理费用。

本基金管理人2011—2013年各年度将向有限合伙人收取基金总规模2%的年管理费，2014年及以后各年度将向有限合伙人收取等于已投资并处于投资管理状态下的各项目原始投资本金总金额2%的年管理费（某年度已经完全退出的项目，自下一年度起将不再视为处于投资管理状态），作为基金的日常运作费用。

(2) 托管费用。

本基金交由银行托管而须支付的托管费用，详见《托管协议》。

(3) 基金合伙费用。

本基金合伙费用为基金应直接承担的费用，详见《拓诚投资基金（有限合伙）合伙协议》相关条款的约定。

15. 基金募集方式和对象

本基金主要面向投资者定向私募。

16. 基金存续期

基金存续期为五年，从有限合伙企业注册时算起，基金管理人可选择延长两年。（一次延长一年，共两次）

17. 基金投资期

基金投资期原则上为三年，自募集完成且首期出资到位之日算起。普通合伙人根据经营需要，可自行决定适当延长（经营期延期时）或缩短投资期。

18. 基金投资方向

(1) 投资阶段：成长性企业，尤其是接近上市的优质企业，以及具有1～3年内上市潜力的高成长的细分行业领袖和潜在龙头企业。

(2) 目标行业：先进制造业、零售与服务业、品牌消费品等"两高六新"企业。

(三) 有限合伙人入伙条件

本基金的有限合伙人入伙条件如下：

(1) 认可本基金的专业管理团队和投资理念。

(2) 对有限合伙企业组织形式有深刻理解。

(3) 有充裕资金和投资需求的机构与个人。

(4) 有限合伙人以现金方式出资，分两期出资，每期出资均为总出资额的50%。

(5) 最低认购额为500万元人民币。

(6) 基金实行承诺资本制，具体办法见《合伙协议》。

(四) 管理与决策

基金的经营管理与决策依据《中华人民共和国合伙企业法》。有限合伙人以出资额为限承担有限责任，有限合伙人不执行合伙事务，不参与合伙基金的日常经营管理与决策，不得对外代表有限合伙基金。普通合伙人承担无限责任，执行合伙事务，负责合伙基金的日常经营管理和投资决策，对外代表合伙基金。

由普通合伙人和有限合伙人共同组成的风险控制委员会对基金的投资和收益情况进行监督,但不得对基金的投资决策进行干预。风险控制委员会成员两人,由有限合伙人共同推选一名成员,普通合伙人推选一名成员组成。

三、基金的理念、策略、团队与投资业绩

(一)基金的投资策略

1. 行业选择

本基金的行业选择集中于"两高六新"企业,重点投资以下三个行业:

(1)先进制造业。本基金将投资于制造业中高成长、行业地位领先和行业门槛高的成长性企业。

(2)零售与服务业。本基金将投资于流通业中高成长、网点规模潜力大、管理规范、拥有国内强势消费品牌的企业。

(3)品牌消费品。本基金将密切关注品牌消费品各细分行业内拥有独立知识产权和领先核心技术、具有很强核心竞争力并处于快速增长期的行业领先公司。

2. 投资对象企业的定位

本基金最关注以下两类企业:

(1)1~2年内能上市的优质企业。

(2)2~3年内能上市的潜在行业领袖企业。

投资的企业的共同点包括:有事业心和有激情的领导与执行团队,市场前景广阔,竞争性优势明显,公司成长性优良,行业整合需求大,投资退出便捷。

(二)基金的管理团队

本基金的核心团队由中国优秀的PE投资人以及背景优良的上市公司高管组成,有着丰富的企业管理经验和金融经验、良好的政府关系和公共关系、广泛的投行资源以及国际视野,团队具有良好的知识结构和丰富经验,勇于进取。

四、基金的风险提示

本基金的核心投资目标是成长期及Pre-IPO企业。但这种投资策略,可能面临以下四种投资风险:

(1)政策风险:因国家宏观政策(如货币政策、财政政策、行业政策、地区发展政策等)发生变化,导致市场价格波动而产生风险。

(2)经济周期风险:随经济运行的周期性变化,投资项目的收益水平也呈周期性变化。本基金投资的成长期及Pre-IPO企业及其上市后的收益水平也会随之变化,从而产生风险。

(3)利率风险:金融市场利率的波动将会影响企业的融资成本和利润,本基金所投资的企业,其收益水平会受到利率变化的影响。

(4)其他风险:战争、自然灾害等不可抗力因素的出现,可能导致基金资产的损失。金融市场危机、行业竞争、托管银行违约等超出基金管理人自身直接控制能力之外的风险,也可能导致基金投资者利益受损。

五、基金的募集与认购

（一）基金的募集

本基金的募集方式为定向募集。

定向募集对象：个人或机构投资者。

募集规模：5亿元人民币。

基金份额：100个基金份额。

基金份额面值：500万元人民币/份。

（二）基金的认购

基金认购期限为2016年11月1日至2017年4月30日。

最低认购额：2个基金份额，即1 000万元人民币。

认购方式：现金认购。

出资期数及方式：以现金方式出资，分两期出资，每期出资均为50%的出资额。在本基金《合伙协议》签订之后，各合伙人将按照《合伙协议》的要求缴付出资，即：首期出资须在收到普通合伙人发出的缴付出资通知后，按照缴付出资通知的要求在付款日（自发出该等缴付出资通知之日起第十个工作日为付款日）或之前将相应出资款足额缴付至普通合伙人指定的基金工商登记注册验资账户；第二期出资须按照普通合伙人发出的缴付出资通知的要求足额缴付。

（三）基金认购流程

认购流程分为两个阶段：

1. 第一阶段：认购意向或承诺

投资人收到并研究基金募集说明书等资料，与基金发起人沟通，作出认购与否的决定认购者签署《预约认购意向书》，确定认购主体、认购数量和未来承诺投资，并缴纳认购额5%的保证金。基金发起人根据认购情况，综合考虑，确定基金规模，选定投资人及份额。

2. 第二阶段：正式认购

举行基金发起大会，商讨基金发起及其管理章程，签署有关文件。投资人提交文件和办理手续，同时提交法人营业执照或个人身份证复印件。募集资金打入基金账户（基金工商登记注册验资账户）。基金募集结束之前，任何人无权动用。募集其产生的利息为银行同期活期储蓄利息，基金募集结束后，计入基金资产。

资料来源：作者收集整理。

要求：试分析拓诚基金的类型与特征。

二、思考题

1. 请简述私募股权投资的概念和特征。
2. 请简述创业投资企业的特点。
3. 请简述信托制私募股权基金的运作模式。
4. 请简述信托制私募股权基金的法律主体。

5. 请简述信托制私募股权基金的特征。
6. 请简述有限合伙制私募股权基金的特征。
7. 请简述有限合伙制私募股权基金有限合伙协议的核心条款。
8. 请简述私募股权基金投资的一般流程。
9. 请简述私募股权基金投资的对赌协议。

第十四章 投资银行

教学目标

➢ 掌握投资银行的概念与功能。
➢ 了解投资银行的组织形态。
➢ 了解投资银行的业务监管的内容

导读案例　　中信证券股份有限公司 2015 年总结（节选）

一、经营概况

公司全年实现营业收入 560 亿元,实现净利润 198 亿元,净资产收益率 16.63%,收入和净利润均创公司历史新高。

二、投资银行业务

年内,公司共完成 A 股主承销项目 64 单,主承销金额 1 773 亿元。其中,IPO 主承销项目 10 单,主承销金额 120 亿元；再融资主承销项目 54 单,主承销金额 1 652 亿元。截至年末,公司作为主办券商累计推荐 100 家企业在全国中小企业股份转让系统挂牌,其中 2015 年新增推荐挂牌 75 家,所督导挂牌公司全年融资金额约 43 亿元。同时,2015 年公司还为 104 家挂牌公司提供做市服务,全年做市服务总成交金额约 66 亿元。

国际业务方面,中信证券国际将境外投资银行业务及资源与中信里昂证券进行整合,以"中信证券国际资本市场"品牌运营,整合后公司境外投资银行业务员工超百人,公司在亚太地区的业务协同效应进一步凸显,股票、债券融资业务均取得长足发展。全年,中信证券国际(含中信里昂证券)在香港市场参与 15 单 IPO 项目、24 单再融资项目、19 单离岸人民币债与美元债券项目。

债券融资方面,年内,公司完成企业债、公司债、金融债、中期票据、短期融资券及资产支持证券主承销项目 321 单,主承销金额 3 856 亿元。

并购业务方面,公司保持了境内与跨境并购业务内外联动、齐头并进的发展趋势,继续加强交易撮合与专业执行能力,深度理解客户需求,把握国企改革、行业整合、市场化并购以及民营企业转型升级、中概股回归等方面的业务机会,巩固和提升在境内外并购领域的竞争优势。公司提前布局、抓住市场热点,完成了多单市场影响力大、创新性突出的复杂并购重组交易,进一步提升市场影响力,在彭博公布的涉及中国企业参与的全球并购交易排名中,公司以交易金额700亿美元和交易单数58单,位居全球财务顾问前三位。

三、经纪业务

年内,公司经纪业务继续紧抓"机构化、产品化"的市场发展趋势,大力开发机构客户,同时加强投资顾问体系建设,为客户提供综合金融服务。公司于上交所及深交所全年的股票、基金交易总额33.8万亿元(交易所会员口径),市场份额为6.43%。

公司以产品销售及泛资管业务为重点转型方向。全年公司及中信证券(山东)代销金融产品3 049亿元。公司鼓励分支机构大力开发、培育泛资管客户,并提升行政、托管、经纪的服务效率。

积极推动网点转型,将分支机构定位为公司各项业务承接点。各分支机构正在逐步成为公司各项业务的营销窗口和服务基地,公司在发展场内业务同时,大力发展场外业务,实现创收多元化。公司长期注重高端客户积累。截至年末,公司证券托管总额3.9万亿元。机构客户方面,截至年末,一般法人机构客户3.5万户;QFII客户139家,RQFII客户48家。

四、资产管理业务

年末,公司资产管理业务受托管理资产规模10 712亿元,同比增加3 162亿元。其中,集合理财产品规模、定向资产管理业务规模(含企业年金、全国社保基金)与专项资产管理业务的规模分别为1 329亿元、9 146亿元和237亿元。

作为公司的控股子公司,年末,华夏基金管理资产规模8 643亿元,同比增长88.58%。其中,公募基金管理规模5 902亿元,同比增长77.65%;机构业务资产管理规模2 741亿元(未包括投资咨询等业务),同比增长117.37%。

五、交易类业务

股权类资本中介业务方面,公司为企业客户提供包括约定购回式证券交易、股票质押回购、市值管形成服务客户群广泛、产品类型齐全、收益相对稳定的业务形态。

固定收益业务方面,债券市场发行规模继续增加,债券收益率呈下行走势。公司充分发挥客户资源优势,提升服务客户能力,销售规模稳步增长。同时,通过加强各业务板块之间合作,加强市场研判,提高债券做市服务及流动性管理能力,公司交易询价量稳步增长。此外,公司积极推动股份制银行、城商行等金融机构的投顾服务,满足客户财富管理需求。在海外固定收益业务方面,公司充分利用中信里昂证券英国分支机构与网络,首次实现将销售平台拓展至英国市场并覆盖欧洲客户。全年海外固定收益平台年化收益率为11.05%;人民币债券做市业务在香港市场名列三甲,在美元债市场上,位于中资证券公司首位。

大宗商品业务方面,坚持金融服务实体经济的原则,继续加强在大宗商品市场方面

的业务探索力度。继续扩大贵金属交易业务规模；在上海清算所开展航运指数、动力煤、铁矿石及铜溢价等场外掉期交易；开展境内外商品场外期权业务，继续开展碳排放权交易业务。积极拓展现货相关业务的布局，期望通过多种方式为境内外各类产业客户提供大宗商品相关的、全面的金融服务。

大宗经纪业务方面，率先主动采取分散融资融券业务集中度，降低融资杠杆，控制业务规模等前瞻性策略。年末，公司证券融资融券余额740.10亿元，其中，融资余额739.80亿元，融券余额0.30亿元。

另类投资业务方面，坚持以量化交易为核心，灵活运用各种金融工具和衍生品，积极拓展覆盖全球的各种投资策略，提高交易能力。相关业务收入也从之前以境内期现套利策略为主，发展成为境内外多种市场中性策略并重的格局，有效实现投资策略的多元化，分散投资风险。已开展的业务或策略包括：股指期现套利、境内宏观策略、统计套利、基本面量化、可转债套利、期权策略、组合对冲基金投资、全球多策略基金和特殊机会策略等。正在筹备的策略包括全球宏观策略、全球股票统计套利策略等。

六、私募股权投资业务

针对中国市场的中大型股权投资交易机会进行战略投资，主要投资于信息技术、医疗服务、高端制造等领域。全年完成直接股权投资项目33单，投资金额人民币12.8亿元。截至年末，累计完成直接股权投资项目65单，累计投资金额人民币23.9亿元。已投资项目中，4个项目已经重组注入上市公司。

截至年末，金石投资设立的直投基金——青岛金石泓信投资中心（有限合伙）累计投资项目4笔，总投资金额8.92亿元。金石投资下设的并购基金管理机构——中信并购基金。全年新增投资规模约58亿元，年末管理资产规模超过百亿元，投资项目覆盖电子和半导体、医疗、消费、农业、金融、互联网等行业。

资料来源：《中国金融年鉴》编辑部，中国金融年鉴2015[M]，北京：中国金融年鉴杂志社有限公司，2015，第90页。

要求：试分析中信证券的业务内容。

投资银行是与商业银行相对应的一个概念，是现代经济发展形成的一个新兴行业。在中国，投资银行的主要代表有中国国际金融有限公司、中信证券等。

第一节 投资银行概述

一、投资银行的含义

一般来说，投资银行业务由宽到窄，可以有四个定义：第一，投资银行业务包括所有的金融市场业务;第二,投资银行业务包括所有资本市场的业务;第三,投资银行业务只限于证券承销、交易业务和兼并收购业务;第四,投资银行业务仅限于证券承销和交易业务。

目前被普遍接受的是第二个定义,即投资银行是指主营业务为资本市场业务的金融机构,主要从事融资、企业并购、证券发行与交易、资产管理和研究等业务。

投资银行主要是美国和欧洲大陆的称谓,英国、澳大利亚等称之为商人银行,日本称之为证券公司。虽然各国对其称呼不同,但从性质上来说是相同的,因此都可以将其称为投资银行。

【看一看】 高盛集团

高盛集团(Goldman Sachs)是一家国际领先的投资银行,向全球提供广泛的投资、咨询和金融服务,拥有大量的多行业客户,包括私营公司、金融企业、政府机构以及个人。

高盛集团成立于1869年,是全世界历史最悠久及规模最大的投资银行之一,总部位于纽约,并在东京、伦敦和香港设有分部,在23个国家拥有41个办事处。其所有运作都建立于紧密一体的全球基础上,由优秀的专家为客户提供服务。同时,拥有丰富的地区市场知识和国际运作能力。2016年1月,高盛集团发布第四季度财报,公司净营收72.7亿美元。

资料来源:作者收集整理。

二、投资银行的业务

投资银行的业务主要包括融资、企业并购、证券发行与交易、资产管理和研究四类。其业务运作是通过各个业务部门来进行的,因此可以从投资银行的业务部门的设置来了解投资银行的业务范围。

(一)融资业务

融资业务是由项目融资部运作的。项目融资部主要是为大规模的自然资源开发(如天然气开采、火力发电)等项目建设筹措必要的资金。项目融资是一种以项目未来的现金流为担保条件的无追索权的融资方式。投资银行要根据预测的项目未来现金收入、项目风险等因素,设计出一套适用于该项目的融资方案。

(二)企业并购业务

企业并购业务是由企业并购部运作的。并购是企业发展的一种战略,恰当地运用这种战略,企业可以获得跳跃式的发展。投资银行在并购活动中发挥着十分重要的作用。投资银行充当买卖双方的财务顾问,物色并购的对象,向收购公司或目标公司提供交易的价格和非价格条件的咨询,对目标公司进行估值等。投资银行为并购融资,帮助收购公司获得必要的资金。投资银行有时也运用自有资本为客户提供债务融资或股权投资。

(三)证券发行与交易业务

1. 企业融资部

证券发行承销,指在一级市场上以承销商的身份依照协议包销或代销发行人的股

票、债券等有价证券。企业融资部主要承销企业新上市的证券和再发行的证券。

2. 公共融资部

公共融资部专门为公共机构融资，以公募发行债券形式为联邦政府、州政府和市政府、卫生机构、公用事业公司等单位筹集资金。

3. 私募证券部

除了在公开市场上承销证券，投资银行还向数量有限的机构投资者，如保险公司、专业投资公司、社保基金等销售非公开上市的证券，即私募证券。私募的速度较快，手续简易，投资的条件也较为灵活。私募证券部常与企业并购部配合工作。

4. 证券交易部

证券经纪交易是指投资银行在二级市场上扮演着做市商、经纪商和交易商的三重角色。做市商是发行者的代理，经纪商是投资者的代理，交易商则为投资银行自己买卖证券。证券交易部从事的是二级市场的证券买卖业务，它要销售投资银行认购下来的各种证券，向客户介绍各种投资机会。证券交易部既为投资银行自己买卖证券，也为投资银行的客户买卖证券。

5. 资产证券化部

资产证券化是指以一定资产作为抵押而发行证券的过程。资产证券化部负责将消费者小额债务转化成为公开上市的证券。

（四）资产管理和研究业务

1. 资产与基金管理公司

资产与基金管理是投资银行的重要业务之一，资产与基金管理从严格意义上讲是一种信托行为，这就要求资产与基金管理公司要按事先约定的管理原则，管理委托人委托的财产。投资银行管理的基金可以是投资银行自己发起建立的基金，也可以是别人发起由投资银行承销发行的基金，还可以是受托管理的基金。

2. 投资研究部

投资研究部负责对宏观经济及资本市场的发展状况进行研究并作出未来发展趋势的预测。根据投资研究部的研究报告，投资银行可作出自身业务发展的方向、业务发展区域等重要决策，具体业务部门据此开发新业务品种，提供新的服务。

三、投资银行的功能

（一）提供直接融资的中介服务

投资银行是资本供给者和资本需求者的中介机构，发挥了直接融资的功能。它一方面使资金盈余者能够充分利用多余资金来获取收益，另一方面又帮助资金短缺者获得所需资金以求发展。投资银行作为中介机构，在融资交易中，形成配置资本与调节价格的市场。投资银行并不介入发行者和投资者的权利义务关系，投资银行在其中收取一定的手续费。

（二）推动证券市场的发展

在证券市场上主要有四个行为主体：发行者、投资者、管理组织者和投资银行。投资银行起着沟通各市场参与主体、推动证券市场发展的重要作用。

从一级市场（证券发行市场）来看，仅仅依靠证券发行者自身的力量向投资者发行证券不仅成本很高，而且效果也往往很差。在证券发行过程中，投资银行充当了承销商的角色，投资银行的发行业务使证券发行得以顺利完成。

从二级市场（证券交易市场）来看，证券承销完毕后，投资银行还要在一定时期内作为做市商维持证券价格的连续性和稳定性，以确保各方利益不受损失。投资银行以经纪商的身份接受客户委托，进行证券买卖，提高了交易效率，维持了市场秩序。另外，投资银行以交易商身份参与证券的自营买卖，能比较真实、客观地反映和发现证券价格，促进了有价证券的流通。

投资银行不仅是一个中介组织，还是一个重要的信息机构。通过收集资料、调查研究、提供咨询，投资银行促进了各相关信息在证券市场中的传播，保障证券市场得以在信息的公开、公平和公正的条件下运行，并使市场价格的形成更具客观性。

（三）提高资源配置效率

投资银行在资源优化配置方面起着非常重要的作用，投资银行通过其资金媒介作用，使资金余缺得到充分协调。投资银行间接和直接地参与企业管理，促进了企业管理效率的提升。投资银行帮助企业发行股票和债券，使得企业经营管理被置于广大股东和债权人的监督之下，有利于企业建立科学合理的激励和约束机制。投资银行从事风险资本业务有利于许多尚处于初创阶段、经营风险大的高新技术企业获得发展资金，因而促进了产业的升级和经济结构的优化调整。

（四）推动产业集中

投资银行的收购兼并业务在促进产业集中过程中发挥了重要作用。大量的收购兼并活动通过二级市场进行，手续烦琐，要求严格，如果没有投资银行作为投资顾问，企业并购几乎不可能进行。因此，从这一意义上来说，投资银行促进了企业实力的增强、社会资本的集中和生产的社会化，成为企业并购和产业集中过程中不可替代的重要力量。

四、投资银行与商业银行的比较

投资银行是一个非银行的金融机构。投资银行不能通过发行货币或创造存款来增加货币资金，也不能办理吸收存款、发放贷款的业务，也不办理结算业务。它的经营资本主要依靠发行股票或债券来筹措。

投资银行与商业银行之间的区别如下。

（一）从基础业务来看

商业银行的基础业务是存贷款；投资银行的基础业务是证券承销。

存贷款业务是商业银行经营的基础，其他各种业务都是在其基础上衍生和发展起来的。

证券承销业务是投资银行业务中的基础,连接着筹资者和投资者。没有投资银行的证券承销,证券的发行就不可能顺利或根本不能实现。证券承销业务也是证券流通市场的基础,如果没有承购新的股票债券并将其发行出去,流通市场上就没有新的证券可供流通,从而失去必要的金融工具。

(二)从融资方式来看

商业银行进行的是间接融资,并侧重短期融资;投资银行进行的是直接融资,并侧重长期融资。

商业银行对资金盈余者(存款人)来说是资金需求方,对资金短缺者(贷款人)而言又是资金供给方,因此在这种情况下,资金盈余者与资金短缺者都仅与商业银行发生关系,彼此不存在直接的契约约束,这是一种间接的过程。

投资银行作为资金供需双方的媒介,可以是向投资者推荐发行股票或债券的发行者,也可以为投资者寻找适合的投资机会。但是,投资银行并不介入投资者和发行者之间的权利和义务,投资者与发行者互相接触,并且相互拥有权利和承担相应的义务,因而这是一种直接的过程。

(三)从利润的来源来看

商业银行的利润主要来自存贷利差;投资银行的利润主要来自客户支付的佣金。

商业银行的利润主要来源于存贷利差。佣金是投资银行业务中的主要利润来源。投资银行的佣金收入包括一级市场上承销证券获取的佣金、二级市场上证券交易经纪收取的佣金等。

(四)从经营理念来看

商业银行追求的是安全性、盈利性和流动性的结合,坚持稳健的原则;投资银行在控制风险的前提下,稳健与开拓并重。

商业银行以稳健管理为主,这是由其资金来源及资产运用的状况所决定。投资银行管理则需稳健与开拓并重。投资银行在一级市场上承销或者收购兼并中的投资均属高风险业务,在二级市场上的经纪业务则要随时防范证券市场的波动,因此强调稳健经营;投资银行的利润主要来自佣金,要想不断扩大业务范围和规模,提高佣金收入,必须注重开拓。

第二节 投资银行的组织形态与类型

一、投资银行的组织形态

投资银行的组织形态主要有以下三种。

(一)独立的专业性投资银行

这种类型的机构比较多,遍布世界各地,他们有各自擅长的业务方向,比如美国的高盛、摩根士丹利,日本的野村证券。

【看一看】 野村证券

1925年成立的野村证券现为日本第一大券商,英文名Nomura。作为一家日本大券商,也是最早拓展中国金融和投资业务的境外机构之一。目前在全球28个国家和地区有办事机构。到2002财年结束时,野村证券管理的股票和债券资产规模达到13.6万亿日元,公司净利润达到1 680亿日元。

2002年10月,深圳证券交易所接纳野村证券上海代表处为其特别会员,野村证券上海代表处从而成为首家获准成为深交所特别会员的境外证券机构驻华代表处。2002年11月,野村证券上海代表处又被上海证券交易所接纳为首家境外特别会员。

(二)商业银行拥有的投资银行

商业银行主要是通过兼并收购其他投资银行,参股或建立附属公司从事投资银行业务,这种形式在英、德等国非常典型,比如汇丰集团、瑞银集团。

【看一看】 汇丰投资银行

总部设于伦敦的汇丰集团是全球规模最大的银行及金融机构之一。汇丰集团在欧洲、亚太地区、美洲、中东及非洲76个国家和地区拥有约9 500间附属机构。汇丰在伦敦、香港、纽约、巴黎及百慕大等证券交易所上市,全球股东约有200 000人,分布于100个国家和地区。雇有232 000名员工。汇丰提供广泛的银行及金融服务:个人金融服务;企业银行、投资银行及资本市场;私人银行;以及其他业务。汇丰银行以"从本地到全球,满足您的银行业务需求"为其独有的特色。2008年度全球企业500强第20位,收入1 465亿美元,净利润191.33亿美元。

(三)全能型银行直接经营投资银行业务

这种形式主要出现在欧洲,银行在从事投资银行业务的同时也从事商业银行业务,比如德意志银行。

【看一看】 德意志银行

德意志银行,即德意志银行股份公司,是德国最大的银行和世界上最主要的金融机构之一,总部设在莱茵河畔的法兰克福。其股份在德国所有交易所进行买卖,并在巴黎、维也纳、日内瓦等地挂牌上市。

德意志银行1870年成立于德国柏林,不久便在不来梅和汉堡建立分行;1872年,上海和横滨分行开业;接着又在1873年成立了伦敦分行。

德意志银行是一家全能银行,在世界范围内从事商业银行和投资银行业务,对象是个人、公司、政府和公共机构。它与集团所属的德国国内和国际的公司及控股公司一起,提供一系列的现代金融服务。国际贸易融资也是该行的一项重要业务,经常单独或与其他银团及特殊金融机构联合提供中长期信贷。项目融资、过境租赁和其他金融工具业务大大补充了传统的贸易融资。在项目融资方面,德意志银行对通信、交通、能源和基础设施项目的重视程度的日益增加,而且其证券发行业务十分发达,已成为当今世界最主要的证券发行行之一,参与了德国和世界市场上很多重要的债券和股票的发行,

经常作为牵头行和共同牵头行。

随着2008年金融危机的爆发,美林、雷曼倒台,而高盛和摩根士丹利也转型为金融控股公司。在中国,投资银行的主要代表有中国国际金融有限公司、中信证券等。

【看一看】 中国国际金融有限公司

中国国际金融有限公司(简称"中金公司")是中国首家合资投资银行,中金公司成立于1995年7月,是由国内外著名金融机构和公司基于战略合作关系共同投资组建的中国第一家中外合资投资银行,注册资本为2.25亿美元,经营范围包括人民币特种股票、人民币普通股票、境外发行股票,境内外政府债券、公司债券和企业债券的经纪业务等。中金公司总部设在北京,在上海设有分公司,在北京、上海、深圳等15个城市分别设有证券营业部。随着业务范围的不断拓展,中金公司亦积极开拓海外市场,在香港、纽约、新加坡和伦敦设有子公司,为成为植根中国的国际投资银行奠定坚实的基础。

二、投资银行的类型

根据投资银行不同的规模、信誉、业务范围等,投资银行又可以分为以下五类。

(一)超级投资银行

这是指在规模、信誉、业务范围等方面能提供综合服务的投资银行。

美国次贷危机爆发之前,超大型投资银行是高盛等五家公司。在英国,实力最雄厚的投资银行有罗斯柴尔德等。在日本,投资银行一般被称作"证券公司",最大的投资银行有野村证券等三家公司。

(二)大型投资银行

这是指能提供综合性服务,但在信誉和实力上均低于超大型投资银行的全国性投资银行。

(三)次级投资银行

这是指一些以本国金融中心(如纽约)为基地、专门为某些投资者群体或较小的发行公司服务的投资银行。

(四)地区性投资银行

这是指专门为某一地区的投资者和本地区中小企业或地方政府机构服务的投资银行。它们的总部一般不在金融中心,而且信誉和实力都比较薄弱。

(五)专业性投资银行

这是指专门为某一行业(如高新技术行业)中的企业提供证券承销、企业并购等服务的投资银行。

在这些投资银行中,超级投资银行和大型投资银行是投资银行的核心,在经济和金融中起着举足轻重的作用。

地区性和专业性的投资银行,凭借其对本地区投资者情况的了解和对某一行业的熟悉,在投资银行业中占有一席之地,成为投资银行体系中不可或缺的部分。

第三节 投资银行的监管环境

一、投资银行的监管体制

尽管各国对商业银行的管理责任几乎都是由中央银行承担的。然而,对投资银行的监管体制却各不相同,归纳起来大致有三种监管体制。

(一)集中型监管体制

国家集中统一监管体制,简称集中型监管体制,是指国家通过制定专门的法律,设立全国性的证券监管机构对投资银行业进行集中统一监管,各种自律性组织起协助性作用的监管体制。集中型监管体制的代表是美国。

国家集中统一监管体制对于投资银行的监管相当严格,依靠国家的权威来约束投资银行的市场行为,而且拥有一套完整严密的专门性法律来约束投资银行的行为。

在集中型监管体制下,投资银行的监管主体可分为三类:① 以独立监管机构为主体,如美国的监管主体是证券交易委员会(SEC)。② 以中央银行为主体,这种类型的监管机构是该国中央银行体系的一部分。③ 以财政部为主体,这类监管体制是指由财政部为监管主体或完全由财政部直接建立监管机关。

(二)自律型监管体制

自律型监管体制是指政府除了某些必要的立法外,较少干预投资银行业,对投资银行的监管主要由证券交易所及证券业协会等组织自律监管。英国是自律型监管模式的典型代表。

(三)中间型监管体制

中间型监管体制是集中型监管体制与自律型监管体制两者相互渗透、相互结合的产物。中间型监管体制既强调立法管理,又注重自律管理。在中间型监管体制下,投资银行的监管主体既有全国性的证券管理机构,又有证券交易所、证券业协会等自律性组织。实行中间型监管体制的国家有德国等国。

这种监管体制又称为分级监管体制,包括二级管理和三级管理两种模式。二级管理指的是政府监管机构与自律性组织互相结合的管理;三级管理指的是中央政府、地方政府和自律性组织三者相结合的管理。

目前,世界上大多数实行集中型或自律型监管体制的国家已逐渐向中间型过渡,使两种体制取长补短,发挥各自的优势。

我国对投资银行业的监管是采取集中监管体制。我国投资银行业监管的基本模式是:以集中立法型监管体制为主,以自律型为辅。

二、我国投资银行设立的资格监管

(一) 我国投资银行的设立方式

1. 投资银行的一般设立方式

各国均对投资银行设立最低的资格要求,只有达到了这一要求,投资银行才能开业。投资银行的设立方式有两种:注册制和特许制。

(1) 注册制。

在注册制条件下,投资银行只要符合有关资格规定,并在相应金融监管部门与交易部门注册登记,便可以经营投资银行业务。美国是实行登记注册制的国家。

(2) 特许制。

在特许制条件下,投资银行在设立之前必须向有关监管机构提出申请,经监管机构核准之后设立,其业务内容也需监管机构核准。日本实行的是特许制。

2. 我国投资银行的设立方式

我国对投资银行的资格监管采用特许制。由中国证券监督管理委员会依法对证券公司的设立申请进行审查,决定是否批准设立。

《中华人民共和国证券法》(下称《证券法》)第一百二十二条规定:设立证券公司,必须经国务院证券监督管理机构审查批准。未经国务院证券监督管理机构批准,任何单位和个人不得经营证券业务。

(二) 我国证券公司的设立条件

《证券法》第一百二十四条规定:设立证券公司,应当具备下列条件:

(1) 有符合法律、行政法规规定的公司章程;

(2) 主要股东具有持续盈利能力,信誉良好,最近三年无重大违法违规记录,净资产不低于人民币二亿元;

(3) 有符合本法规定的注册资本;

(4) 董事、监事、高级管理人员具备任职资格,从业人员具有证券从业资格;

(5) 有完善的风险管理与内部控制制度;

(6) 有合格的经营场所和业务设施;

(7) 法律、行政法规规定的和经国务院批准的国务院证券监督管理机构规定的其他条件。

(三) 我国证券公司的注册资本与业务种类

《证券法》第一百二十五条规定:经国务院证券监督管理机构批准,证券公司可以经营下列部分或者全部业务:

(1) 证券经纪;

(2) 证券投资咨询;

(3) 与证券交易、证券投资活动有关的财务顾问;

（4）证券承销与保荐；

（5）证券自营；

（6）证券资产管理；

（7）其他证券业务。

《证券法》第一百二十七条规定：证券公司经营本法第一百二十五条第1项至第3项业务的，注册资本最低限额为人民币五千万元；经营第4项至第7项业务之一的，注册资本最低限额为人民币一亿元；经营第4项至第7项业务中两项以上的，注册资本最低限额为人民币五亿元。

证券公司的注册资本应当是实缴资本。国务院证券监督管理机构根据审慎监管原则和各项业务的风险程度，可以调整注册资本最低限额，但不得少于前款规定的限额。

从第一百二十五条和第一百二十七条的规定可以看出，证券公司的注册资本与业务种类有三个标准：

（1）证券公司从事经纪、咨询、财务顾问业务的，注册资本不低于5 000万；

（2）证券公司从事承销与保荐、自营、资产管理和其他业务之一的，注册资本不低于1亿元；

（3）证券公司从事承销与保荐、自营、资产管理和其他业务之二的，注册资本不低于5亿元。

（四）我国证券公司设立的审批程序及变更要求

1. 我国证券公司设立的审批程序

《证券法》第一百二十八条规定：国务院证券监督管理机构应当自受理证券公司设立申请之日起六个月内，依照法定条件和法定程序并根据审慎监管原则进行审查，作出批准或者不予批准的决定，并通知申请人；不予批准的，应当说明理由。

证券公司设立申请获得批准的，申请人应当在规定的期限内向公司登记机关申请设立登记，领取营业执照。

证券公司应当自领取营业执照之日起十五日内，向国务院证券监督管理机构申请经营证券业务许可证。未取得经营证券业务许可证，证券公司不得经营证券业务。

从第一百二十八条可以看出，证券公司设立的审批程序为：

（1）向证监会提出申请（6个月）；

（2）证监会批准后，向工商部门申请设立登记，领到营业执照；

（3）向证监会申请经营证券业务许可证（领到营业执照15日内）。

2. 我国证券公司变更要求

《证券法》第一百二十九条规定：证券公司设立、收购或者撤销分支机构，变更业务范围，增加注册资本且股权结构发生重大调整，减少注册资本，变更持有百分之五以上股权的股东、实际控制人，变更公司章程中的重要条款，合并、分立、停业、解散、破产，必须经国务院证券监督管理机构批准。

证券公司在境外设立、收购或者参股证券经营机构，必须经国务院证券监督管理机

构批准。

三、投资银行的业务监管

投资银行的核心业务是证券承销与证券交易,证券交易分为受客户委托的经纪业务和自行交易的自营业务两类。

(一)对证券承销业务的监管

对投资银行证券承销业务监管的重点放在禁止其利用承销业务操纵市场、获取不正当利润。一般来说,主要有以下两方面的监管内容:

1. 坚持诚信原则

禁止投资银行以任何形式进行欺诈、舞弊、操纵市场和内幕交易。

证监会 2018《证券发行与承销管理办法》第三十八条规定:发行人、证券公司、证券服务机构、投资者及其直接负责的主管人员和其他直接责任人员有失诚信、违反法律、行政法规或者本办法规定的,中国证监会可以视情节轻重采取责令改正、监管谈话、出具警示函、责令公开说明、认定为不适当人选等监管措施,或者采取市场禁入措施,并记入诚信档案;依法应给予行政处罚的,依照有关规定进行处罚;涉嫌犯罪的,依法移送司法机关,追究其刑事责任。

2. 公正收取佣金

禁止投资银行对发行企业收取过高的费用,从而造成企业的筹资成本过高,侵害发行者与投资者的利益,影响二级市场的正常运行。

证监会 2018《证券发行与承销管理办法》第二十二条规定:发行人和主承销商应当签订承销协议,在承销协议中界定双方的权利义务关系,约定明确的承销基数。采用包销方式的,应当明确包销责任;采用代销方式的,应当约定发行失败后的处理措施。

(二)对证券经纪业务的监管

对投资银行经纪业务的监管主要包括以下三方面的内容:客户资金与证券;证券经纪人;公正收取佣金。

《证券公司监督管理条例(2014 修订)》第三十七条规定:证券公司从事证券经纪业务,应当对客户账户内的资金、证券是否充足进行审查。客户资金账户内的资金不足的,不得接受其买入委托;客户证券账户内的证券不足的,不得接受其卖出委托。

《证券公司监督管理条例(2014 修订)》第三十八条规定:证券公司从事证券经纪业务,可以委托证券公司以外的人员作为证券经纪人,代理其进行客户招揽、客户服务等活动。证券经纪人应当具有证券从业资格。

证券公司应当与接受委托的证券经纪人签订委托合同,颁发证券经纪人证书,明确对证券经纪人的授权范围,并对证券经纪人的执业行为进行监督。

证券经纪人应当在证券公司的授权范围内从事业务,并应当向客户出示证券经纪人证书。

《证券公司监督管理条例(2014修订)》第三十九条规定：证券经纪人应当遵守证券公司从业人员的管理规定，其在证券公司授权范围内的行为，由证券公司依法承担相应的法律责任；超出授权范围的行为，证券经纪人应当依法承担相应的法律责任。

证券经纪人只能接受一家证券公司的委托，进行客户招揽、客户服务等活动。

证券经纪人不得为客户办理证券认购、交易等事项。

《证券公司监督管理条例(2014修订)》第四十条规定：证券公司向客户收取证券交易费用，应当符合国家有关规定，并将收费项目、收费标准在营业场所的显著位置予以公示。

(三) 对自营业务的监管

对投资银行自营业务的监管主要包括以下四方面：依法公开发行的证券；实名制；禁止性规定；风险控制。

《证券公司监督管理条例(2014修订)》第四十一条规定：证券公司从事证券自营业务，限于买卖依法公开发行的股票、债券、权证、证券投资基金或者国务院证券监督管理机构认可的其他证券。

《证券公司监督管理条例(2014修订)》第四十二条规定：证券公司从事证券自营业务，应当使用实名证券自营账户。证券公司的证券自营账户，应当自开户之日起3个交易日内报证券交易所备案。

《证券公司监督管理条例(2014修订)》第四十三条规定：证券公司从事证券自营业务，不得有下列行为：

(1) 违反规定购买本证券公司控股股东或者与本证券公司有其他重大利害关系的发行人发行的证券；

(2) 违反规定委托他人代为买卖证券；

(3) 利用内幕信息买卖证券或者操纵证券市场；

(4) 法律、行政法规或者国务院证券监督管理机构禁止的其他行为。

《证券公司监督管理条例(2014修订)》第四十四条规定：证券公司从事证券自营业务，自营证券总值与公司净资本的比例、持有一种证券的价值与公司净资本的比例、持有一种证券的数量与该证券发行总量的比例等风险控制指标，应当符合国务院证券监督管理机构的规定。

(四) 对日常活动的监管

1. 证券监督管理机构

投资银行必须定期将其经营活动按统一的格式和要求书面报证券监管机构。

《证券公司监督管理条例(2014修订)》第六十三条规定：证券公司应当自每一会计年度结束之日起4个月内，向国务院证券监督管理机构报送年度报告；自每月结束之日起7个工作日内，报送月度报告。

发生影响或者可能影响证券公司经营管理、财务状况、风险控制指标或者客户资产安全的重大事件的，证券公司应当立即向国务院证券监督管理机构报送临时报告，说明事件的起因、目前的状态、可能产生的后果和拟采取的相应措施。

《证券公司监督管理条例(2014修订)》第六十四条规定:证券公司年度报告中的财务会计报告、风险控制指标报告以及国务院证券监督管理机构规定的其他专项报告,应当经具有证券、期货相关业务资格的会计师事务所审计。证券公司年度报告应当附有该会计师事务所出具的内部控制评审报告。

证券公司的董事、高级管理人员应当对证券公司年度报告签署确认意见;经营管理的主要负责人和财务负责人应当对月度报告签署确认意见。在证券公司年度报告、月度报告上签字的人员,应当保证报告的内容真实、准确、完整;对报告内容持有异议的,应当注明自己的意见和理由。

2. 证券交易所

证券交易所对投资银行的经营活动进行具体管理和监督,并随时向证券监管机构汇报。

课后习题

一、案例题

招商证券股份有限公司2015年总结

(一)经纪和财富管理业务

2015年,公司代理买卖净收入同比提升13.32%;佣金净费率为0.53%,同比降低12.69%。财富管理业务高净值客户数、资产数及万元资产贡献度均显著增长近50%,新增"智富"套餐、期权类资讯产品等,产品引入与销售规模约1 327亿元,同比增长123%。融资融券、股票质押等资本中介业务既经历了爆发式增长,也经受住了市场大幅下跌的严峻考验,融资融券余额在上半年历史性突破1 000亿元大关,年末公司融资融券余额628亿元,同比增长8.65%;股票质押业务年末待购回金额228.18亿元,同比增长128.87%;顺利上线"招e融"网上股票质押业务,进一步丰富了融资产品体系。注重对港股通等新业务的培育与推广,港股通交易市场份额同比增长了22%,客户数量自年初的4万余户增长至10万余户,增长率达150%。公司股票期权业务获得上交所首批参与资格并顺利上线,全年完成开户2 356户,佣金收入643万元。年内公司成立互联网金融部,并取得客户资金消费支付服务和微信开户业务试点的监管机构无异议函,公司建设一站式综合服务平台——招商智远一户通,提供更多专业化投资工具。公募基金全年分盘交易量10 198亿元,佣金7.44亿元,累计占比6.03%,分别同比增长164.96%、128.22%、17.77%。

(二)投资银行业务

公司全年公开发行A股49.68亿元,增发A股428.21亿元,发行债券2 258亿元。截至年末,公司保荐代表人在册103人,累计36个保荐类项目通过证监会审核,43个保荐项目在会审核。

着力打造全产品服务平台,在努力保持IPO业务的同时,大力发展债券、再融资和

并购重组业务,不仅实现并购重组业务的有效突破,债券、再融资业务的大幅提升,同时也实现了IPO、债券和再融资业务收入的均衡发展。

(三)证券投资业务

权益类投资业务方面,开展的业务包含股指期货套保、收益互换、基金做市、股票期权做市等,其中,收益互换交易与基金做市交易等资本中介业务收入占比显著提升,有效降低对市场机会的依赖。固定收益类投资业务方面,在宽裕流动性的环境下,增加投资规模,同时,各类创新固收品种,丰富交易策略。公司积极筹备和推动创新业务快速发展,全方位推进FICC综合业务平台建设。

2015年公司取得证监会关于开展黄金现货合约自营业务的无异议函及上海黄金交易所特别会员资格,黄金业务已经开始试运行。

(四)场外市场业务

场外投行业务方面,全年新增挂牌家数114家,累计挂牌家数157家,已立项家数254家,已签约家数104家,合计项目储备358家。完成市场第一家城商行齐鲁银行的挂牌。柜台产品创设发行工作稳步推进,全年通过柜台市场累计创设发行收益凭证产品175支,募集资金规模267.7亿元,产品余额173.78亿元;代销私募基金48支,发行规模41.4亿元。场外销售交易业务全年共完成新三板定向发行项目78次(其中主办项目68次,非主办及拟挂牌项目10次),融资金额38.09亿元(其中主办项目34.06亿元,非主办及拟挂牌项目4.03亿元)。截至年末,做市业务实际投资总额4.97亿元,做市家数108家。

(五)托管业务

2015年,公司托管业务无论产品数量、产品规模,还是各项经营指标等均得到爆发式增长。截至年末,公司托管和金融服务外包产品数量已超过5 000只,规模已突破6 000亿元,同比增长超过500%。托管业务已涵盖基金专户、证券公司客户资产管理计划、期货公司资产管理计划、公开募集的证券投资基金、非公开募集的证券投资基金等资产类型。2015年4月4日,公司成为首批成功获得中国基金业协会备案的私募基金金融外包服务机构。5月,公司首家通过国际审计与鉴证准则理事会的ISAE3402 Type2高标准期间鉴证。11月,公司成为业内首家提供QDIE行政管理人服务的券商外包机构,外包业务边界正式从国内市场扩展到香港市场乃至全球市场。

(六)国际业务

公司通过全资子公司招证国际从事国际业务,全年实现营业收入10.28亿港元。年内,招证国际共完成13个IPO项目,完成3个配售项目,3个境外可转换债券发行项目,以及11个境外债券发行项目,其中可转债为首次突破的领域。招证国际英国子公司于2015年1月获伦敦金属交易所(LME)批准开业,正式向客户提供环球商品服务,4月取得欧洲洲际交易所(ICE Futures Europe)的清算会员资格。

(七)期货业务

公司通过全资子公司招商期货从事期货业务,全年实现营业收入43 359.04万元,同比增长 75.92%,净利润 17 919.78 万元,同比增长 71.67%。日均客户权益同比增长 135%,其中,机构客户日均权益规模同比增长 253%,占比由上年的 34% 提升至 52%,直销客户日均权益规模同比增长 181%,占比由上年的 41% 提升至 50%。行业分类监管保持 AA 级。

（八）直接投资业务

招商致远资本年末资产管理规模约 108 亿元,其中,股权基金 65.68 亿元、产业基金 11.57 亿元、结构化产品 23.50 亿元、创投基金 5.49 亿元、并购基金 2.24 亿元。

资料来源：《中国金融年鉴》编辑部,中国金融年鉴 2015[M].北京：中国金融年鉴杂志社有限公司,2015,第 92 页。

要求：

(1) 试分析招商证券的业务内容。

(2) 对比中信证券和招商证券业务内容与规模的差异。

二、思考题

1. 什么是投资银行？与商业银行相比,投资银行具有什么特点？
2. 投资银行在经济中具有哪些功能？
3. 投资银行有哪些组织形态？各具有什么特点？
4. 投资银行的监管体制有哪几种模式？

第十五章 投资行为分析

 教学目标

- 掌握沉没成本效应的内涵。
- 掌握沉没成本效应的定义与形成原因。
- 掌握过度自信的内涵及其产生原因。
- 了解过度自信对投资行为的影响。
- 掌握羊群效应的基本内涵。
- 了解羊群效应的表现形式及影响因素。

 导读案例　　　　铱星投资与沉没成本

铱星卫星移动通信系统,是美国摩托罗拉公司设计的全球移动通信系统。它的天上部分是运行在 7 条轨道上的卫星,每条轨道上均匀分布着 11 颗卫星,组成一个完整的星座。它们就像化学元素铱原子核外的 77 个电子围绕其运转一样,因此被称为铱星。后来经过计算证实,6 条轨道就够了,于是,卫星总数减少到 66 颗,但仍习惯称为铱星系统。从技术角度看,铱星项目的确立、运筹和实施是成功的。

铱星系统于 1996 年开始试验发射,计划 1998 年投入业务,设计使用寿命为 5 年。整个铱星系统耗资达 50 多亿美元,每年光系统的维护费就要几亿美元。除了摩托罗拉等公司提供的投资和发行股票筹集的资金外,铱星公司还举借了约 30 亿美元的债务,每月光是债务利息就达 4 000 多万美元。

当摩托罗拉公司费尽千辛万苦终于在 1998 年 11 月 1 日正式将铱星系统投入使用时,命运却和摩托罗拉公司开了一个很大的玩笑,传统的手机已经完全占领了市场。如此高科技含量的项目在市场上遭受到了冷遇,价格不菲的"铱星"通讯好景不长,用户最多时才 5.5 万,而据估算它必须发展到 50 万用户才能盈利。由于无法形成稳定的客户群,巨大的研发费用和系统建设费用使铱星公司背上了沉重的债务负担,铱星公司亏损巨大,连借款利息都偿还不起。

摩托罗拉公司不得不将曾一度辉煌的铱星公司申请破产保护,在回天无力的情况下,只好宣布终止铱星服务。2000年3月18日,铱星背负40多亿美元债务正式破产。

铱星在2001年接受新注资后起死回生,美国军方是其主要客户。

资料来源:作者收集整理。

要求:请从沉没成本的角度分析该案例。

本章介绍个性特征以及投资经理在从事公司投资业务时,常见的三种投资行为。

第一节 个性特征

个性特征是指人的多种行为特点的一种独特的结合,是个体经常、稳定地表现出来的行为特点。个性行为特征比较集中地反映了人的心理面貌的独特性、个别性。主要包括气质、能力和性格。

气质标志着个体在进行心理活动时,在强度、速度、稳定性、灵活性等动态性质方面的独特差异性;能力标志着人在完成某种活动时的潜在可能性上的特征;而性格则更是鲜明地显示着个体在对现实的态度和与之相适应的行为方式上的个人特征。

个性特征在一段时间内具有相对稳定性。个性特征在个性结构中并非孤立存在,它受到个性倾向性的制约。

一、气质

气质是个人生来就具有的心理活动的动力特征,可以指个人的性情或脾气,也可以指个人心情随情境变化而随之改变的倾向,亦即个体的反映倾向。气质是与生俱来的。

自从俄罗斯心理学家和生物学家巴甫洛夫论述了高级神经活动的各种特性和判定方法后,研究者大都认同气质的生理基础是神经类型。例如,在婴儿期就存在气质的最直接表现,有的婴儿特别爱哭、脾气急躁,而有的婴儿则安静、轻易不闹。

根据巴甫洛夫的研究,大脑皮质的神经过程(兴奋和抑制)具有三个基本特性:强度、均衡性和灵活性。强度指神经细胞和整个神经系统的工作能力和界限;均衡性指兴奋和抑制两种神经过程间的相对关系;而灵活性指兴奋过程更迭的速率。根据这三者不同表现,巴甫洛夫提出了四种高级神经活动类型:兴奋型、活泼型、安静型和抑制型,分别对应四种气质类型:胆汁质、多血质、黏液质以及抑郁质(表15-1)。

表 15-1 四种高级神经活动类型和四种气质类型

神经类型 (气质类型)	强度	均衡性	灵活性	行 为 特 点
兴奋型(胆汁质)	强	不均衡		攻击性强、易兴奋、不易约束、不可抑制
活泼型(多血质)	强	均衡	灵活	活泼好动、反应灵活、好交际
安静型(黏液质)	强	均衡	不灵活	安静、坚定、迟缓、有节制、不好交际
抑制型(抑郁质)	弱			胆小畏缩、消极防御

其中,抑郁质神经强度弱,神经系统工作能力弱,也就无所谓其均衡性和灵活性,所以,抑郁性神经在均衡性和灵活性上没有具体的表现。个体的气质类型可以完全处于四种类型中的一类,也可以同时表现出混合型气质类型,如胆汁-多血质类型、抑郁-黏液质类型等。

气质中大部分的稳定成分由遗传决定,而其中大部分的变化则由环境造成。环境对气质的影响主要经过复杂的脑机制和自我控制机制形成。在所有控制机制中,自我概念是其中最重要的控制机制,因为个体想成为什么样的人影响其行为表现。

二、能力

能力是使人能成功完成某项活动所必须具备的心理特征。它与气质和性格的不同表现在:能力必须通过活动才能体现出来,当然活动中也会体现出性格和气质方面的差异,但完成该项活动所必须和必备的心理特征才是能力。例如,完成一幅绘画作品的活动需要具备色彩鉴别能力、形象思维能力、空间想象能力等不同能力的有机组合。

（一）智商

智商(IQ),即智力商数(intelligence quotient),系个人智力测验成绩和同年龄被试成绩相比的指数,是衡量个人智力高低的标准。智商概念是美国斯坦福大学行为学家特曼教授提出的。

20 世纪初,法国行为学家比奈编制了世界上第一套智力量表,根据这套智力量表将一般人的平均智商定为 100,而正常人的智商,根据这套测验,大多在 85 到 115 之间。智力是遗传基因控制的,人为无法改变。由于先天多种因素,人的智力发育会有所不同。智力表现多个方面,如观察力、记忆力、想象力、创造力、分析判断能力、应变能力、推理能力等。目前认为智力由三种能力组成:短期记忆力、推理能力和语言能力。

后来,特曼教授把这套量表介绍到美国修订为斯坦福-比奈智商量表,并用心理年龄与生理年龄之比作为评定儿童智力水平的指数,这个比被称为智商,用公式表示即是:IQ=MA(心理年龄)/CA(生理年龄)×100。人们称这种智商为比率智商。

（二）情商

情商（EQ）通常是指情绪商数（emotional quotient），主要是指人在情绪、情感、意志、耐受挫折等方面的品质。总的来讲，人与人之间的情商并无明显的先天差别，更多与后天的培养息息相关。它是近年来提出的与智力和智商相对应的概念，提高情商是把不能控制情绪的部分变为可以控制情绪。

从最简单的层次上下定义，情商是理解他人及与他人相处的能力。情商是由五种特征构成的：自我意识、控制情绪、自我激励、认知他人情绪和处理相互关系。情商越来越多地被应用在企业管理上，对于组织管理者而言，情商是领导力的重要构成部分。

（三）财商

财商（FQ）是指财务智商（financial quotient），是指个人、集体认识、创造和管理财富的能力，包括观念、知识、行为三个方面。

财商包括两方面的能力：一是创造财富及认识财富倍增规律的能力（即价值观）；二是驾驭财富及应用财富的能力。财商是与智商、情商并列为现代社会三大不可或缺的能力。

财商是通过精神世界与商业悟性的养育和历练出来的。通过对财商的养育，其目的是树立正确的金钱观、价值观与人生观。财商是实现成功人生的关键因素之一。

三、性格

性格是个人对现实的稳定的态度和习惯化了的行为方式。例如，一个人在任何场合都表现出对人热情、与人为善，这种对人对事的稳定的态度和习惯化的行为方式表现出的心理特征就是性格。性格的一般分为内向和外向。

性格的特征有：

(1) 性格是一种习惯化的态度和行为方式。一个人偶尔表现的特点不是性格的表现。

(2) 性格主要是后天在与环境的交互作用中形成的。

(3) 性格可以在后天发生变化。性格主要在青春期后期渐渐稳定，但也可能因为成人期所遭受的重大事件的影响或者通过主观努力而改变。

第二节 沉没成本效应与投资行为

一、沉没成本效应的内涵

沉没成本效应的原始定义为：如果人们已为某种商品或劳务支付过成本，那么便会增加该商品或劳务的使用频率。这一定义强调的是金钱及物质成本对后续决策行为的影响。该效应反映的是,人们一旦已经对某件事情付出了时间、金钱和精力,就会倾向于继续对这种事情进行投入。

如果一项开支已经付出并且不管作出何种选择都不能收回,一个理性的人就会忽略它,这类支出称为沉没成本。沉没成本对于投资决策来说是一种无关成本。强调沉没成本的经济意义是:投资决策时,应该考虑现时的成本和收益,要建立清晰的相关成本和无关成本的概念。

人们在对未来的事情作决策时,通常会考虑过去的成本和无法收回的成本。投资经理在投资决策时顾及沉没成本的非理性行为方式称为沉没成本效应。

保本这一观点是商家遵循的基本经营方针,"起码要保本"看似天经地义,殊不知,这种观念是错误的,其本身就包含了沉没成本谬误。许多零售商都喜欢用他们的批发价来决定零售价的底线,不愿意以低于成本的价格出售商品,因为他们不愿意承担亏损。

【读一读】

如果你订了一张电影票,已经付了票款。会有两种可能结果:

(1) 付钱后发觉电影不好看,但忍受着看完。

(2) 付钱后发觉电影不好看,退场去做别的事情。

此时你付的价钱已经不能收回,就算你不看电影钱也收不回来,电影票的价钱算作你的沉没成本。两种情况下你都已经付钱,所以应该不考虑这件事情。经济学家们建议选择后者,这样你只是花了点冤枉钱,还可以通过腾出时间来做其他更有意义的事来降低机会成本,而选择前者你还要继续受冤枉罪。

二、沉没成本效应的形成原因

(一) 前景理论与沉没成本效应

前景理论是关于风险决策的一种描述性模型。前景理论认为:投资经理在面对得失时的风险偏好不一致,在面对"失"时变得风险追求,而面对"得"时却表现出风险规避;参照点的设立和变化影响人们的得失感受,并进而影响人们的决策。我们可以运用前景理论对沉没成本效应进行有效解释。

投资经理是根据一个参照点对选择进行评估。如果一个选择的结果在参照点之上,这个选择就被编码为盈利;相反在参照点之下,选择的结果就被认为是损失(见图 15-1)。参照点不是从现状开始(见图 15-1 中的 A 点),而是从价值函数损失的一侧开始(见图

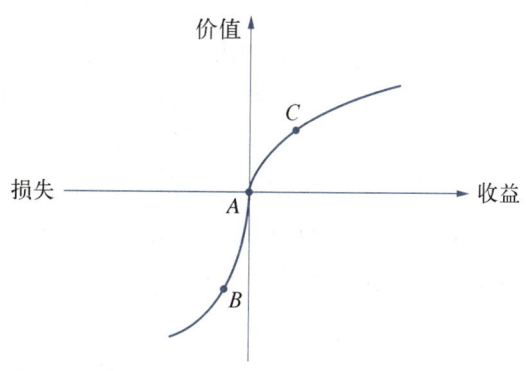

图 15-1 价值函数

资料来源:陆剑清.现代投资行为学[M].北京:北京大学出版社,2012:80。

15-1 中的 B 点）。

根据这一解释，以前的投资被看作是损失，当决策者评估下一次投资时，上次的投资损失仍存在于决策者的大脑中，并进而影响其之后的决策判断。

（二）心理账户与沉没成本效应

心理账户就是人们在心里无意识地把财富划归不同的账户进行管理，不同的心理账户有不同记账方式和心理运算规则。这种心理记账方式和运算规则经常会以非预期的方式影响决策，使投资决策违背最简单的理性经济法则。

当决策者没有心理预算（支出限制）或者没有记录累计跟踪时，他们很可能被沉没成本所俘获，产生沉没成本效应，即倾向于增加投入；相反，当决策者建立心理预算并能够进行跟踪时，沉没成本效应就会减弱，乃至不再发生。

（三）认知证实偏差与沉没成本效应

认知证实偏差是指人们总是有选择地去解释并记忆某些能够证实自己既存的信念或图式的信息。

证实偏差是指当人们确立了某一个信念或观念时，在收集信息和分析信息的过程中，产生的一种寻找支持这个信念的证据的倾向。也就是说，他们会很容易接受支持这个信念的信息，而忽略否定这个信念的信息。这种证实而不是证伪的倾向叫证实偏差。

信念坚持是导致证实偏差的行为学基础，投资者会坚持他们的假设，即使该假设和新证据相矛盾，这时的投资者对新信息或新证据不够重视甚至完全忽略。锚定效应是导致证实偏差的心理因素之一。

第三节　过度自信与投资行为

一、过度自信的含义

自信心是人们行为的内在动力，构成一个人心理和行为的意志品质，包括自觉性、果断性、坚韧性和自制力。有自信心的人能够以积极的姿态应对困难，能独立地采取决定，并且能进行积极的自我暗示和自我鼓励。

过度自信是指人们独断性的意志品质，是与自觉性品质相反的一种行为偏差。人们往往通过观察自身行为的结果来了解自己的能力，在这个过程中存在着一个自我归因偏差，即人们在回顾自己过去的成功时，会高估自己的成功，更容易回忆起与成功有关的信息。

过度自信是一种认知偏差，在和别人比较或自己作决定时，人们常常会对自己的知识和能力过于自信。过度自信的决策者总是会过于相信自己判断的正确性。人们都期望好事情发生在自己身上的概率高于发生在别人身上的概率。

过度自信理论认为,个体过度自信是指由于受到信念、情绪、偏见和感觉等主观心理因素的影响,常常过度相信自己的判断能力,高估自己成功的概率。

【看一看】 蒙特利尔陷阱

加拿大蒙特利尔市从1940年起就多次申办奥运会,终于在1976年获得了第21届现代奥运会的主办权。

为了办好这届奥运会,组委会新建大型体育场、游泳池、自行车场、奥运村等设施,并采用了许多高科技成果。但由于加拿大经济萧条,加上管理不善,使这些工程的费用一再追加,原计划28亿美元的主体育场竟耗资58亿美元之巨,组织费用也从原计划的6亿美元涨到实际的7.3亿美元。这使得蒙特利尔奥运会债台高筑,不仅影响了加拿大的经济发展,而且也使奥林匹克运动受到沉重打击,严重影响了当年申办1984年奥运会活动,使原来准备申办的国家纷纷退出。

1976年奥运会使该市出现了10多亿美元的巨额亏空,致使该市的纳税人直到2007年才还清这笔债务。为了15天的奥运会使该市的纳税人负债31年,称"蒙特利尔陷阱"。

蒙特利尔陷阱成为投资过度自信的典型案例。

二、过度自信的原因

过度自信作为一种人的行为决策上的认知偏差,有着其内在的原因。下面具体分析一下是什么原因导致过度自信。

(一)知识幻觉会导致过度自信

信息加工理论认为,人的认知过程就是对信息的加工过程,涉及人如何注意、选择和接收信息,如何对信息进行编码、内在化和组织,以及如何利用这些信息作出决策和指导自己的行为等。

知识幻觉指的是人们通常会相信,随着信息量的增加,他们对某种信息的认识也会增强,从而会改进他们的决策。然而,事实并非如此。

(二)控制幻觉会导致过度自信

控制幻觉是指在完全不可控和部分不可控的情境下,个体由于不合理的高估自己对环境和事件结果的控制力而产生的一种判断偏差。造成这种幻觉的主要因素包括选择性、过去的结果、任务熟悉程度、参与程度和自我归因等。投资者经常会受这些因素的影响。

(三)证实偏差会导致过度自信

人们只关注与自己的观点相一致的证据,而不关注也不收集和自己观点相抵触的证据,这种行为就是证实偏差。这种行为的后果导致了过度自信。

【看一看】 中国上市公司并购中的过度自信分析

自20世纪90年代我国资本市场正式设立以来,上市公司的并购活动就一直持续

不断,并日益成为我国上市公司寻求快速发展的重要手段。国内许多学者对上市公司收购绩效问题开展的实证研究却表明,目前中国上市公司收购大多属于低效率收购。

上市公司收购活动日益频繁和收购效率低下并存的"市场异象",给研究者提出了两个问题:第一,导致低效率收购的原因是什么?第二,既然收购是低效率的,为什么仍有如此多的上市公司高管人员对于收购乐此不疲?

对于并购潮的出现,传统的投资学理论认为,并购是一种"市场惩罚",能够导致效率的改善。然而,面对公司并购中存在的现实问题,传统的投资学理论正逐渐丧失其解释力。

按照投资行为学的过度自信理论,并购是由于公司高管的过度自信而产生,并且他不会因为自己过去在并购中所犯的错误而变得小心谨慎。公司高管在评估收购目标的真正价值过程中,会将自己私有的信息考虑进来,同时考虑协同效应以及目标公司的管理不善等因素。公司高管将自己的估值同收购对象的市值进行比较,如果自己的估值高于收购对象的市值,他就会发起收购。如果公司高管对收购公司价值的评估高于它的市场价值,可以肯定的是公司高管在评估收购对象时犯了错误,那么为什么公司还要进行收购呢?这是因为公司高管相信自己对收购对象的评估要比市场的评估更为准确。可见,过度自信理论为中国上市公司收购过程中存在的问题提供了一种更为合理的解释。

由于受过度自信的行为驱使,中国上市公司的高管人员在涉及收购、兼并等重大的投资决策过程中普遍存在着盲目的乐观主义倾向。因此,过度自信理论可以有效解释上市公司并购事件的频发以及购并效率低下的现象。

资料来源:陆剑清,现代投资行为学[M].北京:北京大学出版社,2012.

第四节　羊群效应与投资行为

一、羊群效应的内涵

羊群效应也叫从众效应,个人的行为或态度由于真实的或想象的群体影响或压力,导致行为或态度向与多数人相一致的方向变化的现象。换言之,从众是个人在社会群体压力下,放弃自己的意见,转变原有的态度,采取与大多数人一致的行为。

投资学中羊群效应是指市场上存在那些没有形成自己的预期或没有获得一手信息的投资者,他们将根据其他投资者的行为来改变自己的行为。

羊群效应形象地比喻人们都有一种从众倾向,从众倾向很容易导致盲从,而盲从往往会使人陷入骗局或遭到失败。当人们追随大众选择失败后,其挫败感会比一个人承担失败的挫败感低。并且,随着失败人数的增加,人们的挫败感会降到最低。

【看一看】 郁金香泡沫

郁金香泡沫,又称郁金香效应,源自17世纪荷兰的历史事件。作为人类历史上有记载的最早的投资投机活动,荷兰的"郁金香泡沫"昭示了此后人类社会的一切投资投机活动,尤其是投资活动中的羊群效应。在投资人理性完全丧失、泡沫最终破灭后,千百万人倾家荡产。

16世纪中期,郁金香从土耳其被引入西欧,不久,人们开始对这种植物产生了狂热。17世纪荷兰的郁金香一度在鲜花交易市场上引发异乎寻常的疯狂,郁金香球茎供不应求、价格飞涨。当郁金香开始在荷兰流传后,一些机敏的投机商就开始大量囤积郁金香球茎以待价格上涨。1634年,炒买郁金香的热潮蔓延为荷兰的全民运动。当时1 000元一朵的郁金香花根,不到一个月后就升值为2万元了。面对如此暴利,所有的人都冲昏了头脑。他们变卖家产,只是为了购买一株郁金香。

就在这一年,为了方便郁金香交易,人们干脆在阿姆斯特丹的证券交易所内开设了固定的交易市场。人们购买郁金香已经不再是为了其内在的价值或作观赏之用,而是期望其价格能无限上涨并因此获利。这种总是期望有人会愿意出价更高的想法,长期以来被称为投资的博傻理论。

当人们意识到这种投资并不创造财富,而只是转移财富时,有人清醒过来,郁金香泡沫破灭了。当某个投资者卖出郁金香,或者更有勇气些,卖空郁金香时,其他人就会跟从,卖出的狂热与此前购买的狂热不相上下。由于卖方突然大量抛售,公众开始陷入恐慌,导致郁金香市场在1637年2月4日突然崩溃。

一夜之间,郁金香球茎的价格一泻千里。虽然荷兰政府发出紧急声明,认为郁金香球茎价格无理由下跌,劝告市民停止抛售,并采取了其他相关措施,但这些努力毫无用处。

一个星期后,郁金香的价格已平均下跌了90%,而那些普通的品种甚至不如一颗洋葱的售价。绝望之余,人们纷纷涌向法院,希望能够借助法律的力量挽回损失。但在1637年4月,荷兰政府决定终止所有合同,禁止投机式的郁金香交易,从而彻底击破了这次历史上空前的经济泡沫。

郁金香泡沫成为投资羊群效应的经典案例。

资料来源:作者收集整理。

二、羊群效应的理论分析

关于投资经理从众行为的成因,主要有四种理论和模型:选美理论、认知不协调理论、声誉模型和报酬模型。这些理论和模型从不同的角度对从众行为的成因进行了探讨。

(一)选美理论

选美理论是凯恩斯(John Maynard Keynes)在研究投资不确定性时提出的,投资如

同选美,他用选美博弈的例子来说明投资者的从众行为。

在有众多美女参加的选美比赛中,如果猜中了谁能够得冠军,你就可以得到大奖。在选美比赛中,由于众人所选择对象必须与最终选举结果相一致才能获奖,因而,每一个参与者所要挑选的并不是他自己认为最漂亮的人,而是他设想其他参与者所要挑选的人。这样的选美就不是根据个人判断力来选出最漂亮的人,而是推断一般人的意见是什么。

在投资方面,凯恩斯的选美理论用来分析人们的心理活动对投资决策的影响。当收集、处理信息的成本很高时,投资者的理性选择是去预测大众的行为。如果投资者对此认同,在观察到市场上可供参考的投资行为后,它的理性选择无疑就是模仿。可见,羊群效应的本质特征就是一个投资者的投资决策受到其他投资者的影响。

(二) 认知不协调理论

美国行为学家费斯廷格于1957年提出的一种社会认知理论。认知不协调理论包含两个认知要素:一是关于自身特点和自己行为;另一个是关于周围环境。认知要素之间的关系有三种:无关系、协调一致的关系、不协调的关系。

费斯廷格指出,当个体与群体认知不一致时,其思想会潜意识地寻求平衡。随着对不一致的消减,必然就会出现从众行为。

改变认知不协调的办法主要有:① 改变与认知者行为有关的知识,以改变行为;② 改变与认知者环境有关的知识,以改变与环境的关系;③ 增加新知识,全面接触新信息。

(三) 声誉模型

从众行为声誉模型的基本思想是:由于雇主是通过与其他投资经理的业绩进行比较来判断经理人的业绩,因而投资经理会倾向于模仿其他经理的投资决策。当一个投资经理对于自己的投资决策没有把握时,那么对他而言,最可取的做法是与其他投资经理保持一致,而当其他投资经理也这样考虑时,羊群效应就产生了。

(四) 报酬模型

投资经理采取模仿行为不仅关系到声誉问题,而且还关系到报酬问题。投资经理的报酬依赖于相对其他投资经理的业绩。这种报酬结构会扭曲投资经理的激励机制,间接鼓励投资经理追随同行进行投资决策,最终导致无效的投资组合。这样也可能导致羊群效应的发生,产生了从众行为。

 课后习题

一、案例题

史玉柱与巨人大厦

1993年,随着IBM等西方各大电脑公司全面进入中国市场,电脑业务作为当时巨人集团的主营业务遭受重创。据此,史玉柱决定开展多元化经营,投资房地产与生物保

健品这两个新兴领域。

1993年开发巨人大厦,史玉柱固执地不用银行贷款,主要以集资和卖楼花的方式筹资。当巨人大厦进入全面施工阶段,史玉柱已投入一定的建造成本时,大厦施工碰上断裂带以及地基受淹的意外事故。但是巨大的心理期望使史玉柱不仅坚持了原有的决策,而且不断扩大投资规模,大厦高度由最初的38层不断增高至最后的70层,要建全国最高的楼宇。投资预算规模由最初的2亿元追加至12亿元,甚至不惜从生物保健品项目中抽调资金去支持巨人大厦的建造,从而为巨人集团最终陷入财务危机埋下了伏笔。

当时手中只有1亿元现金的史玉柱将赌注押在了卖楼花上。在1994年巨人大厦开始卖楼花时,政府开始对过热的经济进行宏观调控,卖楼花受到一定限制。在之后的一系列不利情况面前,史玉柱孤注一掷,采取"鸵鸟策略",在错误决策的泥沼中越陷越深,最终丧失了挽回败局的宝贵时机。1996年,已投入3亿多元的巨人大厦资金告急。史玉柱成为"中国首负"。

资料来源:陆剑清.现代投资行为学[M].北京:北京大学出版社,2012。

要求:请依据前景理论、心理账户理论和认知证实偏差理论,从沉没成本效应的角度来分析该案例。

二、思考题

1. 何谓沉没成本?
2. 什么是沉没成本效应?想想你在生活中做的哪些事情是关于沉没成本效应的?
3. 请简述沉没成本效应的理论解释。
4. 试找出有关沉没成本效应的其他例子,并加以分析说明。
5. 请简述过度自信的概念与产生原因。
6. 对投资者而言,过度自信会对投资行为有哪些影响?
7. 什么是羊群效应?试通过一个投资行为的例子来说明。

第十六章 投资内部控制

教学目标

➢ 了解内部控制的目标和原则；
➢ 理解内部控制要素的含义；
➢ 掌握投资风险的五种内部控制方式；
➢ 掌握投资业务流程、主要风险点与控制措施；
➢ 理解投资风险控制的一般框架。

导读案例　大富科技6年39亿元激进并购存隐患

一、财务状况分析

（一）上市以来营收与净利润不匹配

2010年10月26日上市以来的7年时间，大富科技的营业收入增长稳定，其2010年至2016年的营业收入分别为8.63亿元、9.90亿元、15.04亿元、18.95亿元、24.51亿元、20.61亿元、24.07亿元。对应的同期的营业利润为2.69亿元、1.65亿元、-2.69亿元、0.36亿元、5.63亿元、0.86亿元、0.28亿元。数据显示，头两年，营业收入在10亿元内，近几年则超过20亿元，但近几年的营业利润反而比头两年的要少很多。

从同期净利润看，2010年至2016年为2.51亿元、1.87亿元、-1.91亿元、0.55亿元、5.36亿元、0.96亿元、1.25亿元，同期非经常性损益为0.23亿元、0.46亿元、0.56亿元、0.23亿元、2.65亿元、0.68亿元、1.30亿元。

（二）大富科技的非经常性损益对净利润的贡献很大

奇怪的是，2012年，大富科技亏损1.91亿元，这也是上市7年唯一一次亏损。公司解释，通信行业投资增速下滑，行业内竞争加剧，另外，当年还有一笔1.24亿元的资产减值损失。然而，到了2013年，公司成功扭亏为盈，2014年则突然爆发，净利润竟然一下子蹿至5.36亿元，同比暴增868.11%，这也是7年中净利润最高的一年的。不过，当年,其非经常性损益也高达2.65亿元,接近净利润的一半。而到了2015年,净利润又大幅萎缩。

为何2014年的净利润格外引人瞩目?大富科技曾经收购的控股子公司股权变动功不可没。

2011年,大富科技从滕玉杰、滕玉东手中以1 211万元的价格收购了华阳微电子52%股权,并纳入合并报表范围。不过,收购后的华阳微电子的业绩并不十分理想,2013年至2016年,其净利润为1 404万元、632.52万元、—341.51万元、—546.27万元。

2014年,大富科技将其所持的华阳微电子2.5%股权回售给滕玉杰,大富科技持股比降至48.68%的股权,丧失了控制权,因此,华阳电子不再纳入合并范围。这样一来,剩余股权的账面价值需要重估。如此一倒腾,所持股权减少,大富科技所持股权估值暴增,同时也给大富科的利润表增加额2.08亿元。

2017年8月9日,大富科技发布了一份令人大跌眼镜的半年报,营业收入9.05亿元,同比下降23.21%,净利润为亏损8 848.63万元,同比下降283.66%。扣非净利润为亏损1.03亿元,同比下降353.17%。

二、6年并购业务分析

大富科技(300134.SZ)原本仅是从事移动通信基站射频器件及相关射频结构件的研发、生产、销售与服务。2010年上市以来营业收入猛增,净利润剧烈波动。2011—2017的6年中,投资近39亿元并购,让创业板公司大富科技(300134.SZ)夺得了"概念王"的称号。

从2011年开始,大富科技(300134.SZ)开启多元化之路,通过频繁并购使得业务版图不断扩大,也因此集齐了4G概念、物联网、石墨烯、特斯拉、智能穿戴、虚拟现实、无人驾驶等众多热门概念。

伴随着大富科技的扩张,其营业收入持续大幅增长,已由2010年的8.63亿元猛升至2016年的24.07亿元,增长了近3倍。

不过,与营业收入增长不相匹配的是,净利润大幅波动,如2012年亏损1.91亿元,同比剧降202.12%,2014年突然盈利5.36亿元,暴增868.11%,2015年又下降82.07%。

2017年8月25日,大富科技董事办人士解释,业绩波动源于通信行业投资增速下滑、行业内竞争加剧。不过,大富科技的营业收入持续增长、净利润剧烈波动或与并购存在关联。2016年半年报显示,其收购的6家公司有3家净利润为亏损。"太多,太激进。"8月24日,一位长期从事并购重组人士表示,大富科技的并购有点遍地开花味道,这些并购究竟为其增厚多少业绩,还很难说。

频频并购使大富科技营业收入不断增长,但净利润并未达预期。

三、2017年的并购

2017年8月9日,大富科技发布重大资产重组预案,其拟以25.4亿元的对价收购

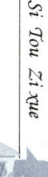

湘将鑫100%股权。预案显示,湘将鑫是专业智能终端精密结构件的研发、生产及整体解决方案提供商,其手机后盖是核心产品,2016年销售收入4亿元,占比达八成。客户中,包括金立、魅族、小米等知名手机品牌企业。而这次耗资25.4亿元收购东莞湘将鑫加码智能终端结构件更是大手笔。

湘将鑫对此次交易作出了业绩承诺,即2017年至2019年,扣除非经常性损益净利润不低于2.1亿元、2.7亿元和3.5亿元。

针对这一次重大资产重组,市场质疑声不断。其原因是,大富科技三易重组标的,有人笑称为"小孩过家家"。

8月16日,深交所发出问询函,8月21日,又发出监管函。

根据监管函,2017年2月9日,大富科技因重大事项申请停牌,并称拟收购深圳配天智造部分股权。2月23日,重大事项停牌转为重大资产重组停牌。两个月后,在深交所要求下,大富科技于4月18日披露了《关于签署重大资产重组框架协议的公告》,重组标的由配天智造一家增加至4家,另外3家分别是东莞领正电子、湘将鑫、珠海高凌信息,4家公司分属于智能制造、智能终端、通信网络设备3个领域。

8月9日,大富科技发布了重组草案,重组标的又由此前的4家变为湘将鑫1家。同时,公司披露了终止部分重组标的的说明,原因为交易各方未能就交易方案的估值等重要条款达成一致。

对此,深交所表示,大富科技办理重大资产重组停牌申请时调查不充分,未经充分论证及审慎决策,停牌期间交易标的由1家增加至4家,后又减少为1家。公司股票停牌超过六个月,严重影响了投资者正常交易权利。大富科技披露停牌进展公告时,未及时、充分提示交易标的失败的风险,严重影响了投资者知情权。

资料来源:改编自沈右荣,长江商报(武汉),2017年8月28日。

要求:
(1) 试从内部控制的角度分析大富科技业绩剧烈变动的原因。
(2) 试分析大富科技并购投资的主要风险点及相应的控制措施。

第一节 内部控制的基本概念

为了提高企业经营管理水平和风险防范能力,促进企业可持续发展,维护社会主义市场经济秩序和社会公众利益,根据国家有关法律法规,财政部会同证监会、审计署、银监会、保监会制定了《企业内部控制基本规范》,自2009年7月1日起在上市公司范围内施行,鼓励非上市的大中型企业执行。上市公司应当对本公司内部控制的有效性进行自我评价,披露年度自我评价报告,并可聘请具有证券、期货业务资格的会计师事务所对内部控制的有效性进行审计。

一、内部控制的概念与目标

(一) 内部控制的概念

内部控制是指由企业董事会、监事会、经理层和全体员工实施的、旨在实现控制目标的过程。

首先,这一定义强调了企业领导者尤其是董事会、监事会和经理层在建立与实施内部控制中的重要作用。如果企业领导者对于内部控制没有足够的认识和高度的重视,内部控制是难以有效实施的。

其次,明确了内部控制是全体员工的共同责任。企业的各级管理层和全体员工都应当树立现代管理理念,强化风险意识,以主人翁的姿态积极参与内部控制的建立与实施,并主动承担相应的责任,而不是被动地遵守内部控制相关规定。

最后,指明了内部控制是一个过程。内部控制是对企业生产经营过程的控制,也是对实现企业发展目标过程的控制。同时,内部控制又是一个不断优化完善的过程,只有起点,没有终点,必须坚持不懈、持之以恒地持续改进。

(二) 内部控制的目标

内部控制的目标是合理保证企业经营管理合法合规、资产安全、财务报告及相关信息真实完整,提高经营效率和效果,促进企业实现发展战略。

1. 合规目标

企业经营管理合法合规强调的是企业要在法律允许的经营范围内开展经营活动,严禁违法经营、非法获利。

2. 资产安全目标

资产安全主要是防止资产流失。要确保企业的各项存款等货币资金的安全,防止被挪用、转移、侵占、盗窃。同时,还要保护实物资产,防止低价出售,要充分发挥资产效能,提高资产管理水平。

3. 财务报告目标

财务报告及相关信息反映了企业的经营业绩,乃至企业的价值增值过程。财务报告反映企业的过去与现状,并可预测企业的未来发展,是投资人进行投资决策、债权人进行信贷决策、管理者进行管理决策和宏观经济调控部门进行政策决策的重要依据。同时,财务报告作为社会公共产品,其真实完整地体现了企业履行的社会责任。

4. 经营目标

提高经营效率和效果构成企业内部控制的重要目标。企业建立和实施内部控制的内在要求之一是相互制衡、相互监督,这一要求看似与提高效率效果相矛盾,实际上是协调一致的。因为忽视控制的经营管理,将导致重大风险的发生,可能造成企业难以为继,最终降低了经营的效率效果。因此,企业必须正确认识和处理强化内部控制与提高效率效果的关系。

5. 战略目标

促进企业实现发展战略是内部控制的最高目标,也是终极目标。只要企业在内控上下功夫,切实保证经营管理合法合规、资产安全完整、财务报告及相关信息真实可靠、经营效率效果稳步提高,就一定能提高核心竞争力,促进实现发展战略。

在上述五个控制目标中,企业经营管理合法合规、资产安全完整、财务报告及相关信息真实完整是内部控制的基础目标。早期的内部控制是从基础目标开始的。现代市场经济条件下,建立现代企业制度,促进企业长远发展,不仅要求企业必须围绕这三个基础目标真抓实干,而且必须在提高经营效率和效果上更上一层楼,最终促进企业实现发展战略。

二、内部控制的要素

内部控制包括五项要素:内部环境、风险评估、控制活动、信息与沟通、内部监督。

(一) 内部环境

内部环境是企业实施内部控制的基础,一般包括治理结构、机构设置及权责分配、内部审计、人力资源政策、企业文化等。

企业应当根据国家有关法律法规和企业章程,建立规范的公司治理结构和议事规则,明确决策、执行、监督等方面的职责权限,形成科学有效的职责分工和制衡机制。股东(大)会享有法律法规和企业章程规定的合法权利,依法行使企业经营方针、筹资、投资、利润分配等重大事项的表决权。董事会对股东(大)会负责,依法行使企业的经营决策权。监事会对股东(大)会负责,监督企业董事、经理和其他高级管理人员依法履行职责。经理层负责组织实施股东(大)会、董事会决议事项,主持企业的生产经营管理工作。

(二) 风险评估

风险评估是企业及时识别、系统分析经营活动中与实现内部控制目标相关的风险,合理确定风险应对策略。

企业开展风险评估,应当准确识别与实现控制目标相关的内部风险和外部风险,确定相应的风险承受度。风险承受度是企业能够承担的风险限度,包括整体风险承受能力和业务层面的可接受风险水平。

企业应当根据风险分析的结果,结合风险承受度,权衡风险与收益,确定风险应对策略。企业应当合理分析、准确掌握董事、经理及其他高级管理人员、关键岗位员工的风险偏好,采取适当的控制措施,避免因个人风险偏好给企业经营带来重大损失。

(三) 控制活动

控制活动是企业根据风险评估结果,采用相应的控制措施,将风险控制在可承受度之内。

企业应当结合风险评估结果,通过手工控制与自动控制、预防性控制与发现性控制相结合的方法,运用相应的控制措施,将风险控制在可承受度之内。控制措施一般包括：不相容职务分离控制、授权审批控制、会计系统控制、财产保护控制、预算控制、运营分析控制和绩效考评控制等。

企业应当根据内部控制目标，结合风险应对策略，综合运用控制措施，对各种业务和事项实施有效控制。企业应当建立重大风险预警机制和突发事件应急处理机制，明确风险预警标准，对可能发生的重大风险或突发事件，制定应急预案，明确责任人员，规范处置程序，确保突发事件得到及时妥善处理。

（四）信息与沟通

信息与沟通是企业及时、准确地收集、传递与内部控制相关的信息，确保信息在企业内部、企业与外部之间进行有效沟通。

企业应当建立信息与沟通制度，明确内部控制相关信息的收集、处理和传递程序，确保信息及时沟通，促进内部控制有效运行。企业应当将内部控制相关信息在企业内部各管理级次、责任单位、业务环节之间，以及企业与外部投资者、债权人、客户、供应商、中介机构和监管部门等有关方面之间进行沟通和反馈。信息沟通过程中发现的问题，应当及时报告并加以解决。重要信息应当及时传递给董事会、监事会和经理层。

（五）内部监督

内部监督是企业对内部控制建立与实施情况进行监督检查，评价内部控制的有效性，发现内部控制缺陷，应当及时加以改进。

内部监督分为日常监督和专项监督。日常监督是指企业对建立与实施内部控制的情况进行常规、持续的监督检查；专项监督是指在企业发展战略、组织结构、经营活动、业务流程、关键岗位员工等发生较大调整或变化的情况下，对内部控制的某一或者某些方面进行有针对性的监督检查。专项监督的范围和频率应当根据风险评估结果以及日常监督的有效性等予以确定。

企业应当制定内部控制缺陷认定标准，对监督过程中发现的内部控制缺陷，应当分析缺陷的性质和产生的原因，提出整改方案，采取适当的形式及时向董事会、监事会或者经理层报告。内部控制缺陷包括设计缺陷和运行缺陷。企业应当跟踪内部控制缺陷整改情况，并就内部监督中发现的重大缺陷，追究相关责任单位或者责任人的责任。

企业应当结合内部监督情况，定期对内部控制的有效性进行自我评价，出具内部控制自我评价报告。内部控制自我评价的方式、范围、程序和频率，由企业根据经营业务调整、经营环境变化、业务发展状况、实际风险水平等自行确定。

三、内部控制的原则

企业建立与实施内部控制，应当遵循下列五项原则：全面性、重要性、制衡性、适应性、成本效益。

（一）全面性原则

全面性原则强调内部控制应当贯穿决策、执行和监督的全过程，覆盖企业及所属单

位的各种业务和事项。千里之堤溃于蚁穴。企业建立和实施内部控制应当避免存在盲区和空白，一定要将相关控制渗透到决策、执行、监督等各个管理环节，实现全面、全员、全过程控制。

（二）重要性原则

重要性原则要求内部控制在兼顾全面的基础上，格外关注重要业务事项和高风险领域。这一原则强调企业建立与实施内部控制应当突出重点、兼顾一般，着力防范可能对企业产生"伤筋动骨"的重大风险。比如，企业通常强调的"三重一大"，正是这一原则的充分体现。又如，企业开展并购重组尤其是跨国并购重组过程中，就应当根据重要性原则，重点防范并购中的评估论证、定价机制、文化融合等重大风险。

（三）制衡性原则

制衡性原则要求内部控制在治理结构、机构设置及权责分配、业务流程等方面相互制约、相互监督，同时兼顾运营效率。相互制衡是建立和实施内部控制的核心理念，更多地体现为不相容机构、岗位或人员的相互分离和制约。无论是在企业决策、执行环节，还是在监督环节，如果做不到不相容岗位相互分离和制约，将会造成滥用职权或串通舞弊，导致内部控制的失败，给企业经营发展带来重大隐患。

（四）适应性原则

适应性原则要求内部控制与企业经营规模、业务范围、竞争状况和风险水平等相适应，并随着情况的变化加以调整。这一原则强调的是企业建立与实施内部控制绝非一蹴而就，要克服一劳永逸的思想，做到与时俱进，在保持相对稳定的基础上不断加以优化改进。在当今日益激烈的市场竞争环境中，经营风险更具复杂性和多变性。企业应当根据内外部环境的变化，适时地对内部控制加以调整和完善。

（五）成本效益原则

成本效益原则要求实施内部控制必须权衡成本与效益，以适当的成本实现有效控制。实施内部控制是要花费成本的，尤其是按照内部控制规范的要求，聘请注册会计师实施内部控制审计或引入外部咨询机构进行内部控制设计和评价工作，难免增加企业成本。但从企业可持续发展的角度来权衡利弊，只有建立一套科学有效的内部控制体系并狠抓有效实施，才能真正做大做强，打造成"百年老店"，在激烈的市场竞争中立于不败之地。

第二节 投资活动的控制方式

一、不相容职务分离控制

不相容职务是指某些如果由一名员工担任，既可以弄虚作假，又能够自己掩饰作弊行为的职务。这些职务通常包括：授权、批准、业务经办、会计记录、财产保管、稽核检查等。也就是说,不相容职务是指那些不能由一个部门或人员兼任,否则可能弄虚作假或易于掩盖其作弊行为的职务。

不相容职务分离措施的理念基础是两个或两个以上的部门或人员无意识地犯有同样错误的可能性很小,而有意识地合伙作弊的可能性低于一个部门或人员舞弊的可能性。

不相容职务分离控制要求企业全面系统地分析、梳理业务流程中所涉及的不相容职务,实施相应的分离措施,形成各司其职、各负其责、相互制约的工作机制。不相容职务分离控制的核心是内部牵制。

对于投资活动而言,企业应首先根据投资业务与事项的流程和特点,系统完整地分析、梳理投资业务与事项涉及的不相容职务,并结合岗位职责分工采取分离措施。有条件的企业,可以借助计算机信息技术系统,通过权限设定等方式实现不相容职务的相互分离。在一般情况下,企业的经济业务活动通常可以划分为申请、审批、执行、记录四个步骤。如果每一个步骤都由相对独立的人员或部门分别实施或执行,就能够保证不相容职务的分离。一般应当加以分离的不相容职务有:授权审批职务与执行业务职务、执行业务职务与监督审核职务、执行业务职务与相应的记录职务、财物保管职务与相应的记录职务、授权批准职务与监督检查职务等。

做到不相容职务的分离,应当考虑以下三个方面:一是投资业务的发生与完成,不论是简单还是复杂,必须经过两个或两个以上的部门或人员,并保证业务循环中的有关部门和有关人员之间进行检查与核对;二是权力与职责应当明确地授予具体的部门和人员;三是对于重要权力的行使必须接受定期独立的检查等。在实务中,如何判断什么样的职务必须分离,分离的度如何把握,应当要由具有丰富经验的专业人员从发生错误或舞弊的可能性及其影响程度来综合判断。

企业应当建立投资业务的责任制,明确相关部门和职务的职责、权限,确保办理投资业务的不相容职务相互分离、制约和监督。

投资业务不相容职务一般包括:

(1) 投资预算的编制与审批;

(2) 投资项目的分析论证与评估;

(3) 投资的决策与执行;

(4) 投资处置的审批与执行;

(5) 投资业务的执行与相关会计记录。

二、授权审批控制

授权审批控制要求企业根据常规授权和特别授权的规定,明确各岗位办理业务和事项的权限范围、审批程序和相应责任。授权分为常规授权和特别授权两种,企业需要制定常规授权的权限指引,对于特别授权,更是要对其范围、权限、程序和责任等四个方

面作出严格界定,防止特别授权被滥用。对于企业投资重大的业务和事项,要求实行集体决策审批或者联签制度,任何个人不得单独进行决策或者擅自改变集体决策。至于对重大的业务和事项的判定,需要根据本企业的经济业务情况具体确定。

授权审批控制要求企业各级人员必须经过适当的授权才能执行投资业务,未经授权和批准不得处理有关业务。授权审批控制应当实现:一是企业所有人员未经授权,不能行使相应投资业务权力;二是企业的投资业务未经授权不能执行;三是对于审批人超越授权范围的审批业务,经办人员有权拒绝办理。

公司应当配备合格的人员办理投资业务。办理投资业务的人员应当具备良好的职业道德、业务素质和与投资业务相关的专业知识,熟悉相关法规。公司应当根据具体情况对办理投资业务的人员定期进行岗位轮换。

授权审批控制要求企业根据常规授权和特别授权的规定,明确各岗位办理业务和事项的权限范围、审批程序和相应责任。授权分为常规授权和特别授权两种,企业需要制定常规授权的权限指引,对于特别授权,更是要对其范围、权限、程序和责任四个方面作出严格界定,防止特别授权被滥用。对于企业投资重大的业务和事项,要求实行集体决策审批或者联签制度,任何个人不得单独进行决策或者擅自改变集体决策。至于对重大的业务和事项的判定,需要根据本企业的经济业务情况具体确定。

授权审批控制要求企业各级人员必须经过适当的授权才能执行投资业务,未经授权和批准不得处理有关业务。授权审批控制应当实现:一是企业所有人员未经授权,不能行使相应投资业务权力;二是企业的投资业务未经授权不能执行;三是对于审批人超越授权范围的审批业务,经办人员有权拒绝办理。

(一) 授权批准的形式

按授权批准的形式,可以分为常规授权和特别授权。

1. 常规授权

常规授权是对办理常规业务时权利、条件和责任的规定,是对企业日常经营管理活动中按照既定的职责和程序进行的授权。一般表现为由管理层制定整个组织应当遵循的相关制度,内部员工在日常业务处理过程中,按照规定的权限范围和岗位职责自行办理或执行各项业务。比如主管投资的副总经理负责审批 1 000 万元以上的公司投资、投资部门负责人负责审批 500 万~1 000 万元的公司投资等。企业对于常规授权可以通过编制岗位职责手册、权限指引等方式予以公布,提高权限的透明度,加强对权限行使的监督和管理。

2. 特别授权

特别授权是指企业在特殊情况、特定条件下进行的授权,通常是临时性的,如在洽谈投资、收购兼并、对外担保等重要经济业务中需要临时作出某项承诺,以及超过常规授权限制的交易,都需要特别授权。

(二) 授权审批控制的内容

授权批准控制的内容一般包括以下四个方面。

1. 授权批准的范围

授权批准的范围通常包括企业所有常规性业务活动,从业务的预算编制、执行、业绩报告以及事后的考核等,均应授权相关岗位人员办理。

2. 授权批准的层次

企业应当根据经济业务的重要性和金额大小确定不同的授权批准层次。授权批准在层次上应当考虑连续性,要将可能发生的情况全面纳入授权批准体系。同时,应当根据具体情况的变化,不断对有关制度进行修正,适当调整授权层次。

3. 授权批准的责任

应当明确被授权者在履行权利时应当对哪些方面负责,避免授权责任不清,导致出现问题后无法追究责任的情况发生。

4. 授权批准的程序

这就是规定每一类经济业务的审批程序,以便按照程序办理审批程序;避免越级审批或违规审批。如对于投资业务,企业通常应当建立的授权审批程序包括投资资金支付申请、投资资金支付审批、投资资金支付复核和办理支付等。

(三) 授权审批控制的实施

任何授权都应当以法律、法规和企业规章制度为依据,一方面要避免权限过于集中,即所谓的"一支笔"制度,另一方面也要避免盲目授权,使有关人员逃避管理责任。企业的各项授权应予书面化,并通知到所有流程中的相关人员,以确保业务按照授权执行,避免在企业内部由于个别人员比较强势而导致授权混乱的情况。授权一旦确定后,企业各级管理人员应当在授权范围内行使职权和承担责任。

三、会计系统控制

会计系统控制是指利用记账、核对、岗位职责落实和职责分离、档案管理、工作交接程序等会计控制方法,确保企业会计信息真实、准确、完整。即会计系统控制是指通过会计的核算和监督系统所进行的控制,主要包括会计凭证控制、复式记账控制、会计账簿控制、会计报表控制及其财务成果控制。

会计系统控制要求企业严格执行国家统一的企业会计准则制度,加强会计基础规范工作,明确会计凭证、会计账簿和财务会计报告的处理程序,保证会计资料真实和完整。会计系统是影响企业经营业绩和财务状况的事件进行日常处理的一整套记录、程序和设施。在企业的内部控制结构中,企业为了记录、分析、汇总、分类、报告单位的业务活动而建立的方法和程序,称之为会计系统。

会计系统是一个企业管理系统的核心之一。一方面,它通过记录和报告历史经济业务来反映企业的资产状况、经营成果以及现金流量的状况;另一方面,这些信息为企业投资决策和与企业利益相关的外部使用者的决策提供依据。真实、完整的会计信息对企业来说是非常重要的,它是企业进行投资时能否进行有效经济分析和准确预测与

决策的基础。如果会计信息真实、完整且相关，那么就为企业投资决策提供了较好的信息基础；反之，则不仅对企业不利，还会对企业有害，因为虚假、片面的会计信息可能对企业投资会起误导作用，将企业的投资决策行为引导到错误的方向。

四、预算控制

预算是用数字编制未来某一个时期的计划，也就是用财务数字（例如在财务预算和投资预算中）或非财务数字（例如在生产预算中）来表明预期的结果。

投资预算控制是企业根据预算的规定检查和监督投资的整个过程。其作用是保证投资活动在充分达成既定目标的过程中对企业投入资源的有效利用，使投资支出受到严格有效的约束。

项目投资预算是在可行性研究的基础上，对企业的固定资产购置、扩建、改造、更新等编制的预算。它具体反映在何时进行投资、投资多少、资金从何处取得、何时可获得收益、每年的现金流量为多少、需要多少时间回收全部投资等。由于投资的资金来源往往是企业的限定因素之一，而对厂房和设备等固定资产的投资又往往需要很长时间才能回收，因此，投资预算应当力求和企业的战略以及长期计划紧密系在一起。

五、绩效考评控制

绩效考评控制要求企业建立和实施绩效考评制度，科学设置考核指标体系，对企业内部各责任单位和全体员工的业绩进行定期考核和客观评价，将考评结果作为确定员工薪酬以及职务晋升、评优、降级等的依据。

企业应建立一个有效的绩效评估体系，该绩效评估体系应当体现在四个方面：一是与企业战略目标的一致性，绩效评估体系应当与企业发展战略、企业目标和企业文化的要求相一致，发挥绩效考评的导向性作用，保证企业总体目标的实现。二是目标的明确性，绩效评估体系要为被考评对象提供一种明确的指导，告诉员工要达到什么目标，以及如何才能达到这些目标。三是可接受性，使得绩效考评系统能够被员工接受，同时公平地对待每一位员工。考核政策、办法和程序应公开透明，公布给所有的员工，让每一个被考核者和考核者都了解考核的重点和考核指标的含义，给员工提供自我评价和提升的机会，将员工的个人目标与企业的整体目标加以协调和相互联系。四是考评结果要与被考评者的奖惩相挂钩，定期发布考评通报，考评结果要与员工的薪酬、职务晋升等相挂钩。

第三节　投资活动的业务流程、主要风险点与控制措施

企业应当根据自身发展战略，科学确定投资目标和规划，完善严格的资金授权、批

准、审验等相关管理制度,加强投资活动的集中归口管理,明确投资各环节的职责权限和岗位分离要求,定期或不定期检查和评价投资活动情况,落实责任追究制度,确保投资安全和有效运行。

企业投资活动至少应当关注投资决策失误,引发盲目扩张或丧失发展机遇,可能导致资金链断裂或资金使用效益低下的风险。

企业应当制定对外投资业务流程,明确投资决策、资产投出、投资持有、对外投资处置等环节的内部控制要求,并设置相应的记录或凭证,如实记载各环节业务的开展情况,确保投资全过程得到有效控制。

一、投资活动的业务流程

企业投资活动的内部控制,应该根据不同投资类型的业务流程,以及流程中各个环节体现出来的风险,采用不同的具体措施进行投资活动的内部控制。投资活动的业务流程(见图 16-1)一般包括以下三个方面。

（一）投资决策

1. 拟定投资方案

应根据企业发展战略、宏观经济环境、市场状况等,提出本企业的投资项目规划。在对规划进行筛选的基础上,确定投资项目。

2. 投资方案可行性论证

对投资项目应进行严格的可行性研究与分析。可行性研究需要从投资战略是否符合企业的发展战略、是否有可靠的资金来源、能否取得稳定的投资收益、投资风险是否处于可控或可承担范围内、投资活动的技术可行性、市场容量与前景等方面进行论证。

3. 投资方案决策

按照规定的权限和程序对投资项目进行决策审批,要通过分级审批,集体决策来进行,决策者应与方案制定者适当分离。重点审查投资方案是否可行、投资项目是否符合投资战略目标和规划、是否具有相应的资金能力、投入资金能否按时收回、预计收益能否实现,以及投资和并购风险是否可控等。重大投资项目,应当报经董事会或股东(大)会批准。投资方案需要经过有关管理部门审批的,应当履行相应的报批程序。

（二）投资过程

1. 投资计划编制与审批

根据审批通过的投资方案,与被投资方签订投资合同或协议,编制详细的投资计划,落实不同阶段的资金投资数量、投资具体内容、项目进度、完成时间、质量标准与要求等,并按程序报经有关部门批准。签订投资合同。

2. 投资计划实施

投资项目往往周期较长,企业需要指定专门机构或人员对投资项目进行跟踪管

理，进行有效管控。在投资项目执行过程中，必须加强对投资项目的管理，密切关注投资项目的市场条件和政策变化，准确做好投资项目的会计记录和处理。企业应及时收集被投资方经审计的财务报告等相关资料，定期组织投资效益分析，关注被投资方的财务状况、经营成果、现金流量以及投资合同履行情况，发现异常情况的，应当及时报告并妥善处理。同时，在项目实施中，还必须根据各种条件，准确对投资的价值进行评估，根据投资项目的公允价值进行会计记录。如果发生投资减值，应及时提取减值准备。

（三）投资项目的到期处置

对已到期投资项目的处置同样要经过相关审批流程，妥善处置并实现企业最大的经济收益。企业应加强投资收回和处置环节的控制，对投资收回、转让、核销等决策和审批程序作出明确规定。重视投资到期本金的回收；转让投资应当由相关机构或人员合理确定转让价格，报授权批准部门批准，必要时可委托具有相应资质的专门机构进行评估；核销投资应当取得不能收回投资的法律文书和相关证明文件。

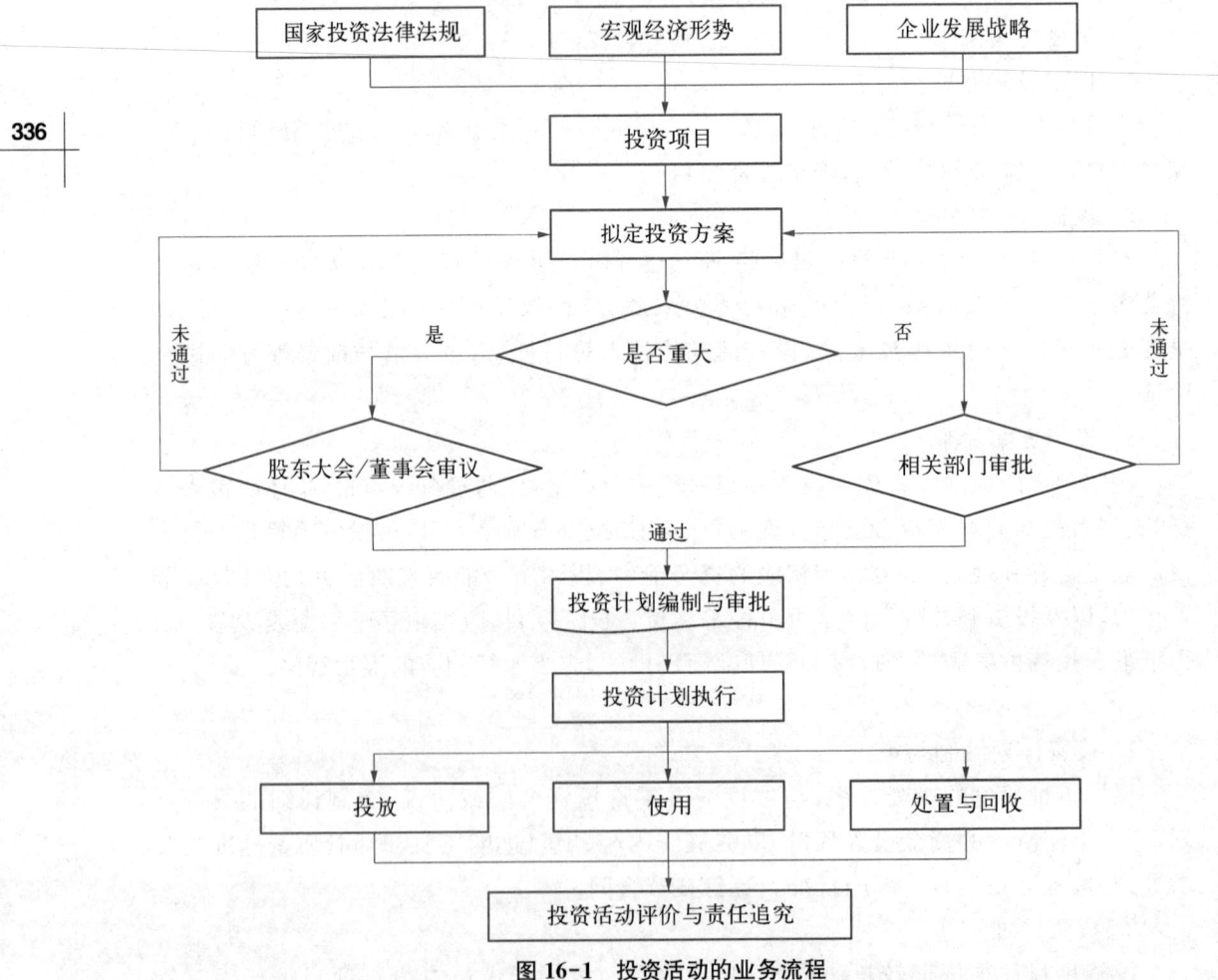

图 16-1　投资活动的业务流程

二、投资活动的主要风险点及其控制措施

投资活动的主要风险点和对应的控制措施见表 16-1。

表 16-1　投资活动的主要风险点和控制措施

主要风险点	控 制 措 施
提出投资方案	1. 进行投资方案的战略性评估,包括是否与企业发展战略相符合; 2. 投资规模、方向和时机是否适当; 3. 对投资方案进行技术、市场、财务可行性研究,深入分析项目的技术可行性与先进性、市场容量与前景,以及项目预计现金流量、风险与报酬,比较或评价不同项目的可行性
投资方案审批	1. 明确审批人对投资业务的授权批准方式、权限、程序和责任,不得越权; 2. 审批中应实行集体决策审议或者联签制度; 3. 与有关被投资方签署投资协议
编制投资计划	1. 核查企业当前资金额及正常生产经营预算对资金的需求量,积极筹措投资项目所需资金; 2. 制定详细的投资计划,并根据授权审批制度报有关部门审批
实施投资方案	1. 根据投资计划进度,严格分期、按进度适时投放资金,严格控制资金流量和时间; 2. 以投资计划为依据,按照职务分离制度和授权审批制度,各环节和各责任人正确履行审批监督责任,对项目实施过程进行监督和控制,防止各种舞弊行为,保证项目建设的质量和进度要求; 3. 做好严密的会计记录,发挥会计控制的作用; 4. 做好跟踪分析工作,及时评价投资的进展,将分析和评价的结果反馈给决策层,以便及时调整投资策略或制定投资退出策略
投资资产处置控制	1. 投资资产的处置应该通过专业中介机构,选择相应的资产评估方法,客观评估投资价值,同时确定处置策略; 2. 投资资产的处置必须经过董事会的授权批准

三、投资活动的主要风险

(一)投资活动与企业战略不符带来的风险

企业发展战略是企业投资活动、生产经营活动的指南和方向。企业投资活动应该以企业发展战略为导向,正确选择投资项目,合理确定投资规模,恰当权衡收益与风险。要突出主业,妥善选择并购目标,控制并购风险;要避免盲目投资,或者贪大贪快,乱铺摊子,以及投资无所不及、无所不能的现象。

(二)投资与筹资在资金数量、期限、成本与收益上不匹配的风险

投资活动的资金需求,需要通过筹资予以满足。不同的筹资方式,可筹集资金的数量、偿还期限、筹资成本不一样,这就要求投资应量力而为,不可贪大求全,超过企业资金实力和筹资能力进行投资;投资的现金流量在数量和时间上要与筹资现金流量保持一致,以避

免财务危机发生;投资收益要与筹资成本相匹配,保证筹资成本的足额补偿和投资盈利性。

(三) 投资活动忽略资产结构与流动性的风险

企业的投资活动会形成特定资产,并由此影响企业的资产结构与资产流动性。对企业而言,资产流动性和盈利性是相互矛盾的,这就要求企业投资中要恰当处理资产流动性和盈利性的关系,通过投资保持合理的资产结构,在保证企业资产适度流动性的前提下追求最大盈利性,这也就是投资风险与收益均衡问题。

(四) 缺乏严密的授权审批制度和不相容职务分离制度的风险

授权审批制度是保证投资活动合法性和有效性的重要手段,不相容职务分离制度则通过相互监督与牵制,保证投资活动在严格控制下进行,这是堵塞漏洞、防止舞弊的重要手段。没有严格的授权审批制度和不相容职务分离制度,企业投资就会呈现出随意、无序、无效的状况,导致投资失误和企业生产经营失败。因此,授权审批制度和不相容职务分离制度是投资内部控制、防范风险的重要手段。同时,与投资责任制度相适应,还应建立严密的责任追究制度,使责权利得到统一。

(五) 缺乏严密的投资资产保管与会计记录的风险

投资是直接使用资金的行为,也是形成企业资产的过程,容易发生各种舞弊行为。在严密的授权审批制度和不相容职务分离制度以外,是否有严密的投资资产保管制度和会计控制制度,也是避免投资风险、影响投资成败的重要因素。企业应建立严密的资产保管制度,明确保管责任,建立健全账簿体系,严格账簿记录,通过账簿记录对投资资产进行详细、动态反映和控制。

第四节 投资风险控制

投资风险控制由目标设定、风险识别、风险分析和风险应对构成。风险控制是内部控制的重要环节,在企业投资过程中,只有进行科学的风险评估,自觉地将风险控制在可承受范围之内,才能实现企业的可持续发展。现代企业面临激烈的市场竞争,风险无处不在。企业要生存发展,就必然要面对来自内外部的各种各样的风险。换句话说,企业总是在应对各类风险和挑战的过程中赢得生存和发展。风险并不可怕,可怕的是没有风险意识,不知晓风险,不能准确地识别风险,不能采取有效的风险应对策略。忽视风险盲目发展,必然导致企业处于不利地位。企业要发展,必须要不断进行有效投资。不做事不发展看似没有风险,然而逆水行舟不进则退,不发展本身也是一种风险。风险控制贯穿于企业投资过程的始终。

一、投资目标设定

目标设定是企业在识别和分析实现目标的风险并采取行动来管理风险之前,采取恰当的程序去设定目标,确保所选定的目标支持和切合企业的发展使命,并且与企业的风险承受能力相一致。目标设定是企业风险控制的起点,是风险识别、风险分析和风险应对的前提。

企业应当根据设定的投资风险控制目标,全面系统持续地收集相关信息,结合实际情况,及时进行风险评估。

实现企业投资的合法合规,需要进行风险控制;实现投资资产安全目标,需要进行风险控制;实现提高投资效率,避免过度投资和投资不足,需要进行风险控制;通过投资实现企业发展战略,需要进行风险控制。所以,投资风险控制首先要设定目标。目标设定后,要根据既定目标有计划地全面、系统、持续地收集内外部相关信息。企业可以利用信息化手段,加大信息收集量,提高信息的准确性和及时性,以使企业结合实际情况,及时进行投资风险控制。

二、投资风险识别

风险识别是对企业面临的各种潜在事项进行确认。对于风险识别的概念,可以从以下三个方面理解:一是风险识别是一项动态的、连续不断、系统性的重复过程;二是风险识别是一项复杂的系统工程;三是风险识别是整个风险评估过程中重要的程序之一。

风险识别内容包括两方面:感知风险事项和分析风险事项。感知风险事项和分析风险事项构成风险识别的基本内容,两者是相辅相成、互相联系的。只有感知风险事项的存在,才能进一步有意识、有目的地分析风险,进而掌握风险的存在及导致风险事项发生的原因和条件。

投资风险识别,是在目标设定的基础上密切关注企业内外部主要风险因素。

企业开展投资风险控制,应当准确识别与实现控制目标相关的内部风险和外部风险,确定相应的风险承受度。风险承受度是企业能够承担的风险限度,包括整体风险承受能力和业务层面的可接受风险水平。

(一)识别内部风险

企业识别内部风险,应当关注下列因素:

(1)董事、监事、经理及其他高级管理人员的职业操守、员工专业胜任能力等人力资源因素。

(2)组织机构、经营方式、资产管理、业务流程等管理因素。

(3)研究开发、技术投入、信息技术运用等自主创新因素。

(4)财务状况、经营成果、现金流量等财务因素。

(5)营运安全、员工健康、环境保护等安全环保因素。

(二)识别外部风险

企业识别外部风险,应当关注下列因素:

(1) 经济形势、产业政策、融资环境、市场竞争、资源供给等经济因素。
(2) 法律法规、监管要求等法律因素。
(3) 安全稳定、文化传统、社会信用、教育水平、消费者行为等社会因素。
(4) 技术进步、工艺改进等科学技术因素。
(5) 自然灾害、环境状况等自然环境因素。

投资风险在企业内部控制实施过程中,通过日常或定期的评估程序与方法加以识别。在企业投资过程中,应将各类风险进行分类整理,形成企业的投资风险清单。

三、投资风险分析

投资风险分析是指在风险识别的基础上,采用定性与定量相结合的方法,按照风险发生的可能性及其影响程度等,对识别的风险进行分析和排序,确定关注重点和优先控制的风险。企业进行投资风险分析,应当充分吸收专业人员,组成风险分析团队,按照严格规范的程序开展工作,确保风险分析结果的准确性。

(一) 风险的定性分析

这是通过观察与分析,借助于经验和判断对风险进行分析的方法。定性分析一般不需要运用大量的统计资料,使用起来简单易行。该方法主要是通过问卷、面谈及研讨会等形式进行风险分析,依靠专业人员的经验和直觉,或者行业标准及惯例等,对风险相关要素的大小或高低程度进行定性分级。在不需要进行量化时,或者进行定量分析需要的数据无法取得,以及出于成本效益原则考虑采用定量分析方法不经济时,一般应采用定性分析。

最常见的定性分析方法是风险评估图法。风险评估图是把风险发生的可能性、风险发生后对目标的影响程度,作为两个维度绘制在同一个平面上(即绘制成直角坐标系,见图 16-2)。

可能性分析是指假定企业不采取任何措施去影响经营管理过程,将会发生风险的概率。它通常是通过实际情况的收集和利用专业判断来完成。风险可能性分析的结果一般有"很少""不太可能""可能""很可能"和"几乎确定"五种情况。

图 16-2 风险评估图示

影响程度分析主要是指对目标实现的负面影响程度分析。按照影响的结果(通常是量化成数值),一般将风险划分为"不重要""次要""中等""主要"和"灾难性"五级。

(二) 风险的定量分析

这是运用一些数据分析模型,将有关风险及其影响予以量化,在此基础上判断风险重要性程度的方法,如敏感性分析法和盈亏平衡分析法等。定量分析需要对构成风险的各个要素和潜在损失程度赋予数值或货币金额,使风险分析的整个过程和结果均被量化。定量分析的方法通常能够提供更高的精确度,往往应用在复杂的经济活动分析中,是对定性分析方法的补充。

1. 敏感性分析法

敏感性分析是投资项目风险控制中常用的分析不确定性的方法之一。从多个不确定性因素中逐一找出对投资项目经济效益指标有重要影响的敏感性因素,并分析、测算其对项目经济效益指标的影响程度和敏感性程度,进而判断项目承受风险的能力。

若某参数的小幅度变化能导致经济效益指标的较大变化,则称此参数为敏感性因素;反之,则称其为非敏感性因素。敏感性因素一般可选择主要参数(如销售收入、经营成本、生产能力、初始投资、寿命期、建设期等)进行分析。这种分析方法的缺点是每次只允许一个因素发生变化而假定其他因素不变,这与实际情况可能不符。

2. 盈亏平衡分析法

盈亏平衡分析是通过盈亏平衡点(BEP)分析项目成本与收益的平衡关系的一种方法。各种不确定因素(如投资、成本、销售量、产品价格、项目寿命期等)的变化会影响投资方案的经济效果,当这些因素的变化达到某一临界值时,就会影响方案的取舍。盈亏平衡分析的目的就是找出这种临界值,即盈亏平衡点(BEP),判断投资方案对不确定因素变化的承受能力,为决策提供依据。

风险分析是风险应对的基础,并为制定合理的风险应对策略提供依据,没有客观、充分、合理的风险分析,风险应对将是无的放矢、效率低下的。

四、投资风险应对

投资风险应对是指投资风险应对策略的选择。企业应当根据风险分析的结果,结合风险承受度,权衡风险与收益,确定风险应对策略。

风险应对策略包括风险规避、风险降低、风险分担和风险承受。

(一)风险规避

风险规避是在考虑到投资活动存在风险损失的可能性较大时,采取主动放弃或加以改变,以避免与该项活动相关风险的策略。

将风险因素消除在风险发生之前,是一种最彻底的控制风险技术。当项目风险潜在威胁的可能性极大,并会带来严重后果且损失无法转移又不能承受时,风险规避是一种最有效的风险管理方式。具体可通过修改投资项目目标、投资项目范围、投资项目结构等方式来实行。

具体方法有两种:

(1)放弃或终止投资活动的实施,即在尚未承担风险的情况下拒绝风险。

(2)改变投资活动的性质,即在已承担风险的情况下通过改变投资地点、变更投资条款等途径来避免未来投资活动中所承担的风险。

（二）风险降低

投资风险降低不是放弃风险，而是制定计划和采取措施降低损失的可能性或者减少实际损失。投资风险控制的阶段包括事前、事中和事后三个阶段。

事前控制的目的主要是为了降低损失的概率；事中和事后的控制主要是为了减少实际发生的损失。

（三）风险分担

风险分担是指企业采取与他人共担风险的方式将投资风险控制在可承受范围内。与风险降低的不同在于，风险降低是企业通过在企业内部寻找控制措施将风险控制在可接受水平，而风险分担是在企业外部寻求合作的方式分散风险。风险分担的主要措施有：

（1）保险。保险具有分摊损失功能和经济补偿功能。

分摊损失功能，保险是分摊损失的方法，是建立在损失的偶然性与必然性的对立统一基础之上的，保险机制能够运转的原因是被保险人愿意以交付小额确定的保险费来换取对大额不确定的损失的补偿。保险组织向大量的投保人收取保险费来分摊其中少数成员不幸遭受的大额损失。

经济补偿功能，保险用分摊损失的方法来实现其经济补偿的目的，按照保险合同对遭受损失的企业进行经济补偿，保险的产生和发展都是为了满足补偿损失的需要。

（2）联营、合资或合作经营某一项目。

（3）业务外包。外包是指企业动态地配置自身和其他企业的功能和服务，并利用企业外部的资源为企业内部的生产和经营服务。外包可以作为企业投资的替代。

外包是一个战略管理模型，所谓外包（outsourcing），在专业分工的基础上，企业为维持组织核心竞争能力，将组织的非核心业务委托给外部的专业公司，以降低营运成本，提高品质，提高客户满意度。外包业的兴起给企业带来了新的活力。

（四）风险承受

风险承受是指企业理性地主动承担风险，即指一个企业以其内部的资源来弥补损失。

风险承受是指项目风险保留在风险管理主体内部，通过采取内部控制措施等来化解风险或者对这些保留下来的项目风险不采取任何措施。风险承受与其他风险对策的根本区别在于它不改变项目风险的客观性质，既不改变项目风险的发生概率，也不改变项目风险潜在损失的严重性。

风险承受是一种重要的风险管理手段。它是风险管理者察觉了风险的存在，估计到了该风险造成的期望损失，决定以其内部的资源（自有资金或借入资金），来对损失加以弥补的措施。在有计划的风险承受对损失的处理有多种方法，有的会立即将其从现金流量中扣除，有的则将损失在较长的一段时间内进行分摊，以减轻对单个财务年度的冲击。从整体上来讲，主要的融资方式有以下三种。

1. 将损失计入当前发生的费用

企业这样做是一种有意识的决策。一般适合于企业中发生频率高但损失程度小的风险,它构成了企业中经常发生而又无法避免的费用,比如机动车的修理费,偷盗造成的损失等等。

2. 建立内部风险基金

这是一项专门设立的基金,它的目的就是为了在损失发生之后,能够提供足够的流动性来抵补损失。它主要有两种方式:一种是以年为单位,每年以营业费用的形式建立基金,发生损失后以该基金抵补。它与以当前费用扣除损失的方式较为相似,也是适用于发生频率高,损失金额少的风险损失。另一种是将损失在一个以上的会计年度进行分摊。它适用于发生频率低、损失金额多的风险损失。

3. 借入资金

这是指企业准备在发生损失后以借入资金来弥补损失。这要求企业的财务能力比较雄厚,信用好,能在危急的情况下筹到借款。

 课后习题

一、案例题

国有投资公司投资内部控制有四个不足之处。

(一)控制环境需要改变

内部环境是实施内部控制的基础,内控实施的作用和效果受到法人治理结构的重要影响,因此,实施内部控制应先从治理结构入手。就目前所呈现出的状况不难发现,我国大部分的国有投资企业存在职能交叉现象,没有创建科学有效的法人治理结构,不能形成完善的内部控制体系,很容易出现职责不清、不相容岗位串通舞弊、管理层级模糊等问题。

(二)投资控制有待提升

对外投资获取投资收益,是目前我国国有投资企业的一项重大任务。在保障正常经营的情况下,应重点加大对投资项目的管理。根据国有投资企业目前的实际情况来看,我国国有投资企业在投资控制上还存在以下问题:第一,对投资项目的可行性探索远远不够,有些国有投资企业在利益的诱惑下,对潜在的投资风险不闻不问,导致人为修改可行性研究报告,使报告失去了本身的参考价值;第二,投资计划不具备长远性,很多国有企业为了短暂的收益,将资源投向了具有较高风险的股票、期权等,这对于投资公司的风险控制造成了巨大的挑战;第三,决策科学性的不足,决策科学性主要取决于民主与市场调查、市场研究,但目前很多国有投资企业都缺乏必要的集体决策程序,立项环节项目建议书和可行性研究报告流于形式,项目评审和决策未能得到充分、适当的依据,导致决策过程不够科学规范。

(三)管理目标不统一

就目前来看,投资企业往往不能有效的控制参股公司是造成国有资源流失与亏损

的主要因素之一。投资公司的控制目标不能有效达成,毫无疑问是因参股公司的独立性所致。此外,所有者与经营者、所有者与委托代理之间存在着管理目标不统一及信息的不对称问题,在实践中经常会出现所有者难以对经营者实施有效约束的现象。经营者往往会从自身利益最大化的角度出发,可能会进行短期化的投资,这样对投资来说大大影响了其长远的健康发展。

(四)内部控制激励系统不完善

企业拥有的实际控制权尽管在管理层的手中,但由于他们只是资产的代理人,并不具备资产的所有权,所以,企业内部控制的推动存在内在激励不足、激励措施过于简单的问题。在实践中,我国国有投资企业的业绩直接与经营者息息相关,但内部控制方面缺乏必要的评价激励配套措施,或内控方面的经济激励作用达到一定程度时就会失去效用,对于公司的管理层来说,难以激发其加强内控的积极性。

资料来源:殷丽青,国有投资公司内控关键环节分析[J].会计师,2018(7):46:47,节选,有改动。

要求:试分析国有投资公司投资内部控制产生这些不足之处的原因。

二、思考题

1. 内部控制的五要素是什么?
2. 投资风险的五种内部控制方式是什么?
3. 投资业务流程、主要风险点与控制措施三者的关系是什么?
4. 投资风险控制的一般框架是什么?

附　录

附表 1.1　复利现值系数表

期数	1%	2%	3%	4%	5%	6%	7%	8%	9%	10%	11%	12%	13%	14%	15%	16%	17%	18%	19%	20%	21%	22%	23%	24%	25%
1	0.990 1	0.980 4	0.970 9	0.961 5	0.952 4	0.943 4	0.934 6	0.925 9	0.917 4	0.909 1	0.900 9	0.892 9	0.885 0	0.877 2	0.869 6	0.862 1	0.854 7	0.847 5	0.840 3	0.833 3	0.826 5	0.819 7	0.813 0	0.806 5	0.800 0
2	0.980 3	0.961 2	0.942 6	0.924 6	0.907 0	0.890 0	0.873 4	0.857 3	0.841 7	0.826 4	0.811 6	0.797 2	0.783 1	0.769 5	0.756 1	0.743 2	0.730 5	0.718 2	0.706 2	0.694 4	0.683 0	0.671 9	0.661 0	0.650 4	0.640 0
3	0.970 6	0.942 3	0.915 1	0.889 0	0.863 8	0.839 6	0.816 3	0.793 8	0.772 2	0.751 3	0.731 2	0.711 8	0.693 1	0.675 0	0.657 5	0.640 7	0.624 4	0.608 6	0.593 4	0.578 7	0.564 5	0.550 7	0.537 4	0.524 5	0.512 0
4	0.961 0	0.923 8	0.888 5	0.854 8	0.822 7	0.792 1	0.762 9	0.735 0	0.708 4	0.683 0	0.658 7	0.635 5	0.613 3	0.592 1	0.571 8	0.552 3	0.533 7	0.515 8	0.498 7	0.482 3	0.466 5	0.451 4	0.436 9	0.423 0	0.409 6
5	0.951 5	0.905 7	0.862 6	0.821 9	0.783 5	0.747 3	0.713 0	0.680 6	0.649 9	0.620 9	0.593 5	0.567 4	0.542 8	0.519 4	0.497 2	0.476 1	0.456 1	0.437 1	0.419 0	0.401 9	0.385 5	0.370 0	0.355 2	0.341 1	0.327 7
6	0.942 0	0.888 0	0.837 5	0.790 3	0.746 2	0.705 0	0.666 3	0.630 2	0.596 3	0.564 5	0.534 6	0.506 6	0.480 3	0.455 6	0.432 3	0.410 4	0.389 8	0.370 4	0.352 1	0.334 9	0.318 6	0.303 3	0.288 8	0.275 1	0.262 1
7	0.932 7	0.870 6	0.813 1	0.759 9	0.710 7	0.665 1	0.622 7	0.583 5	0.547 0	0.513 2	0.481 7	0.452 3	0.425 1	0.399 6	0.375 9	0.353 8	0.333 2	0.313 9	0.295 9	0.279 1	0.263 3	0.248 6	0.234 6	0.221 8	0.209 7
8	0.923 5	0.853 5	0.789 4	0.730 7	0.676 8	0.627 4	0.582 0	0.540 3	0.501 9	0.466 5	0.433 9	0.403 9	0.376 2	0.350 6	0.326 9	0.305 0	0.284 8	0.266 0	0.248 7	0.232 6	0.217 6	0.203 8	0.190 9	0.178 9	0.167 8
9	0.914 3	0.836 8	0.766 4	0.702 6	0.644 6	0.591 9	0.543 9	0.500 2	0.460 4	0.424 1	0.390 9	0.360 6	0.332 9	0.307 5	0.284 3	0.263 0	0.243 4	0.225 5	0.209 0	0.193 8	0.179 9	0.167 0	0.155 2	0.144 3	0.134 2
10	0.905 3	0.820 3	0.744 1	0.675 6	0.613 9	0.558 4	0.508 3	0.463 2	0.422 4	0.385 5	0.352 2	0.322 0	0.294 6	0.269 7	0.247 2	0.226 7	0.208 0	0.191 1	0.175 6	0.161 5	0.148 6	0.136 9	0.126 2	0.116 4	0.107 4
11	0.896 3	0.804 3	0.722 4	0.649 6	0.584 7	0.526 8	0.475 1	0.428 9	0.387 5	0.350 5	0.317 3	0.287 5	0.260 7	0.236 6	0.214 9	0.195 4	0.177 8	0.161 9	0.147 6	0.134 6	0.122 8	0.112 2	0.102 6	0.093 8	0.085 9
12	0.887 4	0.788 5	0.701 4	0.624 6	0.556 8	0.497 0	0.444 0	0.397 1	0.355 5	0.318 6	0.285 8	0.256 7	0.230 7	0.207 6	0.186 9	0.168 5	0.152 0	0.137 2	0.124 0	0.112 2	0.101 5	0.092 0	0.083 4	0.075 7	0.068 7
13	0.878 7	0.773 0	0.681 0	0.600 6	0.530 3	0.468 8	0.415 0	0.367 7	0.326 2	0.289 7	0.257 5	0.229 2	0.204 2	0.182 1	0.162 5	0.145 2	0.129 9	0.116 3	0.104 2	0.093 5	0.083 9	0.075 4	0.067 8	0.061 0	0.055 0
14	0.870 0	0.757 9	0.661 1	0.577 5	0.505 1	0.442 3	0.387 8	0.340 5	0.299 2	0.263 3	0.232 0	0.204 6	0.180 7	0.159 7	0.141 3	0.125 2	0.111 0	0.098 5	0.087 6	0.077 9	0.069 3	0.061 8	0.055 1	0.049 2	0.044 0
15	0.861 3	0.743 0	0.641 9	0.555 3	0.481 0	0.417 3	0.362 4	0.315 2	0.274 5	0.239 4	0.209 0	0.182 7	0.159 9	0.140 1	0.122 9	0.107 9	0.094 9	0.083 5	0.073 6	0.064 9	0.057 3	0.050 7	0.044 8	0.039 7	0.035 2

（续表）

期数	1%	2%	3%	4%	5%	6%	7%	8%	9%	10%	11%	12%	13%	14%	15%	16%	17%	18%	19%	20%	21%	22%	23%	24%	25%
16	0.8528	0.7284	0.6232	0.5339	0.4581	0.3936	0.3387	0.2919	0.2519	0.2176	0.1883	0.1631	0.1415	0.1229	0.1069	0.0930	0.0811	0.0708	0.0618	0.0541	0.0474	0.0415	0.0364	0.0320	0.0281
17	0.8444	0.7142	0.6050	0.5134	0.4363	0.3714	0.3166	0.2703	0.2311	0.1978	0.1696	0.1456	0.1252	0.1078	0.0929	0.0802	0.0693	0.0600	0.0520	0.0451	0.0391	0.0340	0.0296	0.0258	0.0225
18	0.8360	0.7002	0.5874	0.4936	0.4155	0.3503	0.2959	0.2502	0.2120	0.1799	0.1528	0.1300	0.1108	0.0946	0.0808	0.0691	0.0592	0.0506	0.0431	0.0376	0.0323	0.0279	0.0241	0.0208	0.0180
19	0.8277	0.6864	0.5703	0.4746	0.3957	0.3305	0.2765	0.2317	0.1945	0.1635	0.1377	0.1161	0.0981	0.0829	0.0703	0.0596	0.0506	0.0431	0.0367	0.0313	0.0267	0.0229	0.0196	0.0168	0.0144
20	0.8195	0.6730	0.5537	0.4564	0.3769	0.3118	0.2584	0.2145	0.1784	0.1486	0.1240	0.1037	0.0868	0.0728	0.0611	0.0514	0.0433	0.0365	0.0308	0.0261	0.0221	0.0187	0.0159	0.0135	0.0115
21	0.8114	0.6598	0.5375	0.4388	0.3589	0.2942	0.2415	0.1987	0.1637	0.1351	0.1117	0.0926	0.0768	0.0638	0.0531	0.0443	0.0370	0.0309	0.0259	0.0217	0.0183	0.0154	0.0129	0.0109	0.0092
22	0.8034	0.6468	0.5219	0.4220	0.3418	0.2775	0.2257	0.1839	0.1502	0.1228	0.1007	0.0826	0.0680	0.0560	0.0462	0.0382	0.0316	0.0262	0.0218	0.0181	0.0151	0.0126	0.0105	0.0088	0.0074
23	0.7954	0.6342	0.5067	0.4057	0.3256	0.2618	0.2109	0.1703	0.1378	0.1117	0.0907	0.0738	0.0601	0.0491	0.0402	0.0329	0.0270	0.0222	0.0183	0.0151	0.0125	0.0103	0.0086	0.0071	0.0059
24	0.7876	0.6217	0.4919	0.3901	0.3101	0.2470	0.1971	0.1577	0.1264	0.1015	0.0817	0.0659	0.0532	0.0431	0.0349	0.0284	0.0231	0.0188	0.0154	0.0126	0.0103	0.0085	0.0070	0.0057	0.0047
25	0.7798	0.6095	0.4776	0.3751	0.2953	0.2330	0.1842	0.1460	0.1160	0.0923	0.0736	0.0588	0.0471	0.0378	0.0304	0.0245	0.0197	0.0160	0.0129	0.0105	0.0085	0.0069	0.0057	0.0046	0.0038
26	0.7720	0.5976	0.4637	0.3607	0.2812	0.2198	0.1722	0.1352	0.1064	0.0839	0.0663	0.0525	0.0417	0.0331	0.0264	0.0211	0.0169	0.0135	0.0109	0.0087	0.0070	0.0057	0.0046	0.0037	0.0030
27	0.7644	0.5859	0.4502	0.3468	0.2678	0.2074	0.1609	0.1252	0.0976	0.0763	0.0597	0.0469	0.0369	0.0291	0.0230	0.0182	0.0144	0.0115	0.0091	0.0073	0.0058	0.0047	0.0037	0.0030	0.0024
28	0.7568	0.5744	0.4371	0.3335	0.2551	0.1956	0.1504	0.1159	0.0895	0.0693	0.0538	0.0419	0.0326	0.0255	0.0200	0.0157	0.0123	0.0097	0.0077	0.0061	0.0048	0.0038	0.0031	0.0024	0.0019
29	0.7493	0.5631	0.4243	0.3207	0.2429	0.1846	0.1406	0.1073	0.0822	0.0630	0.0485	0.0374	0.0289	0.0224	0.0174	0.0135	0.0105	0.0082	0.0064	0.0051	0.0040	0.0031	0.0025	0.0020	0.0015
30	0.7419	0.5521	0.4120	0.3083	0.2314	0.1741	0.1314	0.0994	0.0754	0.0573	0.0437	0.0334	0.0256	0.0196	0.0151	0.0116	0.0090	0.0070	0.0054	0.0042	0.0033	0.0026	0.0020	0.0016	0.0012

附表 1.2　复利终值系数表

期数	1%	2%	3%	4%	5%	6%	7%	8%	9%	10%	11%	12%	13%	14%	15%	16%	17%	18%	19%	20%	21%	22%	23%	24%	25%
1	1.01	1.02	1.03	1.04	1.05	1.06	1.07	1.08	1.09	1.1	1.11	1.12	1.13	1.14	1.15	1.16	1.17	1.18	1.19	1.2	1.21	1.22	1.23	1.24	1.25
2	1.0201	1.0404	1.0609	1.0816	1.1025	1.1236	1.1449	1.1664	1.1881	1.21	1.2321	1.2544	1.2769	1.2996	1.3225	1.3456	1.3689	1.3924	1.4161	1.44	1.4641	1.4884	1.5129	1.5376	1.5625
3	1.0303	1.0612	1.0927	1.1249	1.1576	1.191	1.225	1.2597	1.295	1.331	1.3676	1.4049	1.4429	1.4815	1.5209	1.5609	1.6016	1.643	1.6852	1.728	1.7716	1.8158	1.8609	1.9066	1.9531
4	1.0406	1.0824	1.1255	1.1699	1.2155	1.2625	1.3108	1.3605	1.4116	1.4641	1.5181	1.5735	1.6305	1.689	1.749	1.8106	1.8739	1.9388	2.0053	2.0736	2.1436	2.2153	2.2889	2.3642	2.4414
5	1.051	1.1041	1.1593	1.2167	1.2763	1.3382	1.4026	1.4693	1.5386	1.6105	1.6851	1.7623	1.8424	1.9254	2.0114	2.1003	2.1924	2.2878	2.3864	2.4883	2.5937	2.7027	2.8153	2.9316	3.0518
6	1.0615	1.1262	1.1941	1.2653	1.3401	1.4185	1.5007	1.5869	1.6771	1.7716	1.8704	1.9738	2.082	2.195	2.3131	2.4364	2.5652	2.6996	2.8398	2.986	3.1384	3.2973	3.4628	3.6352	3.8147

(续表)

期数	1%	2%	3%	4%	5%	6%	7%	8%	9%	10%	11%	12%	13%	14%	15%	16%	17%	18%	19%	20%	21%	22%	23%	24%	25%
7	1.072 1	1.148 7	1.229 9	1.315 9	1.407 1	1.503 6	1.605 8	1.713 8	1.828	1.948 7	2.076 2	2.210 7	2.352 6	2.502 3	2.66	2.826 2	3.001 2	3.185 5	3.379 3	3.583 2	3.797 5	4.022 7	4.259 3	4.507 7	4.768 4
8	1.082 9	1.171 7	1.266 8	1.368 6	1.477 5	1.593 8	1.718 2	1.850 9	1.992 6	2.143 6	2.304 5	2.476	2.658 4	2.852 6	3.059	3.278 4	3.511 5	3.758 9	4.021 4	4.299 8	4.595	4.907 7	5.238 9	5.589 5	5.960 5
9	1.093 7	1.195 1	1.304 8	1.423 3	1.551 3	1.689 5	1.838 5	1.999	2.171 9	2.357 9	2.558	2.773 1	3.004	3.251 9	3.517 9	3.803	4.108 4	4.435 5	4.785 4	5.159 8	5.559 9	5.987 4	6.443 9	6.931	7.450 6
10	1.104 6	1.219	1.343 9	1.480 2	1.628 9	1.790 8	1.967 2	2.158 9	2.367 4	2.593 7	2.839 4	3.105 8	3.394 6	3.707 2	4.045 6	4.411 4	4.806 8	5.233 8	5.694 7	6.191 7	6.727 5	7.304 6	7.925 9	8.594 4	9.313 2
11	1.115 7	1.243 4	1.384 2	1.539 5	1.710 3	1.898 3	2.104 9	2.331 6	2.580 4	2.853 1	3.151 8	3.478 6	3.835 9	4.226 2	4.652 4	5.117 3	5.624	6.175 9	6.776 7	7.430 1	8.140 3	8.911 7	9.748 9	10.657 1	11.641 5
12	1.126 8	1.268 2	1.425 8	1.601	1.795 9	2.012 2	2.252 2	2.518 2	2.812 7	3.138 4	3.498 5	3.896	4.334 5	4.817 9	5.350 3	5.936	6.580 1	7.287 6	8.064 2	8.916 1	9.849 7	10.872 2	11.991 2	13.214 8	14.551 9
13	1.138 1	1.293 6	1.468 5	1.665 1	1.885 6	2.132 9	2.409 8	2.719 6	3.065 8	3.452 3	3.883 3	4.363 5	4.898	5.492 4	6.152 8	6.885 8	7.698 7	8.599 4	9.596 4	10.699 3	11.918 2	13.264 1	14.749 1	16.386 3	18.189 9
14	1.149 5	1.319 5	1.512 6	1.731 7	1.979 9	2.260 9	2.578 5	2.937 2	3.341 7	3.797 5	4.310 4	4.887 1	5.534 8	6.261 3	7.075 7	7.987 5	9.007 5	10.147 2	11.419 8	12.839 2	14.421	16.182 2	18.141 4	20.319 1	22.737 4
15	1.161	1.345 9	1.558	1.800 9	2.078 9	2.396 6	2.759	3.172 2	3.642 5	4.177 2	4.784 6	5.473 6	6.254 3	7.137 9	8.137 1	9.265 5	10.538 7	11.973 7	13.589 5	15.407	17.449 4	19.742 3	22.314	25.195 6	28.421 7
16	1.172 6	1.372 8	1.604 7	1.873	2.182 9	2.540 4	2.952 2	3.425 9	3.970 3	4.595	5.310 9	6.130 4	7.067 3	8.137 2	9.357 6	10.748	12.330 3	14.129	16.171 5	18.488 4	21.113 8	24.085 6	27.446 2	31.242 6	35.527 1
17	1.184 3	1.400 2	1.652 8	1.947 9	2.292	2.692 8	3.158 8	3.7	4.327 6	5.054 5	5.895 1	6.866	7.986 1	9.276 5	10.761 3	12.467 7	14.426 5	16.672 2	19.244 1	22.186 1	25.547 7	29.384 4	33.758 8	38.740 8	44.408 9
18	1.196 1	1.428 2	1.702 4	2.025 8	2.406 6	2.854 3	3.379 9	3.996	4.717 1	5.559 9	6.543 6	7.69	9.024 3	10.575 2	12.375 5	14.462 5	16.879	19.673 3	22.900 5	26.623 3	30.912 7	35.849	41.523 3	48.038 6	55.511 2
19	1.208 1	1.456 8	1.753 5	2.106 8	2.527	3.025 6	3.616 5	4.315 7	5.141 7	6.115 9	7.263 3	8.612 8	10.197 4	12.055 7	14.231 8	16.776 5	19.748 4	23.214 4	27.251 6	31.948	37.404 3	43.735 8	51.073 7	59.567 9	69.388 9
20	1.220 2	1.485 9	1.806 1	2.191 1	2.653 3	3.207 1	3.869 7	4.661	5.604 4	6.727 5	8.062 3	9.646 3	11.523 1	13.743 5	16.366 5	19.460 8	23.105 6	27.393	32.429 4	38.337 6	45.259 3	53.357 6	62.820 6	73.864 1	86.736 2
21	1.232 4	1.515 7	1.860 3	2.278 8	2.786	3.399 6	4.140 6	5.033 8	6.108 8	7.400 2	8.949 2	10.803 8	13.021 1	15.667 6	18.821 5	22.574 5	27.033 6	32.323 8	38.591	46.005 1	54.763 7	65.096 3	77.269 4	91.591 5	108.420 2
22	1.244 7	1.546	1.916 1	2.369 9	2.925 3	3.603 5	4.430 4	5.436 5	6.658 6	8.140 3	9.933 6	12.100 3	14.713 8	17.861	21.644 7	26.186 4	31.629 3	38.142 1	45.923 3	55.206	66.264 1	79.417 5	95.041 3	113.573 5	135.525 3
23	1.257 2	1.576 9	1.973 6	2.464 7	3.071 5	3.819 7	4.740 5	5.871 5	7.257 9	8.954 3	11.026 3	13.552 3	16.626 6	20.361 6	24.891 5	30.376 2	37.006 2	45.007 6	54.648 7	66.247 4	80.179 5	96.889 4	116.900 8	140.831 2	169.406 6
24	1.269 7	1.608 4	2.032 8	2.563 3	3.225 1	4.048 9	5.072 4	6.341 2	7.911 1	9.849 7	12.239 2	15.178 6	19.040 1	23.212 2	28.625 2	35.236 4	43.297 3	53.109	65.032	79.496 8	97.017 2	118.205	143.788	174.630 6	211.758 2
25	1.282 4	1.640 6	2.093 8	2.665 8	3.386 4	4.291 9	5.427 4	6.848 5	8.623 1	10.834 7	13.585 5	17.000 1	21.230 5	26.461 9	32.919	40.874 2	50.657 8	62.668 6	77.388 1	95.396 2	117.390 9	144.210 1	176.859 3	216.542	264.697 8
26	1.295 3	1.673 4	2.156 6	2.772 5	3.555 7	4.549 4	5.807 4	7.396 4	9.399 2	11.918 2	15.079 9	19.040 1	23.990 5	30.166 6	37.856 8	47.414 1	59.269 7	73.949	92.091 8	114.475 5	142.042 9	175.936 4	217.536 9	268.512 1	330.872 2
27	1.308 2	1.706 9	2.221 3	2.883 4	3.733 5	4.822 3	6.213 9	7.988 1	10.245 1	13.11	16.738 7	21.324 9	27.109 3	34.389 9	43.535 3	55.000 4	69.345 5	87.259 8	109.589 3	137.370 6	171.871 9	214.642 4	267.570 4	332.955	413.590 3
28	1.321 3	1.741	2.287 9	2.998 7	3.920 1	5.111 7	6.648 8	8.627 1	11.167 1	14.421	18.579 9	23.883 9	30.633 5	39.204 5	50.065 6	63.800 4	81.134 2	102.966 6	130.411 2	164.844 7	207.965 1	261.863 7	329.111 5	412.864 2	516.987 9
29	1.334 5	1.775 8	2.356 6	3.118 7	4.116 1	5.418 4	7.114 3	9.317 3	12.172 2	15.863 1	20.623 7	26.749 9	34.615 8	44.693 1	57.575 5	74.008 5	94.927 1	121.500 5	155.189 3	197.813 6	251.637 7	319.473 7	404.807 2	511.951 6	646.234 9
30	1.347 8	1.811 4	2.427 3	3.243 4	4.321 9	5.743 5	7.612 3	10.062 7	13.267 7	17.449 4	22.892 3	29.959 9	39.115 9	50.950 2	66.211 8	85.849 8	111.064 7	143.370 6	184.675 3	237.376 3	304.481 6	389.757 9	497.912 9	634.819 9	807.793 6

附表 1.3 年金现值系数表

期数	1%	2%	3%	4%	5%	6%	7%	8%	9%	10%	11%	12%	13%	14%	15%	16%	17%	18%	19%	20%	21%	22%	23%	24%	25%
1	0.990 1	0.980 4	0.970 9	0.961 5	0.952 4	0.943 4	0.934 6	0.925 9	0.917 4	0.909 1	0.900 9	0.892 9	0.885	0.877 2	0.869 6	0.862 1	0.854 7	0.847 5	0.840 3	0.833 3	0.826 4	0.819 7	0.813	0.806 5	0.8
2	1.970 4	1.941 6	1.913 5	1.886 1	1.859 4	1.833 4	1.808	1.783 3	1.759 1	1.735 5	1.712 5	1.690 1	1.668 1	1.646 7	1.625 7	1.605 2	1.585 2	1.565 6	1.546 5	1.527 8	1.509 5	1.491 5	1.474	1.456 8	1.44
3	2.941	2.883 9	2.828 6	2.775 1	2.723 2	2.673	2.624 3	2.577 1	2.531 3	2.486 9	2.443 7	2.401 8	2.361 2	2.321 6	2.283 2	2.245 9	2.209 6	2.174 3	2.139 9	2.106 5	2.073 9	2.042 2	2.011 4	1.981 3	1.952
4	3.902	3.807 7	3.717 1	3.629 9	3.546	3.465 1	3.387 2	3.312 1	3.239 7	3.169 9	3.102 4	3.037 3	2.974 5	2.913 7	2.855	2.798 2	2.743 2	2.690 1	2.638 6	2.588 7	2.540 4	2.493 6	2.448 3	2.404 3	2.361 6
5	4.853 4	4.713 5	4.579 7	4.451 8	4.329 5	4.212 4	4.100 2	3.992 7	3.889 7	3.790 8	3.695 9	3.604 8	3.517 2	3.433 1	3.352 2	3.274 3	3.199 3	3.127 2	3.057 6	2.990 6	2.926	2.863 6	2.803 5	2.745 4	2.689 3
6	5.795 5	5.601 4	5.417 2	5.242 1	5.075 7	4.917 3	4.766 5	4.622 9	4.485 9	4.355 3	4.230 5	4.111 4	3.997 5	3.888 7	3.784 5	3.684 7	3.589 2	3.497 6	3.409 8	3.325 5	3.244 6	3.166 9	3.092 3	3.020 5	2.951 4
7	6.728 2	6.472	6.230 3	6.002 1	5.786 4	5.582 4	5.389 3	5.206 4	5.033	4.868 4	4.712 2	4.563 8	4.422 6	4.288 3	4.160 4	4.038 6	3.922 4	3.811 5	3.705 7	3.604 6	3.507 9	3.415 5	3.327	3.242 3	3.161 1
8	7.651 7	7.325 5	7.019 7	6.732 7	6.463 2	6.209 8	5.971 3	5.746 6	5.534 8	5.334 9	5.146 1	4.967 6	4.798 8	4.638 9	4.487 3	4.343 6	4.207 2	4.077 6	3.954 4	3.837 2	3.725 6	3.619 3	3.517 9	3.421 2	3.328 9
9	8.566	8.162 2	7.786 1	7.435 3	7.107 8	6.801 7	6.515 2	6.246 9	5.995 2	5.759	5.537	5.328 2	5.131 7	4.946 4	4.771 6	4.606 5	4.450 6	4.303	4.163 3	4.031	3.905 4	3.786 3	3.673 1	3.565 5	3.463 1
10	9.471 3	8.982 6	8.530 2	8.110 9	7.721 7	7.360 1	7.023 6	6.710 1	6.417 7	6.144 6	5.889 2	5.650 2	5.426 2	5.216 1	5.018 8	4.833 2	4.658 6	4.494 1	4.338 9	4.192 5	4.054 1	3.923 2	3.799 3	3.681 9	3.570 5
11	10.367 6	9.786 9	9.252 6	8.760 5	8.306 4	7.886 9	7.498 7	7.139	6.805 2	6.495 1	6.206 5	5.937 7	5.686 9	5.452 7	5.233 7	5.028 6	4.836 4	4.656	4.486 5	4.327 1	4.176 9	4.035 4	3.901 8	3.775 7	3.656 4
12	11.255 1	10.575 3	9.954	9.385 1	8.863 3	8.383 8	7.942 7	7.536 1	7.160 7	6.813 7	6.492 4	6.194 4	5.917 6	5.660 3	5.420 6	5.197 1	4.988 4	4.793 2	4.610 5	4.439 2	4.278 4	4.127 4	3.985 2	3.851 4	3.725 1
13	12.133 7	11.348 4	10.635	9.985 6	9.393 6	8.852 7	8.357 7	7.903 8	7.486 9	7.103 4	6.749 9	6.423 5	6.121 8	5.842 4	5.583 1	5.342 3	5.118 3	4.909 5	4.714 7	4.532 7	4.362 4	4.202 8	4.053	3.912 4	3.780 1
14	13.003 7	12.106 2	11.296 1	10.563 1	9.898 6	9.295	8.745 5	8.244 2	7.786 2	7.366 7	6.981 9	6.628 2	6.302 5	6.002 1	5.724 5	5.467 5	5.229 3	5.008 1	4.802 3	4.610 6	4.431 7	4.264 6	4.108 2	3.961 6	3.824 1
15	13.865 1	12.849 3	11.937 9	11.118 4	10.379 7	9.712 2	9.107 9	8.559 5	8.060 7	7.606 1	7.190 9	6.810 9	6.462 4	6.142 2	5.847 4	5.575 5	5.324 2	5.091 6	4.875 9	4.675 5	4.489	4.315 2	4.153	4.001 3	3.859 3
16	14.717 9	13.577 7	12.561 1	11.652 3	10.837 8	10.105 9	9.446 6	8.851 4	8.312 6	7.823 7	7.379 2	6.974	6.603 9	6.265 1	5.954 2	5.668 5	5.405 3	5.162 4	4.937 7	4.729 6	4.536 4	4.356 7	4.189 4	4.033 3	3.887 4
17	15.562 3	14.291 9	13.166 1	12.165 7	11.274 1	10.477 3	9.763 2	9.121 6	8.543 6	8.021 6	7.548 8	7.119 6	6.729 1	6.372 9	6.047 2	5.748 7	5.474 6	5.222 3	4.989 7	4.774 6	4.575 5	4.390 8	4.219	4.059 1	3.909 9
18	16.398 3	14.992	13.753 5	12.659 3	11.689 6	10.827 6	10.059 1	9.371 9	8.755 6	8.201 4	7.701 6	7.249 7	6.839 9	6.467 4	6.128	5.817 8	5.533 9	5.273 2	5.033 3	4.812 2	4.607 9	4.418 7	4.243 1	4.079 9	3.927 9
19	17.226	15.678 5	14.323 8	13.133 9	12.085 3	11.158 1	10.335 6	9.603 6	8.950 1	8.364 9	7.839 3	7.365 8	6.938	6.550 4	6.198 2	5.877 5	5.584 5	5.316 2	5.07	4.843 5	4.634 6	4.441 5	4.262 7	4.096 7	3.942 4
20	18.045 6	16.351 4	14.877 5	13.590 3	12.462 2	11.469 9	10.594	9.818 1	9.128 5	8.513 6	7.963 3	7.469 4	7.024 8	6.623 1	6.259 3	5.928 8	5.627 8	5.352 7	5.100 9	4.869 6	4.656 7	4.460 3	4.278 6	4.110 3	3.953 9
21	18.857	17.011 2	15.415	14.029 2	12.821 2	11.764	10.835 5	10.016 8	9.292 2	8.648 7	8.075 1	7.562	7.101 6	6.687	6.312 5	5.973 1	5.664 8	5.383 7	5.126 8	4.891 3	4.675	4.475 6	4.291 6	4.121 2	3.963 1

(续表)

期数	1%	2%	3%	4%	5%	6%	7%	8%	9%	10%	11%	12%	13%	14%	15%	16%	17%	18%	19%	20%	21%	22%	23%	24%	25%
22	19.660 4	17.658	15.936 9	14.451 1	13.163	12.041 6	11.061 2	10.200 7	9.442 4	8.771 5	8.175 7	7.644 6	7.169 5	6.742 9	6.358 7	6.011 3	5.696 4	5.409 9	5.148 6	4.909 4	4.69	4.488 2	4.302 1	4.13	3.970 5
23	20.455 8	18.292 2	16.443 6	14.856 8	13.488 6	12.303 4	11.272 2	10.371 1	9.580 2	8.883 2	8.266 4	7.718 4	7.229 7	6.792 1	6.398 8	6.044 2	5.723 4	5.432 1	5.166 8	4.924 5	4.702 5	4.498 5	4.310 6	4.137 1	3.976 4
24	21.243 4	18.913 9	16.935 5	15.247	13.798 6	12.550 4	11.469 3	10.528 8	9.706 6	8.984 7	8.348 1	7.784 3	7.282 9	6.835 1	6.433 8	6.072 6	5.746 5	5.450 9	5.182 2	4.937 1	4.712 8	4.507	4.317 6	4.142 8	3.981 1
25	22.023 2	19.523 5	17.413 1	15.622 1	14.093 9	12.783 4	11.653 6	10.674 8	9.822 6	9.077	8.421 7	7.843 1	7.33	6.872 9	6.464 1	6.097 1	5.766 2	5.466 9	5.195 1	4.947 6	4.721 3	4.513 9	4.323 2	4.147 4	3.984 9
26	22.795 2	20.121	17.876 8	15.982 8	14.375 2	13.003 2	11.825 8	10.81	9.929	9.160 9	8.488 1	7.895 7	7.371 7	6.906 1	6.490 6	6.118 2	5.783 1	5.480 4	5.206	4.956 3	4.728 4	4.519 6	4.327 8	4.151 1	3.987 9
27	23.559 6	20.706 9	18.327	16.329 6	14.643	13.210 5	11.986 7	10.935 2	10.026 6	9.237 2	8.547 8	7.942 6	7.408 6	6.935 2	6.513 5	6.136 4	5.797 5	5.491 9	5.215 1	4.963 6	4.734 2	4.524 3	4.331 6	4.154 2	3.990 3
28	24.316 4	21.281 3	18.764 1	16.663 1	14.898 1	13.406 2	12.137 1	11.051 1	10.116 1	9.306 6	8.601 6	7.984 4	7.441 2	6.960 7	6.533 5	6.152	5.809 9	5.501 6	5.222 8	4.969 7	4.739	4.528 1	4.334 6	4.156 6	3.992 3
29	25.065 8	21.844 4	19.188 5	16.983 7	15.141 1	13.590 7	12.277 7	11.158 4	10.198 3	9.369 6	8.650 1	8.021 6	7.470 1	6.983	6.550 9	6.165 6	5.820 4	5.509 8	5.229 2	4.974 7	4.743	4.531 2	4.337	4.158 5	3.993 8
30	25.807 7	22.396 5	19.600 4	17.292	15.372 5	13.764 8	12.409	11.257 8	10.273 7	9.426 9	8.693 8	8.055 2	7.495 7	7.002 7	6.566	6.177 2	5.829 4	5.516 8	5.234 7	4.978 9	4.746 3	4.533 8	4.339 1	4.160 1	3.995

附表 1.4 年金终值系数表

期数	1%	2%	3%	4%	5%	6%	7%	8%	9%	10%	11%	12%	13%	14%	15%	16%	17%	18%	19%	20%	21%	22%	23%	24%	25%
1	1	1	1	1	1	1	1	1	1	1	1	1	1	1	1	1	1	1	1	1	1	1	1	1	1
2	2.01	2.02	2.03	2.04	2.05	2.06	2.07	2.08	2.09	2.1	2.11	2.12	2.13	2.14	2.15	2.16	2.17	2.18	2.19	2.2	2.21	2.22	2.23	2.24	2.25
3	3.030 1	3.060 4	3.090 9	3.121 6	3.152 5	3.183 6	3.214 9	3.246 4	3.278 1	3.31	3.342 1	3.374 4	3.406 9	3.439 6	3.472 5	3.505 6	3.538 9	3.572 4	3.606 1	3.64	3.674 1	3.708 4	3.742 9	3.777 6	3.812 5
4	4.060 4	4.121 6	4.183 6	4.246 5	4.310 1	4.374 6	4.439 9	4.506 1	4.573 1	4.641	4.709 7	4.779 3	4.849 8	4.921 1	4.993 4	5.066 5	5.140 5	5.215 4	5.291 3	5.368	5.445 7	5.524 2	5.603 8	5.684 2	5.765 6
5	5.101	5.204	5.309 1	5.416 3	5.525 6	5.637 1	5.750 7	5.866 6	5.984 7	6.105 1	6.227 8	6.352 8	6.480 3	6.610 1	6.742 4	6.877 1	7.014 4	7.154 2	7.296 6	7.441 6	7.589 2	7.739 6	7.892 6	8.048 4	8.207
6	6.152	6.308 1	6.468 4	6.633	6.801 9	6.975 3	7.153 3	7.335 9	7.523 3	7.715 6	7.912 9	8.115 2	8.322 7	8.535 5	8.753 7	8.977 5	9.206 8	9.442	9.683	9.929 9	10.183	10.442 3	10.707 9	10.980 1	11.258 8
7	7.213 5	7.434 3	7.662 5	7.898 3	8.142	8.393 8	8.654	8.922 8	9.200 4	9.487 2	9.783 3	10.089	10.404 7	10.730 5	11.066 8	11.413 9	11.772	12.141 5	12.522 7	12.915 9	13.321 4	13.739 6	14.170 8	14.615 3	15.073 5
8	8.285 7	8.583	8.892 3	9.214 2	9.549 1	9.897 5	10.259 8	10.636 6	11.028 5	11.435 9	11.859 4	12.299 7	12.757 3	13.232 8	13.726 8	14.240 1	14.773 3	15.327	15.902	16.499 1	17.118 9	17.762 3	18.43	19.122 9	19.841 9
9	9.368 5	9.754 6	10.159 1	10.582 8	11.026 6	11.491 3	11.978	12.487 6	13.021	13.579 5	14.164	14.775 7	15.415 7	16.085 3	16.785 8	17.518 5	18.284 7	19.085 9	19.923 4	20.798 9	21.713 9	22.67	23.669	24.712 5	25.802 3

(续表)

期数	1%	2%	3%	4%	5%	6%	7%	8%	9%	10%	11%	12%	13%	14%	15%	16%	17%	18%	19%	20%	21%	22%	23%	24%	25%
10	10.462 2	10.949 7	11.463 9	12.006 1	12.577 9	13.180 8	13.816 4	14.486 6	15.192 9	15.937 4	16.722	17.548 7	18.419 7	19.337 3	20.303 7	21.321 5	22.393 1	23.521 3	24.708 9	25.958 7	27.273 8	28.657 4	30.112 8	31.643 4	33.252 9
11	11.566 8	12.168 7	12.807 8	13.486 4	14.206 8	14.971 6	15.783 6	16.645 5	17.560 3	18.531 2	19.561 4	20.654 6	21.814 3	23.044 5	24.349 3	25.732 9	27.199 9	28.755 1	30.403 5	32.150 4	34.001 3	35.962	38.038 8	40.237 9	42.566 1
12	12.682 5	13.412 1	14.192	15.025 8	15.917 1	16.869 4	17.888 5	18.977 1	20.140 7	21.384 3	22.713 2	24.133 1	25.650 2	27.270 7	29.001 7	30.850 2	32.823 9	34.931 1	37.180 2	39.580 5	42.141 6	44.873 7	47.787	50.895	54.207 7
13	13.809 3	14.680 3	15.617 8	16.626 8	17.713	18.882 1	20.140 6	21.495 3	22.953 4	24.522 7	26.211 6	28.029 1	29.984 7	32.088 7	34.351 9	36.786 2	39.404	42.218 7	45.244 5	48.496 6	51.991 3	55.745 9	59.778 8	64.109 7	68.759 6
14	14.947 4	15.973 9	17.086 3	18.291 9	19.598 6	21.015 1	22.550 5	24.214 9	26.019 2	27.975	30.094 9	32.392 6	34.882 7	37.581 1	40.504 7	43.672	47.102 7	50.818	54.840 9	59.195 9	63.909 5	69.01	74.528	80.496 1	86.949 5
15	16.096 9	17.293 4	18.598 9	20.023 6	21.578 6	23.276	25.129	27.152 1	29.360 9	31.772 5	34.405 4	37.279 7	40.417 5	43.842 4	47.580 4	51.659 5	56.110 1	60.965 3	66.260 7	72.035 1	78.330 5	85.192 2	92.669 4	100.815 1	109.686 8
16	17.257 9	18.639 3	20.156 9	21.824 5	23.657 5	25.672 5	27.888 1	30.324 3	33.003 4	35.949 7	39.189 9	42.753 3	46.671 7	50.980 4	55.717 5	60.925	66.648 8	72.939	79.850 2	87.442 1	95.779 9	104.934 5	114.983 4	126.010 8	138.108 5
17	18.430 4	20.012 1	21.761 6	23.697 5	25.840 4	28.212 9	30.840 2	33.750 2	36.973 7	40.544 7	44.500 8	48.883 7	53.739 1	59.117 6	65.075 1	71.673	78.979 2	87.068	96.021 8	105.930 6	116.893 7	129.020 1	142.429 5	157.253 4	173.635 7
18	19.614 7	21.412 3	23.414 4	25.645 4	28.132 4	30.905 7	33.999	37.450 2	41.301 3	45.599 2	50.395 9	55.749 7	61.725 1	68.394 1	75.836 4	84.140 7	93.405 6	103.740 3	115.265 9	128.116 7	142.441 3	158.404 5	176.188 3	195.994 2	218.044 6
19	20.810 9	22.840 6	25.116 9	27.671 2	30.539	33.76	37.379	41.446 3	46.018 5	51.159 1	56.939 5	63.439 7	70.749 4	78.969 2	88.211 8	98.603 2	110.284 6	123.413 5	138.166 4	154.74	173.354	194.253 5	217.711 6	244.032 8	273.555 8
20	22.019	24.297 4	26.870 4	29.778 1	33.066	36.785 6	40.995 5	45.762	51.160 1	57.275	64.202 8	72.052 4	80.946 8	91.024 9	102.443 6	115.379 7	130.032 9	146.628	165.418	186.688	210.758 4	237.989 3	268.785 3	303.600 6	342.944 7
21	23.239 2	25.783 3	28.676 5	31.969 2	35.719 3	39.992 7	44.865 2	50.422 9	56.764 5	64.002 5	72.265 1	81.698 7	92.469 9	104.768 4	118.810 1	134.840 5	153.138 5	174.021	197.847 4	225.025 6	256.017 6	291.346 9	331.605 9	377.464 8	429.680 9
22	24.471 6	27.299	30.536 8	34.248	38.505 2	43.392 3	49.005 7	55.456 8	62.873 3	71.402 7	81.214 3	92.502 6	105.491	120.436	137.631 6	157.415	180.172	206.344 8	236.438 5	271.030 7	310.781 3	356.443 2	408.875 3	469.056 3	538.101 1
23	25.716 3	28.845	32.452 9	36.617 9	41.430 5	46.995 8	53.436 1	60.893 3	69.531 9	79.543	91.147 9	104.602 9	120.204 8	138.297	159.276 4	183.601 4	211.801 3	244.486 8	282.361 8	326.236 9	377.045 4	435.860 7	503.916 6	582.629 8	673.626 4
24	26.973 5	30.421 9	34.426 5	39.082 6	44.502	50.815 6	58.176 7	66.764 8	76.789 8	88.497 3	102.174 2	118.155 2	136.831 5	158.658 6	184.167 8	213.977 6	248.807 6	289.494 5	337.010 5	392.484 2	457.224 9	532.750 1	620.817 4	723.461	843.032 9
25	28.243 2	32.030 3	36.459 3	41.645 9	47.727 1	54.864 5	63.249	73.105 9	84.700 9	98.347 1	114.413 3	133.333 9	155.619 6	181.870 8	212.793	249.214	292.104 9	342.603 5	402.042 5	471.981 1	554.242 2	650.955 1	764.605 4	898.091 6	1 054.791 2
26	29.525 6	33.670 9	38.553	44.311 7	51.113 5	59.156 4	68.676 5	79.954 4	93.324	109.181 8	127.998 8	150.333 9	176.850 1	208.332 7	245.712	290.088 3	342.762 7	405.272	479.430 6	567.377 3	671.633	795.165 3	941.464 7	1 114.633 6	1 319.489
27	30.820 9	35.344 3	40.709 6	47.084 2	54.669 1	63.705 8	74.483 8	87.350 8	102.723 1	121.099 9	143.078 6	169.374	200.840 6	238.499 3	283.568 8	337.502 4	402.032 3	479.221	571.522 4	681.852 8	813.675 9	971.101 6	1 159.001 6	1 383.145 7	1 650.361 2
28	32.129 1	37.051 2	42.930 9	49.967 6	58.402 6	68.528 1	80.697 7	95.338 8	112.968 2	134.209 9	159.817 3	190.698 9	227.949 9	272.889 2	327.104 1	392.502 8	471.377 8	566.480 9	681.111 6	819.223 3	985.547 9	1 185.744	1 426.571 9	1 716.100 7	2 063.951 5
29	33.450 4	38.792 2	45.218 9	52.966 3	62.322 7	73.639 8	87.346 5	103.965 9	124.135 4	148.630 9	178.397 2	214.582 8	258.583 4	312.093 7	377.169 7	456.303 2	552.512 1	669.447 5	811.522 8	984.068	1 193.512 9	1 447.607 7	1 755.683 5	2 128.964 8	2 580.939 4
30	34.784 9	40.568 1	47.575 4	56.084 9	66.438 8	79.058 2	94.460 8	113.283 2	136.307 5	164.494	199.020 9	241.332 7	293.199 2	356.786 8	434.745 1	530.311 7	647.439 1	790.948	966.712 2	1 181.881 6	1 445.150 7	1 767.081 3	2 160.490 7	2 640.916 4	3 227.174 3

参考文献

[1] 中国注册会计师协会.财务成本管理[M].北京：中国财政经济出版社,2008.

[2] 中国注册会计师协会.财务成本管理[M].北京：中国财政经济出版社,2015.

[3] 财政部会计司编写组.企业会计准则讲解 2010[M].北京：人民出版社,2010.

[4] 财政部会计司.企业内部控制规范讲解 2010[M].北京：经济科学出版社,2010.

[5] 北京交通大学并购重组研究中心.中国企业并购年鉴 2013[M].北京：中国经济出版社,2014.

[6]《中国金融年鉴》编辑部.中国金融年鉴 2015[M].北京：中国金融年鉴杂志社有限公司,2015.

[7] 斯蒂芬·罗宾斯、玛丽·库尔特.管理学(第十三版)[M].刘刚等译.北京：中国人民大学出版社,2017.

[8] 荆新、王化成、刘俊彦.财务管理学(第七版)[M].北京：中国人民大学出版社,2015.

[9] 陆剑清.现代投资行为学[M].北京：北京大学出版社,2011.

[10] 祝爱民.技术经济学[M].北京：机械工业出版社,2009.

[11] 高太平.投资学基础[M].武汉：武汉理工大学出版社,2012.

[12] 范学俊.投资银行业务与功能[M].上海：立信会计出版社,2009.

[13] 邹菁.私募股权基金的募集与运作：法律实务与案例(第四版)[M].北京：法律出版社,2014.

[14] 钟玉娇.吉利并购沃尔沃的协同效应研究[D].兰州：兰州大学,2016.

[15] 丁军强.企业并购中的整合管理[D].成都：西南财经大学,2001.

[16] 傅元略.中级财务管理(第二版)[M].上海：复旦大学出版社,2007.

[17] 刘志远.高级财务管理[M].上海：复旦大学出版社,2007.

[18] 戴维·斯托尔.投资银行、对冲基金和私募股权投资[M].黄嵩、赵鹏等译.北京：机械工业出版社,2013.

[19] 李曜.公司并购与重组导论[M].上海：上海财经大学出版社,2006.

[20] 周春生.融资、并购与公司控制(第三版)[M].北京：北京大学出版社,2013.

[21] 潘启龙.私募股权投资实务与案例(第三版)[M].北京：经济科学出版社,2016.

[22] 胡志坚等.中国创业风险投资发展报告 2016[M].北京：经济管理出版社,2016.

[23] 金德环.投资银行学(第三版)[M].上海：格致出版社,2018.

图书在版编目(CIP)数据

公司投资学/王献东主编. —上海:复旦大学出版社,2019.9(2024.1 重印)
(复旦卓越.21 世纪管理学系列)
ISBN 978-7-309-14385-0

Ⅰ.①公… Ⅱ.①王… Ⅲ.①企业-投资-高等学校-教材 Ⅳ.①F275.1

中国版本图书馆 CIP 数据核字(2019)第 112331 号

公司投资学
王献东 主编
责任编辑/王雅楠

复旦大学出版社有限公司出版发行
上海市国权路 579 号 邮编:200433
网址:fupnet@fudanpress.com http://www.fudanpress.com
门市零售:86-21-65102580 团体订购:86-21-65104505
出版部电话:86-21-65642845
常熟市华顺印刷有限公司

开本 787 毫米×1092 毫米 1/16 印张 22.5 字数 455 千字
2024 年 1 月第 1 版第 2 次印刷

ISBN 978-7-309-14385-0/F·2582
定价:45.00 元

如有印装质量问题,请向复旦大学出版社有限公司出版部调换。
版权所有 侵权必究